# 미국연방
# 의회론

# 미국연방 의회론

김현우 지음

한국학술정보(주)

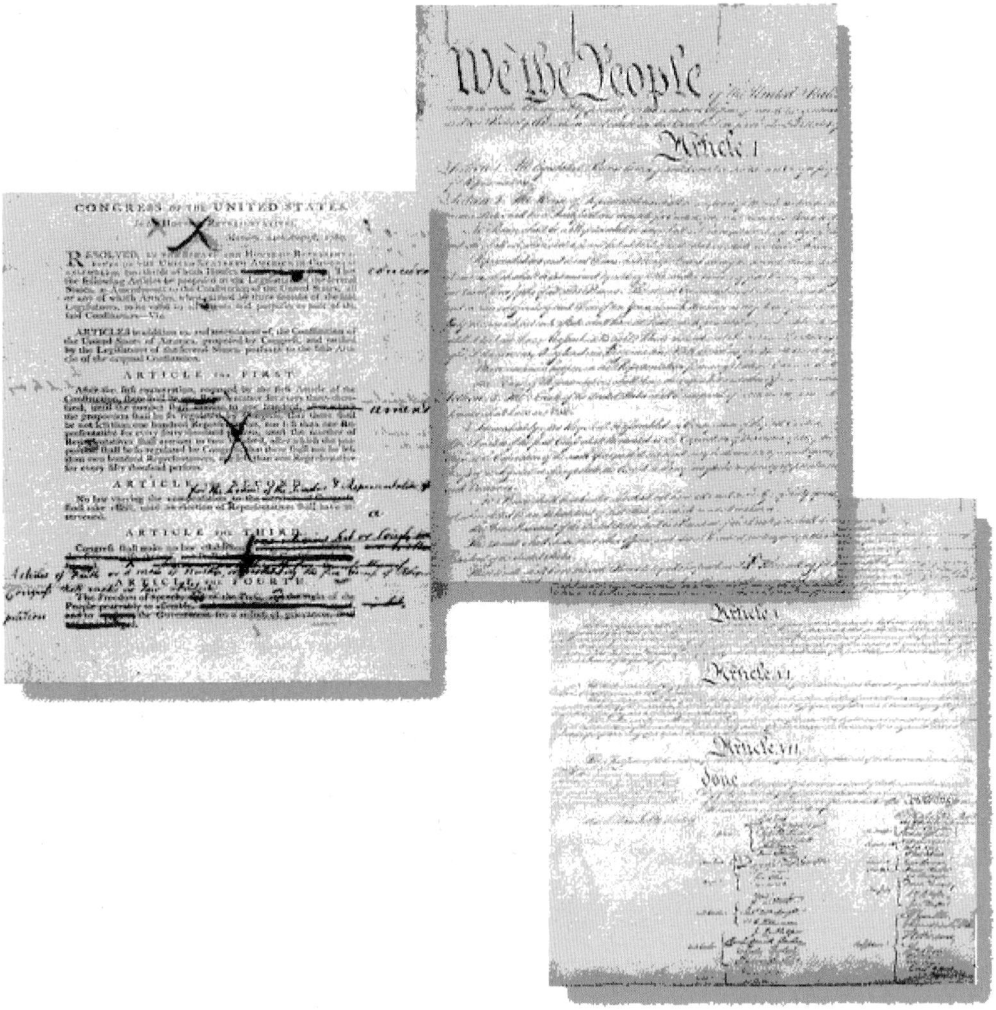
We the People
Article I
CONGRESS OF THE UNITED STATES
ARTICLE THE FIRST
ARTICLE THE THIRD
ARTICLE THE FOURTH
Article VI
Article VII

오른쪽 겹쳐진 두 장은 헌법 원문이고, 왼쪽 한 장은 헌법수정에 관한 하원 공동결의안(권리장전 17개 조항, 1789.08.24)

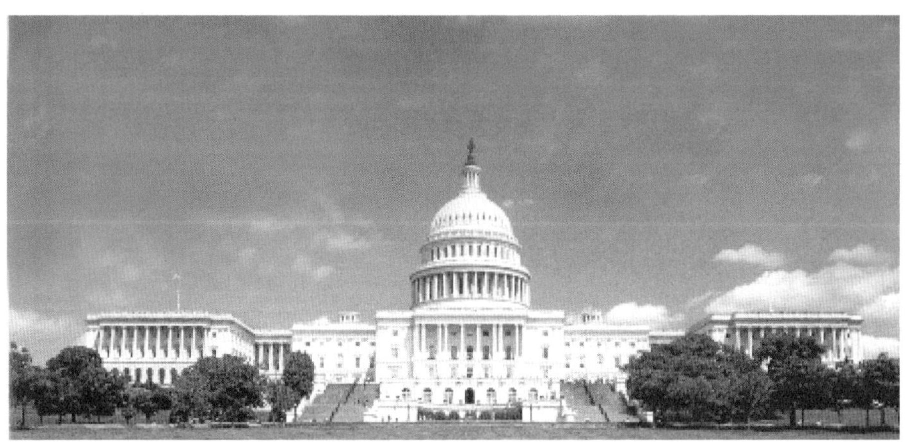

미국 국회의사당

1. 미국 연방의회의 호칭에 관하여, 전체로서의 의회는 '연방의회'로, 각 대별 의회는 '국회'라는 표현으로 통일하여 사용하였다. 예를 들면 '제5 의회', '제5대 의회', '제5차 의회' 등으로 표현되던 것을 이 책에서는 '제5대 국회'로 구분하여 사용하였다.

2. 이 책에서는 Majority leader는 '다수당 원내대표', Minority leader는 '소수당 원내대표', Whip은 '원내총무'로 통일하여 사용하였다.

3. 연방의회의 역사, 사건·사고, 입법 활동, 각 의원의 경력 등에 관해서는 주로 연방의회 상원 홈페이지와 하원 홈페이지의 자료를 이용하였다.

누가 말했는지 정확히 기억하지는 못하지만 오래전에 어떤 연구자의 글 속에서 "민주주의는 이론의 문제가 아니라 경험의 문제이다."라는 글을 읽은 적이 있다. 미국연방의회를 공부하면서 그가 한 말을 떠올리곤 한다. 지금의 미국 정치체제, 헌법의 내용, 정치 현상은 북아메리카 대륙에 뿌리를 내린 아메리카인들의 경험의 산물이다.

이 책을 쓰면서 처음에는 식민지 의회 부분을 간단하게 정리했으나 다른 주제들을 다루면서 자꾸 식민지 시절의 역사와 경험에 관한 자료를 들추게 되어 나중에는 식민지의 역사 부분을 늘려 잡게 되었다. 그러다 보니 건국 이전의 역사관련 분량이 많아졌다.

식민지 의회를 기술하면서 유난히 많이 사용된 용어가 있다면 그것은 '대표(representation, representatives)'일 것이다. 아메리카 대륙에 정착한 이주민들은 정착 초기부터 '대표'를 뽑아 그들이 속해 있는 사회를 대변하게 하였으며, 그것이 나중에는 각 나라(state)의 대표로 상원 혹은 하원에서 각기의 입장과 이익을 대변하게 된 것이다. 식민지 의회를 통해 유럽의 정치사상, 계약의 관념, 권력분립론 등이 아메리카 대륙에서 다양한 경험과 과정을 거치면서 제도화되는 것을 볼 수 있었다.

이 책은 연방의회에 관하여 정리한 것이지만 결코 의회의 관점에서 연방의회가 대통령보다 우월하다거나 우월해야 한다는 인식을 가지고 접근하지 않았다. 개인적으로, 세계의 의회는 이미 오래전부터 행정부에 많은 영향을 끼치기보다는 많은 영향을 받아 오고 있다고 보고 있다. 그래도 연방의회의 경우는 다른 나라와는 달리 그 독립성이나 의회 자체의 전문성이 높다고 판단되기에 나름대로 평가를 해야 할 충분한 이유는 있다고 생각한다.

연방의회는 홈페이지를 통해 의회관련 다양한 자료를 제공하고 있다. 홈페이지에 들어가 이곳저곳 둘러보는 것만 해도 연방의회를 이해하는 데 큰 도움이 된다는 것을 이번에 알게 되었다. 연방의회 홈페이지를 보다가 그곳의 입법지원조직의 직원들 중에는 본회의에서 임명동의를 받아야 하는 직원들이 다수 있고, 그들은 장기간 전문가로서 의원들의 입법 활동에 기여하고 있음을 알게 되었다. 시사하는 바가 큰 것 같아서 일부 직원들의 선출일시, 재직기간 등을 보여 주는 일람표를 옮겨 적어 보았다.

이 책은 모두 9개의 장으로 구성되어 있다. 첫 부분의 두 개 장은 식민지의회, 독립혁명, 헌법 제정에 관하여 정리한 것이고, 제3장은 연방의회의 권한과 기능, 제4장부터 제7장까지는 원내의 입법 활동, 의회 조직과 구조, 의회 운영에 관하여 다루었다. 제8장은 의원들의 입법 활동을 지원하는 보좌조직과 그 구성원, 그리고 마지막으로 제9장에서는 의원 윤리, 보좌관, 청문회 등에 관하여 다루었다.

이 책을 쓰면서 다수의 국내 미국정치연구자들의 업적을 참고하였다. 그런데 중복되는 부분을 가급적 줄이다 보니 결과적으로 크게 부족한 글이 되었다는 생각도 하게 된다. 부족한 부분은 앞으로 수정 보완할 것이며, 미국정치를 좀 더 입체적으로 파악할 수 있도록 하기 위하여 앞으로 '미국정당사'를 정리할 생각을 갖고 있다.

바쁜 중에도 원고를 읽고 도움말을 주신 정현수 교수님과 문제풍 교수님께 감사드린다.

한국학술정보(주) 채종준 사장님과 좋은 편집으로 도와주신 안선영씨에게 감사드린다.

2009년 10월
김현우

# | 목 차 | contents

# 표 차례

## 그림 및 사진 차례

# ■■■ 제1장

## 식민지 의회

# 제1장
## 식민지 의회

##  콜럼버스의 아메리카 대륙 발견

크리스토퍼 콜럼버스(Christopher Columbus)는 1451년 이탈리아 제노바에서 출생하였다. 어려서부터 포르투갈에서 선원생활을 한 그는 '부(富)의 축적'에 남다른 관심을 가졌으며, 대서양 항로를 따라 동양으로 가는 길을 발견하고자 하였다.[1] 명주[絹], 향신료, 금 등에 많은 관심을 가졌던 그 시대의 유럽인들이 새로운 항로 개척에 나선 것은 무역을 통하여 부를 축적하고자 했던 욕망 때문일 것이다. 당시 아랍인들이 유럽인들의 동양무역을 가로막았기에 유럽 현지에서 이들 물품의 가격이 상승하였고, 또 이탈리아의 상인들이 무역을 독점하면서 막대한 이익을 남기고 있었기에 다른 유럽 국가들도 새로운 항로 개척에 나서게 되었다.

콜럼버스는 포르투갈 지도자들에게 자신의 새로운 항로 탐색 계획의 중대성을 설득하는 데 실패한 후, 스페인으로 가서 이사벨 1세(Isabel Ⅰ) 여왕에게 그의 항해에 대한 재정적 지원을 요청하였다. 1492년에 여왕의 승낙을 받은 그는 그해 8월 3일, 90명의 선원과 3척의 선박을 이끌고 대서양을 출

---

1) Rebecca Brooks Gruver, *An American History*(New York: Appleton Century Crofts, 1972), 9쪽.

발하였으며, 그해 10월 12일 바하마군도의 한 섬(오늘날의 산살바도르)에 도착하였다. 콜럼버스는 1493년에 두 번째 항해를 하였고, 1498년에 세 번째 항해를 하였다. 그렇지만 콜럼버스의 새로운 대륙 발견은 사람들의 무관심 속에 방치되었다.

그 후 플로렌스의 상인 아메리고 베스푸치(Amerigo Vespucci)가 포르투갈 탐사선 승객의 일원으로 신세계를 탐험하면서 방문한 지역을 생생하게 묘사, 기술하여 콜럼버스가 발견한 대륙이 새로운 대륙임을 널리 알렸다.[2]

스페인은 나중에 콜럼버스가 성공적으로 수행했던 대륙탐험(1492년)의 중요성을 인식하여 새로운 항로 개설과 신세계 개척에 많은 자원을 투입하면서 적극적으로 나서기 시작하였다. 신세계를 탐험, 답사한 탐험가들과 탐험을 지원한 국가들은 아메리카 대륙 자체가 개척해 볼 만한 가치와 자원을 가졌다고 판단하고, 희망하는 주민을 이주시켜 개척에 나서기 시작하였다. 특히 스페인의 항해 및 함선제작 기술과 개척의지는 아메리카 대륙에서 스페인이 우위를 점하게 되고 나아가 대서양의 강자로 등장하는 데 중요한 기반이 되었다.


## 제2절 영국의 아메리카 식민지 개척


### 1. 길버트와 롤리의 식민지 개척 시도

이탈리아 제노바 출신인 존 캐봇(John Cabot, 1450~1498)은 1480년대에 영국으로 건너와 브리스톨에 정착하였다. 그는 헨리 7세(재위: 1485~1509)

---

2) 아메리카 대륙을 발견한 것은 크리스토퍼 콜럼버스이지만(1492년 발견), 이 대륙이 신대륙임을 선포하고 널리 알린 것은 이탈리아의 탐험가 아메리고 베스푸치(Amerigo Vespucci)이다. '아메리고 베스푸치'를 기념하여 신세계는 '아메리카'라고 불리게 되었다.

가 제시한 동양으로 가는 북방노선 탐색계획에 흥미를 갖게 되었으며, 기독교 신자들에게 잘 알려지지 않은 땅을 찾아내어 경영하라는 특허를 영국국왕으로부터 받았다. 캐봇은 1497년 5월 2일 항해를 시작하여 북아메리카 대륙 래브라도(Labrador) 연안에 상륙하였다.[3] 영국인으로서는 이때 처음 아메리카 대륙까지의 항해에 성공하였는데, 영국은 이러한 성공에도 불구하고 여력이 부족하여 해외 진출에는 적극적으로 나서지 못하고 있었다.[4]

1558년 엘리자베스 여왕(Elizabeth Ⅰ, 재위: 1558~1603)이 즉위하면서 영국은 신대륙에 대해 더 큰 관심을 갖게 되었다. 캐봇이 상륙했던 북아메리카 대륙에 식민지를 건설하려는 사업은 그로부터 약 20년 후인 1578년 험프리 길버트(Humphrey Gilbert)로부터 시작된다.

험프리 길버트와 그의 이복형제인 월터 롤리(Walter Raleigh)는 영국의 식민지 정책을 선도하는 인물들이었다.[5] 길버트는 1578년 엘리자베스 여왕으로부터 6년 동안 이교도(異敎徒)의 땅에 거주하면서 그곳을 소유, 경영할 수 있는 배타적인 권리를 부여받고, 아메리카대륙에 탐험대를 보냈으나 성공하지 못하였다.

길버트는 1583년 직접 탐험대를 이끌고 대서양을 건너 뉴펀들랜드(Newfoundland)의 세인트 존스 만(St. John's Bay)에 도착하였다. 그렇지만 대륙탐험을 마치고 영국으로 돌아오는 길에 대서양 한가운데에서 폭풍우를 만나 배가 침몰하면서 그와 탐험대원들은 실종되었다.[6]

1584년, 여왕으로부터 6년간의 식민지 건설 및 경영권을 부여받은 월터 롤리는 소규모 탐험대를 보내어 북아메리카 해안을 탐사하도록 하였다. 이들이 귀국했을 때 롤리는 탐험대의 탐사지역을 '버지니아(Virginia)'라고 이

---

3) Gruver, 앞의 책, 31쪽. 이때 소요된 비용은 영국 브리스톨의 상인들이 부담하였다.

4) 영국은 그 대신 신대륙에서 금, 은 등 보석과 희귀 광물을 싣고 오는 스페인 선박을 약탈하는 데에 더 관심이 있었다. 약탈행위로 이름을 떨친 이는 영국군인 출신 프랜시스 드레이크(Francis Drake)였다.

5) 앨런 브링클리(황혜성 외 옮김),『있는 그대로의 미국사』(서울: 휴머니스트, 2005), 57쪽.

6) John Mack Faragher ed., *Encyclopedia of American History*(New York: Henry Holt and Company, 1998), 357쪽.

름 붙였다. 롤리는 1585년에는 조카인 리처드 그렌빌(Richard Grenville)을 불러들여 지금의 노스캐롤라이나 연안에 위치한 로어노크(Roanoke) 섬으로 가서 식민지를 건설하도록 하였다. 그런데 그렌빌은 그 섬으로 영국인 이주자들을 불러들여 정착시키는 과정에서 인디언들이 사소한 물건을 훔쳐 가자 보복으로 그 마을의 인디언을 전멸시키고는 영국으로 돌아왔다.[7]

이듬해인 1586년, 보급품과 보충인원을 태우고 영국을 출발한 프랜시스 드레이크(Francis Drake)의 배가 우연히 로어노크에 당도하게 되었는데 이곳에서 기력을 잃고 있던 나머지 영국인들은 그의 배를 타고 영국으로 돌아왔다.

롤리는 1587년에 다시 로어노크로 100여 명의 주민을 보냈으며, 존 화이트(John White) 탐험대장은 보급품과 이주민 충원을 위해 몇 주 후에 귀국하였다.[8]

## 2. 식민지 개척사업: 개인 차원에서 회사 차원으로 전환

영국인들이 신대륙에 여러 차례 접근하고 정착을 시도하는 한편에서 스페인의 상선을 약탈하는 행위를 하게 되자 스페인의 펠리페 2세(Felipe Ⅱ)는 1588년 사상 최대 규모의 무적함대(the Invincible Armada)를 파송하여 영국해협을 건너 영국을 공격하였다. 이때 영국함대는 지리적 이점과 기동성을 살려 스페인의 무적함대를 격파하였으며, 무적함대는 본국 귀환 도중에 심한 폭풍우를 만나 인명과 함선에 크나큰 손실을 보았다. 이 전투 이후 영국은 스페인을 대신하는 대서양의 강자가 되었다.[9]

영국과 스페인 간의 전투가 끝난 후, 존 화이트가 1590년에 다시 최초의

---

7) 브링클리, 앞의 책, 57쪽.

8) 브링클리, 앞의 책.

9) Wesley M. Gewehr, Donald C. Gordon, Davis S. Sparks, and Ronald N. Stromberg, eds., *American Civilization: A History of the United States* (New York: McGraw-Hill Book Company, 1957), 8쪽.

영국인 마을 로어노크에 도착했을 때 그 섬은 완전히 버려져 있었고, 정착민들이 어떻게 되었는지에 대해서는 알 수가 없었다. 이로써 개인 차원에서 북아메리카에 식민지를 건설하려던 길버트와 롤리의 시도(길버트: 1579년~1583년, 롤리: 1584년~1590년)는 로어노크 섬에서의 비참한 결과로 일단 막을 내렸다.

1600년대 초반, 영국은 정치적·종교적 투쟁으로 인하여 국가적 혼란 상태에 있었다. 기독교의 3파인 국교파(Anglicans),[10] 장로파(Presbyterians), 그리고 청교도파(Puritans)의 분파인 분리파(Separatists)가 신자 확보를 위하여 심한 경쟁을 하고 있었기 때문이다. 분리파는 신자와 신(God) 사이에 중개자는 있을 수 없다는 입장을 취하고 있었는데, 국교파와 장로파는 분리파의 그러한 태도가 불순하다 하여 분리파에 대한 박해를 하기 시작하였다.

1603년에 엘리자베스 여왕이 사망하고 제임스 1세가 즉위하였다.[11] 이 무렵 월터 롤리로부터 특허권을 받은 런던의 한 상인집단이 버지니아에서 식민 사업을 재개하기로 결정하였다. 다시 해외 식민 사업에 눈을 돌린 귀족 등 상류사회 인사들과 상인들은 1606년에 국왕 제임스 1세에게 청원하여 식민 사업을 허가받았으며, 사업을 추진할 런던회사(the London Company)와 플리머스회사(the Plymouth Company)를 설립하였다.[12] 제임스 1세는 1606년 4월 10일 런던회사와 플리머스회사에 대하여 아메리카에 두 개의 식민지를 건설해도 좋다는 내용의 특허장을 발부하였는데, 이 특허장을 '버지니아 제1특허장(the First Charter of Virginia)'이라고 한다. 특허장에는, 이주자들은 식민지에서 영국국민으로서의 권리를 보장받으며, 식민지에서 어떠한 압제도 받지 않도록 1명의 지도자와 그의 자문위원회격인 의회(Governor's

---

10) 영국국왕 헨리 8세는 두 번째 부인인 앤 볼레인과 결혼하기 위하여 캐서린 왕비와의 이혼을 로마 교황청에 신청하였으나 거부당하였다. 이에 헨리 8세는 로마 가톨릭과의 관계를 단절하고 영국의 국교 '성공회'를 창시하였다.

11) 제임스 1세는 메리 스튜어트의 아들이며, 스코틀랜드 국왕 제임스 6세였다. 자식이 없는 엘리자베스 1세가 사망한 후에 제임스 6세가 영국의 '제임스 1세'가 되어 왕위에 올랐다.

12) Faragher, 앞의 책. 466쪽. 이 두 회사 중 런던회사만이 오랫동안 존속하였다. 런던회사는 1600년에 설립된 회사이다.

Council)를 두어 정치를 하게 한다는 내용이 포함되어 있다. 이렇게 이들 이민자들에게는 영국국왕의 특허장에 의하여 영국국민과 동등한 국가에 대한 권리와 의무가 부여되었다.

런던의 상인들은 아메리카 대륙의 남부 식민 사업에 대해 전권을 지니게 되었고, 플리머스 상인들은 북부지역에 대해 전권을 행사할 수 있게 되었다.[13] 이 두 개의 회사는 북아메리카 특히 지금의 버지니아 지역에 이주민을 송출하였다.[14] 이민 사업을 담당하던 런던회사는 확대 개편하여 버지니아회사(Virginia Company)로 명칭을 변경하였다.

## 3. 영국 최초의 아메리카 대륙 식민지 – 제임스타운

17세기 들어 행해진 영국의 식민지 개척 및 정착사업은 그 이전의 로어노크 섬의 경우와는 달리 성공적으로 전개되었다. 무엇보다도 개인이 아닌 국왕의 특허장을 받고 시작하는 사업인데다가 사업가들이 항해와 식민지 정착에 필요한 자금을 대주었기 때문이다.

특허장을 받은 런던회사는 144명의 이주자들을 3척의 선박(갓스피드 Godspeed, 수잔 콘스턴트 Susan Constant, 디스커버리 Discovery)에 태워 런던을 출발하여 목적지인 버지니아로 향하게 하였다.[15] 항해 도중에 이들 중 40명이 사망하였기 때문에 생존한 104명만이 아메리카 대륙의 해안을 밟을 수 있었다.

이들은 오랜 항해 끝에 1607년 5월 13일, 체사피크 만(Chesapeake Bay)으로 진입하였다. 이들은 그곳에 있는 강을 거슬러 올라가 그 강의 이름을 영

---

13) 플리머스회사는 특허장에 의하여 식민지 건설 권리를 얻어 1607년 메인(Maine) 지방에 식민지를 건설하려 했지만 이듬해 실패하였다.

14) 정착촌 건설비용은 런던회사(나중에 '버지니아회사'로 명칭 변경)에서 발행한 주식으로 충당했고, 그 주식을 구매한 사람은 훗날 식민지에서 산출되는 이윤에 대한 지분 청구권을 소유하였다.

15) 이들 이민은 대륙까지의 선임을 지불하는 대신에 일정 기간(4~7년)의 노동을 약속하는 계약을 한 이른바 계약노동자(indenture servant)들이다.

국국왕 제임스 1세를 찬양하는 뜻에서 '제임스 강(James River)'이라고 명명하였다. 그리고 스페인과의 갈등을 피하기 위하여 제임스 강 상류 60km 지점에 최초의 식민지를 건설하였다.[16]

1607년 5월 하순부터 이민자들은 제임스타운(Jamestown)에 정착하여 생활기반을 쌓기 시작하였다. 런던회사는 런던을 출발하기 전에 이주자들에게 봉인한 상자를 하나씩 나누어 주면서 버지니아에 도착할 때까지 열어 보지 말도록 주의를 주었는데, 이 상자 안에는 현지에서 의회(상원)를 구성할 7명의 명단이 들어 있었고, 그중에서 1명의 의장을 선출하게끔 되어 있었다. 그들은 회사의 지시대로 정착 후에 상자를 개봉했으며, 지시받은 대로 자문위원회(상원)를 구성하였다. 최초의 영국식민지인 제임스타운 의회에서 초대 의장으로 선출된 사람은 에드워드 마리아 윙필드(Edward Maria Wingfield)였다.

자그마한 식민지 마을 제임스타운은 그 후 식량부족과 말라리아 때문에 다수의 주민들이 사망하게 되었으며, 1607년 가을까지는 제임스타운 정착민 중 절반이 사망하였다. 1608년 1월 런던에서 보급품과 120명의 이주민을 싣고 온 배가 제임스타운에 도착했을 때 104명의 주민 중 38명만이 생존해 있었다.[17]

제임스타운이 존립을 위해 온갖 노력을 경주하는 동안 버지니아회사는 더 큰일을 계획하고 있었다. 버지니아회사는 1609년 국왕으로부터 새로운 특허장을 받아 더 큰 권한과 더 넓은 영토를 보유하게 되었다. 그리고 이곳에 들라와 경(Lord De La Warr)을 초대 총독(Governor)으로 파견하였다.[18] 총독은 이중 지위를 갖고 있었는데, 하나는 식민지에서 영국정부의 이익을 대변하는 대표였고, 다른 하나는 식민지의 평화와 복지를 향상시키는 최고 행정관리였다.[19] 회사가 임명한 총독이 식량, 기구, 약품 등을 가지고 도착함으

---

16) 앙드레 모로아(신용석 역), 『미국사』(서울: 홍성사, 1982), 2쪽; 프란시스 휘트니 외(이경석 옮김), 『미국의 역사』(서울: 주한미국대사관공보과, 2004), 18쪽.

17) Gruver, 앞의 책, 45쪽.

18) 델라웨어(Delaware) 주의 명칭은 초대 버지니아 총독 들라와(De La Warr)에서 유래한 것이다.

19) 식민지 총독의 기능과 역할, 지위에 관해서는 Charles A. Beard, *American Government and Politics*

로써 식민지는 일단 회생할 수 있었다. 주민들의 생명은 건졌으나 그 후에
도 번영의 전망은 서지 않았다. 그러다가 담배를 재배하게 되면서 식민지
경제에 전망이 보이기 시작하였다.


## 제3절 버지니아 식민지 의회


식민지 사람들은 처음에는 본국에서 임명한 총독의 지배를 받았으나 시간
이 흐르면서 그들은 정치과정에 참여하는 제한적 의미의 입법기관을 가질
수 있었다. 각 지역에서 대표를 선출하여 입법기관에 참여시키고, 행정공무
원도 선출하였다.


### 1. 상원(자문위원회)

런던회사는 버지니아를 원만하게 통치하기 위하여 상원 격인 총독의 자문
위원회를 구성하였는데 이 회의체는 영국국왕이 인정한 '특허장'의 규정을
어기고 식민지 이주자들의 영국인으로서의 권리를 제한하였다.

총독은 종전부터 존재하던 자문위원회를 상원으로 개편하였다. 그러나 상
원에서 성립된 법률은 런던에 있는 회사의 이사회와 국왕의 거부권에 구속
되도록 되어 있었다.[20]

식민지 정부는 총독과 입법부로 구성되어 있었는데, 상원의 구성원은 대
부분 회사 임원, 재산가, 귀족 출신이며 영국국왕에 의해 임명되었고, 하원

---

3rd edition(New York: Macmillan, 1921), 3 - 7쪽 참조.

20) 모로아, 앞의 책, 39쪽. 총독 윌리엄 버클리 경(Sir William Berkeley)이 1671년에 회사에 제출한 보고서
에 의하면 당시의 인구는 4만 명, 그중에 흑인 2천 명이었고, 매년 15,000명의 이민과 노동자가 도래하
고 있었다. 여기에 7년간에 배 두 척의 흑인이 수입되어 인구수에 추가되었다.

은 재산이 있는 주민 중에서 선거를 통해 선출된 사람들로 구성되었다.


## 2. 하원

초기에는 회사가 임명한 총독이 현지에서 조직한 자문위원회(상원, Council)의 협조를 얻어 식민지를 통치하고 경영하는 것으로 되어 있었다. 하지만 회사는 곧 이주민 전체의 적극적인 협력 없이는 통치나 경영이 어렵다는 것을 알게 되었다. 그래서 1618년 버지니아회사 중역의 한 사람이었던 애드윈 샌디스 경(Sir Edwin Sandys)의 건의에 따라 회사는 여러 곳에 산재하고 있는 이주지로부터 2명씩의 대표를 선출하여 이들에게 총독, 상원과 함께 식민지가 필요로 하는 법률을 제정할 수 있는 권한을 부여하기로 결정하였다.

읍(town)에는 주변에 농지가 있고 중심에는 교회가 있었는데 여기서 예배뿐 아니라 정치적인 모임인 타운회의도 개최하여 주민 전체의 공통관심사를 논의하고 또 식민지 의회에 파견할 대표를 선출하기도 하였다.

초기에는 런던의 본사에서 식민지의 모든 일을 관장했으나, 거리가 멀어 배로 2개월이나 걸리는 곳이었기에 점차 지방자치를 인정하지 않을 수 없게 되었다. 그 경과를 다시 보면 다음과 같다.

종교전쟁으로 인하여 유럽과 영국에서의 상황이 급박해진 가운데, 버지니아의 런던회사는 1618년 주민의 동의 없이는 어떠한 통치기구도 설치하지 않겠다고 약속하고, 식민지 의회의 구성을 약속하였다.[21]

그해 유럽대륙에 가톨릭파 국가와 신교파 국가 사이에 전쟁이 발발하였다. 가톨릭을 신봉하는 스페인은 강력한 해군함대를 조직하여 신교파 국가인 네덜란드를 공격할 준비를 시작하였는데 영국으로서는 해안 맞은편 국가인 네덜란드가 스페인에 의해 정복당한다면 영국도 위태로워질 것으로 생각하고 스페인을 막을 준비를 시작하였다.

---

21) 이주영,『미국사』(서울: 대한교과서주식회사, 2005), 19쪽.

1619년 버지니아 식민지에 조지 이야드레 경이 총독으로 부임하였다. 그가 총독에 취임한 이래 총독의 권력은 약화되었고 그 결과 이야드레는 본래 자기가 제정한 식민지의 법률에 따른 식민지 자치 행정구의 통치권이 총독으로서의 자기보다 상위에 있음을 인정하였다. 그는 런던 당국과 협의하였으며 그 결과 각 자치 행정구에서 2명씩의 대표를 뽑아 제임스타운으로 모이라는 소집령을 내렸다. 이에 따라 1619년 7월 30일, 여러 명의 정착지 대표들이 모여 버지니아 하원(House of Burgesses)을 구성했는데 이것이 미국에서 선거를 거쳐 구성된 최초의 의회이다. 이 의회는 총독, 그의 보좌관들, 그리고 각 도시와 농촌에서 선출된 2명씩의 시민대표로 구성되었다. 출석자는 총독과 상원의원, 그리고 11개 마을을 대표하는 22명으로 구성된 하원의원이었다.[22] 영국의 의회제도가 아메리카 식민지에 소개된 것이다. 그런데 이러한 의회제도는 당시 영국의 주식회사(joint-stock company)의 조직을 본따 만든 것이기도 하다.[23]

이로써 정착민들은 영국인으로서의 모든 권리를 인정받게 되었으며, 또 의무를 다하게 되었다.

하원은 1년에 단 한 번 집회하였고, 영국 본토의 법률과 관습을 따르고 있었다. 그렇지만 최초의 선거에서 뽑힌 하원이나 그 후의 선거에서 선출된 하원도 식민지의 주민에 의해 선출된다는 점에서 영국 본토의 주민에게도 전면적으로 허용되지 않았던 자유가 식민지의 주민들에게 부여되기 시작한 것을 알 수 있다.[24]

당시 영국에서는 주요 재산이었던 토지를 중심으로 하는 재산 소유자만이 투표를 할 수 있었는데 버지니아에서는 땅을 가지기가 쉬워서 영국에서 땅을 가진 사람의 비율보다 훨씬 높았으며, 따라서 모국인 영국보다 버지니아

---

22) 이 의회는 1624년에 버지니아 식민지가 국왕의 직속 영토로 된 후에도 하원으로서 그대로 존속하였다.

23) Wesley M. Gewehr, Donald C. Gordon, Davis S. Sparks, and Ronald N. Stromberg, 앞의 책, 16쪽. 당시 지위와 경제력이 있던 이른바 자유인들이 참여할 수 있던 제도라는 의미를 내포하고 있다.

24) 알리스타 쿠크(윤종혁 역), 『다큐멘터리 미국사』(서울: 한마음사, 1981), 101쪽.

에서 더 높은 비율의 사람들이 선거에 참여할 수 있었다. 이러한 사실은 나중에 영국에서보다 미국에서 정치참여의 확대와 정치제도의 발전으로 이어지게 된다. 영국의 경우 하원은 일반 시민을 대표하는 기구였으나 대부분의 시민들은 재산을 보유하고 있지 않았고 따라서 투표할 권리를 가지지 못하는 실정이었다.

런던의 버지니아회사는 1621년 7월, 버지니아 식민지 의회의 성립을 공식으로 인정하였으며, 앞으로도 하원이 동의하지 않는 행정명령은 내리지 않겠다고 약속하였다.[25]

## 3. 버지니아 식민지의 위상 변화

식민지 정착민들과 인디언 부족 간에는 서로 우호적으로 지낼 때가 있는가 하면 마찰을 빚을 때도 있었다. 그러던 중 1622년 3월, 인디언들이 영국인 정착지 마을을 공격하여 347명의 백인(존 롤프 포함)을 살해하는 사건이 발생하였다.

지역의 치안문제가 쟁점으로 떠오른 이 사건 후, 버지니아회사에서 주관하던 식민지 사업이 실패로 돌아가자, 영국정부는 1622년에 이 회사에 하사한 특허장을 철회했으며, 1624년에는 버지니아를 왕령 식민지(Royal Colony)로 만들었다.[26] 찰스 1세 국왕은 1624년에 버지니아회사를 해체하고, 총독(Governor)을 파견하여 통치하도록 하였다.[27] 국왕은 총독을 보좌하기 위한 자문기관으로 식민지 상원(Council)을 설치하고, 그 의원들을 임명하였다. 하

---

25) 이주영, 앞의 책.

26) 버지니아에 이어 뉴햄프셔(1679년), 뉴욕(1685년), 매사추세츠(1691년), 뉴저지(1702년), 사우스캐롤라이나(1729년), 노스캐롤라이나(1729년)도 왕령 식민지가 되었다. 왕령 식민지란 국왕이 총독을 임명해서 그로 하여금 정부의 지시대로 통치를 하도록 한 식민지를 말한다. 국왕이 임명한 총독이 의원 명부를 작성하여 본국에 보내면 국왕이 이를 승인하는 방식으로 참의원(Council)의 의원(Councillors)을 선출하였다. Faragher, 앞의 책, 466쪽.

27) Wesley M. Gewehr, Donald C. Gordon, Davis S. Sparks, and Ronald N. Stromberg, 앞의 책, 21쪽.

원의원은 주민에 의한 선거에 의해 선출된 대표자로 구성하였다. 그러나 이들 기관은 총독의 지배하에 있었기 때문에 총독의 권한을 능가할 힘은 없었다.[28]

이러한 식민지 의회의 설치와 자치체의 형성은 그 뒤에 건설된 다른 식민지에도 도입되었고 회사 또는 사유 식민지가 왕령 식민지로 바뀌어도 그대로 답습되었다.

## 제4절 매사추세츠 식민지 의회

미국이 영국으로부터 독립하기 전에 아메리카 대륙에는 13개의 식민지가 있었다.[29] 이 중 매사추세츠 식민지는 영국정부의 특별한 지원을 받지 않은 지역의 하나이다. 이곳에 정착한 이주민들은 상륙한 직후부터 자치적으로 치안을 유지했고 생계도 스스로의 힘으로 해결하였다.[30]

### 1. 메이플라워 협약(Mayflower Compact, 1620.11.11)

아메리카 대륙 남부에 영국의 첫 식민지(버지니아)가 개척된 지 13년 후인 1620년 한 무리의 청교도들이 신앙생활의 자유를 찾아 버지니아로 향했

---

28) 반면 특허 식민지(Charter Colonies)에서는 행정수반은 식민지 유권자들이 선거하여 선출하였고 국왕의 승인을 받았는데 종종 승인을 신청하지 않는 경우도 있었다. 특허 식민지는 특허권이 사유 식민지처럼 개인에게 있지 않고 식민지에 거주하고 있는 주민들에게 단체적으로 부여된 식민지(예: 코네티컷, 로드아일랜드)를 말한다.

29) 13개 주 중, 조지아, 노스캐롤라이나, 사우스캐롤라이나, 버지니아, 뉴저지, 뉴욕, 뉴햄프셔, 매사추세츠는 영국국왕이 임명한 총독에 의해서 통치되고 있었다.

30) 미국이 독립할 당시 13개 주가 있었는데 식민지 설정 연도는 버지니아 1607년, 뉴욕 1614년, 매사추세츠 1620년, 뉴햄프셔 1623년, 메릴랜드 1634년, 코네티컷 1635년, 로드아일랜드 1636년, 델라웨어 1638년, 노스캐롤라이나 1650년, 뉴저지 1664년, 사우스캐롤라이나 1670년, 펜실베이니아 1682년, 조지아 1773년이다.

다. 풍랑에 밀려 그들이 도착한 곳은 버지니아의 관할권이 미치지 않는 매 사추세츠 해안 플리머스였다.

플리머스회사는 당초의 개척열의를 상실한 채 1620년 뉴잉글랜드회사에 넘겨졌으나, 바로 그해에 이 회사의 식민예정지에 회사와는 전혀 상관이 없는 사람들이 식민지를 건설하였다. 이들은 제임스 1세의 비국교도(非國敎徒) 탄압정책하에서 신앙의 자유를 찾아 네덜란드로 망명했으나 그곳의 환경에도 익숙해지지 않아 새로운 대륙으로의 이주를 결정한 분리파 사람들이다.[31] 그들은 런던회사와 교섭이 이루어져 그 회사의 관할지 어느 곳이든지 가서 그들만의 자치가 가능한 정착촌을 건설해도 좋다는 허가를 받고 아메리카 대륙 땅을 밟게 된다.

이들은 청교도파의 일부인 분리파로서 처음에는 네덜란드로 망명했었는데 그곳의 풍토가 자신들에게 맞지 않고 생활 또한 곤란한 상황에 있었다. 이 무렵 영국은 국교 이외의 종교를 믿는 청교도(Puritan)들에게 박해를 가하고 있었고, 청교도들은 해외에서 자유로운 신앙생활을 할 수 있는 거주지를 희망하고 있었다. 영국의 아메리카 대륙 식민 사업이 시작되자 그들은 특허장을 얻기 위하여 런던회사와 협상하였다. 영국왕실은 분리파들에게 식민지 진출을 허용하였기에 이들의 협상은 순조롭게 진행되었다.

분리파는 평화롭게 기도할 수 있는 토지를 원했고, 회사는 식민지에 정착할 이민을 구하고 있었다. 이들 분리파들은 자금이 없었기에 인력을 제공하고, 사업가·상인들은 자금을 투자하여 조합을 설립하고 출자하는 액수에 따라 이를 주권(주식)으로 표시한다는데 합의하였다.

결국 분리주의자들은 1620년 버지니아회사로부터 버지니아에 정착해도 좋다는 허가를 받았다.[32] 35명의 분리주의자들은 망명지인 네덜란드 레이덴

---

31) 너세니얼 필브릭(황정하 옮김),『메이플라워』(서울: 바다출판사, 2006), 20쪽.

32) 윌리엄 브래드포드는 영국 스크루비 수도원에 있던 청교도 분리주의파의 일원이었는데, 그는 그의 동료들과 1609년 네덜란드 레이덴으로 이주했으며, 1620년 메이플라워호를 타고 아메리카 대륙에 발을 디디게 된다. 브래드포드는 식민지에서 정치적·종교적인 권한을 가지고 있었다.

(Leiden)을 떠나 영국으로 가 다른 이주민들과 합류하였으며, 1620년 9월 6일 102명이 플리머스에서 메이플라워호를 타고 아메리카 대륙을 향하여 출항하였다.[33]

메이플라워호는 1620년 11월 9일, 예정 목적지보다 훨씬 북쪽인 매사추세츠 동남부의 코드 갑(Cape Cod, 코드岬)에 도착하였다. 이 지역은 플리머스회사의 관할지였는데, 이곳이 목적지는 아니었지만 더 이상 남쪽으로 항해하기에는 너무 늦은 계절이어서 그들은 코드 갑 바로 북쪽 지역에서 정착하기로 결정하고, 영국에서 떠난 항구의 이름을 따서 식민지의 이름을 플리머스(Plymouth)라고 하였다.[34] 그런데 플리머스 지역은 버지니아회사의 관할영역 밖에 있었기 때문에 정착민들은 회사의 규칙에 복종할 필요는 없었다. 그래서 메이플라워호를 타고 온 사람들은 배 위에서 정부 수립의 기초가 될 계약을 맺었는데 이것이 메이플라워 협약이다. 그들은 1620년 12월 21일 플리머스 해안에 첫발을 디뎠다.[35]

매사추세츠에서는 민주주의 사상과 관련하여 중요한 제도가 만들어졌다. 즉 계약사상의 보급과 실현이었다. 아메리카대륙에 종교적 자유를 찾아 온 '순례자 조상'의 한 집단이 상륙하기 직전에 배 위에서 작성한 메이플라워 서약이 이 사실을 잘 보여 준다. 이들 '순례자 조상'은 미국에 오면 자치할 생각을 가지고 있었다. 그러나 그들이 영국민이고 또 그들이 개척하는 식민지도 자연히 버지니아회사와 공동식민지가 될 것을 예측하여 국왕으로부터 정식 이주증명서를 발급받아 오려고 했으나 국왕은 그들이 영국의 국교를 신봉하는 사람들이 아니라며 요청을 거절하였다. 그래서 순례자 조상은 버지니아회사에서 발행한 이주승인서만 받아 가지고 출발하게 되었다.

그런데 그들이 정착하게 된 땅은 버지니아가 아니었기 때문에 이 이주승인서는 아무런 소용이 없었고, 이들이 이곳에 정착하는데 이들을 간섭할 아

---

33) 메이플라워 호를 타고 온 이주민 인원수는 정확하지가 않으며, 102-104명 정도로 추정되고 있다.

34) Gruver, 앞의 책, 55쪽.

35) Faragher, 앞의 책, 718-719쪽.

무런 기관도 없었기 때문에 그들은 배 위에서 상륙 이후의 행동에 대해 서로가 합의하는 계약, 즉 사회계약에 의한 정부수립을 약속한 것이다.[36] 질서와 안녕을 유지하기 위해 스스로 하나의 자발적 '정치체제'를 만들고 필요한 법률과 공직을 제정하여 이에 복종할 것을 서약하는 내용이다.

상륙에 앞서 성인 41명이 배의 선실에 모여 협약에 서명하였는데, 이들을 가리켜 흔히 '순례자 조상(Pilgrim Fathers)', 그리고 그 협약을 '메이플라워 서약'이라고 부른다.

메이플라워 서약

국왕 제임스 1세의 신민으로서 이 땅에 와서도 충성을 다할 것을 맹세한다. 버지니아지방에 영국 식민지를 건설한다. 식민지에 새로운 자치사회를 조직하여 질서를 유지하고 주민의 생명과 재산을 보호한다. 식민지 전반의 안녕을 위하여 필요하고도 공정한 법률을 제정하고 그 법률에 복종할 것을 서약한다. 1620년 11월 11일


## 2. 플리머스 식민지

서약서에 서명을 마친 그들은 12월 21일 플리머스(Plymouth)에 닻을 내렸다. 그곳은 버지니아 북쪽의 변경이었으며, 그들은 이 토지에 대하여 아무런 특허도 권리도 없었다.

그들은 도착 후 존 카버(John Carver, 1575~1621)를 식민지 초대 총독으로 선출하고 플리머스 마을을 건설하였다. 초기의 생활은 무척 힘들었지만 그들의 강인한 정신, 재능, 그리고 옥수수 농사와 고기잡는 방법을 가르쳐 준 인디언의 도움으로 플리머스 식민지는 소멸하지 않고 존속할 수 있었다.

존 카버 총독은 1621년에 사망하였고, 뒤를 이어 윌리엄 브래드포드

---

36) 정부와 법은 투표로서 주민이 선택하고 그 결정은 다수결로 한다고 되어 있는데, 이 내용은 훗날 미국헌법을 초안할 때 큰 영향을 미쳤다.

(William Bradford, 1589~1657)가 선거를 통해 총독으로 선출되었다.[37] 생존한 사람들은 브래드포드의 통솔 아래 토지의 공유제를 사유제로 변경하고 이주민을 유치하면서 농업, 어업, 모피 수집에 종사하여, 7년 뒤인 1627년에는 런던회사에 지고 있던 채무를 청산할 수 있게 되었다. 브래드포드 총독과 일부 '순례자 조상'들은 런던에 있는 주주들의 주식을 매입하였고, 토지와 가축을 정착민들에게 나누어 주었다. 이에 따라 식민지는 더 이상 회사의 지배를 받지 않게 되었다. 그 결과 플리머스에서도 버지니아에서와 마찬가지로 개인이 토지를 소유하게 되었다.[38]

국왕의 특허장이 없이 건설된 플리머스 식민지는 1691년에 왕령 식민지인 매사추세츠 만 식민지(Massachusetts Bay Colony)에 합병되었다.


## 3. 식민지 의회 구성 및 기능

매사추세츠 만안회사는 회사의 특허장에 의해 의회라고 불리는 집회에 출석하는 자유인(주식 등 소유자)으로 구성되어 있었고, 의회는 매년 공표된 날짜에 개최되었으며, 그날 총독, 부총독, 상원 의원이 투표로 선출되었다. 단 투표권은 교회의 교인에게만 부여되었다.

읍(town)의 수가 증가하여 주민들이 한곳에 모이기 힘들어지자 1634년부터는 9개의 읍에서 2명씩 대표를 선출하여 식민지 의회를 형성하게 되었다. 이곳에서의 행정은 주민들이 매년 직접 선출하는 총독과 행정관들이 맡았다.

식민지 의회는 총독 및 행정관리의 봉급을 포함한 예산과 과세에 대한 승인권을 갖고 있어서 총독과 행정부를 견제할 수 있었고, 또 특허장과 본국 법률을 위배하지 않는 범위 내에서 식민지 내의 제반 사항에 대한 입법권이 있었으므로 식민지 통치는 오랜 기간 동안 거의 식민지 의회를 중심으로 이

---

37) Faragher, 앞의 책, 711쪽.
38) 이주영, 앞의 책, 27쪽.

루지고 있었다.

상원의 기능과 권한은 금전법안이나 기타의 법안에 있어서는 하원에 비해 약했으며 실제로는 거부권을 갖는데 지나지 않았다. 행정적으로는 상원은 총독의 자문기관으로서, 하원의 소집, 관리임명, 공비지출, 외교 등에 관하여 자문을 하였다. 다만 그것은 총독에 대하여 소극적으로 찬반 의견을 표출할 수 있을 뿐이며, 총독의 권한을 결정적으로 구속할 수 있는 것은 아니었다.

상원의 구성 인원은 12명이었고, 군주가 식민지 주민 중에서 선임하도록 되어 있으나 실제로는 현지사정에 밝은 총독이 추천하여 임명을 받도록 하고 있었다.

지방자치는 이 특허권에 규정된 바에 의하여 본국 정부의 간섭을 받지 않고 해 나갔다. 행정수반은 식민지의 유권자들이 선거하여 형식상 국왕의 승인을 받기로 되어 있었으나, 승인을 신청조차 하지 않는 경우도 있었다.

총독은 영국국왕의 대리인으로서 행정권, 군대 통수권, 외교권 등 매우 강력한 권한을 가지고 있었다. 뿐만 아니라 총독은 상원이나 하원에 대한 통제권을 갖고 있었다. 총독은 상원의 의장이 되는 것이 원칙이었으며, 하원에 대해서는 소집·휴회·해산권을 가지고 있었다. 뿐만 아니라 하원의 입법에 대해서는 거부권을 행사할 수 있었는데, 본국정부가 개입하지 않는 한 총독의 거부권 행사를 막을 길은 없었다. 총독은 본국의 군주에 대해서는 책임을 지지만 하원에 대해서는 책임을 지지 않았다. 따라서 식민지의회의 초기 형태는 민의를 대변하는 기능도 있었지만 그보다는 군주 대리인에 대한 자문기능이 더 컸던 기구였다.

## 1. 영국 내전

영국국왕, 각료 그리고 성직자들은 국교인 성공회 신자들이었다.[39] 반면 대부분의 국회의원들은 청교도 신자들이었다. 제임스 1세는 청교도들에게 성공회식으로 예배의식을 거행하도록 지시했으나 거절당하자 청교도를 더욱 탄압하기 시작하였다. 한편 국왕의 모친 메리 스튜어트는 가톨릭 신자였고, 국왕 자신 또한 가톨릭을 신봉하던 스코틀랜드의 국왕이었다.

제임스 1세의 종교탄압으로 대부분이 청교도 신자인 국회와, 성공회를 신봉하는 국왕 제임스 1세 사이의 싸움이 시작되었다.

그러던 중 제임스 1세가 1625년에 사망하고, 그의 아들 찰스 1세가 왕위를 계승하였다. 찰스 1세는 청교도 분리주의자들을 더욱 박대하였으며, 국회의 승인도 없이 관세(關稅)를 징수하고, 선박세(船舶稅)를 부과하였으며, 군인들을 민가에 무료 숙박시키는 등 일방적인 통치행위를 계속하였다.

이에 국회는 1628년 '권리청원'이라는 법률안을 만들어 찰스 1세에게 올렸고, 찰스 1세는 마지못해 이를 수용하였다. 권리청원은, 국회의 동의 없이는 어떤 세금도 걷지 못한다, 법에 의하지 않고는 국민을 구금하지 못한다, 군대를 민가에 머무르지 못하게 한다, 군인이 아닌 국민은 군법에 따라 처벌되지 않는다 등의 내용을 포함하고 있었다.

이듬해인 1629년, 찰스 1세는 국회를 해산하고 누구도 자신에게 반대할 수 없다고 호언하였다. 그리고 1640년까지 국회 없이 정치를 행하였다. 그러던 중 찰스 1세는 가톨릭을 신봉하는 스코틀랜드를 그대로 두면 안 되겠다고 생각하여 스코틀랜드에 대해 성공회를 믿도록 지시하였다.

---

39) 가톨릭과 영국의 국교가 된 성공회는 교리에 있어 큰 차이는 없었다.

이에 반발한 스코틀랜드가 반란을 일으키자, 이를 진압하기 위한 전쟁자금이 필요해진 찰스 국왕은 11년 만에 국회를 소집하게 되었다. 재정적으로 궁핍해진 찰스 1세는 1640년 국회를 소집하여 개회하고 새로운 세금을 부과해 줄 것을 요구하였다.[40] 그렇지만 국회의원들과의 원만한 의사소통과 사안에 대한 합의가 어렵게 되자 찰스 1세는 국회 개원 18일 만에 다시 국회 폐쇄를 명하였다.

찰스 1세는 오랫동안 국회를 폐쇄하고 국정(國政)을 혼자서 처리하였다. 국왕의 명령에 따라 행정을 집행하는 곳이 '성실청'이고, 죄인을 재판하는 곳이 고등법원이었는데, 찰스 1세에 의해 오랜만에 국회가 소집되었을 때, 다수의 국회의원들이 찬성하여 이 관청들을 폐지하였다.

찰스 1세는 1642년 1월에 국회를 '자신의 적'이라고 선언하고 국회지도자들을 국왕에 대한 반역자들이라 하여 체포하라고 명령하였다.

국왕의 군대가 국회로 들이닥치자 국회에 동정적이었던 런던시민들이 봉기하여 민병대를 조직하고 국왕의 군대와 맞서게 되었다. 국회를 지키려는 민병대의 수가 계속 증가하자 찰스 1세는 런던을 떠났고, 국회는 스스로의 군대를 편성함으로써 영국에서 내란이 시작되었다.

찰스 국왕은 2년 동안 두 번이나 국회를 해산하여 국회와 국민의 불만을 사게 되었고, 결국 국회가 군대를 조직함으로써 내전이 시작되었다. 국회군대가 1649년 내전에서 승리하고 찰스 1세를 교수형에 처하였다. 그런데 그 후 국회가 안정적인 시민정부를 수립하지 못하였기 때문에 영국은 군부지도자 올리버 크롬웰의 통치를 받게 되었다.[41]

호국경(護國卿) 올리버 크롬웰은 국정을 담당하게 된 후 권위주의적 통치방식으로 일관하였기에 영국국민들의 반감을 사게 되었다. 그러던 중 크롬웰이 1658년에 사망하자 찰스 2세가 망명지에서 돌아와 왕위를 계승함으로

---

40) 브링클리, 앞의 책, 93쪽.

41) Wesley M. Gewehr, Donald C. Gordon, Davis S. Sparks, and Ronald N. Stromberg, 앞의 책, 13쪽.

써 영국은 1660년에 왕정복고(王政復古)를 이루었다.[42]

1640년에 국왕의 필요에 의하여 오랜만에 개원한 국회가 곧바로 폐쇄되었다가 20년 후인 1660년에 왕정복고를 이루게 되는 일련의 과정에서 국정을 주도한 국회의원의 다수가 청교도 신자들이었기에 이 사건을 '청교도 혁명(Puritan Revolution, 1640-1660)'이라고 부른다.


## 2. 변화하는 식민지 상황

영국은 왕정복고를 이루고 난 후에야 다시 식민지 행정에 눈을 돌렸는데 이때는 이미 식민지인들이 자치적으로 식민지를 운영하고 있음을 알게 되었다.

영국정부는 식민지 무역을 규제하기 시작하였다. 영국국회는 1660년 항해법(Navigation Act)을 가결했는데, 이는 식민지인들이 무역을 하려면 물건을 영국선박에만 선적해야 하고 담배를 비롯한 식민지의 수출상품들은 영국 또는 영국령 국가에만 수출할 수 있다는 내용이다. 또 1663년에는 유럽에서 식민지로 가는 모든 물품은 반드시 영국을 거쳐야 하며, 모두 영국 관세의 대상이 되도록 하였다.[43]

항해법(1660년)이 가결되기 전에는 버지니아정부를 제외한 모든 식민지 정부가 영국국왕으로부터 독립되어 귀족이나 식민지인 스스로가 선택한 총독과 식민지 의회를 통해 운영되고 있었다.

국왕은 1675년에 '상무부(商務部)'라는 무역통상 관련 기구를 만들었다. 그리고 이 상무부의 권유에 따라 1679년에는 매사추세츠에 대한 지배력을

---

42) 왕정복고는 찰스 2세의 재위기간(1660-1685)의 통칭이기도 하다. 그는 크롬웰의 공화정 시기에 몇 년 간 망명생활을 하였다. 찰스 2세는 왕정복고에 즈음하여 일반 사면령 발령, 사유재산권 보장 등을 약속하였다.

43) 항해조례(1651~1767)는 식민지의 종속과 영국의 경제적 이익을 확보하기 위하여 식민지 무역을 통제하려고 만들어진 일련의 영국 무역통상법이다. 영국은 경쟁국이었던 네덜란드가 아메리카 식민지와 무역하는 것을 방해하였고, 1650년대부터 1700년대까지 영국은 아메리카 식민지가 외국과 무역하는 것을 규제하였다.

강화하기 시작하였다. 매사추세츠로부터 뉴햄프셔에 관한 권한을 박탈하고, 뉴햄프셔를 왕령 식민지로 독립시켜 자신이 직접 총독을 임명하였다. 또 1684년에는 식민지 의회가 항해법을 준수하지 않는다며 매사추세츠 만안회사에 하사했던 특허장을 철회하였다. 코네티컷에서 미국식 민주주의가 움틀 기운이 보이자 찰스 2세가 1684년에 매사추세츠 만안 식민회사에 주었던 특허장을 취소한 것이다.[44]

1685년에 찰스 2세를 계승한 동생 제임스 2세는 더 나아가 매사추세츠 정부와 뉴잉글랜드의 다른 식민지 정부를 통합하여 뉴잉글랜드 령(Dominion of New England)으로 단일화하고, 나중에는 뉴욕과 뉴저지 정부도 통합하였다. 그는 에드먼드 안드로스 경(Sir Edmund Andros)을 총독으로 임명하여 보스턴에서 전 지역을 감독하도록 하였다. 안드로스 총독은 항해법을 엄격하게 시행하였고, '영국인으로서의 권리'를 보장하라는 식민지인들의 요구를 거절하였다.

제임스 2세는 왕위에 오른 직후부터 노골적인 가톨릭 편중 정책을 펴 나갔다. 또 국회의 권한을 무력화시키고 전제적인 프랑스 통치방식을 도입하려고 시도하였다.[45] 그러던 중 1688년 6월 제임스 2세의 가톨릭교도 왕비 모데나의 메리가 왕자를 출산하였다. 왕자의 탄생은 가톨릭 정책이 계속된다는 것을 의미하는 일이었다. 이에 토리당의 던비 백작과 헨리 컴프턴 런던 주교를 포함한 7명의 저명인사들이 네덜란드의 오라녜 공 빌렘(나중의 오렌지 공 윌리엄)에게 편지를 보내 군대를 이끌고 와서 영국의 국내문제를 바로잡아 줄 것을 요청하였다.

당시 빌렘의 주된 관심사는 유럽에서 프랑스의 힘이 지나치게 강해지는 것을 막는 것이었으며 이를 위해 영국으로부터 도움을 받고 있었다. 따라서

---

44) 1691년에 다시 신규 특허장이 부여되었으나 그 후부터 청교도의 과두정치는 권력을 상실하게 되었다. 국왕이 임명한 총독이 자문위원회(참의원)를 통제하고 신앙보다 재산이 선거권의 기초가 되었다.

45) Wesley M. Gewehr, Donald C. Gordon, Davis S. Sparks, and Ronald N. Stromberg, 앞의 책, 13쪽.

영국 내의 불만세력 지도자들과 1년 넘게 긴밀한 접촉을 유지해 오고 있던 빌렘은 그들의 제의를 수락했다. 11월 5일 토베이에 상륙한 빌렘은 런던으로 향했는데, 제임스 2세의 지지자들이 그로부터 이탈해 나간 탓에 빌렘은 큰 저항 없이 런던에 입성할 수 있었다. 원군이 없어진 제임스 2세는 프랑스로 피신하였다.

빌렘은 영국인들로부터 정부를 운영하고 국회를 소집하도록 요청받았다. 1689년 1월 22일 컨벤션 의회가 소집되었으며 토론을 거친 후 제임스 2세의 국외탈출을 왕위 포기로 간주하고 '권리선언'에 따라 왕위를 윌리엄과 메리에게 공동으로 이양한다는 데 합의가 이루어졌다. 왕위계승이라는 선물과 그에 따른 조건이 동시에 받아들여진 것이다. 이후 컨벤션 의회는 국회로 변모했으며 권리선언은 내용이 보완되어 '권리장전'으로 바뀌었다. 권리장전은 윌리엄과 메리 사이에 후손이 없을 경우 메리의 여동생 앤에게 왕위가 계승되도록 규정하였다.

이렇게 영국국회는 제임스 2세의 딸인 메리(Mary) 공주와 그녀의 남편인 네덜란드의 통치자 오렌지 공(公) 윌리엄(William of Orange)을 초대하여 그들에게 왕위를 넘겨주었다. 이 사건을 '명예혁명(Glorious Revolution)'이라고 하는데, 이 혁명의 결과 윌리엄과 메리가 영국을 공동으로 통치하게 되었다.


## 3. 식민지 의회의 발전

명예혁명은 식민지 역사의 전환점이 되었다. 제임스 2세 폐위 소식을 들은 보스턴 식민지인들은 뉴잉글랜드의 인기 없는 총독 안드로스를 체포하여 감옥에 가두었다. 명예혁명은 몇몇 식민지에서도 무혈혁명의 발단이 되었다. 한동안 폐지되었던 대의제 의회가 다시 부활하였고, 위로부터 제기된 식민지 통합계획도 백지화되었다.

영국의 새로운 통치자들은 '뉴잉글랜드 령'을 철회하고 독립된 식민지 정부를 복원시켰다. 그러나 1691년에는 매사추세츠와 플리머스를 통합하여 단일 왕령 식민지로 만들었고, 새로운 특허장으로 그곳의 식민지 의회(General Court)를 복원하였다. 새로운 특허장은 왕에게 총독 임명권을 부여한다는 내용을 담고 있다.

그렇지만 식민지의 정치체제는 영국의 정치체제와는 다른 방향으로 발전해 갔다. 왕실정부가 너무 먼 거리에 있었기 때문에 식민지인들은 자치권한을 누릴 수 있는 기구들을 설립하였다. 1690년대 이후로 왕이 임명한 식민지 총독들은 서류상으로는 광범위한 권한을 지녔으나 실제 영향력은 매우 제한되어 있었다. 총독은 식민지 의회에 대하여 소집, 해산, 거부할 수 있는 권리를 발동하였으므로 총독과 식민지 의회 사이에는 잦은 마찰이 있었다.[46] 잦은 마찰의 결과 각각의 식민지 정부는 영국국회로부터 독립적으로 운영하는데 어느 정도 익숙해져 있었다.[47]

식민지 자치의 중심은 식민지 의회이고, 의회의 중심은 하원이었다. 하원은 금전법안에 관해서 그들의 권리를 지킴으로써 점차 그 영향력이 증대되었다. 정치의 실권은 영국 총독으로부터 점차 하원으로 이동하였다.

식민지 의회는 총독 및 행정관리의 급여를 포함한 예산과 과세에 대한 승인권을 갖고 있어서 총독과 행정부를 견제할 수 있었고, 또 특허장과 본국인 영국의 법을 위배하지 않는 범위 내에서 식민지 내의 제반 사항에 대한 입법권이 있었으므로 식민지 통치는 오랫동안 거의 식민지 의회를 중심으로 이루어졌다.

명예혁명 이후 50년 동안 영국국회는 국왕에 대해 우월권을 확립하였다.

---

46) 1696년에 대영제국의 모든 식민지를 관할하는 기관으로 영국 무역식민회사(Board of Trade and Plantation)가 설치되었다. 무역식민회사는 독자적인 집행권은 없지만 추밀원(Privy Council)의 자문기관으로 식민지 통치에 대한 정책을 건의할 수 있는 지위에 있었다. 이에 따라 이 기관의 지휘를 받는 식민지 총독은 본국인 영국국회가 제정한 법률을 시행할 뿐만 아니라 행정장관으로서는 지방 관리를, 최고법정의 장관으로서는 판사를 임명하는 행정 및 사법의 권한을 행사하였다.

47) 1662년 코네티컷의 각 식민지는 합동하여 영국국왕과 영국국회가 그들이 선출한 의회와 정부를 지배할 수 없게 규정한 매우 개방적인 특허장을 얻어 냈다. 특권을 확보하고 신조가 다른 교회의 존재를 박해하는 일이 없이 허용한다는 것이 코네티컷 식민지의 정책이었다. 이 정책이 성공하여 코네티컷은 '아메리카 민주주의의 요람지'가 되었다.

조지 1세(재위 1714~1727)와 조지 2세(재위 1727~1760)의 통치시기에는 총리와 내각이 국가의 행정권을 장악하게 되었다. 국회의 지도자들은 영국의 상인과 지주들에게 정치적으로 의존하였는데, 많은 상인들이 식민지에 통제를 가하면 자칫 식민지와의 교역에 차질이 빚어질까 두려워하였다. 따라서 국회 지도자들은 17세기의 군주들보다는 식민지에 대한 이완된 정책을 유지하였고, 그 결과 식민지 행정에 대한 감독은 느슨하고 비효율적이었다.

한편 각 식민지 의회는 본국의 행정적 영향력이 약화된 것을 기회로 삼아 각각의 식민지를 위하여 과세하고 예산을 편성하고, 관리를 임명하고 법안을 가결시킬 수 있는 자신들의 권한을 주장하기 시작하였다. 그리고 그들의 요구를 어느 정도 관철시킬 수 있었다. 이런 의미에서 역사가들은 명예혁명을 미국 식민지 역사의 전환점이라고 부른다.[48]

북아메리카 대륙 식민지에서 영국인과 프랑스인 세력이 가장 컸는데, 대륙의 주도권을 둘러싸고 영국과 프랑스 세력 간에 전쟁이 발발하였다(7년 전쟁). 전쟁의 발단은 양국 어느 쪽도 정착하지 않은 지역에 프랑스군이 점령을 시도하자 이를 막으려던 버지니아 민병대와 마찰이 생기면서 시작되었다.

두 나라 간 전투의 대부분은 유럽에서 있었으나 1754년 아메리카대륙에서 영국과 프랑스 간에 전쟁이 발발하였다. 초기에는 프랑스군이 인디언의 지원으로 대부분의 전투에서 승리하였다. 그러나 시간이 흐르면서 조지 워싱턴(George Washington)의 성공적인 작전수행과 영국군의 증원 및 재정비에 힘입어 영국은 전세(戰勢)를 역전시켜 주도권을 잡았다. 이 전쟁을 프랑스-인디언 전쟁(French and Indian War)이라고 부르는데 전쟁은 1754-1763년까지 지속되었다.[49]

영국과 프랑스 간의 세력쟁탈전은 치열했으나 1759년의 퀘벡 결전에서 영국은 프랑스 군대를 대패시켰다. 유럽에서의 전투도 영국이 우세해지자

---

48) Gruver, 앞의 책, 78쪽.

49) 프랑스-인디언 전쟁의 경과는 Wesley M. Gewehr, Donald C. Gordon, Davis S. Sparks, and Ronald N. Stromberg, 앞의 책, 42-58쪽 참조.

양국은 1763년 파리협정(Treaty of Paris)을 맺었고 이로써 전쟁이 종식되었다. 협정에 따라 프랑스는 모든 식민지를 상실하였고 영국은 북미대륙의 거의 모든 식민지를 차지하게 되었다.

그런데 식민지 하원의 조세에 관한 권한을 영국정부와 영국국회가 무시하면서 아메리카 대륙의 식민지와 영국 간에 갈등의 골이 깊어지기 시작하였다. 이 무렵 식민지 의회는 개별 식민지 내에서 식민지인들의 경제생활에 영향을 미치는 세금에 대해서는 상당한 수준의 조세권을 확보하고 있었다.

〈표 1-1〉 식민지 의회·연방의회 비교

| 구분 | | 구성/선거구 | 기능 | 임면/임기 |
|---|---|---|---|---|
| 식민지 의회 | 상원 | 판사·기업가 등 지역의 유력인사들로 구성 | 입법·사법·행정의 기능 동시 보유하며 총독의 자문에 응함. 총독은 상원 의장 겸직 | 국왕이 총독 임면. 하원의원에 비해 장기간 복무 |
| | 하원 | 읍(Town)과 군(County)에서 선발된 대표들로 구성 | 민의를 대표하고 식민지의 세금 관련 문제에 일차적인 권한 보유. 조세나 예산 등을 편성, 의결하는 권한 보유 | 매년 선거를 통해 선출 |
| 연방 의회 | 상원 | 주(state)를 선거구로 하여 유권자가 직접 선출 | 대외적으로 미국의 의사 반영. 국제관계·외교문제 관련 우월권 보유. 부통령은 상원의장 겸직 | 대통령 후보자가 부통령 후보자 지명. 하원의원(2년)보다 장기간 복무(6년). 대통령 후보자가 부통령 후보자 지명 |
| | 하원 | 주의 지역구(district)를 선거구로 하여 유권자가 직접 선출 | 민의를 대표하고 세금, 예산문제 관련 우월권 보유 | 2년마다 선거를 통해 선출 |

# ■■■ 제2장 연합의회와 헌법회의

## 제1절 독립운동의 원인과 경과

### 1. 식민지 중과세 정책

1760년대 초반에 이르면 영국 본토와 아메리카 식민지 간의 지리적 거리, 그리고 발전한 식민지의 자치행정이 국왕과 식민지 사이의 결속력을 약화시키고 있었다. 게다가 영국정부의 지나친 중과세 정책은 식민지의 독립운동을 유발하게 되었다.

식민지에서 원자재를 싼 가격에 구입하고 원자재로 가공한 상품을 다시 식민지에 가져가 비싼 가격으로 판매하여 이익을 취하고자 한 영국정부는 이를 위해 식민지는 반드시 본국과의 무역만을 하도록 하였고, 다른 나라와 무역거래를 할 때에는 높은 세금을 부과하였다.

영국은 1756년부터 1763년까지 7년 동안 아메리카 대륙에서 프랑스 식민지를 잠식해 들어가는 과정에서, 또 플로리다를 스페인으로부터 무력으로 획득하는 과정에서 국가재정에 상당한 결손이 발생하였다. 영국은 프랑스와의 전쟁에서 승리하여 북미대륙의 주도권을 장악하기는 했지만 전쟁으로 인한 부채 등 심각한 재정난에 봉착하게 되자 국가재정 보충의 한 방법으로 식민지에 대한 중과세 정책을 채택하였다. 7년 전쟁을 포함하는 여러 전쟁은 식민지의 주민을 보호하기 위한 전쟁이었으므로 그 비용은 식민지에서 부담해야 한다는 논리가 이때 제시되었다.

▷ 설탕법·화폐법

영국정부는 프랑스 – 인디언 전쟁이 끝나자, 1764년에 설탕법(Sugat Act)을 제정, 공포하였다. 이 법은, 세관에 들어오는 설탕에 대한 관세를 높이는 동시에 밀수입자에 대한 통제를 강화하는 내용이다. 또한 화폐법(Currency Act)을 제정하여 식민지 의회의 지폐발행을 금지시켰다. 뿐만 아니라 급속히 번창하는 영국기업과 경쟁할 수 없도록 식민지의 제조업 발전도 규제하였다.

▷ 군대 숙영법

캐나다 일부와 미시시피 주 동쪽의 북미 대륙 전체를 지배할 수 있게 된 영국정부는 군대를 식민지에 주둔시키고 있었다. 1765년에 '군대숙영법'을 제정하여 식민지 주민들에게 영국군대 주둔에 필요한 숙식제공을 요구할 수 있게 되었다.[1]

▷ 인지세법

식민지 무역에 부과된 세금과 관세는 과거에는 식민지의 상업을 규제하기 위한 수단이었으나 인지세법은 영국이 식민지 의회의 동의 없이 세입을 증대시키려는 의도에서 나온 것이다.

1765년에는 인지세법(Stamp Act)을 제정하여 식민지에서 발행하는 법률적 효력 혹은 영향력이 있는 모든 문서, 즉 신문, 달력, 팸플릿, 증서, 유언장,

---

1) 매사추세츠 의회와 뉴욕의회는 식민지에 주둔하는 영국군에게 제공하는 숙박 및 물품보급 요구에 대한 표결을 거부하였다.

면허증, 상업계약서 등에 세금을 부과하기로 하였다.[2]

▷ 타운센드법

국가재정문제의 실권을 쥔 재무장관 찰스 타운센드(Charles Townsend)의
주도하에 영국정부는 1767년에 이른바 '타운센드법(Townsend Act)'을 공포
하여 식민지로부터 들어오는 모든 수입품에 대해 관세를 부과하는 정책을
취하였다. 타운센드법은 종이, 염료, 유리, 차 등 식민지로 수입되는 일용품
에 대하여 수입관세를 부과하는 법률이다. 영국정부는 식민지에 관세청을
설치하여 관세도 부과하고 불법 밀수행위 근절에도 나섬으로써 확실하게 세
원(稅源)을 지키고자 하였다.


## 2. 조세저항·정치저항

인지세법에 대한 식민지인들의 저항은 강력했고 집요했다. 언론인, 변호
사, 목사, 상인 및 사업가들이 분개하였고, 주요 상인들이 수입거부협회를
조직하였으며, 거물급 인사들이 종종 폭력적인 수단을 통해 인지법에 항의
하기 위해 비밀결사단체를 조직하기도 하였다. 1765년 여름에 이르러서는
영국과의 교역이 급격히 감소되었고, 여러 식민지에서 인지세법은 무효라고
하는 선언이 발표되었다.

1765년 5월 버지니아 식민지 의회 하원은 패트릭 헨리(Patrick Henry) 의
원의 주장에 따라 "대표권 없는 과세는 식민지의 자유에 대한 위협"이라고
비난하는 일련의 결의안(the Virginia Resolves on Stamp Act)을 가결하여 인
지세법(印紙稅法)에 대한 반대 의사를 분명히 하였다. 그 주요 내용은 버지
니아 식민지 의회는 "버지니아 주민은 영국인으로서의 권리를 갖는다. 따라

---

2) Faragher, 앞의 책, 882쪽. 이 법안은 영국국회에서 표결 결과 200 대 49로 가결되었으나, 실시해 보지
　도 못하고 1766년 3월 18일 폐기되었다.

서 오직 그들의 대표에 의해서만 과세될 수 있다.”고 선언했다. 이렇게 버지니아 의회는 인지세를 반대하는 반대 의결을 최초로 행하였는데 이를 '버지니아 의결(The Virginia Resolution on Stamp Act)'이라고 한다.

매사추세츠 의회 하원도 인지세법에 반대하는 결의를 하고, 아메리카 식민지의 공통의 문제에 대해 공동으로 행동을 취하기 위해 연합의회(the Confederate Congress)를 구성하자고 호소하였다. 매사추세츠 의회는 1765년 6월 8일 모든 식민지들에 대하여 국왕과 영국국회의 부당한 행위로부터 벗어나기 위한 호소를 상의하기 위하여 10월에 뉴욕에서 열릴 이른바 '인지세법회의(Stamp Act Congress)'에 참가해 줄 것을 요청하였다.

9개의 식민지에서 온 27명의 대표들이 1765년 10월 뉴욕 시에서 회동하였다. 이 회의는 영국시민은 그들의 대표 없이는 세금을 낼 수 없다고 선언하고, 식민지 의회를 통하지 않고서는 식민지 주민들에게 과세할 수 없다는 내용의 탄원서(The Declaration of the Rights and Grievances of the Colonists in America)를 작성하여 영국정부에 보냈다.[3]

설탕법하의 과세는 간접세인 것에 비하여 인지세법하의 과세는 직접세였기에 식민지 사회의 반발은 더욱 거세졌다. 1764년의 화폐법 제정 및 시행까지는 식민지 주민들의 반항을 유발하는 선에서 끝났으나 인지세법으로 인하여 식민지 전체의 분노와 저항을 유발하게 되었다.

또한 타운센드법의 시행을 못마땅하게 여긴 식민지 각지에서 반대운동이 일어났으며, 영국 상품 배척, 영국 관공서 습격 사건이 연이어 발생하였다.

식민지인들은 자치정부를 발전시키는 과정에서 경제력을 향상시켰으며, 자신들의 자유를 누리는 데 익숙해져 있었다. 따라서 그들은 식민지 안에서는 식민지 의회만이 유일하게 정부지출예산을 통제할 수 있다고 믿었다. 당시 그동안 상당한 독립을 누리고 있던 식민지들은 이제 더 많은 자유를 요구하게 되었다.

---

3) Faragher, 앞의 책.

그동안 없던 세금과 관세가 신설되면서 식민지인들의 불만은 커지기 시작하였다. 그들은 자신들이 참여하지 못하고 있는 영국국회의 의결은 부당하다고 주장하면서, 이와 같은 과세는 '대표권 없는 과세'로서 영국시민의 역사적인 권리를 유린하는 것이라고 반발하였다. 식민지 주민들은 영국 정부가 부과한 설탕법, 인지세법, 타운센드법 등 새로운 조세 제도와 각종 규제에 저항하기 시작하였다.[4]

영국국회는 처음에는 식민지 사람들의 이러한 주장을 수용하려 하지 않았다. 그러나 식민지에서 영국 상품 불매운동이 번지자 영국 상인들은 식민지 시장의 상실을 우려하여 인지세법을 폐기하는 쪽으로 기울었고 이들의 압력을 받은 영국정부는 1766년 3월 18일 인지세법을 폐기하였다.

식민지 사회의 분위기는 조세저항 차원을 넘어 정치저항으로 연결되고 있었다. 1770년 3월 신임 총리로 취임한 노스 경(Lord North)은 식민지의 분위기를 간파하고 차에 부과된 관세를 제외한 다른 모든 타운센드관세의 폐지를 결정하였다.


## 3. 보스턴 학살사건

영국에서 타운센드관세가 폐지되었다는 소식이 미국 식민지에 전해지기 전에 매사추세츠에서 한 사건이 발생하였다. 1770년 3월 5일 일단의 부두노동자들이 보스턴 관세청(Boston Custom House) 보초들에게 '빨은 굴 껍질(oyster shells)'과 눈뭉치를 던지며 공격하였다. 이를 막기 위해 영국군 병사들이 건물 앞에 배치되었는데 결국 격투가 벌어졌고 영국군 병사들이 총을 발사하는 과정에서 5명이 사망하고 6명은 부상하였다.[5]

---

4) 대표권 없이는 세금을 부과하지 못한다는 식민지인들의 주장은 영국의 정치전통에서 나온 것이다. 과거 국왕이 국가를 통치하는데 소요되는 예산을 충당하기 위하여 국민의 대표자들을 런던으로 불러 국왕의 요구를 심의, 가결하도록 하여 왔다.

5) Gruver, 앞의 책, 149쪽.

보스턴 사람들로 구성된 배심원 앞에서 재판을 받은 영국 군인들은 과실 치사로 유죄판결을 받고 명목상의 처벌을 받았다. 그러나 식민지에서 발행되는 신문과 자료(팸플릿)는 영국 군인들이 '학살'을 하였다고 보도하였다.

보스턴 학살사건(Boston Massacre) 이후 식민지의 불만을 공식적으로 토로해 줄 기구들이 설치되기 시작하였고, 다른 한편에서 식민지의 저항에 이론적 논거와 정당성을 부여해 줄 여러 사상들이 등장하였다. 특히 존 로크(John Locke, 1632~1704)와 몽테스키외의 사상에서 영국정부에 대항할 이론적 논거를 도출하였다. 로크 사상의 중심논제는 새로운 정부의 형태에 관한 것으로서, 군주와 국가권력은 누구를 위해서 존재하는가를 묻는 것이다.6) 로크는 입법권이 국민을 대표하는 의회에 위임되는 것에 대하여, 집행권을 국왕과 그 내각에 두어야 한다는 2권 분립론을 제시하였고, 몽테스키외는 로크의 2권 분립론을 바탕으로 하여 사법권을 별도로 분리시키는 삼권 분립론을 제시하였다.

권력분립론에 대한 검토를 바탕으로 하여 식민지인들은 영국국회가 전체로서 제국을 위해 법률을 입안할 권리를 가졌으나 개개의 식민지를 위한 입법권은 각 식민지 의회에 있다고 주장함으로써 '과세 대표권'과 '지방분권'을 주장하기 시작하였다.


## 4. 통신위원회 설치

1770년에 발생한 '보스턴 학살사건'에 대한 공공의 분노를 선동한 사람은 새뮤얼 애덤스(Samuel Adams)였다. 그는 1772년 11월에 보스턴에 통신위원회(Committee of Correspondence)를 조직하여 식민지에서 반영(反英)운동을 전개하고 있는 사람들과 연락을 취하기 시작하였다. 그리고 영국에 대한 불

---

6) 17세기 영국에서 국왕과 국회가 권력을 다투자, 로크는 국왕과 국회의 임무는 국민의 권리를 보호하는 것이라고 주장했다. 그리고 그의 이러한 사상이 아메리카 대륙에 전파되었다.

만을 공식화할 것을 제안하였다.

그 결과 각 주에 '식민지 간 통신위원회(inter-colonial committees of corre-spondence)'가 설립되었고, 이 정치조직망 결성을 통하여 식민지들 사이에 느슨하기는 하지만 지속적인 협력이 가능해지게 되었다.[7]

식민지에서 전개되기 시작한 독립운동은 영국정부의 탄압으로 인하여 더욱 적극적으로 전개되기 시작했으며, 1774년까지 12개 식민지가 정보교류와 연대를 위하여 이 통신위원회에 가입하였다.


## 5. 보스턴 차 사건 및 그 영향


영국의 동인도회사(the East India Company)는 영국에서는 판매 처분하기 어려운 많은 양의 차를 재고(在庫)로 안고 있어 파산 직전에 있었다. 이에 영국정부·영국국회는 재정난에 처해 있는 동인도회사를 구제하기 위하여 1773년 5월에 차세법(茶稅法, the Tea Act)을 가결하여 동인도회사가 영국정부에 관련 세금을 내지 않고도 식민지에 직접 수출할 수 있는 길을 열어 주었다.

특권을 받게 된 동인도회사는 식민지 상인들보다 싼값에 차를 판매하여 차 무역을 독점할 수 있었다. 그러자 식민지 지도자들은 이 법이 실제 식민지 상인들에게 헌법에 위배되는 세금을 부과하고 있음을 보여 주는 것이라고 주장하고, 차 불매운동을 전개하였다.[8]

홍차무역전매권을 부여받은 동인도회사의 선박이 홍차를 가득 싣고 보스턴 항구에 입항해 있던 1773년 12월 16일 저녁, '자유의 아들들(Sons of Liberty)'이라는 단체의 청년 60명이 인디언으로 가장한 후 세 개의 팀으로 나뉘어 정박 중인 3척의 영국 선박에 올라갔다. 그리고는 영국에서 수입한

---

7) Charles A. Beard, *American Government and Politics*, 3rd edition(New York: Macmillan, 1921), 22쪽.

8) Barbara Hinckley and Sheldon Goldman, *American Politics and Government* (Glenview, IL: Scott, Foresman and Company, 1990), 5쪽.

342개의 홍차 상자를 개봉한 후 차를 바다로 던져 버렸는데, 이 사건을 '보스턴 차 사건(the Boston Tea Party)'이라고 한다.9) 이 소식이 전해지자 다른 항구에서도 비슷한 사태가 벌어졌다.10)

'보스턴 차 사건' 이후 영국정부는 탄압정책을 강화하기 시작하였는데, 1774년 3월부터 6월까지 주민의 생활에 고통을 주고, 정치활동을 제한하는 네 개의 법률을 제정, 발포하였다. 식민지에서 '참을 수 없는 법률(Intolerable Act)'이라고 불린 법률들은 다음과 같다.11)

▷ 보스턴 항구 폐쇄법: 보스턴 차 사건으로 인하여 영국과 동인도회사가 입은 손실이 보상될 때까지 보스턴 항구를 폐쇄한다.

▷ 사법행정법: 매사추세츠 주에서 식민지인에게 고발당한 영국정부 관리와 군인에 대한 재판은 본국인 영국에서 실시한다.

▷ 매사추세츠정부법: 매사추세츠의 자치를 실질적으로 무효화하여 종래 하원에서 선출하던 상원의원을 앞으로는 국왕이 임명하고, 읍(town)의 집회는 총독의 허가를 받지 않을 경우 1년에 1회로 제한한다.

▷ 병참법: 기존의 숙영법을 강화하여 식민지에 주둔한 영국군대의 숙영 범위를 확대한다. 이들의 주둔에 필요한 의식주 관련 비용을 식민지인들이 부담 한다. 영국군대의 숙영 용도로 건물과 생활시설, 식량 등을 식민지 각 가정에서 제공해야 한다.

---

9) Larry Berman and Bruce Allen Murphy, *Approaching Democracy*, 3rd ed.(Upper Saddle River, NJ: Prentice-Hall, 2001), 33쪽. 이 사건은 미국 독립혁명으로 이어지는 도화선이 된 사건 중의 하나이며, 행동대인 '자유의 아들들'은 새뮤얼 애덤스에 의해 조직된 것으로 알려져 있다.

10) Faragher, 앞의 책, 104쪽. '자유의 아들들'은 1765년 영국국회가 인지세법을 가결시킨 후 이에 항의하기 위하여 보스턴에서 조직된 단체이며, 보스턴 차 사건 이후 다른 주로도 전파되었다. 그들은 1770년 보스턴 학살사건을 유도했고, 보스턴 차 사건을 부추겼다.

11) 이보형, 앞의 책, 57쪽.

## 1. 제1차 대륙회의(1774.9.5~10.16)

### 1) 회의 소집

식민지인들은 탄압적인 법률들이 매사추세츠에만 적용될 것이라는 생각은 하지 않았다. 이른바 '참을 수 없는 법률'이 시행되었지만, 매사추세츠 주는 이러한 법률의 시행으로 인하여 고립되기는커녕 다른 식민지인들의 눈에 오히려 '어려움에 빠져 있는, 지원해 줘야 할 동료'처럼 비쳐지는 현상이 나타나게 되었다. 각 식민지 의회는 매사추세츠를 지지하는 일련의 결의안을 잇달아 채택하였다. 이에 힘입어 매사추세츠 주는 전체 식민지 회의를 소집하여 영국에 저항하기로 하였다. 그래서 12개 식민지로부터 55명의 대표가 필라델피아에 모여 영국의 보복에 대한 대책을 강구하게 되었는데, 이 회의를 제1차 대륙회의라고 한다.

이 회의의 소집경과를 좀 더 보면, 영국국왕이 임명한 버지니아 총독 던모어 경(Lord Dunmore)이 1774년 5월 버지니아 주 의회를 해산한 것이 대륙회의 소집의 발단이 된 것을 알 수 있다. 패트릭 헨리는 해산된 식민지 의회의 의원들을 윌리엄스버그(Williamsberg)의 '롤리 태번(Raleigh Tavern)'으로 불러 회의를 하였다.[12] 그리고 '참을 수 없는 법률'들이 모든 식민지의 자유를 침해했다고 선포하고 제1차 대륙회의(the First Continental Congress)의 소집을 요청하였다.[13] 1774년 9월 5일, 필라델피아에서 제1차 대륙회의가 개최되었다. '통신위원회'의 제안으로 처음으로 개최된 이 회의에서 각

---

12) Faragher, 앞의 책, 402 - 403쪽. 롤리 태번의 카펜터즈 홀(Carpenters' Hall)에서 열린 회의에는 조지 워싱턴, 새뮤얼 애덤스, 리처드 헨리 리(Richard Henry Lee), 패트릭 헨리(Patrict Henry) 등 훗날 미국 건국의 원훈이 되는 인물들이 다수 참석하였다.

13) Gruver, 앞의 책, 154쪽.

식민지들은 정부체제를 식민지 협의회(Provincial Congress) 체제로 전환시키고 민병(militia)을 규합하여 만약에 있을 영국과의 전투에 대비하자는데 합의하였다.

이 회의에서 5가지의 주요 사항이 결정되었다. 이들 사항은, ① 영국정부의 식민지 통합계획을 거부한다. ② 불만사항은 비교적 온건하게 표현한 탄원서를 작성하여 제출한다. 1763년 이후 제정된 강압적인 법을 모두 철회할 것을 요구한다. ③ 보스턴의 영국 군대가 공격해 올 경우를 대비하여 군사적 준비를 제의하는 여러 결의안을 승인한다. ④ 영국과의 모든 교역이 중단되기를 희망하는 가운데 영국 상품 불매운동에 동의하고, 이러한 결의를 실행하기 위해 대륙협회(Continental Association)를 조직한다. ⑤ 영국의 탄압법이 철회되지 않으면 대표자들은 1775년 5월에 다시 모이기로 한다.

이 내용에서 대륙회의에서 의결된 주된 내용은 영국의 '참을 수 없는 법률(1774)'에 대한 항의, 즉 식민지인들의 불만을 영국에 전달하고, 유사시에 대비하여 식민지 간의 연합전선을 구축하기 위한 것임을 알 수 있다.

상황이 이렇게 전개되자 영국국회는 식민지인들을 회유하는 안을 놓고 논의를 거듭하였다. 1775년 초, 노스 경은 회유사항(Conciliatory Proposition)으로 알려진 일련의 조치를 승인받았는데, 그 내용은 영국국회가 요청하면 식민지 의회가 스스로 세금을 부과한다는 제안이다. 그러나 이 제안이 식민지에 도달하기도 전에 이미 전쟁이 시작되고 있었다.

## 2) 식민지 협의회 구성

제1차 대륙회의가 열리는 시기를 전후하여 여러 식민지에서는 중대한 움직임이 일어나고 있었다. 그것은 자문위원회(Council) 또는 식민지 협의회(Provincial Congress)의 구성이었다. 왕령식민지는 식민지 의회의 활동이 법적으로 제한을 받았으므로 긴급사태에 즉시 대응하기 어려운 경우가 있었다. 그래서 식민지 의회와는 성격을 달리하는 대의기관으로 식민지 협의회

가 구성되었다.[14)]

매사추세츠 식민지 협의회는 1774년 10월 콩코드에서 첫 회의를 가졌다. 회의에서 식민지인의 생명, 자유, 재산을 보호하기 위해 주민 각자가 무장하자고 결의하였으며, 민병의 교육 및 훈련 지휘 임무를 맡을 공안위원회를 조직하기로 하였다.

이들이 모여 2개월 동안 토의하는 가운데 온건파와 강경파 간의 대립이 있기는 했으나 서로 의견을 절충하려고 노력하였다. 이때에는 독립은 결의하지 않고, 대신 자신들이 영국국왕의 충실한 신하라는 사실을 다짐하면서 영국정부에서 취하고 있는 억압정책을 비판하는 항의문을 채택하여 영국정부로 보내기로 결정하였다.

10월 14일 '선언과 결의(Declaration and Resolves)'를 통해 영국국회의 식민지에 대한 모든 입법은 식민지인의 권리침해라는 것을 다시 밝히고, 식민지 의회의 동의를 받지 않는 영국군의 주둔 또한 불법이라고 단정하였다. 10월 20일에는 '대륙통상금지협정'을 맺어 이때까지 자발적으로 이루어졌던 영국 상품의 불매운동을 강제성을 띠는 운동으로 전환하고, 10월 26일 영국의 탄압적 법률이 철회되지 않는다면 1775년 5월에 다시 대륙회의를 소집하기로 약속하고 해산하였다.[15)]

## 2. 제2차 대륙회의

### 1) 렉싱턴·콩코드 총격사건

예정된 제2차 대륙회의(the Second Continental Congress)가 개최되기 몇 주일 전인 1775년 4월 19일에 매사추세츠 주 보스턴 근교의 렉싱턴(Lexington)

---

14) 이보형, 앞의 책, 59쪽.

15) Karen O'Connor and Larry J. Sabato, *American Government*(Boston: Allyn and Bacon, 1993), 33쪽.

과 콩코드(Concord)에서 영국군대와 지방 민병대인 미니트맨(Minutemen, 1분
대기조) 사이에 충돌사건이 발생, 총격전으로 이어졌다.[16]

영국정부는 '보스턴 차 사건'과 관련하여 매사추세츠를 단속하려고 영국
군대를 이들 지역으로 이동, 주둔시켰는데 주둔 후 얼마 되지 않은 시점에
서 충돌사건이 발생한 것이다.

렉싱턴과 콩코드에서의 전투 이후 한 달 만인 1775년 5월 식민지와 영국
군이 교전상태에 돌입하고, 미국 독립전쟁이 시작되었다.


## 2) 대륙회의 개회

제2차 대륙회의가 렉싱턴·콩코드 총격사건 발생 다음 달인 1775년 5월
10일 필라델피아에서 개최되었다(1775.05.10-1781.03.01).[17] 13개 주의 대표
가 모두 참석한 이 회의에서는 매사추세츠 출신 존 행콕(John Hancock)을
의장으로 선출하였다.[18] 회의 5일 후인 5월 15일, 버지니아는 다른 주에 앞
서 영국에 대해 독립을 요구하였다.

대륙회의는 그해 6월에 식민지 군대인 대륙연합군(the Continental Army)
을 편성하고 그 총사령관에 조지 워싱턴 장군을 임명하였다.[19]

대륙회의에 참석한 대표들은 전쟁을 지원한다는 데에는 동의했으나 전쟁
의 목적에 대해서는 합의를 보지 못하였다. 그것은 존 애덤스와 그의 사촌
새뮤얼 애덤스, 버지니아의 리처드 헨리 리 등 독립을 선호하는 집단과, 다
른 한편에 펜실베이니아의 존 디킨슨(John Dickinson)처럼 영국과 조속히 화
해하기를 희망하는 온건파가 있었기 때문이다.

---

16) Wesley M. Gewehr, Donald C. Gordon, Davis S. Sparks, and Ronald N. Stromberg, 앞의 책,
58-59쪽.

17) Carl Brent Swisher, *American Constitutional Development*(Cambridge, MA: Houghton Mifflin
Company, 1954), 15쪽; Gruver, 앞의 책, 156쪽.

18) O'Connor and Sabato, 앞의 책, 33쪽.

19) 워싱턴 장군은 정규군과 각 식민지에서 차출된 민병으로 군대를 구성한 후 전쟁을 수행하였다.

식민지가 반란상태에 돌입했다고 판단한 영국정부는 그해 10월 이를 무력으로 진압하고자 하였다. 전쟁은 식민지 주 중에서 가장 불만이 큰 곳 가운데 하나였던 매사추세츠 주에서 시작되었다.

대부분의 식민지는 처음에는 독립이 아니라 대영제국(大英帝國) 내부에서 불만사항을 시정하기 위해 싸운다고 생각했으나, 전쟁이 발발하고 1년이 지나면서 자신들의 가치를 지켜야 한다는 쪽으로 생각을 바꾸기 시작하였다.[20]

결과적으로 제2차 대륙회의는 '특별 국민정부(ad hoc national government)'를 수립하기 위한 모임이 되었다.


## 3. 독립선언

1776년 6월 7일 버지니아 식민지의 대표인 리처드 헨리 리(1732~1794)가 대륙회의 석상에서 영국과의 정치관계를 모두 해소하고 독립을 선언할 것을 동의하였다.

이에 대륙회의는 6월 10일 참석자 중에서 벤저민 프랭클린(Benjamin Franklin), 존 애덤스(John Adams), 로저 셔어먼(Roger Sherman), 로버트 리빙스턴(Robert Livingston), 토머스 제퍼슨(Thomas Jefferson) 등 5인을 선출하여 독립선언서 기초위원회를 구성하고, 독립선언서를 기초하게 하였다.

대륙회의는 6월 11일 독립선언을 기초할 5인 위원회 구성을 마치고 토머스 제퍼슨을 대표 기초자로 임명하였다. 버지니아대표인 33세의 토머스 제퍼슨(1743~1826)이 벤저민 프랭클린과 존 애덤스의 도움을 받아 독립선언서의 대부분을 기초하였으며, 이 위원회는 6월 28일 제퍼슨이 작성한 초안

---

20) 과도기에는 중앙정부가 없었으므로 행정업무는 주로 지방에 있는 주 정부에서 처리하였다. 영국의 식민지 정책이 약해지면서 미국 각처에는 독립선언서가 나오기 전에 이미 독립된 주 정부가 나오기 시작하였다. 1776년 1월에 미주 북방에 있는 뉴햄프셔(New Hampshire) 주가 식민지 정부를 주 정부로 변경하는 헌법을 선포하였다. 곧이어 남부의 사우스캐롤라이나 주도 주 헌법을 선포하여 영국의 식민지 통치에서 벗어나고자 하였다.

을 심의, 확정하였다.[21)]

대륙회의는 영국과의 결별을 향하여 움직이고 있었다.[22)] 대륙회의는 1776년 7월 2일에 독립결의문을 채택하였다.[23)]

대륙회의는 이틀 후인 1776년 7월 4일 독립선언서(Declaration of Independence) 자체를 승인하여 이틀 전에 식민지 대표들이 취했던 행동을 공식적으로 정당화하였다. 토머스 제퍼슨이 주로 기초한 '독립선언문'이 이 날 채택되자 식민지 각 주는 바로 독립선언을 발표하였다. 독립선언서 발표 이후 각각의 식민지가 주(state)로 개편되기 시작하였다.

독립선언서의 주요 내용은, 모든 인간은 평등하게 창조되었다, 인간은 천부의 권리를 부여받았는데 그중에는 생명과 자유와 행복의 추구가 있고, 인류는 이러한 목적을 위하여 정부를 조직했으며, 정부의 정당한 권력은 국민의 동의로부터 나온다는 것을 명시하여, 입법부의 동의하에 행정부가 집행한다는 권력분립의 이념을 언급하였다.

대륙회의가 독립선언문을 채택한 직후부터 본격적인 독립전쟁이 시작되었다.


## 제3절 연합의회(Confederate Congress)


### 1. 대륙회의, 연합헌장 채택

식민지인들이 시급하게 처리해야 했던 일은 독립한 13개 주(state)를 연합

---

21) Faragher, 앞의 책, 237쪽. 독립선언서는 1776년 6월 7일 리처드 헨리 리가 독립에 관한 제안을 대륙회의에 제안한 것을 바탕으로 하였다.

22) 게이지 장군이 새뮤얼 애덤스, 존 행콕을 체포한 것도 미국 독립혁명을 재촉하는 원인 중의 하나가 되었다.

23) Gruver, 앞의 책, 158쪽. 뉴욕 주는 기권하고 12개 주가 찬성하여 가결되었다. 뉴욕 주는 7월 9일에 독립선언서를 승인하였다. 결의문의 내용: 식민지 연합(United Colonies)은 자유롭고 독립된 나라가 되어야 하며, 또한 그렇게 될 권리가 있다. 영국국왕에 대한 모든 의무에서 벗어날 것이고 식민지 연합과 대영제국이 맺고 있던 모든 정치적 관계는 완전히 해체될 것이며, 그렇게 되어야 한다.

하여 하나의 통일된 국가를 형성하는 일이었다. 1776년 6월 12일에 이 문제를 취급할 위원회가 조직되었다.

제2차 대륙회의는 1777년 11월 15일에 연합헌장(정식 명칭: 연합 및 항구적 동맹에 관한 헌장, Articles of Confederation and Perpetual Union) 채택을 결정하였으며, 바로 각 주의 비준을 얻기로 하였다.[24]

13개 주 가운데 11개 주로부터는 1년 이내에 비준, 승인을 받았다. 나머지 두 개 주는 델라웨어 주와 메릴랜드 주였는데, 델라웨어는 1779년, 메릴랜드는 1781년에 각각 비준을 마쳤다. 마지막으로 메릴랜드의 비준이 1781년 2월에 끝나자, 곧 제2차 대륙회의의 결의에 따라 3월 1일부터 '조문'이 발효되어 연합헌장 체제가 정식으로 공포되었다.[25]

연합헌장 체제하에서 중앙정부는 단원제로 구성된 국회, 즉 연합의회뿐이었다. 연합의회는 각 주에서 대표자를 2～7명씩 보내어 회의에 참석하게 했는데, 투표권은 각 주마다 한 표씩만을 주었다. 그리고 이 평등의 원칙(principle of equality)은 연합헌장의 '품질증명서(hall mark)'가 되었다.[26]

각 주는 '주권, 자유, 독립'을 가지고 있었고, 중앙정부는 연합헌장에서 명시적으로 양도받은 권한만을 보유하고 있었다. 양도받은 권한이란 '각 주의 공통적인 방위, 그들의 자유보장, 상호 간의 일반적인 복지'를 위해 필요한 범위 안에서 중앙정부에 부여된 권한이다. 즉 육군, 해군의 모집과 유지, 외교관계, 각 주에서 염출하는 자금과 군사문제, 인디언과의 관계, 우체국 운영, 전쟁권, 도량형의 제정 같은 것들이다.

연합헌장을 채택하기 위해서는 3분의 2 이상의 찬성이 필요했다. 즉 13개 주 가운데 9개 주 이상이 찬성해야 했다. 그러나 일단 가결된 법률이라도 각 주의 힘에 의하지 않고서는 효력을 발휘할 수 없었다. 자금을 모으는 데 있어서도 국회가 직접 세금을 과세할 권한이 없었고, 각 주에서 보내 주는

---

24) Carl Brent Swisher, 앞의 책, 19-20쪽.

25) Heineman, Robert A. et al., *American Government*(New York: Mcgraw-Hill, 1989), 33쪽.

26) Hinckley and Goldman, 앞의 책, 5쪽.

돈으로 비용을 사용하도록 되어 있었다.[27]

## 2. 연합의회의 기능 및 권한

### 1) 형태

독립을 선포하고 난 대륙회의는 다시 영국과 싸우기 위해 1777년 11월 15일 13개조의 '연합헌장'을 채택하였다.[28] '연합헌장'에서는 새로 형성된 정체를 '굳은 우의의 연맹(a firm league of friendship)'이라고 표현했는데, 이는 연합헌장하에 성립된 중앙정부는 하나의 정부라기보다는 각기 주권을 가진 13개 주의 동맹체라는 뜻이다. 이 연합헌장은 13개 주가 각각 독립해 있으면서도 서로 공동 사명을 위하여 굳게 협력하자는 것이었다. 이 헌장은 1781년까지 13개 주 전부의 승인을 받아 효력을 발생하게 되었다.

대륙회의에서 연합헌장을 채택한 것은 기존의 권력분산체제를 유지하겠다는 의사를 분명히 한 것이다. 즉 중앙정부는 느슨한 형태를 유지하고 주 정부가 독립적이고 강력한 집행권을 가져야 한다는 다수 대표자들의 의사를 반영한 것이다.

1776년부터 1781년까지의 기간은 식민지가 독립은 성취했으나 아직 중앙정부를 수립하지 못하고 있을 때이다. 제2차 대륙회의에서 중앙정부를 준연방제의 형태로 세우기로 하여 1777년, 즉 독립을 한 다음 해에 기본법으로 연합헌장(the Articles of Confederation, 1781~1789)을 기초하여 각 주에 송부하여 비준을 받기로 하였다.[29]

---

27) 1771년부터 1786년에 국회는 1,567만 달러를 주에서 내도록 결의하였으나, 실제로 들어온 액수는 241만 9,000 달러에 지나지 않았다. 국회는 위원회를 통하여 실무를 보았다. 국회는 아무런 권한이 없었으므로, 가장 문제가 많았던 주와 주 사이의 상업 통제에 관해서도 거의 무력한 상태로 있었다.

28) 연합헌장은 독립된 미합중국의 첫 번째 국민헌법으로서 1776년에 기초되어 1781년에 채택되었다. 그리고 1789년 3월 4일 현재의 연방헌법으로 대체되었다.

29) 헌법회의 당시 기초자들이 직면했던 절박한 문제는 연합헌장에 의거하여 1781년에 구성된 연방정부의 취약성이었다. 이 연합헌장은 미국에서 최초로 등장한 헌법이었으며, 연합헌장에 의해 주정부연맹 비슷한

## 2) 연합의회 구성 및 임기

연합헌장하에서 연합의회는 단원제 의회(Congress)였고, 의원의 임기는 1년, 각 주의 의원 정수는 2∼7명, 그리고 의원에 대한 임명은 각 주에서 하였다. 연합의회에서 표결 시에 각 주는 1표씩만을 행사할 수 있었다. 주의 인구나 면적의 크고 작음에 관계없이 1표의 투표권을 부여하였다.

연합헌장에 따라 전권이 '연합의회'라고 불리는 단일 연방입법기구에 부여되었다. 앞에서 언급한 것처럼 각 주는 연방의회에 2∼7명의 대의원을 보내기는 했으나 투표 시에는 단 한 표씩만을 행사할 수 있었다.

중요한 의안 결정에는 13개 주 중에서 적어도 9개 주의 동의를 필요로 하였고, 연합헌장을 수정하기 위해서는 모든 주(州)의 만장일치 찬성이 요구되었다. 연합헌장에는 행정부의 수반에 관한 규정이 없었다. 연합의회의 대의원 중 한 명이 선출되어 1년 동안 의장으로서 봉직했지만, 이 직위는 어디까지나 회의의 사회자로서의 직위에 지나지 않았다.[30]

연방정부의 세부적 기능은 각 위원회에 의해 수행되었다.

## 3) 권한의 쇠퇴

1780년대 중반에 들어서면 연합의회는 인기가 떨어지고 영향력도 저하되고 있었다. 1783년에는 연합의회 의원들이 밀린 월급을 지불하라고 요구하는 퇴역 군인들의 눈을 피해 몰래 필라델피아를 빠져나오기도 하였다.

---

것이 창설되기는 하였다. 그러나 각 주 정부는 서면협약의 조항에 따라 독자적인 주권과 자유와 독립을 보유하고 있었을 뿐만 아니라 이 헌장에서 연방정부에서 위임한다고 확실히 명시하지 않은 제반 권력과 사법권의 권리도 보유하고 있었다.

30) 연합헌장에 의해 설립된 연합의회는 제도적으로 무능한 의회라는 평을 받는다. 연합헌장은 세금징수권과 통상규제권이 없고, 정부를 이끌어갈 집행부가 없었으며, 주 사이의 분쟁을 해결할 사법제도가 없었고, 강력한 중앙정부가 존재하지 않았다는 문제를 안고 있었다. O'Connor and Sabato, 앞의 책, 37쪽.

## 4) 소재지

연합의회는 뉴저지의 프린스턴으로 잠시 피해 있다가 애나폴리스로 옮겼고, 1785년에 뉴욕으로 이전하여 자리 잡았다.

## 5) 주 정부·주 의회 선출

정부의 기구를 보면, 원칙적으로 삼권분립을 기준으로 하여 행정부, 입법부, 사법부의 독립을 기도하였다. 그러나 식민지 시절, 총독에 대한 반감이 높았던 관계로 새로 설립된 주 정부에서는 총독의 권한을 가능한 한 약하게 하려고 시도했다. 총독의 선출은 주에 따라 유권자들이 직접 선거하도록 한 주도 있고, 의회에서 하도록 한 주도 있었다.[31] 주 의회는 대부분 그 주의 행정부나 법원에 의해 견제를 받는 일이 거의 없었다. 총독은 대개 임기가 1년이었으며, 주 의회의 거부권 행사에 반대할 수 없었다. '강력한 행정부'에 대한 불신은 영국국왕이 임명한 총독과, 식민지 의회 혹은 식민지 주민들 간의 오랜 투쟁에서 생성된 것이다.

가장 큰 권한을 부여받은 것은 주 의회였다. 13개 주 중, 주 의회를 상원과 하원으로 구성되는 양원제를 채택한 곳은 12개 주였고, 펜실베이니아 주만이 단원제를 채택하고 있었다.[32]

## 3. 연합헌장 비준

1781년 3월에 미국의 13번째 주인 메릴랜드에 의해 비준되면서 효력을

---

31) 이러한 방식으로 총독을 선출하도록 한 것은 총독의 권한을 주민의 정치적인 세력하에서 벗어날 수 없게 하기 위해서였다.

32) Beard, 앞의 책, 7쪽. 주 정부의 매년도 예산은 모두 하원에서 먼저 심의를 시작하도록 되어 있었다. 사법부 역시 민주주의적인 영향을 받아, 판사를 식민지 시절처럼 총독이 임명하지 않고 주 의회에서 임명하거나 일반 선거를 통해서 선출하도록 하는 헌법 조항을 만든 주들이 있었다.

발생하게 되었다.[33] 연합헌장이 채택된 지 4년이 지난 1781년 3월 1일 식민지 13개 주 모든 주가 연합헌장을 비준함으로써 효력을 발하게 되었고, 아메리카 식민지동맹(Confederation and Perpetual Union, 1781-1789)이 탄생하였다.[34]


## 4. 연합헌장 체제의 취약점

연합헌장을 비준한 1781년과 연방헌법을 제정한 1787년 사이에 미국은 국력 약화와 불화, 소동에 휩싸였다. 연합헌장 조항 그 어디에도 법규를 집행할 수 있는 행정부나 법률을 해석할 만한 법체계는 마련되어 있지 않았다. 연합의회가 유일한 정부 기관이었지만, 연합의회는 각 주들로 하여금 자기 주에 불리한 법규를 실천하도록 강제할 권한을 지니지는 못했다.

연합헌장에 의해 1781년에 구성된 연방정부는 취약성을 노정하고 있었다. 이 헌장은 미국에서 최초로 등장한 헌법이었고, 이것에 의해 주 정부연맹 비슷한 것이 창설되기는 했으나, 각 주정부는 독자적인 주권과 자유와 독립을 보유하고 있었을 뿐 아니라, 연방정부에 위임한다고 확실히 명시하지 않은 여러 권한과 사법 권한 또한 보유하게 되었다. 연합헌장 체제의 약점은 다음과 같은 것이 있었다.[35]

---

33) 다른 12개 주의 입법기구에서는 연합헌장을 채택하기 위하여 접수 즉시 투표했으나, 메릴랜드 주에서는 최종 인준을 놓고 3년간이나 보류되어 있었다.

34) Karen O'Connor and Larry J. Sabato, *American Government: Continuity and Change*(New York: Longman, 2002), 43쪽. 동맹시대의 미국대통령은 메릴랜드 주 의회 의원과 제1차 대륙회의 의원을 역임한 존 핸슨(John Hanson, 1715-1783)이었다. 그러나 대륙회의에는 행정부가 설치되어 있지 않아 대통령은 법률의 집행을 비롯한 행정 직무를 수행하지 않았으며, 존 핸슨은 오직 대륙회의에서만 의장으로서의 직무를 수행하였다.

35) 그러나 이 연합헌장에 의하여 구성된 정부 구조는 사실 많은 문제점을 내포하고 있었다. 연합헌장은 주들 사이에 느슨한 연대를 유지하도록 했으며 연방정부에 대해서는 극히 제한적인 권한을 부여하였다. 예를 들어, 중앙 정부는 관세를 부과하고, 통상 활동을 규제하며 세금을 부과하는 등의 권한을 가지지 못했다. 또한 중앙 정부는 외교 활동에 있어서 전권을 확보하지 못했다. 당시에는 13개 식민지 중 많은 주 정부들이 자체적으로 외국과 외교 협상을 하고 있었다. 뿐만 아니라 9개 주들은 자체적으로 군대를 가지고 있었으며 일부 주에서는 해군력까지 보유하고 있을 정도였다.

▷ 단일 행정수반 부재

연합헌장이 효력을 발휘할 당시 각 부서에 지시를 내릴 만한 단일 행정수반이 존재하지 않았다.


▷ 연방법원 부재

연방법원에 관한 규정이 없었다. 즉 사법적인 문제가 발생했을 때 이를 해결할 수 있는 독립적인 기구가 존재하지 않았다.


▷ 과세권·통상 규제권 부재

연합의회는 세금을 거둘 수 없었으므로 연방재정의 자금 충당을 각 주의 찬조금에 의존하게 되었다. 그런데 각 주는 자기 주에 부과된 일정 금액의 찬조금 지불을 거절하기 일쑤였다.

연합의회는 방위, 재정, 무역과 같은 중요한 사안에 대해서는 주 의회가 의결하는 바에 따라야 했고, 연합헌장은 중앙기관의 안정성이나 힘을 보장할 수 없는 상황이었다. 그 결과 미국이라고 하는 나라가 정치적, 경제적 혼란에 빠져들고 있었다.

연합의회는 또 주 사이의 통상을 규제하고 단일 연방통화제를 확립할 만한 권한이 없었다. 주 정부들은 각기 주권국가 행세를 하면서 자기 주의 화폐를 발행했으며, 다른 주와의 경쟁에서 자기 주의 산업을 보호하기 위해 관세장벽을 쌓기도 하였다.

이렇게 연합헌장하에서 연합의회는 대륙회의가 가졌던 권한 그 이상을 가지지 못하였다. 징세권(徵稅權)과 통상 규제권(通商規制權)을 갖지 못하였다. 이 두 가지의 권한은 영국정부가 식민지에 대하여 식민지의 의사를 묻지도 않고, 또 식민지의 대표도 없는 상황에서 중과세를 했던 과거의 경험에 대한 다분히 의식적인 반영이었기에, 연합헌장은 연합의회가 단지 각 주에 대하여 필요한 기금을 요청할 수 있을 뿐, 독자적인 과세를 할 수 없도록 규정하고 있었다.

더군다나 뉴욕이나 버지니아 같은 주들은 자기 항구로 들어오는 모든 상품에 대해 관세를 부과하여 다른 주들의 보복 행위를 초래하기도 했다.

연합의회는 각 주들에 대해 연합의회 활동에 필요한 재정 지원을 기대할 수는 있었지만, 할당된 연방 예산을 지불하지 않는 주를 처벌할 수는 없었다. 세제와 관세에 대한 통제권은 각 주에 있었으며, 각 주들 간에 분쟁이 발생할 경우(당시 주 경계선에 대해 수많은 논쟁이 있었다) 연합의회가 중재 역할을 하긴 했지만 각 주들로 하여금 연합의회의 결정을 수용하라고 요구할 수는 없었다.

그 결과는 혼란으로 이어졌다. 세금 징수권을 갖지 못한 연방정부는 부채에 허덕이게 되었다. 13개 주 가운데 7개 주는 독립전쟁 퇴역군인들을 지원하고 수많은 채권자들의 요구를 충족시키며 소농과 대지주 사이의 부채 문제를 해결하기 위해, 액면가만 높고 실제 구매가치는 낮은 지폐를 대량으로 발행하였다.


▷ 단일 화폐 부재

화폐 발행권 역시 각 주가 독자적으로 보유하고 있었다. 안정된 단일 화폐의 부재로 국내는 물론 국제 무역에도 혼란이 일었다. 지폐의 가치는 주마다 천차만별이었다.


▷ 군대 단일 통솔권 부재

연합의회는 전쟁을 선포하고 군대를 일으킬 수 있는 권한을 지니고는 있었지만, 그 어떤 주에 대해서도 연합의회를 유지하는 데 필요한 군대와 무기, 설비를 분담시킬 만한 권한을 행사할 수 없었다.

매사추세츠 주 의회가 화폐 발행을 엄격히 제한하고 높은 세금을 부과하자, 독립전쟁 참전용사 다니엘 셰이즈 대위는 소규모 농민 부대를 조직하여 이에 대항했다. 셰이즈 전 육군대위와 농민부대는 다음 주의회 선거까지 법원이 채무관련 재판을 더 이상 진행하지 못하도록 힘으로 방해하였다. 이보다 앞서 매사추세츠 주의회는 급증하는 재정적자를 해소하기 위하여 새로운 세원을 개발하여 주민들에게 납세부담을 주었고, 한편에서 농민에게 빌려준 돈을 회수하지 못하고 있던 채권자들은 주정부에 대해 특단의 조치를 강구해 줄 것을 요구하는 등 주정부와 농민 등 주민들이 재정적으로 어려운 상황에 직면해 있었다. 저항세력을 진압하기 위해 군대 소집이 요청되었지만, 연방정부는 어떤 강제력도 집행할 수 없었다.[36]

유약한 중앙정부는 정책을 뒷받침해 줄 군사력을 갖추지 못했으므로, 당연히 외교·통상문제에서도 불리할 수밖에 없었다. 영국은 독립전쟁의 종식을 천명했던 1783년 평화협정에서 대륙의 북서부 영토에 있는 영국군 주둔지와 교역장에서 군대를 철수하기로 이미 합의한 바 있었지만 그것조차 거부하고 나서기도 하였다.


## 5. 파리조약

1781년 10월 19일 버지니아 연안의 요크타운에서 포위당한 영국군 지휘관 콘윌리스(Cornwallis) 장군은 그가 거느린 8,000명의 군인들과 함께 식민지군에 항복하였다.[37] 육지와 해양 양면에서 영국에 대항하는 여러 나라가

---

36) 1780년대에 닥친 경제 불황은 전국 각지의 채무자 폭동을 불러왔다. 각 주가 채무청산에 사용할 교환가치로 저렴한 지폐를 제공해야 한다는 요구를 불러일으켰다. 이러한 폭동 중 가장 눈에 띈 것이 1786년 매사추세츠 주에서 발생한 '쉐이즈의 폭동(Shay's Rebellion, 1786-1787)' 이다. 독립전쟁 시 육군 대위로 참전했던 다니엘 쉐이즈가 이끄는 농민채무자들은 폭력을 행사하여 주정부 관리들의 재산차압을 방해하였다 '쉐이즈의 폭동' 은 전국의 채무자들을 경악케 했고, 더 이상 사태가 악화되는 것을 방지하고 국가의 통화 및 신용정책을 굳건한 토대 위에 올려놓을 수 있는 강력한 중앙정부를 가져야 한다는 인식이 퍼지기 시작하였다. Faragher, 앞의 책, 845-846쪽; Theodore J. Lowi, Benjamin Ginsberg, Kenneth A. Shepsle, *American Government: Power and Purpose* (New York: W. W. Norton and Company, 2002), 39쪽.

37) 식민지군은 1782년 11월 30일에 예비평화조약에 조인하였다. 1783년의 파리조약 체결 당시 북아메리카 대륙의 국가별 영토(영역)는 Wesley M. Gewehr, Donald C. Gordon, Davis S. Sparks, and Ronald N. Stromberg, 앞의 책, 65쪽 참조.

수행한 미국 독립전쟁은 요크타운전투(the Battle of Yorktown)에서 콘월리스가 항복함으로써 막을 내리게 되었다.

콘월리스의 항복으로 전쟁이 종료된 것은 아니지만 이때부터 전쟁의 주도권은 식민지 군대가 장악하게 되었고, 그 후 거의 2년이나 더 끌다가 식민지의 승리로 끝났다.

1783년 9월 3일 프랑스 파리에서 영국과 미국 간의 파리조약(Treaty of Paris)이 체결되어 전쟁은 공식적으로 종료되었다. 파리조약은 1783년 영국을 대표하는 하틀리(David Hartley) 의원과 미국을 대표하는 애덤스(John Adams) 의원, 프랭클린(Benjamin Franklin) 의원, 제이(John Jay) 의원 간에 체결된 평화조약이다. 이 조약에 의해 영국정부는 아메리카 13개 식민지에 대해 독립을 승인하였으며, 각 식민지는 자유 주권국가로 인정받게 되었다. 미국과 영국령 북미주 간의 경계가 설정되어, 미국은 서쪽으로는 미시시피강, 북쪽으로는 캐나다, 남쪽으로는 플로리다에 이르는 영토를 보유하게 되었다.

## 제4절 헌법회의

### 1. 마운트 버넌 회의와 애나폴리스 회의

파리조약 체결 이후 식민지 각 주는 서로 경쟁적으로 이권 다툼을 하기 시작하였다. 기본법을 무시하는 경우도 자주 있었고, 각 주에서는 독자적으로 군대를 보유하고 있었으며, 심지어는 외국정부와 직접 교섭을 하는 사례도 있었다. 주와 주 사이의 통상에 있어서도 서로 자기 주의 상품을 보호하기 위하여 다른 주에서 들어오는 상품에 대해 관세를 물리기도 하였다. 화폐도 각 주에서 별도로 발행하여 경제가 문란해지고 있었다.

그러던 중 1785년 3월에 메릴랜드 주와 버지니아 주 간에 포토맥 강과 체사피크 만의 항해권에 관한 분쟁이 발생하였는데, 이를 해결하기 위해 두 주의 대표가 워싱턴에서 회동하였다. 이때 조지 워싱턴의 제의로 대표들은 마운트 버넌(Mount Vernon)에서 1786년 1월까지 회의를 계속하였다.[38]

이 회의에서 주와 주 사이의 통상 문제를 해결하기 위해 다른 주의 대표들도 회의에 참석하도록 하자는 제안이 나오자 대표들은 메릴랜드의 애나폴리스에서 다시 회의를 개최하기로 하였다.

1786년 9월에 개최된 애나폴리스 회의(Annapolis Convention)에는 뉴욕, 뉴저지, 펜실베이니아, 버지니아의 다섯 주의 대표들이 참여하였다. 이 회의에서 주 간(州間) 통상무역에 관하여 토의하였다. 5개 주의 대표만이 참석함으로써 이 회의 자체는 실패하였지만, 이 회의에서는 뉴욕 대표 해밀턴이 기초한 제안이 채택되었다. 그 제안은 1787년 5월에 필라델피아에서 모든 주의 대표들이 참석한 가운데 헌법회의를 소집하여 연합헌장 개정문제를 논의하자는 것이었다. 이에 합의한 각 대표들은 이 내용을 모든 주에 통보하였다.[39]


## 2. 헌법회의의 의제 및 진행

### 1) 헌법회의 소집

마운트 버넌 회의, 애나폴리스 회의를 거쳐 1787년 5월 25일 헌법회의(Constitutional Convention)가 필라델피아의 정부청사(나중의 독립기념관)에서 개최되었다.[40] 참가자는 13개 주 가운데 로드아일랜드(Rhode Island)를 제외한 12개 주의 대표 55명이었다. 새로운 중앙정부를 수립하기 위해서는 먼저 연합

---

38) 마운트 버넌은 조지아 주에 있는 조지 워싱턴의 고향이다.
39) Faragher, 앞의 책, 39쪽.
40) 이곳은 11년 전인 1776년 7월 4일 독립선언문이 채택되었던 장소이다.

헌장에 대한 개정이 이루어져야 했다. 그리고 연방정부의 강화를 위한 노력은 알렉산더 해밀턴과 제임스 매디슨을 비롯한 개혁가들에 의해 주도되었다.

### 2) 의제 및 진행

헌법회의는 1787년 5월 25일 그 첫 번째 공식 회의에 들어갔고, 조지 워싱턴을 만장일치로 의장으로 선출하였다. 헌법회의 내에는 정치적 위기감과 철저한 변화에 대한 요구 분위기가 무르익어 있었다.

필라델피아 헌법회의의 공식 의제는 '연합헌장의 개정'이었다. 그런데 회의가 시작되자마자 연합헌장을 개정하기보다는 새로운 연방헌법을 제정하자는 제안이 제시되면서 헌법을 제정하는 쪽으로 방향이 바뀌었다. 회의는 6월 10일, '입법부, 행정부, 사법부로 구성되는 전국적인 정부를 설립해야 함을 결의'하는 내용의 결의안을 채택함으로써 '헌법회의'로 그 성격을 달리하게 되었다.[41] 이 회의는 통일된 연방국가를 형성하기 위한 최초의 공식적인 식민지 전체 회의였다.

1787년 5월부터 9월에 이르기까지 4개월 이상 계속된 헌법회의에서는 각 위원회가 많은 세부적인 사무를 처리하였다. 각 주는 회의에 상정된 의안에 대하여 1표의 투표권을 행사하였다. 이 회의에서 최초로 의결된 사항 중 한 가지는 회의와 관련하여 일반 시민의 참관 및 신문에의 발표를 금지하는 '회의 비공개 원칙'이었다.

일찍이 대표자들은 새로운 정부가 독립적인 3부, 즉 입법부·사법부·행정부로 구성되며, 각 부처는 나머지 다른 부와 균형을 이루는 독자적인 권한을 지닌다는 데 합의하였고, 또한 입법부는 영국국회처럼 반드시 양원으

---

41) 1787년 필라델피아 헌법회의에 참석한 대표자 55명 중 40명은 대부분 공채(公債) 소유자였으며, 그 외에도 법률가, 상인, 제조업자, 농장주인, 노예 소유자 등 대부분 출신 지역의 유식자, 저명인사 혹은 부유층 인사들이었다. 직업별로는 변호사가 가장 많았고, 그 외에는 은행, 해운업, 제조업 등에 종사하는 저명한 사업가들이었다. 빈곤층과 채무자를 대표하는 자는 한 명도 없었다. 이 회의에 참석한 사람들은 대부분 각 주의 주 의회에서 선출되어 온 사람들이었다. 전체적으로 비교적 장년층(평균 연령 42세)이었고, 교육 수준이 높아서 25명이 대학 졸업자였다. 대륙회의나 주 헌법 제정에 참여한 경험이 있는 사람들도 많았다.

로 구성해야 한다는 데 합의하였다. 여기에서 만장일치로 합의를 본 것은 강력한 단일연방정부가 필요하다는 것이었다.

6년 전인 1781년에 미국 최초의 국가기본법(헌법)인 '연합헌장'을 채택하여 하나의 연합을 구성하였지만 이 국가연합의 집행부격인 연합의회(Confederate Congress)에는 외교와 국방의 권한이 일부 있을 뿐 과세권과 통상에 대한 규제권이 없었다.

### 3) 제임스 매디슨

헌법회의 첫날 참가자들이 합의한 것은 회의는 절대로 비밀리에 진행시키자는 것이었다. 이는 회의 참가자들이 일반 시민으로부터 압력을 받지 않고 자유롭고 허심탄회하게 의견을 교환할 수 있는 분위기를 만들기 위한 조치였다. 이 회의에서 최초로 의결된 사항 중 한 가지는 회의에 일반 대중의 참관을 금한 것과 회의 내용을 신문에 공표하는 것을 금한 것이다. 회의가 진행되는 4개월 동안 아무 내용도 누설됨이 없이 진행되었다.

회의에서 의결된 사항은 주(州)마다 한 표씩 투표해서 결정하기로 하였다. 면적이나 인구의 차이에 관계없이 공정하게 상호 간의 의견을 존중해 가면서 의사일정이 진행되었다. 회의는 오전 10시에 시작하여 오후 3시까지 진행되었다. 어려운 문제가 발생하면 소위원회를 구성하여 심의를 하게 하는 외에는 전원이 참석하여 회의를 진행하였다.

버지니아 주의 제임스 매디슨(James Madison)은 36세의 젊은 나이로 버지니아 출신 대표들이 가지고 온 헌법 개정안 기초에 중요한 역할을 하였고, 헌법회의가 개최되고 있는 기간 동안 회의 진행사항을 자세히 적어서 일기로 남겨 놓았다.[42] 헌법회의에 관해 알려진 사항은 거의 대부분이 제임스 매디슨이 기록한 비망록에서 나온 것이며, 실제로 그 비망록도 회의가 끝난

---

42) Faragher, 앞의 책, 555 – 556쪽.

후 몇 년이 지날 때까지는 공개되지 않았다.[43)]

그가 개인적으로 기록한 사항은 후세 연구가들이 헌법회의의 토의사항을 공부하는 데 중요한 자료가 되었기에 그는 '헌법의 아버지'라고 불리고 있다.[44)]

각 주 의회의 동의를 얻는 것은 전혀 불가능한 것은 아니라고 해도 상당히 어려울 것으로 직감한 헌법기초자들은 비준 규정을 다시 작성하여 연방헌법의 경우 13개 중 9개 주에서 국민이 선출한 대표들의 회의에서 승인되면 비준이 이루어지는 것으로 규정하였다. 이 규정은 예상했던 것보다 쉽게 당시 연합헌장에 의해 운영되고 있던 연합의회(the Confederate Congress)에서 동의를 얻을 수 있었다.

## 4) 연합헌장의 경험

헌법기초자들은 1781년에 발효된 연합헌장하에서의 경험에서 영향을 받았다. 이 문서는 주의 독립성과 주권을 가능한 한 많이 보장해 주면서 한편으로 중앙정부를 수립해 주들이 개별적으로 처리할 수 없는 중요한 국가적 기능들을 수행하도록 하는 데 목표를 둔 것이다. 그러나 1781년에서 1787년 사이의 경험은 그것이 불가능한 목표라는 것을 보여 주었다. 이러한 장치 아래에서는 연방정부가 많은 본질적 권한들을 결여하게 되어 약하고 비효율적일 수밖에 없었다.

1787년 5월 25일 열린 헌법회의 첫 회의에 참석한 이들 55명 중 42명이 회의가 끝날 때까지 4개월 동안 필라델피아에 체류하였고, 그 중 39명이 새 헌법에 서명하였다.[45)]

---

43) 1779년 12월, 버지니아 의회에서 제임스 매디슨은 다른 동료 세 사람과 함께 대륙회의(Continental Congress) 대표로 선출되었다. 그리고 1780년 3월 매디슨은 29세의 나이에 버지니아를 대표하여 대륙회의에 참석함으로써 중앙 정치무대에 등장하였다.

44) 이때의 회의에 관하여 알려진 사항은 거의 대부분 제임스 매디슨이 기록한 비망록에서 나온 것이며, 실제로 그의 비망록은 그 회의가 종료된 후 4~5년이 지날 때까지는 일반에 공개되지 않고 있었다.

45) 독립전쟁의 주역들 중 몇몇을 제외한 대부분이 헌법회의에 모여 있었다. 토머스 제퍼슨과 존 애덤스는 각각 프랑스와 영국 주재 공사를, 존 제이는 외무장관을 맡고 있었다. 그 외에 새뮤얼 애덤스, 패트릭 헨리를 포함한 몇몇 주역들은 현 정부 구조에 대한 신뢰로 헌법회의에 참여하지 않았다. 헌법회의를 주재한

## 3. 대표권, 투표권 및 의회 구성 문제

헌법회의 개회 5일 만에 '제4차 버지니아 결의(the Fourth Virginia Resolution)'를 채택하고, 최고의 입법·행정·사법기관으로 구성되는 중앙정부 수립을 의결하였다. 이로써 연합헌장 아래에서는 '주(State)의 연합'에 지나지 않던 느슨한 국가연합적 성격에서 단일국가 성격의 연방국가로 변모하게 되었다.

대표들은 강력한 단일 연방정부수립에 합의하였다. 이로써 주(州) 간의 통상 규제와 국가 전체의 경제발전을 맡을 단일 연방정부가 출현하게 되었다. 이와 같이 폭넓은 합의를 본 중에서도 몇 가지 의견을 달리하는 사항이 대두되었다.

헌법을 제정함에 있어 논의의 중심이 되는 주제는 대표권, 투표권, 그리고 의회 구성 문제였다. 각 주는 인구가 많고 적음에 따라 자신에게 유리한 안을 제출하였는데 버지니아 안과 뉴저지 안이 그것이다.

### 1) 버지니아 안

헌법회의 소집에 가장 큰 역할을 한 버지니아 주의 대표단이 1787년 5월 29일 그 주의 총독 에드먼드 랜돌프(Edmund Randolph)를 통해 헌법 초안을 제출했는데 이를 버지니아 안(Virginia Plan)이라고 한다. 이 안은 15개의 결의안 형식으로 기초되었는데, 큰 주에 유리한 제안을 담고 있다.[46] 주요 내용은 삼권분립, 양원제 의회, 인구 혹은 세금에 비례하는 의원 선출 등이다.

○ 전국적인 정부는 입법부·행정부·사법부의 삼권으로 분리하여 설치한다.
○ 입법부는 양원제로 하고, 하원의원의 선정은 주민이 직접 선거에 의하고,

---

인물은 독립전쟁의 영웅이자 미군 총사령관이었던 조지 워싱턴이었다.
46) Hinckley and Goldman, 앞의 책, 16쪽.

상원의원은 주 의회에서 추천한 후보자 중에서 하원의 직접 선거로 결정한다.

○ 입법부 대표 선출은 자유인 인구비례 혹은 중앙정부에 내는 세금에 비례하여 선출한다. 각 주의 대표는 인구 또는 헌금(주 정부가 중앙정부에 내는 돈)의 비례로 그 수를 결정한다.

○ 행정부의 수장은 의회에서 선출되며 단임제이다.

○ 전국적인 입법부는 연합헌장체제하에서 가지고 있는 권한 외에, 주에서 할 수 없는 일에 관한 입법을 할 수 있는 권한, 전국적인 법률과 상반되는 주 법률 부인권, 국법을 위반하는 주에 대해 군사를 사용할 수 있는 권한을 가지도록 한다.

○ 사법부는 단수 혹은 복수의 최고법원과 그 외에 하급법원으로 구성한다. 법관의 임기는 종신이다.

○ 중앙에 행정부 수반과 사법부 판사들로 구성되는 '개정 위원회(Council of Revision)'를 구성하여, 이 위원회로 하여금 입법부에서 가결된 법률에 대하여 거부권을 행사할 수 있도록 한다. 개정위원회에서 거부한 법령은 입법부 상원과 하원에서 각각 3분의 2의 표결로 번복할 수 있도록 한다.

○ 주마다 공화정치체제를 가질 수 있도록 보장을 해 주고, 새로운 주가 성립하게 되면 연방에 가입할 수 있도록 한다.

○ 세 개 부처의 권한의 범위는 연합헌장하의 중앙정부보다 크며, 주 법(州法)을 번복할 수 있는 입법부의 권한을 포함한다.


### 2) 뉴저지 안

'버지니아 안'이 제출된 지 2주일이 지난 1787년 6월 15일에 뉴저지 주의 대표 윌리엄 패터슨(William Paterson)이 개정안을 제출했는데 이 안을 뉴저지 안이라고 한다. 뉴저지 안은 모든 주가 동등하게 대표되는 1원제 의회를 옹호함으로써 작은 주에 유리한 내용을 담고 있다.

이 안은, 각 주가 종전과 같이 투표권을 하나씩 가지도록 하였다. 다만, 의회의 권한을 확대하여 '연합헌장'하에서 가지고 있던 권한 외에 의회에서 직접 세금을 과세할 수 있도록 하고, 주와 주 사이의 상업을 규제할 수 있도록 하며, 새로 전국적인 행정부와 사법부를 설치한다는 내용을 담고 있다.[47)]

이 안은 코네티컷, 델라웨어, 뉴욕의 대표들로부터 지지를 받았다.[48)]

○ 세입을 증대시키고 통상을 규제하는 권한을 단원제 입법부가 갖는다.
○ 각 주는 인구와 상관없이 입법부에서 한 표를 행사한다.
○ 입법부는 비슷한 권한을 갖는 행정부의 수반을 선출한다.
○ 사법부 판사는 행정부 수반에 의해 임명되며 제한된 권한을 갖는다.
○ 연방법은 각 주의 법에 우선하는 최고의 법률이다.
○ 입법부의 행위는 주(州)들에 대하여 구속력을 갖는다. 입법부에서 제정한 법률은 각 주들에게 복종을 강요하는 최고 법으로 인정한다.

근본적인 사항 중의 하나는 연방의회 의원 수를 결정하는 데 적용할 원칙을 놓고 큰 주와 작은 주들 사이에 입장 차이가 커서, 큰 주들은 인구에 비례하여 선출 의원 수를 정하자고 했고, 작은 주들은 인구수에 관계없이 각 주가 동일한 수의 의원을 선출하자고 주장하였다.

## 3) 코네티컷 절충안(대타협)

'버지니아 안'과 '뉴저지 안'의 대립은 큰 주와 작은 주의 대립이었다. 버지니아 안은 버지니아 주, 펜실베이니아 주, 매사추세츠 주와 같이 큰 주의 대표들이 찬성하였고, 뉴저지 안은 델라웨어 주, 메릴랜드 주와 같이 작은

---

47) 뉴저지안은 1787년 6월 19일 투표에서 패배하였다.
48) Hinckley and Goldman, 앞의 책, 17쪽.

주들과, 강력한 중앙정부체제 채택을 반대하는 주의 대표들이 지지하였다.[49]

큰 주에서는 중앙정부를 강화시키면서 그 중앙정부에서 자기들이 가지고 있는 비중을 확대하고자 했고, 작은 주에서는 그 당시 연합헌장 체제하의 동등한 지위를 그대로 유지, 개선해 가려고 했다. 인구, 면적, 세금 등 여러 면에서 밀리는 작은 주들은 큰 주의 지배하에 놓이게 될 위험을 우려하였다.

인구가 가장 많은 버지니아 주는 제임스 매디슨을 중심으로 준비를 잘 한 대표단을 필라델피아에 파견하였다. 버지니아의 에드먼드 랜돌프가 "중앙정부는 최고의 입법부, 행정부, 사법부로 구성하여 설치해야 한다."고 결의안을 제안하여 토론을 시작하였는데, 이 버지니아 안(Virginia Plan)은 사실상 헌법회의의 의제를 결정한 것이나 다름없었다. 대표들은 몇 주에 걸쳐 논쟁을 벌였다.

큰 주와 작은 주의 대립이 점점 심각하게 되자 헌법회의는 1787년 7월 2일, 벤저민 프랭클린을 의장으로 각 주당 1명의 대표로 구성되는 '위원회'를 구성했고, 이 위원회가 타협을 이룰 수 있는 제안을 마련하였다. 이 제안에 따르면 연방의회는 양원으로 구성하고, 각 주의 하원의원의 수를 결정하고 각 주에 세금을 부과하는 데 있어서 노예 한 사람을 백인(자유인)의 5분의 3으로 계산한다는 것이다.[50] 그리고 상원에서는 주마다 각각 2명의 의원씩 동등하게 대표되는 것으로 하였다.

이러한 타협안을 제시한 것은, 코네티컷 주의 대표인 로저 셔먼(Roger Sherman)이었다. 대타협에 이르게 된 절충안을 코네티컷 절충안이라 하는데 이는 코네티컷 주 출신 대표들이 합의에 도달하는 데 큰 역할을 하였기 때문이다. 상원의원은 각 주마다 똑같은 인원으로 하고, 하원은 인구비례로 하여 큰 주와 작은 주 사이의 차이가 날 수 있도록 하자는 내용이었다. 각 주 대표들이 이 안을 수용함으로써 말썽 많았던 투표권과 대표권 문제가 동시

---

49) 버지니아 안을 찬성한 주는 이외에도 노스캐롤라이나, 사우스캐롤라이나, 조지아 등 남부지역의 주들이다.

50) Lowi 외, 앞의 책, 42쪽. 남부와 북부 간의 이해관계가 얽힌 노예문제에 있어서 헌법기초자들은 1808년까지 노예수입을 금지하지 않는다는 데에도 합의하였다.

에 해결되었다. 코네티컷안의 채택을 흔히 '대타협(Great Compromise)'이라고 부른다. 이는 인구에 비례하는 의석 배정을 통해 각 주의 이익을 반영하고, 각 주가 평등하게 대표된다는 믿음을 심어 주기 위하여 주의 크고 작음에 관계없이 2인씩의 상원의원을 선출하도록 함으로써 '이익반영과 평등성'이 드러나도록 하였다. 이러한 타협은 오랜 식민지 의회 시절의 경험이 바탕이 된 것이다.

한편 행정부의 수반인 대통령을 어떤 방식으로 선출할 것인가 하는 것에 논의의 초점이 맞추어졌다. 여러 가지 의견이 제시되었지만, 작은 주 출신 대표들은 국민에 의한 직접선거는 전국 국회의원선거를 실시할 경우 큰 주에 이점을 가져다줄 것이라고 우려하였다. 유권자들의 역량에 대한 회의적인 견해가 제시되었다. 그래서 제시된 절충안이 대통령 선거인단(electoral college)제도였다. 이 제도는 주 의회가 그 주 출신 국회의원의 수만큼의 선거인을 선출하는 것이다.[51]

## 제5절 미합중국 정부 수립

연합헌장에 대한 비준이 끝난 1781년부터 1789년까지의 기간에 미국은 연합헌장 체제하에서 신생 국가로서의 토대를 잡으려 했으나 여러 가지 문제가 발생하게 되자, 연합헌장 조문을 수정하여 좀 더 완전한 단합을 하도록 하자는 헌법 개정 분위기가 조성되었다. 필라델피아 헌법회의에서는 일부 개정이 아니라 전면적으로 내용을 고친 연방헌법을 제정했으며, 이 헌법은 1789년에 발효되어 현재의 연방국가 탄생의 모체가 되었다.

연합헌장에서와는 달리 연방헌법하에서는 세금을 징수하고 외국과의 외교

---

51) 상원의원 2명과 하원의원 7명을 가진 주는 모두 9명의 선거인단을 선출한다.

에 전권을 가지며 군대를 유지하고 외국과의 무역이나 각 주 사이의 교역 활동을 관장하는 강력한 연방정부가 출범하였다. 연방정부는 헌법에 따라 각각 서로 독립성을 유지하는 입법·행정·사법의 세 부로 나뉘었으며, 각 기관에 부여된 권한은 나머지 두 개 기관이 보유하는 권한에 의하여 견제되고 균형을 맞추도록 되어 있다.


## 1. 헌법 비준

헌법회의는 1787년 7월 16일, 투표를 통하여 코네티컷 절충안을 채택하였다. 그 당시의 상황을 뒤돌아보면, 필라델피아에 모인 대표들은 연합의회(Confederate Congress)와 각 주에서 보낸 지침을 무시하고 월권행위를 하였다. 그들은 '연합헌장'의 조문을 수정하는 대신 전혀 다른 형태의 헌법안을 작성하였다. 그리고 모든 주 의회의 만장일치를 요구하는 '연합헌장'의 규정대로라면 새로운 연방헌법이 비준되지 않을 것이라고 판단하여, 그 규정을 바꾸어 13개 주 가운데 9개 주가 헌법을 비준하면 새 정부가 성립될 수 있도록 하였다. 연방헌법을 비준하기 위해서는 주 의회(state legislature)가 아니라 헌법을 비준할 주 회의(state convention)를 소집해야 한다고 권고하였다.

뉴욕의 연합의회는 헌법회의의 성과를 수용하고 헌법비준을 위해 연방헌법안을 각 주에 제출하였다. 그런데 각 주 의회의 비준회의가 개회되기도 전에 새로운 헌법을 둘러싸고 전국적인 논쟁이 전개되었다. 헌법을 지지하는 사람들은 '연방주의자(Federalist)'라는 명칭을 선점하였고, 헌법을 비판하는 이들을 '반연방주의자'라고 불렀다.[52] 민주공화주의자라고 불린 반연방주의자 가운데는 패트릭 헨리나 새뮤얼 애덤스와 같은 독립혁명의 지도자도 포함되어 있었는데, 그들은 헌법에 기본권 조항이 결여해 있다는 점을 지적

---

52) 반연방주의자들은 헌법 초안에 규정된 하원의 권한이 너무 작아서 하원이 국민을 충분히 대변하기 어렵다고 판단하였다.

하였다. 그들은 헌법 조문에 국민의 권리를 하나하나 열거해야만 시민들의 기본권이 지켜질 것이라고 주장하였다. 이러한 민주공화주의자들의 조문 수정 노력에도 불구하고 각 주의 비준회의는 1787년과 1788년 사이에 대부분의 주로부터 헌법안을 비준받는 성과를 올리고 있었다.

헌법회의는 1787년 7월 말, 합의에 이른 동의안을 토대로 헌법 문안을 기초하기 위해 위원회를 임명했다.

오랜 기간의 토론을 거쳐 헌법안을 작성하였지만 모두를 만족시킬 수는 없었다. 회의 참석자 중 서명을 하지 않은 사람이 3명이나 있었다.[53] 이들은 새 헌법이 자신들의 의사와 부합하지 않을 뿐만 아니라, 일반 시민 간의 불만으로 결국 내란을 초래하게 될 것이라고 주장하였다. 그 후 한 달 동안 토론과 수정을 더 거친 뒤, 고버뉴 모리스가 이끄는 제2위원회가 최종 헌법 문안을 작성하여 9월 17일에 대표자들로부터 서명을 받기 위해 제출하였고, 결국 헌법회의에 참여한 42명 중 39명만이 각 주 단위로 이날 헌법안에 서명하였다.

새 헌법은 각 주의 비준을 받아야만 효력을 발할 수 있었다. 연합헌장의 개헌 절차에 의하면, 의회에서 우선 결의를 하여 이것을 각 주에 보내어 13개 주 전체의 비준을 얻어야 개헌이 가능하도록 하였다. 이 절차대로 하면 새 헌법이 비준을 받을 가능성이 희박하므로, 헌법회의는 새로운 비준절차를 만들었다. 헌법의 비준은 13개 주 전체의 승인 대신 13개 주의 3분의 2, 즉 9개 중의 승인만 있으면 가결될 수 있도록 하였다.

최소 9개 주로부터 헌법 승인을 받아야 했는데, 델라웨어 주를 시작으로 하여 뉴저지 주와 조지아 주에서는 신속하게 승인이 진행되었다.[54] 펜실베이니아와 코네티컷에서는 안정적인 다수로부터 승인을 받았다. 매사추세츠에서는 치열한 논쟁이 일었지만, 특정 기본권(종교·언론·출판·집회의 자

---

53) 그들은 버지니아 주의 에드먼드 랜돌프(Edmund Randolph), 조지 윌슨(George Wilson), 매사추세츠 주의 엘브리지 게리(Elbridge Gerry)였다.

54) Hinckley and Goldman, 앞의 책, 26쪽.

유, 배심원 재판을 받을 권리, 부당한 수색이나 체포 금지 등을 포함)을 보
장하는 10개 수정조항 첨부를 조건으로 마침내 승인하였으며, 다른 여러 주
들도 이와 유사한 단서들을 첨부하였다.

1788년 6월 말에 이르러 메릴랜드와 사우스캐롤라이나, 뉴햄프셔 주의 비
준회의가 각각 헌법안을 승인하면서 헌법 비준에 필요한 9개 주가 채워졌
다. 델라웨어 주 비준회의가 가장 먼저 비준하였고 뉴햄프셔 주는 1788년 6
월에 헌법을 비준하였는데 이는 9번째 비준이었다. 이로써 헌법이 법적인
효력을 지니게 되었다.

그러나 뉴욕, 버지니아, 노스캐롤라이나, 그리고 로드아일랜드가 비준을
미루고 있었다. 큰 주인 버지니아 주와 뉴욕 주의 참여 없이는 성공하기 어
려웠다. 그해 6월 말 기본권 조항이 헌법에 수정조항의 형태로 추가된다는
전제하에 버지니아가 비준하고 이어 뉴욕이 비준하였다.


▷ 비준이 늦어진 이유

각 주의 비준회의(state-ratifying convention) 선거는 신헌법을 지지하는 이
른바 연방주의자들과, 새로운 헌법에 반대하는 민주공화주의자들로 양분되
어 서로 다투는 양상으로 나타났다. 매사추세츠 주, 뉴욕 주, 펜실베이니아
주, 버지니아 주에서는 연방주의자들이 새 헌법 비준에 호의를 가진 대표들
을 선출하기 위한 운동을 조직적으로 전개하였다. 알렉산더 해밀턴, 제임스
매디슨, 존 제이(John Jay) 등은 비준에 찬성하는 내용의 논문을 수십 편이
나 집필하여 여러 신문에 게재함으로써 비준을 위한 여론 조성에 심혈을 기
울였다.

버지니아 주는 찬반 세력이 뚜렷하게 양분되어 있었지만, 헌법 비준을 주
장하는 조지 워싱턴의 영향력 덕분에 1788년 6월 26일 주 의회의 승인을
얻었다. 앞에서도 본 것처럼 1788년 6월 21일에 뉴햄프셔 주가 비준을 함으
로써 법적 요건을 충족하는 9개 주의 비준이 끝났으나, 버지니아 주와 뉴욕

주가 아직도 비준을 끝내지 않았으므로 헌법을 즉시 발포하지는 못하였다. 뉴욕에서는 알렉산더 해밀턴과 제임스 매디슨, 존 제이가 '연방주의자 논문집'을 통해 헌법을 옹호하는 기획 논문들을 발표하는 등 홍보 및 설득 노력을 한 결과, 7월 26일 마침내 근소한 표차로 승인을 받았다. 1789년 11월에는 노스캐롤라이나 주에서도 승인을 받았다.[55]

그런데 이 헌법안은 헌법이 약속한 강력한 중앙정부를 찬성하는 이른바 연방파와, 중앙정부의 힘은 약화시키고 각 주에 강력한 권한을 부여하자는 반연방파 간의 대립으로 이어져 미국의 국론은 양분되었다. 헌법의 내용을 둘러싼 입장 차이 때문에 일부 주에서 비준이 늦어진 것이다.


## 2. 연방의회 제1대 국회

연방헌법은 정부의 주요기관과 그 관할 및 시민의 기본권을 정의하고 있다. 헌법은 1787년 여름 필라델피아에서 55명의 대표들이 가진 헌법회의에서 작성되었는데, 표면적으로는 미국 최초의 헌법이었던 연합헌장을 수정하는 형식이었다. 신헌법은 1787년 9월 28일 비준을 받기 위해 13개 주에 제출되었고, 1788년 6월에 9번째 주가 비준을 하자 연방의회는 1789년 3월 4일을 새로운 정부의 활동 개시일로 정했다.

정부를 조직화하는 절차는 버지니아 주와 뉴욕 주의 인준을 받은 직후(1788년 7월)에 시작되었다. 헌법회의는 1788년 9월 13일, 뉴욕 시를 새 정부 소재지로 결정했으나, 1790년에는 필라델피아로, 1800년에는 워싱턴 디시로 변경하였다. 1789년 1월 첫째 주 수요일을 대통령 선거인단 선출의 날로, 2월 첫째 주 수요일을 대통령 선출을 위한 선거인단 회의의 날로, 3월 첫째 주 수요일을 새 의회 개원일로 정하였다.

---

55) 13번 째 주인 로드아일랜드는 1790년에 승인하였다.

연방의회 제1대 국회 개원식은 1789년 3월 4일 임시 수도이던 뉴욕 월스트리트 가와 브로드 가 주변에 있던 연방회관(Federal Hall)에서 8명의 상원의원과 13명의 하원의원이 참석한 가운데 개최되었다.

연방의회 제1대 국회는 여러 면에서 헌법회의의 연장선상에 있었다. 제1대 국회의 가장 중요한 업무는 연방헌법의 기본권에 관한 조항을 기초하는 일이었다. 여러 주에서 권리장전을 추가한다는 조건을 제시하고 비준을 하였기 때문에 연방의회는 1789년 9월 25일, 12개 항목의 수정조항을 승인하고 이를 각 주에 보냈다. 이 중 10개 조항이 각 주에서 비준을 받았으며, 1791년 12월 15일 정식으로 헌법 수정조항으로 채택되었다. 연방헌법에 처음으로 추가된 10개의 수정조항은 '권리장전'으로 불린다.


## 3. 초대 대통령·부통령 선출

헌법에 의해 각 주 의회는 하원의원, 상원의원은 물론 대통령 선거인단의 선출 방식까지 결정할 수 있는 권한을 가지게 되었다. 국민들에 의한 직접선거를 선택한 주들도 있었고, 주 의회에 의한 선거를 선택한 주들도 있었으며, 두 가지 방식을 결합시킨 주들도 있었다. 경쟁이 치열했으므로 새 헌법에 따른 최초의 선거를 시행하는 과정에서 지연 사례가 있었는데 예를 들면, 뉴저지 주의 경우 직접선거를 택했지만 투표 마감 시간을 지정하지 않아 3주 동안이나 투표를 연장 실시하기도 하였다.

헌법 시행일은 1789년 3월 4일로 정해졌으나, 당시에는 59명의 연방의회 하원의원 중 13명, 그리고 22명의 상원의원 중 8명만이 뉴욕 시에 도착해 있었다. 하원은 4월 1일, 상원은 4월 6일에 이르러서 의사정족수가 채워졌으며, 그 후에야 비로소 선거인단의 투표 결과를 확인하기 위해 양원이 합동회의를 개최하였다.

조지 워싱턴이 만장일치로 미합중국의 초대 대통령에 선출되었고, 존 애덤스는 부통령으로 선출되었다. 애덤스는 1789년 4월 21일에, 워싱턴은 4월 23일에 각각 뉴욕에 도착하였으며, 이들이 4월 30일에 취임 선서를 함으로써 세계 최초의 공화국인 미합중국(the United States of America) 정부가 수립되었다.

〈그림 2-1〉 헌법 제정 및 의회의 변화

| 보스턴 학살<br>통신위원회<br>결성 | | 제1차 대륙회의 | | 렉싱턴·콩코드<br>총격사건,<br>영미전쟁 | | 제2차 대륙회의 | | 독립선언 |
|---|---|---|---|---|---|---|---|---|
| 1770<br>1772 | ⇨ | 1774.09.05–<br>1774.10.26 | ⇨ | 1775.04.19 | ⇨ | 1775.05.10–1<br>781.03.01 | ⇨ | 1776.07.04 |

| 식민지 의회 | 식민지 의회·대륙회의·주 의회 |
|---|---|

| 연합헌장 채택<br>연합헌장 비준 | | 연합의회 구성<br>연합정부 수립 | | 요크타운 전투<br>파리평화조약 | | 헌법회의 소집<br>헌법 제정 | | 헌법 발효<br>연방정부 수립 |
|---|---|---|---|---|---|---|---|---|
| 1777.11.15<br>1781.02 | ⇨ | 1781.03.01 | ⇨ | 1781<br>1783.09.03 | ⇨ | 1787.05.25<br>1787.09.17 | ⇨ | 1789.03.04 |

| 식민지 협의회 | 연합의회 | 연방의회 |
|---|---|---|

# 제3장 연방의회의 권한과 기능

# 제3장
## 연방의회의 권한과 기능



## 1. 삼권분립의 목적과 원칙

영국 최초의 아메리카 대륙 식민지인 버지니아 식민지와, 매사추세츠 식민지 시대부터 대의제 의회제도가 시행되었는데, 당시 영국국왕과 그의 대리인인 총독 그리고 의회 간에는 여러 상호작용이 있었다. 하원이 주민들에 의해 선출된 대표자들로 구성되어 활동했지만, 그래서 의회민주주의의 훈련을 하기는 했지만 중요한 고비에서는 군주 혹은 정부 측의 일방적인 결정사항이 전달될 뿐이었다. 이러한 과정 속에서 그리고 식민지 의회를 운영하면서 축적된 경험은 식민지인들로 하여금 유럽에서 전개된 민권사상, 자유주의 사상, 권력분립론 등에 귀를 기울이게 하였다.

군주에게 집중되어 있던 권력을 중앙의 여러 기관으로 분산시키는 이유와 목적은 시민의 자유, 평등, 복지, 그리고 인권을 보장하려는 데에 있다.[1] 물

---

1) Arthur Maass, *Area and Power: A Theory of Local Government*(New York: Free Press, 1959) 참조.

론 권력을 분립시키더라도 국가형태나 정부형태에 따라 위의 목적을 달성하는 데 있어서는 시간과 수준의 차이가 있을 것이다. 권력을 나누어 갖는 기관 간에 견제와 상호 협조가 적절하게 이루어진다면 시민을 위한 권력분립의 효과는 극대화될 수 있다. 그래서 궁극적으로는 국회라고 하는 권력 부문이 공중 여론을 표출하고 반영하는 기관이 되어야 시민의 자유, 평등, 복지를 향상시키고, 인권을 지키는 보루가 될 수 있는 것이다.[2]

　미국헌법은 연방정부와 각 주 정부 사이, 그리고 입법부·행정부·사법부 간에 상호 견제와 균형이 유지되도록 하여 권력이 특정 세력으로 집중되는 것을 방지하고 있다. 헌법은 삼권분립의 정신하에 입법권, 행정권, 사법권을 헌법 제1, 2, 3조에서 규정하고 있다. 제1조에서는, 이 헌법에 의하여 부여되는 모든 입법권은 미국 연방의회에 속한다고 규정하였고, 제2조에서는, 행정권은 미국 대통령에게 속한다고 했으며, 제3조에서는 미국의 사법권은 하나의 대법원과, 연방의회가 수시로 제정·설정하는 하급연방법원에 속한다고 규정하였다.

　의회는 정치의 지속성과 안정을 위한 중요한 요인들을 제공한다. 오늘날 미국 민주주의의 내구성(지속성)은, 연방의회가 수용하고 조정해 가는 정치적 기능과 능력에 의지하는바 크다.

　지속성과 안정성을 담보하고 있는 것은 대통령이 의회와는 별개로, 독립적으로 선출되어 정해진 임기 동안 직무를 행하는 것, 그리고 권력분립에서 유래하는 견제와 균형에 의한 삼권분립 체제인 것으로 인식되고 있다.[3] 미국 대통령제는 의회의 내각불신임제도가 없어 대통령의 임기와 권한을 보장하고 있으며(탄핵의 경우를 제외), 마찬가지로 대통령에게는 의회 해산권을 부여하지 않음으로써 의회의 임기와 권한을 보장하고 있다.

---

2) W. F. Willoughby, *The Government of Modern States*(New York: Appleton Century Crofts, 1936), 316쪽.

3) Norman Ornstein, J., Thomas E. Mann and Michael J. Malbin, *Vital Statistics on Congress, 2001 ~2002*, (The AEI Press, Washington, D.C., 2002.), 25 – 26쪽.

## 1) 입법부

삼권분립하의 입법부, 행정부, 사법부는 상호간에 견제하는 관계에 있다.

연합의회 시절 제임스 매디슨은 의회가 일반 유권자의 정서를 파악하고 정제하여 확대시켜야 한다고 믿었으며 그것이 계몽적인 의원들의 역할이라고 생각했다.[4] 진정한 민주정치의 실현을 위해서는 권력분립, 입헌주의, 참정권이 보장되어야 한다. 무엇보다도 기본적 인권을 보장하고, 권력을 제한하는 입헌주의, 권력을 입법·사법·행정 3권으로 분립하는 권력분립, 정치에 민의를 왜곡시키지 않고 올바르게 반영하는 참정권의 확립 없이는 기본권 보장이 어렵기 때문이다.

다음에 제시하는 의회의 여러 권한과 기능도 결국은 행정부, 사법부와의 관계 속에서 수행이 가능한 것들이다.

① 의회에서 가결된 법안은 대통령의 동의가 있어야만 법률로서 효력을 발한다.

② 대통령은 의회에서 가결된 법안을 거부하는 권한, 즉 거부권을 갖는다.

③ 의회는 재석의원 3분의 2 이상의 찬성으로 대통령이 행사한 거부권을 무효화하고 법률로서 확정지을 수 있다.

④ 대통령은 상원의 동의를 얻음으로써만 고급 행정부 책임자와 대법원, 그리고 연방법원 판사를 임명할 수 있다.

⑤ 대법원은, 헌법의 명문에는 분명히 규정되어 있지 않으나 마버리 대 매디슨(Marburry vs. Madison)의 판례에 의해서, 의회에서 가결된 법률을 '비헌법적'이라고 판결하여 불법화시킬 수 있다(judicial review).[5]

---

4) Thomas E. Mann and Norman J. Ornstein, *Renewing Congress: A First Report*(Washibgton, D. C.: American Enterprise Institute and Brookings Institute, 1992), 30쪽.

5) 1800년 대통령선거에서 토머스 제퍼슨이 연방당원이자 현직 대통령인 존 애덤스를 물리치고 당선되었다. 애덤스 행정부가 막을 내리기 전날 밤, 연방당원들이 지배적이던 연방의회는 컬럼비아 특별구를 위해 42명의 치안판사를 늘리는 등 다수의 사법직위를 신설하였다. 상원의 인준하에 애덤스 대통령이 임명장에 서명했으며, 임명장을 봉인하고 전달하는 일은 국무장관이 맡았다. 그런데 인계인수업무에 바빴던 국무장관은 윌리엄 마버리를 포함한 4명의 치안판사들에게 임명장을 전달하는 일을 하지 못하였다. 제퍼슨 행정부의 신임 국무장관인 제임스 매디슨은 그 임명장 전달을 거부하였다. 새 행정부는 연방당원들이 사법부 내에

⑥ 의회는 대통령 및 고급 행정부, 대법원이나 연방법원 판사들을 탄핵, 파
  면할 권한을 갖는다. 연방 하원은 탄핵소추권을 가지며, 연방 상원은 탄
  핵 재판권을 갖는다.

## 2) 행정부

미국의 정치형태는 '연방공화제'로, 독자적인 헌법을 보유하고 있는 독립
성이 강한 주 정부들이 연방정부로 통합되어 있다. 연방정부는 대통령을 수
반으로 하는 행정부, 연방 법원으로 대표되는 사법부, 상원과 하원으로 구성
되는 입법부를 포함하는 3부로 나누어져 있다.[6]

행정부의 수반은 대통령이다. 대통령은 국내적으로는 행정부의 수반인 동
시에 육군·해군·공군의 최고 사령관이다. 4년 임기로 연임(2선)할 수 있
으나 3선은 금지되어 있다. 대통령선거는 각 주에서 선출된 선거인에 의한
간접선거이나, 1800년 이래 각 정당은 선거인을 선거할 때 미리 대통령 후
보를 지명하므로 실제상으로는 직접선거와 같다.

대통령은 조약 비준권과 각료의 임명권을 갖지만 상원의 조언과 동의를
요한다. 대통령은 의안을 제출할 수는 없으나, 교서(敎書)에 의하여 의회에
대해 입법의 권고를 할 수 있다. 또한 가결된 법안에 대하여 거부권을 행사
할 수는 있으나, 의회가 3분의 2 이상의 찬성으로 재가결하였을 경우에는
그것을 다시 거부하지는 못한다.

---

자기 당원들을 포진시키려 한 것에 대해 격분하였다. 일이 이렇게 되자 마버리는 임명장을 받기 위해 연방
대법원에 소송을 제기하였다. 당시 연방대법원장이었던 존 마셜은 이 사건의 경우 연방대법원은 어떠한 조
치도 취할 권한이 없다고 판결함으로써 문제를 해결하였다. 마셜 대법원장은 연방대법원에게 그러한 권한
을 부여하고 있는 사법부법 제13항이 위헌이라고 진술하였다. 그 권한은 헌법 그 자체에 의해 규정되어 있
는 사법권을 연방대법원 고유의 사법권으로 확대하고 있다는 것이 이유였다. 그는 이 사건에 대해 판결하
지 않기로 함으로써 법의 최종 수호자인 대법원의 위치를 지켜낼 수 있었다. 이를 '마버리 대 매디슨 사건'
이라고 하는데 이 사건에 대한 대법원의 판결은 위헌법률심사제 원칙을 수립하는 계기가 되었다. 슈뢰더,
리처드 C. 외(이덕남 역), 『미국의 정부』(서울: 주한미국대사관 공보과, 2004), 129－130쪽.

6) '입법부(legislature)'라는 용어 자체가 역사적으로 권력분립의 이념과 밀접하게 관련되어 있다. '입법'은 기
   관의 규칙을 정하고 제도화하기 위한 필요에서 생겨난 것이다. Friedrich A. Hayek, *Law Legislation
   and Liberty* Vol. 1 Rules and Order(Chicago: the University of Chicago Press, 1973), 124쪽.

연방정부를 구성하는 각 '주 정부(state government)'는 각각 주 행정부, 주 입법부, 그리고 주 사법부를 두고 있어 외교권과 교전권 등을 제외하고는 주권국가가 보유하고 있는 권력의 거의 전부를 보유하고 있는 독립된 존재이다.

### 3) 사법부

사법부는 헌법을 해석하여 법을 적용한다. 현재 연방 법원은 1개의 대법원과 11개의 고등법원, 91개의 지방법원, 세 개의 특별 법원(연방청구법원, 국제무역법원, 조세법원)으로 구성되어 있다.

헌법의 해석문제 등에 관해서는 대통령이 임명하고 상원이 이를 인준하는 대법관으로 구성되는 대법원에서 결심판결을 내리도록 하여 국가적인 비상사태나 헌법해석상의 문제에 대처할 수 있도록 하였다.[7]

〈그림 3-1〉 미국 의회민주주의 형성과정

| 유럽<br>의회민주주의 | | 식민지<br>의회민주주의 | | 연방국가<br>체제 형성 | | 미국<br>의회민주주의 |
|---|---|---|---|---|---|---|
| 절대 왕권<br>제한적 민주주의<br>한정적 의회기능 | ⇨ | 식민지 의회 구성<br>중과세. 과세에 따르는<br>대표성 요구 | ⇨ | 각 주 주권 인정. 13개<br>주 국가형성.<br>의회, 실질적 권한 보<br>유. 미국독립 | ⇨ | 삼권분립(견제 및 균형).<br>대통령·연방의회 임기<br>및 권한 보장 |

---

7) 1803년의 Marburry vs. Madison 판결에서 연방의회가 제정한 법률의 위헌 여부를 결정하는 권한은 연방법원에 있다고 선언하였다. 이로써 연방법원의 위헌심사(judicial review) 기능이 확인되었다.

## 제2절 연방의회

### 1. 연방의회의 권한 분류

연방의회는 예산 집행권, 감사권, 고위 공무원에 대한 인준권, 대통령에 대한 탄핵소추, 전쟁 선포에 대한 찬성 및 반대 등의 많은 권한을 갖는다.[8] 연방의회가 가지고 있는 권한은 크게 두 가지로 분류할 수 있다.[9]

### 1) 명시적 권한

'명시적 권한(expressed power)'은 헌법 제1조 제8절 1항부터 17항까지 자세히 명문화되어 있는 권한을 말한다.

헌법에 규정되어 있는 권한은 조세 및 관세 징수권, 국채발행권, 주간(州間) 통상 규제권, 외국과의 통상 규제권, 귀화절차에 관한 법률제정권, 파산 관련 법률제정권, 화폐주조 및 화폐가치 결정권, 도량형 기준 결정권, 화폐 및 유가증권 등의 위조에 관한 처벌규정제정권, 우체국 및 우편도로 건설권, 저작권 및 발명가의 특허권 보호제정권, 공해(公海)에서의 해적행위, 불법행위 등에 대한 처벌권, 군대 징집 및 편성 등에 관한 권한, 연방 전체의 수도 '워싱턴 디시'가 위치해 있는 지역 일대, 연방재산 등에 대한 입법권, 하급 연방법원을 설치하기 위한 권한 등이다.[10]

---

8) Steffen W. Schmidt, Mack C. Shelley, and Barbara A. Bardes, *American Government and Politics Today*(Belmont, CA: Wadsworth Publishing Company, 1999), 381 – 383쪽.

9) Beard, 앞의 책, 257 – 266쪽 참조.

10) 연방정부와 주 정부 간의 분쟁 발생 시 헌법 자체로는 결말을 보기 어려운 경우가 있을 것이므로 제6조 2절에 최고성 조항(supreme clause)을 두어 헌법의 최고성과 연방 사법부의 사법심사권의 길을 터놓았다.

## 2) 함축적 권한

헌법에 그 내용이 구체적으로 명시되어 있지는 않으나 명시된 권한을 행사함에 있어 필요한 권한이나 필요한 것으로 추정되는 권한을 말한다. 헌법 제1조 제8절 18항을 보면, 제1조 제8절 1항부터 17항까지를 수행함에 있어 필요하다고 판단되는 기타 법률들을 제정할 수 있다고 규정했는데 이를 '함축된 권한(implied power)'이라고 한다. 그리고 사회가 변화하고 과학이 발달하는 과정에서 나타나는 새로운 현상에 대처하기 위해 연방의회가 필요한 법률을 제정하는 권한 또한 함축적 권한이라고 해석할 수 있다.

〈그림 3-2〉 연방의회의 권한

**상원·하원 공통의 권한**

| | |
|---|---|
| 세금 부과 징수권 | 국고를 위한 자금(금전) 차입권 |
| 주 간, 국제간 통상을 지배하는 규정 및 법률 제정권 | 외국인의 귀화를 위한 단일 규정 제정권 |
| 화폐 주조, 화폐가치 결정 및 화폐 위조자 처벌권 | 연방법률 집행권, 반란 진압권, 외침 등에 대비한 민병 소집권 |
| 파산법 제정권 | 우체국 및 우편도로 건설권 |
| 특허권 및 저작권 설정권 | 연방 법원 체제 확립권 |
| 해적 행위 처벌권 | 군대 모집 및 지원권(모병권) |
| 해군부대 유지권 | 도량형 기준 제정권 |
| '워싱턴 디시'를 위한 법률 제정권 | 헌법 집행을 위한 법률 제정권 |

| **상원의 권한(명시된 권한)** | **하원의 권한(명시된 권한)** |
|---|---|
| 세금 징수권 | 국제 무역 통제권 |
| 주(州) 간 무역 및 상업 통제권 | 선전포고 및 평화유지 |
| 군사력 증강 및 국가방위 | 체신 및 도로설치권 |
| 화폐 발행 | 귀화 및 이민법 제정권 |
| 의회 직할지 관리권 | 새로운 주의 연방 가입 승인 |
| 채금권 | 법원 설치권 |

| **상원의 권한(함축적 권한)** | **하원의 권한(함축적 권한)** |
|---|---|
| 권한을 시행하기 위한 필요하고도 타당한 법률 제정 | 국민의 일반 복지를 위한 시설 설치권 |

자료: 장병혜(1983), 313쪽; Wilson and Dilulio(1998), 302쪽.

## 2. 연방의회의 기능

연방의회가 갖는 본질적인 기능은 입법기능, 재정통제기능, 행정감독기능인데 이를 좀 더 세분화하면 다음과 같다.

### 1) 입법기능

미국헌법 제1조 제1절은 "모든 입법권은 연방의회에 속한다."고 규정하고 있다. 공식적으로 행정부에 법안제출권을 부여하고 있지 않은 미국에서 연방의회의 가장 중요한 기능 중의 하나가 입법기능이다.

### 2) 대표기능

이 책 앞부분의 식민지 의회 및 독립 후의 의회 부분에서 볼 수 있었던 것처럼 미국인들이 식민지 정착 초기단계에서부터 염원하였던 것은 행동의 자유, 신앙의 자유, 발언의 자유였다. 이러한 자유를 확보하기 위하여 그들은 본국인 영국에서처럼 계급을 대표하는 대표자가 아닌, 마을 주민들을 대표하는 대표자의 선출, 집회에 큰 관심을 갖게 되었다.[11]

"대표 없이는 과세도 없다."고 한 패트릭 헨리(Patrick Henry)의 말에서 대표의 의미, 중요성을 알 수 있다. 주의 인구나 면적의 크기에 관계없이 2명씩의 상원의원을 선출하여 그 주를 대표하도록 하여 평등의 원칙을 지키고, 인구비례에 의해 하원의원을 선출하도록 한 것도 필라델피아 헌법회의 당시 대표성의 문제를 해결하면서 민주주의 이념을 실현하고, 국민통합을 실현하고자 한 고민의 흔적이라고 볼 수 있다.

미국에서 '대표성'이란 '민의의 반영', '국민통합, 평등'의 이념을 실현하

---

11) 연방의회는 입법기능을 통하여 국가적 현안 혹은 의제를 논의하여 법률을 제정하며, 대표기능을 통해서는 국가적 과제는 물론 지역구 유권자들의 권익을 대변하는 역할도 수행한다.

는 핵심적 용어로 자리잡아 왔다.

### 3) 재정통제기능

연방의회의 지출승인권은 헌법적인 권한으로서 헌법에 "국고금은 법률로 정한 승인에 의해서만 지출할 수 있다."(헌법 제1조 제9절 7항)고 규정되어 있다.

과거 영국국회가 성립 초기부터 가졌던 기본적인 권한은 과세에 대한 동의권이었다는 사실에서도 알 수 있듯이 재정심의 및 통제에 관한 기능은 지금의 연방의회에도 적용되는 기본적인 기능이다.

### 4) 행정부 감독기능

입법부에서 의결된 법률이나 예산을 행정부가 성실하게 집행하고 있는지, 집행과정에서 오류나 왜곡은 없는지 등을 감시 감독하는 기능 역시 연방의회의 중요한 기능이다. 엄격한 삼권분립 체제의 정치구도 속에서 연방의회의 행정감독은 청문회 등을 통하여 이루어지고 있다.[12]

### 5) 청원 접수 및 처리기능

국민이 입법부나 행정부 등 국가기관에 대하여 희망사항 혹은 건의사항 등을 제출할 수 있는 권리를 청원권이라고 하며, 대부분의 국가에서는 이를 헌법에 명시하여 국민의 기본권을 보장하고 있다.[13]

미국의 경우 청원권을 포함한 기본권은 민족, 인종, 종교를 가리지 않고 적용된다. 이 기본권은 1791년 12월 15일에 비준된 수정조항 제1조에 명시

---

12) Susan Welch, John Gruhl, John Comer, Susan M. Rigdon, and Michael Steinman, *American Government*(Belmont, CA: West/Wadsworth, 1999), 298 – 299쪽.

13) 국회의원이 청원이나 진정을 제출하고자 할 때에는 의원의 성명을 기재하여 사무총장에게 제출하면 된다. 이때 참고가 될 만한 사항이나 처리방안을 명기할 수 있다. 청원·진정은 제출한 의원의 성명과 함께 의사록에 등재되며, 의회속기록에도 수록된다. 다만, 의장이 판단할 때 미풍양속을 해치거나 타인을 비방하는 청원·진정의 내용은 예외로 한다.

되어 있다(수정 제1조. 연방의회는 국교를 정하거나 자유로운 신앙행위를 금지하는 법률을 제정할 수 없다. 또한 연방회의는 언론·출판의 자유와 국민이 평온하게 집회할 수 있는 권리 및 불만 사항의 구제를 위하여 정부에 청원할 수 있는 권리를 제한하는 법률을 제정할 수 없다).

## 3. 연방의회의 비입법 기능 및 권한

연방의회는 앞에서 살펴본 기능 이외에도 헌법개정권, 선거권, 의회운영권 및 공직자 인준권, 행정감독권, 조사권, 사법권 등 여섯 가지의 기능과 권한을 갖는다.

▷ 헌법개정권

연방의회는 상하 양원에서 3분의 2이상의 찬성투표로 헌법개정안을 채택하여 각 주에 보내 비준을 얻을 권한을 가지고 있다. 또 각 주의 3분의 2의 요청에 의하여 개헌 국민대회를 소집할 권한을 가지고 있다. 이를 의회의 헌법개정권이라고 한다.[14] 연방의회는 헌법 수정안을 발의할 권한뿐만 아니라 그것을 각 주의 의회에서 표결할 것인지 아니면 특별한 대표자 회의에서 표결할 것인지를 결정할 권리가 있다.

▷ 선거권

대통령·부통령선거에 출마한 후보자가 선거인단(electoral college)의 절대다수 표를 얻지 못할 때에는, 대통령선거는 연방의회 하원에서 각 주마다

---

14) 미국헌법은 의회 또는 의회가 소집한 국민의회의 3분의 2의 다수표를 얻어 제출된 수정안과 이에 대한 4분의 3 이상의 주(state)의 찬성을 얻었을 때 비로소 헌법을 개정할 수 있도록 하였다. 헌법기초자들은 의회의 '횡포'로부터 '국가'를 수호하기 위하여 의회가 쉽게 헌법을 개정하기 어렵도록 개정절차를 까다롭게 규정한 것이다. 강한 독립성을 갖는 각 주의 의사가 헌법 개정에 반영될 수 있도록 함으로써 연방의회의 헌법 개정 관련 권한을 상대적으로 축소, 조정해 놓은 것이다.

한 표씩 투표권을 행사하여 실시하고, 부통령선거는 상원에서 실시한다.[15]

▷ 의회 운영권 및 고위 공직자 인준권

상원 혹은 하원은 각기 의회를 운영함에 있어 필요로 하는 의사일정, 의회 조직, 직원 채용 등 의회행정 및 인사에 관한 권한을 갖는다. 또한, 상원은 대통령이 지명한 고위 관리를 승인하는 인사승인권, 행정부가 외국과 체결한 조약 등을 비준하는 데 동의하는 동의권을 갖는다.

▷ 행정감독권

행정부의 수반은 대통령이지만, 행정부에 대하여 감독권을 행사하고 있는 것은 연방의회이다. 행정부 각 부처의 조직을 결정하거나 변경하는 것이 연방의회의 관할하에 있으므로, 의회의 결정에 따라 행정부의 구조가 조정될 수도 있다는 뜻이다. 행정부 각 부처는 매년 의회에 보고서를 제출하고, 예산 심의가 있을 때마다 의회에 나와 주관 사항에 대해 설명을 하도록 되어 있다. 또 상원이나 하원은 상임위원회를 통해서 행정부 각 기관의 업무를 감독(oversight)한다.[16]

견제와 균형의 원칙에서 볼 때, 연방정부가 행하는 정책집행프로그램이 올바른 방향으로 전개되고 있는지를 확인하는 일은 연방의회의 몫이다. 연방의회가 행정부 각 기관에 대한 감시·감독권을 충분히 수행하는 데 필요한 자원을 보유하고 있다고 보기는 어렵지만, 그럼에도 불구하고 몇 가지 감시·감독 도구는 가지고 있다(예: 국가예산이 적정하게 사용되는지를 점검하는 연방회계감사원).

---

15) 미국 역사상 대통령선거를 하원에서 실시한 경우는 두 번 있었는데, 1801년 토머스 제퍼슨(Thomas Jefferson) 대통령과 1825년 존 애덤스(John Quincy Adams) 대통령을 선출한 사례가 그것이다.

16) 예를 들면 '상원 중소기업·기업가위원회'가 소관업무 관련 행정관청의 업무집행 내용과 관련하여 질의 혹은 의견을 제시한 서한과 이에 대한 행정관청의 답신은 상원 홈페이지를 통하여 그 내용을 볼 수 있다. http://sbc.senate.gov/oversight/letters 109th.cfm/ 참조.

▷ 조사권

연방의회의 조사권은 의회가 입법 활동을 하는 데 필요한 정보를 수집하고, 법률 혹은 정책이 제대로 집행되고 있는지의 여부를 확인하기 위한 권한을 가리킨다. 조사는 보통 상원이나 하원에 설치되어 있는 상임위원회에서 하지만, 경우에 따라서는 특별위원회를 설치하여 조사를 행한다.


▷ 사법권

연방의회는 공직자 탄핵권을 가지고 있다.[17] 대통령·부통령, 행정부와 사법부의 고위 관리가 반역죄, 뇌물수수죄, 기타 범죄를 범했을 때에는 하원의 탄핵을 받는다. 하원이 탄핵안을 제출하면 상원이 그 사건을 심의한다. 상원에서 재판을 받아 상원의원 3분의 2가 유죄 판결에 동의하면 파면할 수 있다. 파면된 관리는 파면당하고 난 뒤에 일반시민의 자격으로 법정에서 재판을 받아 처벌을 받는다. 탄핵을 받을 피고가 대통령일 때에는 대법원장의 주관하에 상원에서 재판을 한다.[18]


## 4. 상원과 하원의 권한

### 1) 부여된 권한

상하 양원의 권한을 보면 그 권한은 대체로 대동소이하다. 상원은 하원이 갖지 않는 특별한 권한으로서 공무원 임명에 대한 조언과 승인권, 조약 체

---

17) 의회 사상 처음으로 제40대 국회가 1868년 현직 대통령인 앤드루 존슨에 대한 탄핵재판을 결의한 것도 특기할 만한 사항이다. 명목상의 이유는 그가 공직자법(Tenure of Office Act)을 어긴 채 국방장관을 해임했다는 것이었지만 실제로는 남북전쟁 후 복구기간에 남부 주에 대해 일련의 관대한 정책을 편 것이 다수당(공화당) 의원들의 미움을 샀기 때문이다. 공화당 내 과격파 의원들의 주도로 강행된 탄핵결의는 하원 본회의에서는 가결되었으나 상원에서는 1표 차이로 부결되었다. 앤드루 존슨은 링컨 대통령 암살 사건 이후 대통령에 오르게 되었다. An American History, 587쪽.

18) 워터게이트 사건에 연루된 닉슨 대통령은 하원의 탄핵이 거의 확실해지자 탄핵 결의가 있기 전에 사임하였다.

결에 대한 조언과 승인권, 하원이 탄핵한 공무원에 대한 심판권을 갖는다. 그리고 하원은 세입법안에 대한 선의권(先議權)을 갖는다.

헌법 제1조는 연방정부의 모든 입법권을 상하 양원으로 구성된 연방의회에 부여하고 있다. 헌법에서 규정하는 대로, 상원은 각 주에서 2명의 의원이 선출되며, 현재 상원의원 수는 100명에 이른다. 하원의원 수는 각 주의 인구수에 따라 결정되므로, 그 규모는 헌법에 명시되어 있지 않다. 현재 하원의원 정수는 435명이다.[19]

상하 양원은 반드시 하원에서 먼저 발의되어야 하는 예산안을 제외한 모든 사안에 대해 법안을 제출할 수 있는 권한을 지닌다. 상원은 하원의 세입법안 혹은 관련 법안을 부결시키거나 그 법안의 성격을 변화시키는 수정조

<표 3-1> 연방의회에 부여된 권한

| 권한 내용 |
| --- |
| ○ 합중국의 채무를 지불하고 공동방위와 일반복지를 위하여 조세, 관세, 공과금 및 소비세를 부과, 징수하는 일 |
| ○ 합중국의 신용으로 금전을 차입하는 일 |
| ○ 외국과의, 주 상호 간의, 그리고 인디언 부족과의 통상을 규제하는 일 |
| ○ 합중국 전체에 공통되는 통일적인 귀화 규정과 파산문제에 대한 통일적인 법률을 제정하는 일 |
| ○ 화폐를 주조하고, 그 화폐 및 외국 화폐의 가치를 규제하며, 도량형의 표준을 정하는 일 |
| ○ 합중국의 유가증권 및 통화의 위조에 관한 벌칙을 정하는 일 |
| ○ 우편관서와 우편도로를 건설하는 일 |
| ○ 저작자와 발명가에게 그들의 저술과 발명에 대한 독점적 권리를 일정 기간 보장해 줌으로써 과학과 유용한 기술의 발달을 촉진하는 일 |
| ○ 연방대법원의 하급 법원을 조정하는 일 |
| ○ 공해상의 해적행위 및 중죄, 그리고 국제법에 위배되는 범죄를 정의하고 처벌하는 일 |
| ○ 전쟁을 선포하고, 나포 허가장을 수여하고, 지상 및 해상에서의 포획에 관한 규칙을 정하는 일 |
| ○ 육군을 모집하고 유지하는 일. 단, 이 목적을 위한 경비의 지출기간은 2년을 초과하지 못한다. |
| ○ 해군을 창설하고 유지하는 일 |
| ○ 육해군의 통수 및 규제에 관한 규칙을 정하는 일 |
| ○ 연방 법률을 집행하고, 반란을 진압하고, 침략을 격퇴하기 위하여 민병대의 소집에 관한 규칙을 정하는 일 |
| ○ 민병대의 편성, 무장 및 훈련에 관한 규칙을 정하고 민병대 중 합중국의 군에 복무하는 자들을 다스리는 규칙을 정하는 일. 다만, 민병대의 장교를 임명하고, 연방의회가 정한 군율에 따라 민병대를 훈련시키는 권한은 각 주가 보유한다. 특정 주가 합중국에 양도하고, 연방의회가 이를 수령함으로써 합중국 정부의 소재지가 되는 지역에 대하여는 어떠한 경우를 막론하고 독점적인 입법권을 행사하는 일. 또, 요새, 무기고, 조병창, 조선소 및 기타 필요한 건물을 세우기 위하여 주 의회의 동의를 얻어 구입한 모든 장소에 대해서도 이와 똑같은 권한을 행사하는 일 |
| ○ 위에 기술한 권한들과 이 헌법이 합중국 정부 또는 그 부처 또는 그 부처의 공무원에게 부여한 모든 기타 권한을 행사하는 데 필요하고 적절한 모든 법률을 제정하는 일 |

---

19) 1911년 8월 8일 가결된 공법(Public Law 62-5)에 의해 435명으로 고정되었으며, 1913년의 제63대 국회부터 적용되었다. 그러나 연방의회는 의원의 수를 변경할 권한을 갖고 있다.

항을 추가할 수 있다. 이 경우, 법안이 가결되기 전에 양원 의원으로 구성된 양원협의회가 양원에서 동시에 수용할 수 있는 타협안을 만들어야 한다.

연방 공무원의 탄핵 사건에서, 탄핵 심판에 이를 수 있는 위법 행위에 대한 소추권은 하원이 단독으로 지닌다. 상원은 탄핵 사건을 심판하고 공직자의 유죄와 무죄 여부를 판결할 수 있는 단독 권한을 지닌다. 유죄 판결을 받은 연방 공무원은 공직에서 면직된다.

연방의회의 권한은 연방헌법 제1조 8절에 명시되어 있으며, 차관(借款)도입에서부터 선전포고까지 연방의회가 관장한다.

선전포고와 관련하여 연방의회는 1941년 일본,[20] 독일, 이탈리아에 대한 선전포고를 한 것을 마지막으로 하고 있다. 그 후 한국전쟁, 레바논, 도미니카공화국, 베트남 및 캄보디아에는 선전포고 없이 미군을 파병하였다. 베트남의 경우에는 상원이 1964년에 통킹만 결의안을 채택함으로써 미국의 전쟁개입을 승인하였다.[21]

1970년대 초반 미국이 베트남 전쟁에서 승리하지 못하게 된 후, 연방의회는 미군을 해외에 파병하고 전투상황에 임하게 하는 결정을 함에 있어서 의회의 보다 적극적인 의사결정 참여를 제도화하기 위하여 1973년에 '전쟁수행권 제한법(War Powers Act)'을 제정하였다.[22] 이로써 대통령의 대외정책 권한

---

20) 일본은 1941년 12월 7일 하와이 진주만(Pearl Harbor)의 미국 해군기지를 기습 공격하였다. 루스벨트 대통령은 다음 날인 12월 8일 연방의회에 일본에 대한 전쟁을 촉구하는 교서를 보냈다. 이날 오후 상원은 찬성 82 대 반대 0, 하원은 388 대 1로 일본에 대한 선전포고를 가결하였다.

21) 베트남전쟁이 격화되고 있던 무렵인 1964년 미국정부는 베트남 통킹만에서 미국의 구축함이 월맹군의 공격을 받았다고 발표하였다. 이에 국민과 의회 지도자들이 흥분하였으며, 전쟁 선포권을 가지고 있는 의회는 즉시 의회결의를 통해 미국대통령에게 베트남에서 발생하는 미국에 대한 어떠한 적대적 행위에 대해서도 대항할 수 있도록 '모든 필요한 조치'를 취할 수 있는 권한을 부여함으로써 사실상 미국의 참전을 승인하고 전쟁수행에 대한 전권을 대통령에게 위임하였다. 그로부터 7년 후인 1971년, 과거 통킹만사건 자체가 미국의 전면적 참전을 바랐던 행정부에 의한 조작이라는 사실이 밝혀짐에 따라 연방의회는 지난날의 결의를 취소하였다. 이러한 일은 의회가 갖는 정보의 부족 특히 실시간 현장정보 및 관련 자료의 부족으로 인하여 발생한다. 의회는 행정부가 가공한 정보를 받거나, 아니면 정보의 유효성이 떨어지는 뒤늦은 시기에 이를 받게 됨으로써 정책적 판단에 어려움을 겪게 되는 일이 흔하다. 대부분의 국가에서 이러한 현상이 나타난다.

22) '전쟁수행권 제한법'은 대통령이 그의 권한하에 연방의회의 승인 없이 최대한 90일 동안 군대를 사용할 수 있으나 만약 의회가 동시결의로 미군 철수를 결정하는 경우에는 즉시 전쟁을 중지하고 미군을 철수하도록 한다는 내용의 법률이다.

의 독점적인 행사는 막을 내리고 의회의 견제를 받게 되었다.[23] 이 사례는 연방의회가 행정부의 외교정책에 영향력을 미친 주요 사례 중의 하나이다.

연방의회는 또 정부 관리의 채용에 대해 일반적인 통제력을 행사한다. 특히 고위 공직자의 임명에 동의하고 조언할 수 있는 상원의 권한을 통해 정치적 통제력도 행사할 수 있다. 그러나 상원이나 하원 모두 행정부나 사법부 관리를 직접 임명하거나 선택할 수 있는 헌법상의 권한은 갖고 있지 않다.[24]

## 2) 부여되지 않은 권한

미국헌법은 연방의회가 할 수 없는 사안에 관하여 <표 3-2>에서 보는 것처럼 구체적으로 기술하고 있다.

통상이나 과세에 있어 특정 주의 항구나 그 항구를 이용하는 선박에 대해 특별대우를 하지 못한다. 어떠한 귀족의 칭호도 수여하지 못하며, 수여받지도 못한다고 하는 내용도 포함되어 있다.

〈표 3-2〉 연방의회에 금지된 권한

| 금지된 권한 내용 |
| --- |
| ○ 연방의회는 기존 각 주 중 어느 주가 허용함이 적당하다고 인정하는 사람들의 이주 또는 입국을 1808년 이전에는 금지하지 못한다. 다만, 이러한 사람들의 입국에 대하여 1인당 10달러를 초과하지 아니하는 한도 내에서 입국세를 부과할 수 있다. |
| ○ 인신보호 영장에 관한 특권은 반란 또는 침략의 경우에 공공의 안전상 요구되는 때를 제외하고는 이를 정지시킬 수 없다. |
| ○ 사권 박탈법(Bill of Attainder) 또는 소급법을 가결시키지 못한다. |
| ○ 인두세나 그 밖의 직접세는 앞에서 규정한 인구조사 또는 산정에 비례하지 아니하는 한, 이를 부과하지 못한다. |
| ○ 주로부터 수출되는 물품에 조세 또는 관세를 부과하지 못한다. |
| ○ 어떠한 통상 또는 세금 수입 규정에 의해서도, 어느 주의 항구도 다른 주의 항구보다 우월한 대우를 받을 수 없다. 또한 어느 주에 도착예정이거나 어느 주를 출항한 선박을 다른 주에서 강제로 입출항 수속을 하게 하거나, 관세를 지불하게 할 수 없다. |
| ○ 국고금은 법률에 따른 세출예산에 의해서만 지출할 수 있다. 또한 모든 공금의 수납 및 지출에 관한 정식 결산서는 수시로 공표하여야 한다. |
| ○ 합중국은 어떠한 귀족의 칭호도 수여하지 아니한다. 합중국 정부에서 유급직 또는 위임에 관한 관직에 있는 자는 누구라도 연방의회의 승인 없이는 어떠한 국왕, 왕족 또는 외국으로부터 종류 여하를 막론하고 선물, 보수, 관직 또는 칭호를 받을 수 없다. |

23) Susan Welch 외, 앞의 책, 335쪽.

24) 선거인단이 대통령과 부통령을 선출하지 못하는 예외적인 경우에는 상하 양원이 각각 대통령과 부통령을 선출하도록 되어 있다.

헌법 수정조항 제10조는, 연방정부에 위임되지 않은 권한은 주나 국민에게 있다고 규정함으로써 연방의회의 권한과 관련하여 그 경계를 분명히 하고 있다. 뿐만 아니라, 헌법은 연방의회에 금지된 특정 권한에 대해서도 규정하고 있다.


## 제3절 연방의회의 행정부 감독권


### 1. 의회의 감독기능


'감독'의 사전적 의미는 '주의 깊은 관찰·지도 및 보호'이다. 의회의 행정부 감독권은 의회가 행정부에 영향력을 미치기 위해 채택할 수 있는 가장 효과적인 방법 중의 하나이다.

의회는 감독권을 행사함으로써 낭비와 부정을 막고, 시민의 자유와 개인의 권리를 보호하며, 행정부의 법률 준수를 보증하고, 입법과 국민 교육에 필요한 정보를 수집하며, 행정부의 업적을 평가하고 개선하도록 권고한다. 의회의 감독권은 행정 각 부처와 행정기관, 규제위원회 및 대통령직에까지 적용된다. 널리 행정부와 행정 관료의 법 집행과정을 감시, 감독하는 입법부의 활동이다.[25]

의회의 감독기능은 다음과 같은 여러 가지 형태를 취한다.[26] ① 위원회의 조사 및 심리, ② 대통령과의 정식 자문회의 및 대통령이 보낸 보고서 접수, ③ 대통령의 임명권이나 조약 체결에 대한 상원의 권고와 동의, ④ 하원의 탄핵 절차 및 그 후 상원의 탄핵 심판, ⑤ 대통령이 직무 능력을 상실하거나

---

25) 1955년부터 1960년까지 연방의회의 입법거부는 24건이었는데, 1970년부터 1975년까지 연방의회의 입법거부는 163건으로 크게 증가하였다. Clark F. Norton, *Congressional Review, Deferral, and Disapproval of Executive Actions*(Washington, D.C.: Library of Congress, CRS, 1976), 8쪽.

26) 슈뢰더, 앞의 책, 114 - 115쪽.

부통령직이 공석이 될 경우, 수정조항 제25조에 따른 상하 양원의 의사 진행, ⑥ 입법부와 행정부 관리들 사이의 비공식 회의, ⑦ 정부 위원회에서 차지하는 의회 의원들의 지위, ⑧ 연방의회 의원 및 의회예산국, 연방회계감사원과 같은 지원 기관들에 의해 실시되는 조사 등 여러 가지 형태를 취한다.

의회의 행정감독권은 공직자들을 면직시키고, 정책을 변경시키는 경우가 많다.27) 이렇게 볼 때 연방의회의 감독권은 대통령의 직무 수행을 감시하고 행정부처의 공공 정책의 시행상의 오류, 예산 남용 등을 바로잡는 데 필요한 기능이다.28)


## 2. 상원의 행정부에 대한 권한

상원은 상원에만 특별하게 부여된 일정한 권한을 보유하고 있다. 상원의원 3분의 2 이상의 찬성 표결로 조약을 비준할 수 있는 권한과 함께, 연방정부의 고위 공무원과 대사들에 대한 대통령의 임명을 승인하는 권한까지 지닌다.29) 이 두 경우 상원에서 부결되고 나면 행정부의 조치는 모두 무효화된다.

헌법 제2조 제2절 2항에 의거한 ① 조약 비준권, ② 대사, 대법원 판사, 행정부 고위관리 등에 대한 임명동의권, ③ 헌법수정제의를 할 수 있는 권

---

27) 1949년에 상원 특별조사소위원회가 트루먼 행정부의 고위 공직자들이 저지른 부패의 진상을 밝혀냈다. 그 결과 정부 내에서 자행되는 부패를 조사하기 위해 특정 기관들이 재편되고, 백악관에 특별위원회가 설치되었다. 1960년대 말 텔레비전에 방영되었던 상원 외교위원회 청문회는 베트남전 반대 세력을 결집시키는 데 도움을 주었다. 1983년, 연방의회는 국경 감시 활동을 강화하려는 관세국과 이민귀화국(INS)의 제안에 대해 조사를 벌였으며, 그 과정에서 새로운 법안 없이 변화를 꾀하려고 했던 행정부의 권한에 대해 문제를 제기하였다. 1987년에는 행정부가 이라크를 상대로 비밀 무기를 판매하고, 그 이익금을 '콘트라(contra)'로 알려져 있는 니카라과 반군(반정부 단체)에게 전용한 사실이 밝혀졌다. 연방의회의 이러한 조사 결과, 유사 사건의 재발을 방지할 수 있는 법안이 제기되었다.

28) 견제와 균형이 가능한 권력분립은 혹시라도 있을지 모르는 정부 권력의 남용을 최소화하는 가장 감각 있는 방법(수단)으로 인식되었다. Barbara Hinckley and Sheldon Goldman, *American Politics and Government*(Glenview, IL: Scott, Foresman and Company, 1990), 10쪽.

29) 상원은 'senate'이라고 하는데 이 말은 원래 고대 그리스나 로마의 원로원을 가리키는 말로서, 뛰어난 엘리트, 즉 귀족계급이 모이는 곳이었다.

한, 헌법개정발의를 할 수 있는 권한, ④ 선거인단 과반수를 확보하지 못하여 대통령 및 부통령 선출결과가 나오지 않았을 경우, 즉 수정조항 제12조에 의거하여 선거인단에 의한 대통령 및 부통령 선출에 실패한 경우, 상원의장이기도 한 부통령은 상원에서 최고득표자 2인에 대해 100명의 상원의원들이 1표씩을 행사하여 과반수 득표하면 당선시키는 식으로 선출하고, 대통령은 하원에서 최고득표자 3인에 대해서 투표하는데 각 주에서 1표씩을 행사하여, 즉 50표 중에서 다수 득표자를 당선시킨다(상세한 것은 이 책 부록 미국헌법 수정조항 참조).

### 1) 조약비준권

상원은 행정부가 외국정부와 체결한 조약을 비준하는 권한을 갖는다. 이 조약비준권은 상원의 고유 권한이다.[30] 다른 나라와의 조약에 대한 상원의 승인권은 대통령의 정책결정을 통제하는 한 방편이 되기도 한다.[31]

1919년 상원은 본회의 표결 결과 미국의 국제연맹 참여를 거부하였다. 상원이 참여를 거부한 것은 국제연맹 참여가 미국의 주권을 침해한다고 판단했기 때문이다.

대통령이 외국과 체결한 조약은 상원에서 승인을 받아야 하는데 상원의원 3분의 2 이상의 동의가 있어야 한다. 행정부는 상원의 업무 과다와 상원에서 3분의 2 이상의 동의를 얻는 일이 여의치 않게 되면서 국제조약을 행정협정(Executive Agreements)의 형태로 맺는 경우가 많아지고 있다. 1970년 스페인과 미국 사이에 조인된 '안보협정'이 그것이다. 조약 대신에 협정을 맺은 것이다. 또 근년의 국가 간의 관계는 무역통상관계가 대부분이기 때문

---

30) 미국 상원이 베르사유 조약을 승인하지 않았기 때문에 미국이 국제연맹에 가입하지 못했던 경험이 있다.

31) 1844년 미국과 텍사스는 합병조약을 체결하였다. 이때 미국 상원은 합병 후에 발생할 멕시코와의 경계분쟁을 우려하여 조약에 대한 비준을 부결하였다. 그러자 포크 대통령(James K. Polk, 1795~1849, 재임 1845~1849)은 상원에서 부결된 합병조약을 상원과 하원 양원 합동회의에서 과반수 표결로 가결시켜 텍사스의 합병을 성사시켰다.

에 조약 등의 필요성이 감소하고 있는 탓도 있다.

### 2) 부통령 선출권

부통령선거에 출마한 후보자가 선거인단의 과반수를 얻지 못했을 때에는 상원에서 부통령을 선출한다. 현재 헌법 수정조항 제25조에는 부통령이 공석이 되었을 때에는 대통령이 후보자를 지명하고 상하 양원의 동의를 얻도록 되어 있다.[32]

### 3) 탄핵심판권

상원은 고위공직자에 대한 탄핵심판권을 갖는다. 상원은 하원에서 탄핵소추 된 자에 대한 심판권을 가지고 있다.

상원은 대통령, 부통령, 기타 상원에서 인준하는 공직자에 대해 하원에서 탄핵결정이 있는 경우 이를 최종 심리하는 권한을 가지고 있으며, 상원 3분의 2의 찬성으로 해당 공직자를 파면할 수 있다.[33] 상원의 탄핵심판에 의하여 파면된 자는 파면 후 일반 시민의 자격으로 법원에서 재판을 거쳐 처벌할 수 있다.

일반 공직자를 탄핵 심판할 때는 상원의장이 탄핵심판 의장이 되며, 대통령을 탄핵할 때는 연방대법원장을 의장으로 한다. 누구라도 상원 출석 의원 3분의 2 이상의 찬성 없이는 유죄판결을 받지 않는다. 탄핵심판에서의 판결은 면직 그리고 명예직, 위임직 또는 보수를 수반하는 미국의 공직에 취임, 재직하는 자격을 박탈하는 것 이상이 될 수 없다. 탄핵심판에서 유죄판결을 받은 자는 법률의 규정에 따른 기소, 재판, 판결 및 처벌을 면할 수 없다.

---

32) 포드(Gerald R. Foed)와 록펠러(Nelson Rockfeller)가 이 규정에 의해 부통령이 된 사례이다.

33) 1797년 이래 하원은 16명의 연방 공직자들(대통령 2명, 대통령 자문위원 1명, 상원의원 1명, 연방대법원장 1명, 연방 판사 11명)에 대해 탄핵안을 가결하였다. 그중에서 7명의 연방 판사들만이 상원에서 유죄판결을 받았다.

## 4) 고급공무원 임명동의권

헌법상 상원은 대통령이 지명하는 고급 공무원에 대한 임명동의권을 갖고 있다. 따라서 대통령이 임명하는 고위직 공무원은 상원의 인준청문회에서 승인을 받아야 한다. 인준청문회는 대통령의 인사 결정에 혹시라도 하자가 있거나 향후 공직을 수행하면서 발생할지도 모르는 보이지 않는 부정적 요인을 사전에 발견하거나 폐해를 보완하기 위해 마련된 것이다. 인준청문회는 미국이 세계에서 처음으로 시작한 제도이다.

상임위원회가 인준을 동의하면 상원 본회의에서 찬반투표를 실시하는데 본회의에서는 대부분 상임위원회의 결정대로 가결해 주고 있다.

상임위원회가 공직후보자의 자질을 문제 삼아 심의를 지연하거나 본회의 회부 연기를 결정하면 몇 달 동안 법적인 인준이 안 되는 사례도 흔하게 볼 수 있다.

조약비준과 대통령 탄핵결정에는 상원의원의 3분의 2 이상의 찬성이 있어야 하나, 공무원 임명 인준은 과반수로 가능하다.

공직후보자에 대해 그 공직자의 출신 주의 상원의원이 불쾌감을 표시하거나 반대할 때에는 상원은 인준동의를 해 주지 않는 것이 일반적이다. 대통령은 상원이 휴회 중일 때에는 상원의 인준 없이 공직자를 임명할 수 있다. '휴회 중 임명'은 의회가 휴회 중일 경우 대통령이 상원의 인준 없이 공직자를 임시로 임명할 수 있는 헌법상의 권한이다.

상원의 이러한 역할에 대해서는 역사적으로 상반되는 두 개의 관점이 대립해 왔다. 조지 워싱턴 이후의 대통령들과 몇몇 법학자들은 인준을 거부해야 할 절대적인 이유가 있지 않는 한 상원은 대통령의 선택을 따라야 한다는 입장이었다. 그러나 다른 학자들과 대부분의 상원의원들은 피지명자에 대한 판단은 상원의 고유한 권한이자 의무라고 생각해 왔다.

그런데 연방법원 판사 피지명자의 적합성 여부를 놓고 의견이 나뉠 경우, 상원은 대통령의 뜻을 따르지 않고 거부하는 경향이 오래전부터 존재해 왔

다. 1789년 이래 대통령은 144명의 대법원 판사 지명자에 대한 동의를 상원
에 요청했지만, 이 가운데 30명이 거부되거나 무기한 연기되거나 혹은 대통
령 스스로 철회하였다.[34] 약 80퍼센트 정도만 상원의 동의를 얻은 셈이다.
그러나 19세기 이후 점차 대통령의 뜻이 크게 작용하고 있다. 통계적으로
보면 대통령이 대법원 판사의 임명동의를 가장 성공적으로 받은 경우는, 피
지명자의 출신배경이 문제되지 않고 정치적 입장이 중도일 때, 그리고 상원
에서 여당이 다수당이거나 적어도 상원의원의 다수가 대통령의 태도와 가치
에 동의할 때였다.


## 3. 하원의 행정부에 대한 권한

### 1) 대통령 선출권

상원과 하원 의석 수의 합계는 535석이다. 여기에 헌법 수정조항 제23조
에 의하여 컬럼비아 특별구(District of Columbia)에 세 개의 선거 표를 주고
있기 때문에 선거인의 수는 모두 538명이 된다. 따라서 대통령에 당선되기
위해서는 적어도 270명의 선거인을 확보해야 한다. 대통령 후보자 중에서
과반수의 표를 얻는 사람이 없을 경우, 새로 선출된 하원의원들이 대통령선
거에 나서게 된다.

하원에서 가장 많은 득표를 한 후보자 세 명 중에서 당선자를 선출한다.
대통령선거에서 각 주는 모두 한 표씩을 갖게 된다. 투표는 각 주가 하는
것이므로 총인구 20~30퍼센트도 안 되는 26개 주(50개 주 중에서 과반수)
가 대통령을 선출하게 될 가능성도 있다.

만약 하원에서 대통령 취임일인 1월 20일까지 대통령을 선출하지 못할
경우에는 상원에서 선출된 부통령이 대통령 선출 시까지 대통령의 권한을

---

34) 로버트 A. 카프 외(이경식 역), 『미국의 사법제도』(서울: 주한미국대사관 공보과, 2005), 244쪽.

대행한다.

앞에서 언급한 것처럼 대통령 선출권은 국민이 선출하는 선거인단이 갖고 있다. 그러나 후보자가 선거인단 과반수를 얻지 못한 때에는 상위 투표자 3 인 중에 하원에서 대통령을 선출하도록 규정하고 있다. 하원에서 대통령을 선출할 때에는 하원의원 각자가 1표씩 투표권을 행사하는 것이 아니라 각 주마다 그 주를 대표하여 1표씩 투표권을 행사하여 대통령을 선출하도록 되어 있다.

미국 역사상 선거인단 과반수를 얻지 못해 의회에서 대통령을 선출한 경우는 2회 있었는데 그들은 토머스 제퍼슨(1801년)과 존 퀸시 애덤스(1825년)이다.


### 2) 탄핵소추권

하원은 대통령과 부통령을 포함한 고급 공무원에 대한 탄핵소추권을 갖고 있다. 하원은 대통령, 부통령, 그리고 행정부와 사법부의 고급 관리, 기타 상원에서 인준하는 고위 관리가 직권 남용, 반역죄, 뇌물죄, 기타 중범죄를 범했을 때에는 탄핵소추를 할 수 있다.[35]


▷ 탄핵제도 연혁

아메리카 식민지 각 주는 미국 독립 이전의 시기에 이미 영국의 탄핵제도를 본받아 주 헌법에 채택하고 있었다. 1776년의 버지니아 주 헌법과 사우스캐롤라이나 주 헌법, 1780년의 매사추세츠 주 헌법 등에서 영국국회의 탄핵제도를 도입한 바 있다.

필라델피아에서 열린 헌법회의에서 헌법기초자들은 영국에서와는 다른 엄격한 삼권분립을 전제로 하여 행정부와 사법부에 속하는 공직자들의 비리 혹은 부정행위를 처벌할 수 있는 권한을 국민에게 직접 책임을 지는 연방의

---

35) 대통령 탄핵에 관해서는 연방헌법 제1조 제2절 5항, 제3절 6항, 3절 7항 및 제2조 제4절에 규정되어 있다.

회가 행사하도록 하는 제도적 장치를 마련하였다.

▷ 대통령 탄핵 사례

하원에서 대통령 탄핵안이 가결된 것은 2회(앤드루 존슨 대통령과 빌 클린턴 대통령)이고, 1회(리처드 닉슨 대통령)는 탄핵안 처리 직전에 대통령이 사임하였다.

1868년 앤드루 존슨(Andrew Johnson) 대통령이 미국 남북전쟁(1861~1865) 이후 전쟁에서 패배한 남부 연방에 대한 처리 문제, 또 법률을 위반하면서 에드윈 스탠턴 장관을 해임하려 했다는 이유 등으로 하원의 탄핵소추를 받았다. 그러나 상원에서의 탄핵 재판에서 유죄 판결에 필요한 3분의 2 득표에서 1표가 부족하여 탄핵소추는 기각되었고, 존슨 대통령은 임기를 채울 수 있었다.[36]

1998년에는 빌 클린턴 대통령(민주당)이 백악관에서 인턴으로 일하고 있던 르윈스키(Monica Lewinsky)와의 성추문과 관련하여 위증 및 사법 방해 혐의로 하원의 탄핵소추를 받았다. 상원에서의 탄핵 심판 결과, 위증혐의에 대해서는 55 대 45로 무죄를 주장하는 쪽의 표가 많았고, 사법 방해혐의에 대해서는 50 대 50으로 표가 똑같이 나뉘자 상원은 두 가지 죄목에 대해 무죄를 선고하였다.[37]

1974년 리처드 닉슨대통령(공화당)은 하원 법사위원회가 워터게이트 사건 수사결과 드러난 혐의를 인정하고 탄핵을 요구하자, 하원에서 탄핵안을 처리하기 전에 대통령직을 사임하였다.

---

36) 존슨 대통령은 임기 내내 연방의회와 대립하다가 연방의회의 탄핵을 받았다. 그가 임기 중인 1867년 러시아로부터 알래스카를 구입한 것이 그의 큰 업적의 하나로 평가받는다.

37) 탄핵 표결 당시 상원의 의석분포를 보면 민주당 45석, 공화당 55석이었다. 탄핵안을 가결시키기 위해서는 3분의 2인 67석 이상을 얻어야 하는데 표결 결과 위증혐의에 대해서는 일부 공화당 의원들이 클린턴에게 혐의가 없다고 했고, 사법방해 혐의에 대해서도 일부 공화당 의원들이 클린턴에게 혐의가 없다는 입장을 취함으로써 탄핵안은 부결되었다.

▷ 연방의회가 대통령 탄핵을 주저해 온 이유

첫째, 대통령은 국민의 뜻에 의하여 선출된 국가의 최고 공직자이다. 그런 지도자를 국가적 반역행위를 저지르지 않은 이상 탄핵의 심판대에 올리는 일은 의회로서는 크게 부담스러운 일이다. 둘째, 탄핵이 빈번하게 행해질 경우 혹은 탄핵이 정권 교체 차원에서 공세적으로 행해질 경우 상대편에 의한 정치 보복성 탄핵을 초래할 수 있다는 우려가 있다. 셋째, 탄핵에 관하여 상원과 하원이 각각 탄핵소추권과 탄핵심판권을 나누어 가지고 있어서 탄핵을 하려면 양원의 의견통일이라고 하는 절차적·시간적 비용을 지불해야 한다.

## 3) 세입·세출 재정 법안에 대한 심의우선권(예산선의권)

국가의 경비는 그 대부분이 행정부의 경비이며, 이는 상원과 하원의 찬성 의결을 거쳐야 사용할 수 있다. 특히 하원은 예산선의권을 갖고 있으며 재정문제에 있어서는 상원보다 더 큰 권한을 가지고 있다. 연방의회는 행정부를 견제하는 방법으로 예산 삭감 등의 조치를 취할 수 있다.

하원은 세입·세출 재정법안에 대하여 우선 발의권과 심의권을 갖는다. 상원도 세입·세출 법안에 대하여 심의권과 수정권을 갖고 있다. 다만 하원이 우선권을 갖는 것이 상원과 다른 점이다.

의회는 세금을 부과·징수하고 정부지출을 승인할 권한을 가지고 있기 때문에 재정문제에 관해 상당한 영향력을 행사할 수 있다. 대통령의 재가를 얻은 차기 연도의 세입·세출 예산이 의회에 제출되면 의회는 하나의 예산안을 심의·확정하는 것이 아니라 회기 초 6~7개월 동안 각 부서와 기관의 수많은 세출승인안을 처리한다.

## 4) 행정기관의 설치 및 관리권

모든 행정조직은 법률로서 정하고 또 변경하기로 되어 있기 때문에 연방의회는 행정조직의 개폐(開閉)를 통하여 행정부에 영향력을 행사할 수 있다.

의회는 행정기관의 창설과 폐지는 물론 기관 간에 기능을 이전시키는 권한도 보유하고 있다. 의회는 또한 행정부의 각 부처에 대하여 활동경비를 지출할 권한을 부여하고, 내부조직 및 업무절차와 작업방식을 규제하는 법률을 제정할 수 있다.

〈표 3-3〉 연방의회의 대통령 및 행정부 견제 권한

| 권한 | 내용 |
| --- | --- |
| 헌법개정권 | 헌법개정 발의는 연방의회의 권한이다. 대통령의 지위도 의회의 헌법개정 여하에 따라 달라질 수 있다. |
| 탄핵재판권 | 하원은 대통령 이하 모든 고급공무원에 대하여 탄핵을 결정할 수 있다. 상원은 탄핵사건의 재판권을 가지고 있으며 재판결과에 따라 공직자를 파면할 수 있다. |
| 행정조직에 관한 입법권 | 의회는 행정조직의 조정, 개폐를 통해 행정부를 견제할 수 있다. |
| 조약 및 공무원 임용에 관한 승인권 | 대통령이 체결한 조약은 상원의 3분의 2 이상의 찬성으로 승인을 받아야 한다. 대통령이 임명하는 중요한 공무원은 상원의 동의가 있어야 한다. |
| 예산선의권 | 하원은 예산선의권을 가지고 있으며, 재정문제에 관해서는 상원보다 강한 발언권을 갖고 있다. 의회 행정부의 행동을 통제하는 유력한 수단으로 행정부의 매년도 경비를 가감할 수 있다. |

## 제4절 대통령의 입법 관련 권한

### 1. 최고 입법자

미국 대통령은 최고 입법자(Chief Legislator)이다.[38] 대통령에게는 법률안 거부권과 법률 공포권 등이 있다. 헌법은 "모든 입법적 권한"이 의회에 부여된다고 규정하였지만, 대통령은 공공 정책에 대한 최종 의사결정자로서 중요한 입법적 역할을 담당한다.[39]

---

38) Heineman, Robert A. et al., *American Government*(New York: Mcgraw-Hill, 1989), 217-218쪽.
39) James S. Young, *The Washington Community*(New York: Columbia University Press, 1966),

대통령은 법률상 규정된 직무를 수행하기 위해, 연방정부의 행정부를 주재한다. 행정부는 백만 명의 현역 군대를 포함, 총 4백만 명에 이르는 공무원을 운용하는 광대한 조직이다.

대통령의 최고임무는 헌법을 수호하고 의회가 제정한 법률을 집행하는 일이다. 권한으로는, 의회에 법안을 제안하고, 의회 특별회를 소집하며,[40] 의회에 교서를 송부할 수 있다. 법안을 승인 또는 거부할 수 있으며, 연방 판사를 임명하고, 연방 부서장과 기관장 및 기타 핵심적인 연방 공무원을 임명하며, 해외 대표단을 임명할 수 있다. 외국과의 공식적인 외교 업무를 수행하며, 육·해·공군 총사령관의 역할을 수행하고, 미합중국에 반하는 범죄에 대해 사면을 베풀 수 있다.

이러한 강력한 권한을 갖는 대통령직 창출에 대해 헌법회의 내에서 논의가 분분했었다. 몇몇 주에서는 여러 위원들로 이루어진 행정자문위원회를 운영하고 있었는데, 그 제도는 수년 동안 스위스에서 상당한 성공을 거둔 뒤에 채택된 것이었다. 벤저민 프랭클린은 미국에서도 그와 유사한 제도를 채택해야 한다고 주장했다. 게다가 영국 왕실의 과도한 행정권에 대해 여전히 분개하고 있던 수많은 대표자들은 대통령의 강력한 지위에 대해 우려를 표명하였다. 그러나 마침내 한 사람의 대통령이 엄격한 견제와 균형하에 권한을 행사해야 한다는 주장이 승리를 거두었다.

미국 대통령의 임기는 4년이고, 하원의원의 임기는 2년이다. 대통령의 임기가 2년을 지나는 시점에서 시행된 연방의원선거에서 대통령이 소속되지 않은 정당이 의석 과반수를 점하는 상황이 발생한다면 행정부와 입법부 사이에 정책결정을 둘러싼 대립이 있을 수 있다. 대통령은 의회에서 가결한 법안에 대해 거부권을 행사할 수 있는데, 이를 받은 하원에서 그 법안을 표

---

159쪽.

40) 대통령은 상하 양원 사이에 폐회의 시기에 대하여 의견이 일치하지 않을 때에는 그 폐회를 명할 수 있으나 이 권한은 한 번도 행사된 적이 없다. 대통령이 의회에 보내는 연두교서나 특별교서를 통해 자신이 필요하다고 생각하는 법안을 제안하게 되는데, 만약 의회가 대통령의 법안 제안에 대해 아무런 조치를 취하지 않을 경우 대통령은 특별회를 소집할 수 있다.

결에 부쳐 3분의 2 이상으로 찬성하게 되면 대통령이 행사한 거부권을 무효
화시키고 법률로서 확정지을 수 있도록 하였다.

<표 3-4> 대통령의 의회 입법관련 권한

| 권한 | 내용 |
| --- | --- |
| 특별회 소집권 | 대통령은 연방의회 양원 또는 한 원에 대하여 특별회를 소집할 수 있다. 대통령이 시급히 고급 공무원을 임명하고 의회의 승인을 받고자 하거나, 조약 체결에 대한 승인을 얻기 위하여 의회(특별회)를 소집할 수 있다. |
| 교서 송부권 (국정심의 요구권) | 대통령은 교서를 의회에 송부하여 심의를 요청하는 권한을 갖는다. 대통령은 수시로 국정에 관하여 연방의회에 정보를 제공함과 동시에 필요하고 적절하다고 인정되는 시책에 대하여 의회가 심의를 하도록 권고할 수 있다. |
| 법안 거부권 | 상하 양원에서 가결된 법안은 모두 대통령에게 송부되며 대통령이 이를 승인, 서명함으로써 법률로서 효력이 발생한다. 대통령이 법안을 승인하지 않을 때에는 이의서를 첨부하여 이를 발의한 원으로 환부할 수 있는 권한을 갖는다. 단, 환부되는 법안에 대하여 의회에서 3분의 2 이상의 다수로 가결하면 그 법안은 법률로서 확정된다. |

## 2. 대통령의 입법 조치

연방의회에서 가결된 법안이 백악관에 전달되면, 대통령은 다음 중에서
한 가지를 선택하여 입법 조치할 수 있다.

### 1) 법안 수락

법안에 대해 큰 이의가 없을 경우 대통령은 이를 승인하고 서명하여 공포
한다. 법안 서명식은 백악관에서 법안처리에 공로가 큰 의원들을 초청하여
그들 앞에서 하는 것이 일반적이다. 이 때 대통령은 펜을 여러 개 사용하여
서명한 다음, 참석한 의원들에게 하나씩 기념으로 나누어 주기도 한다.

### 2) 법안 거부(의회 재의 요구)

대통령은 연방의회에서 가결되어 송부되어 온 법안에 대한 공포를 거부할

수 있다. 거부권을 행사할 경우에는 거부 이유를 설명한 문서와 함께 그 법
안이 최초로 가결된 곳(상원 혹은 하원)으로 송부한다. 이를 받은 의회는 양
원의 의원 3분의 2 이상이 찬성할 때 대통령의 거부권을 무시하고 그 법안
을 법률로서 성립시킬 수 있다.

### 3) 법안 자동 수락

대통령이 법안에 서명하지 않고 그대로 일요일을 제외한 10일이 경과하
면, 그 법안은 자동적으로 성립된다. 대통령의 서명을 얻지 않고 법률이 되
는 법안도 많다.

### 4) 법안 거부(법안 무효화)

법안이 대통령에게 전달된 지 10일이 지나기 전에(일요일은 계산하지 않
음) 의회가 휴회하고 대통령이 그 법안에 서명하지 않으면, 그 법안은 자동
적으로 무효가 된다. 이는 실제로 거부권을 행사하지 않으면서 사실상 거부
권을 행사하는 것이다. 법안이 대통령의 호주머니나 서랍 속에서 사라진다
고 하여 '포켓 비토(pocket veto, 주머니 거부)'라고도 한다.

## 3. 대통령의 입법과정에서의 역할

입법 과정에서 대통령은 의회의 법률 제정 과정에 관여하는 하나의 중요한
행위자로 존재한다. 대통령은 새로운 법률의 필요성을 의회에 알리고, 정부
부서와 기관은 그들의 활동에 대한 보고서를 정기적으로 의회에 보내야 한다.
헌법 제2조 제3절은 대통령의 입법상의 역할과 관련하여, "대통령은 연방
의 상황에 관하여 수시로 연방의회에 보고하고, 필요하고 유용하다고 판단

되는 법안의 심의를 연방의회에 권고하여야 한다. 비상사태하에서 대통령은 상하 양원 또는 한 원을 소집할 수 있으며, 휴회 시기에 관하여 양원 간의 의견이 일치되지 아니하는 경우에는 대통령이 적당하다고 인정하는 시기까지 양원의 정회를 명할 수 있다. 대통령은 대사와 그 밖의 외교사절을 접수하며, 법률이 충실하게 집행되도록 유의하며, 또 미국의 모든 관리에게, 그 직무를 위임한다"고 규정하고 있다.

대통령의 의회에 대한 권한에는 연방 국정에 관한 교서 송부권, 정책 권고권, 특별의회 소집권, 정회권 등이 있다. 또한 헌법 제1조 7절은, 연방의회에서 가결된 모든 법안은 대통령의 승인을 받아야 한다고 규정하고 있다. 대통령의 거부권은 여기에 근거를 두고 있다. 이렇게 볼 때 헌법상 대통령은 입법에 관한 상당한 권한을 가지고 있음을 알 수 있다.[41] 참고로, 이러한 대통령의 입법권한에도 불구하고 린든 B. 존슨 대통령은 합의 정치 (consensus politics)를 펼쳤던 대통령으로 기록된다.[42] 중요한 입법 및 정책 결정에 있어 다수의 의견뿐만 아니라 소수의 의견까지도 가능한 한 반영하거나, 소수를 설득하여 다수와 일치되도록 하려는 시도이다.[43]

---

41) 우드로 윌슨 대통령은 토머스 제퍼슨 대통령 이래 처음으로 연방의회에서 연설을 하였다. 그는 미리 준비해 놓은 여러 법안을 신속히 처리하기 위해 끊임없이 상하 양원에 압력을 가한 인물로 유명하며, 그의 집무 능력, 완고한 성격, 여론에 대한 호소력 등도 의원들로 하여금 법안 처리에 나서지 않을 수 없도록 했다고 한다. 모로아, 앞의 책, 493쪽.

42) 부통령이던 존슨은 1963년 11월 22일, 케네디 대통령이 오스왈드의 총탄으로 급서한 뒤 대통령직을 승계하였다. 대통령직을 승계한 8번째 부통령이다.

43) 존슨 대통령의 장점은 의원들에 대한 설득력과 친화력에 있었다. 클린턴 전 대통령(민주당) 역시 여소야대의 상황에서 전화정치를 통해 덕을 본 사람이다. 연방의회와 대립관계에 있던 빌 클린턴 대통령은 주요 법안 표결에 앞서 공화당 소속 의원들에게 전화를 걸어 자신의 입장과 정책을 설명하고 협조를 당부하였으며, 그 결과 야당의 찬성 비율이 더 높았던 경우도 여러 차례 있었다고 한다. 예영준, '전화정치'. 〈중앙일보〉 2009년 1월 28일자.

## 4. 대통령 교서(Presidential Message)

### 1) 교서의 종류와 전달방법

대통령 교서란 미국 대통령이 의회에 서한을 보내거나, 자신이 직접 의회에 가서 구두로 보내는 메시지를 말한다.

연방헌법(제2조 제3절)에 의하면, 대통령은 연방의 상황에 관하여 수시로 연방의회에 보고하고, 필요하고 유용하다고 판단되는 조치의 심의를 연방의회에 권고해야 한다. 이 때문에 대통령이 의회에 보내는 메시지를 교서라고 한다. 교서는 서면으로 송부될 경우와 대통령 자신이 의회에서 구두로 전하는 경우가 있다.

대통령이 매년 1월 하순 또는 2월 초에 상하 양원 합동회의에서 국정 전반에 대한 자신의 견해를 표명하고 관련 입법을 의회에 권고하는 정기적인 연설은 초대 대통령 때부터 이어져 내려오는 미국의 정치전통이다.

정기적인 것으로는 일반교서(연두교서), 예산교서, 경제보고가 있고, 비정기적인 것으로는 수시로 보내는 특별교서가 있다.

### 2) 정기교서

연방의회에서 다루는 대부분의 법안들은 행정부의 발의를 토대로 기초된다. 대통령은 의회에 보내는 정기교서나 특별교서를 통해 자신이 필요하다고 생각하는 법안의 골격 혹은 정책방향을 제안하게 된다.[44] 만약 의회가 대통령의 법안 제안에 대해 아무런 조치도 취하지 않고 미룰 경우, 대통령은 특별회의를 소집할 수 있는 권한을 지닌다. 그러나 이러한 직무상의 역할 이외에도 대통령은 연방정부의 행정부 수반으로서 여론에 영향을 미칠 수 있고, 그

---

[44] 토머스 제퍼슨 대통령이 의회에 출석하지 않고, 대신 자신의 서기(書記)로 하여금 메시지를 대독하게 한 데서 이 이름이 붙여졌다. 대통령은 교서로써 입법부에 권고를 하지만 의회는 반드시 이 교서대로 따르지는 않는다.

로 인해 의회 내의 법률 제정 과정에 영향을 미칠 수 있는 위치에 있다.

대통령은 연방의회와의 실무 협력관계를 원활히 하기 위하여 백악관 내에 의회 연락사무실을 두고 있다. 그리고 대통령 보좌관들은 모든 중요한 입법 활동에 보조를 맞추며, 양당의 상원·하원의원들로 하여금 행정부의 정책을 지지하도록 설득한다.

미국 대통령이 의회에 보내는 정기적인 교서에는 일반교서, 예산교서, 경제보고의 세 가지 종류가 있다.[45]

▷ 일반교서(State of the Union Message): 대통령은 매년 1월 초에 연방의회가 개회된 직후 상하 양원 합동회의에 임하여 내정, 외교의 전반적 상황을 분석하고 시정방침을 밝혀 필요하다고 인정되는 입법을 요청한다. 일반교서란 매년 1월에 연방의회에 제출하는 신년도 시정방침을 말한다. 방침에 따라 여당 의원들이 필요한 법안을 제출한다. 이 교서는 연두교서라고도 한다.

▷ 예산교서(Budget Message): 대통령이 신년도 예산개요를 의회에서 설명하는 예산요구 설명을 예산교서라 한다. 대통령은 매년 1월 제3주에 예산서(budget document)와 함께 예산교서를 의회에 제출한다. 이 예산교서는 거의 같은 시기에 제출되는 일반교서와 함께 행정부의 신년도 시정방침을 의회에 설명하는 대통령의 기본적 정책설명이다. 다음 회계연도의 예산개요를 의회에 표명하는 것으로 이 교서에는 미국의 국방비, 대외원조비 등이 포함된다.

▷ 경제보고(Economic Report): 경제교서라고도 불리는 이 교서를 통해, 대

---

45) 대통령의 국정보고는 초대 대통령(George Washington)과 제2대 대통령(John Adams) 때에는 구두로 하였으나 제3대 대통령(Thomas Jefferson) 때부터는 문서로 하는 것이 관례로 되어 있다. 윌슨 대통령부터는 문서와 구두를 병용하고 있다.

통령은 당면한 경제정세를 분석하고 이를 기초로 고도의 고용상태유지
와 경제의 건전성을 보장하는 계획을 발표, 필요한 입법을 권고한다. 이
보고에는 작성의 기초가 된 대통령 자문위원회의 보고서가 첨부된다.

### 3) 특별교서

이상의 정기적인 것 이외에 필요에 따라 서한의 형식으로 특별교서(Special
Message)가 수시로 송부된다. 특별교서는 국제수지교서, 농업교서, 노동교서,
대외원조교서, 통상교서 등 여러 가지가 있다.

## 5. 대통령의 행정·사법적 권한

### 1) 행정적 권한

헌법에 명시된 대통령의 권한 중에 주요 공직자를 임명할 수 있는 권한이
포함되어 있다. 대통령은 상원의 인준을 거쳐 연방대법원 판사 및 연방 판
사들을 임명한다. 또 다른 중요한 권한은, 대통령이 연방 법률을 위반하여
유죄 판결을 받은 자(탄핵 대상은 제외)에 대해 완전 사면 또는 조건부 사면
을 베풀 수 있는 권한이다. 사면권에는 형기를 단축하고 벌금을 감면해 주
는 권한까지 포함된다.

대통령은 행정부 자체 내에서 국무(國務)와 연방정부의 활동을 관할하는
광범위한 권한을 지닌다. 대통령은 행정명령으로 불리는 법률, 규제, 규정
(규칙) 등을 발포할 수 있다. 행정 명령은 연방기관들에 대해 법적 구속력을
지니기는 하나 의회의 동의를 필요로 하지는 않는다. 대통령은 또한 미합중
국 육·해·공군의 총사령관으로서, 각 주의 방위군들을 연방 군대로 소집
할 수 있다. 전시나 국가 비상시에 의회는 국가 경제를 관리하고 미합중국
의 안보를 수호하도록 대통령에게 더 광범위한 권력을 부여한다.

대통령은 국무부를 통해 해외에 거주 중인 미국인과 미국 내에 거주하는 외국인을 보호해야 할 책임을 지닌다. 대통령은 새로운 나라와 새로운 정부에 대한 인정 여부를 결정하고 다른 나라와 조약을 체결할 수 있는데, 상원의 3분의 2 이상의 동의가 있을 때에는 그 조약이 미국에 대해 구속력을 가지게 된다. 또한 대통령은 다른 국가와 '행정 협정'을 체결 할 수 있으며, 이는 상원의 승인 없이도 가능하다.

대통령은 모든 행정 부서장과 기관장, 그리고 수백 명의 고위 연방 공직자들을 임명하고 상원이 이를 비준한다. 그러나 대다수의 연방 직원들은 공무원 제도를 통해 충원되며, 임명과 승진은 능력과 경험에 따라 이루어진다.

대통령은 연방의회에서 가결된 법안에 대해 거부권을 행사할 수 있으며, 대통령의 거부권에 대해 상하 양원에서 각각 3분의 2 이상의 찬성으로 법안 원안을 가결한 경우에 그 법안은 대통령의 서명 없이도 법률로 성립한다.


## 제5절 연방의회의 특징


### 1. 양원제 의회 및 평등성


연방정부의 모든 입법권은 연방의회에 부여되어 있으며 연방의회는 상원과 하원으로 나뉘어 있다. 권한상으로는 양원이 '평등성'을 원칙으로 하여 권력을 양분하여 운영되고 있다.

이렇게 양원제를 채택한 이유는 첫째, 연방헌법 제정 당시 작은 주들에게 연방정부의 한 부문인 연방의회 상원에 '동등한 권력'을 부여함으로써 작은 주들로부터 헌법 제정에 대한 지지를 확보할 필요가 있었고, 둘째, 헌법 기초자들은 대중성을 더 띠는 회의체, 즉 하원에서 발생할 지도 모르는 자극(impulse)과 격렬한 감정(passion)을 어느 정도 견제하는 기관이 필요하다고 믿었기 때문이다. 즉 독립된 2개의 원(院)으로 하여금 법안을 함께 승인하도록 한다면, 1원(하원)에서 성급하게 또는 부주의하게 법률을 가결시킬 우려는 크게 감소할 것이라고 판단하였다.[46]

한편에서 헌법회의에 모인 대표자들은, 연방의회는 상원과 양원이 각기 비슷한 수준의 권한을 보유하며, 각 원은 위계질서가 엄격한 권위주의 조직이 아니라 구성원 모두가 평등한 권한을 가지는 조직이라고 보았다.

결국 필라델피아에서 열린 헌법회의(1787년)에서 논쟁 끝에 연방의회를 양원(상원, 하원)으로 하였다. 상원은 주정부를 대표하고 하원은 주민을 대표하여 항상 상대 의회를 견제할 수 있도록 하였다.[47] 큰 주와 작은 주 간의 이익·대표문제를 해결하기 위해 '동등한 대표성'을 갖는 상원, 또 인구비례에 의한 하원의 설치가 이때 합의되었으며, 지역 간의 '평등성'과 주민의 '대표성'이 양원제 의회제도 설치의 명분이자 실질적인 이유가 되었다.


## 2. 인터넷 의회정치


미국에서는 1924년에 라디오방송이, 1940년에 텔레비전방송이 정치토론을 중계하면서 커다란 정치풍토 변혁의 길로 들어서게 되었다. 그런데 1990년대 이후 미국에서는 과거 어느 매체보다도 명확하게 정치와 유권자의 거리를 크게 좁혀 주는 사건이 발생하였다.

인터넷(Internet)의 등장이 그것이다. 인터넷이란 알파넷(ARPANET)에서 시작된 세계 최대 규모의 컴퓨터 통신망을 가리키는데, 소규모 통신망을 상

---

46) Charles A. Beard, *American Government and Politics*, 3rd edition(New York: Macmillan, 1921), 231쪽.

47) 헌법회의가 개최되고 있던 1787년, 큰 주들은 주의 인구에 비례하여 선출 의원 수를 정하자는 제안에 찬성하였고, 작은 주들은 인구수에는 관계없이 각 주가 똑같은 수의 의원을 선출하자는 제안에 찬성하였다. 두 개의 제안을 놓고 오랜 협상을 벌인 끝에, 상원은 각 주가 똑같이 2명씩의 의원을 선출하고, 하원은 인구비례에 따라 선출하는 의원의 수를 정한다는 절충안에 양측이 합의하였다. 이 절충안을 일명 코네티컷 절충안이라고 하는데 이는 코네티컷 주 출신 대표들이 합의점에 도달하게 하는 데 큰 역할을 했기 때문이다.

호 접속하는 형태에서 점차 발전하여 현재에는 전 세계를 망라하는 거대한 통신망의 집합체가 되어 있다. 거대한 세계적 정보 기반이 된 인터넷 통신량은 급속도로 증가하고 있다.

인터넷에서 이용할 수 있는 서비스로는 전자우편, 원격 컴퓨터 연결, 파일 전송, 인터넷 정보 검색, 인터넷 대화와 토론, 전자 게시판, 초고속 정보망에 의한 정보 송수신 및 열람, 온라인 게임 등이 있으며 동화상 등 각종 자료를 실시간으로 방송하는 서비스나 비디오 회의 등 새로운 서비스 또한 개발되어 이용되고 있다.

인터넷의 기원은 1969년 미국 국방부의 지원으로 미국 내 4개의 대학을 연결하기 위해 구축한 '알파넷'까지 거슬러 올라간다. 처음에는 군사적 목적으로 구축되었지만 나중에 일반인을 위한 알파넷이 개발되어 군사용과는 분리되었다.

인터넷이 본격적으로 자리를 잡게 된 시기는 1980년대 중반 이후의 일이다. 인터넷을 상품 광고 및 상거래 매체로 이용하는 상업적 이용 수요가 크게 증가하자 인터넷 사업자들은 따로 협회를 구성하여 1992년에 새로운 상용 인터넷 망을 구축하였다.

이러한 인터넷의 보편화는 정치에 있어 유권자들에게 막대한 권한을 부여하게 되었다. 유권자들은 자신의 주변뿐만 아니라 전 세계에서 일어나는 모든 일들에 대해 자세히 알 수 있게 되었고, 그 사건들에 대해 자신의 의견을 실명이건 익명이건 밝힐 수 있게 되었고, 유권자들이 정치 환경의 변화까지도 요구하고 성취할 수 있는 단계에 도달하여 있다.

유권자들은 인터넷을 통해 정치체계의 운영에서부터 정부기관이나 특정 정책프로그램에 이르기까지 정보를 획득할 수 있고, 자신의 입장을 여론이라는 형태로 실시간 표명하여 정치 환경에 영향을 미칠 수 있게 되었다.

유권자들은 연방의회 홈페이지에 들어가면 의회의 모든 것을 알 수 있다. 지역구 의원의 의정활동에서부터 특정 정책의 구체적인 내용도 한눈에 알 수 있고 전자우편 등을 통해 자신의 의견을 제시할 수 있다. 지난 20~30년 간 미국의 정치 환경을 변화시킨 가장 큰 동력은 바로 인터넷이라고 말해도 지나침은 없을 듯하다.

## 3. 입법부의 약화, 행정부의 강화

1787년 필라델피아에 모인 헌법들이 의도하여 성립시킨 삼권분립의 정치 체계는 시간이 경과하면서 대통령의 지도력·권한이 점차 강화되어 행정부 와 입법부 위에 위치하는 대통령이라는 이미지가 굳어지고 있으며, 실제로 지도력의 강화가 두드러지고 있다.

미국의 삼권분립은 유럽의 자연법사상에 기초한 삼권분립과는 다소 거리 가 있다. 유럽의 자연법 사상가들에 의한 삼권분립은 3권이 분립되더라도 행 정부, 즉 내각이 의회의 구성원 중에서 구성되는 것이므로, 행정부가 의회에 책임을 지도록 되어 있다. 따라서 '의회 우위'가 지켜지도록 고안된 것이다. 이에 반하여 미국의 대통령제하에서는 3권의 분립이라기보다는 3부의 분리 (Separation of Institution) 속에서 사실상 대통령 최우위(Presidential Supremacy) 가 형성된 제도인 것이다.[48]

어떤 의미에서건 미국의 대통령직은 매우 강력하고 안정되어 있다. 무엇 보다도 입법부와 분립되어 있는 것이 그렇고, 의회의 내각불신임권이 없으 며, 의회가 대통령을 탄핵하려면 복잡한 절차와 과정을 거치도록 한 것이 대통령의 리더십을 강력한 것으로 만들었다.[49]

---

48) Arthur M. Schlesinger Jr., *The Imperial Presidency*(Boston: Houghton Mifflin Co., 1973), viii. 일 본의 경우에는 헌법상 국회가 일본국의 최고기관이고, 유일한 입법기관이라고 되어 있지만 현실적으로는 행정수반인 내각총리대신이 최고기관의 권한을 행사하고 있다.

49) 1789년부터 1833년까지 대통령·부통령의 임기와 3월 4일에 시작되어 3월 3일에 종료되는 의회의 임 기가 일치하고 있었다. 그러다가 1933년에 채택된 제20차 헌법수정에 의해 내용이 변경되었다. 1934년 초, 의회의 소집일은 1월 3일(의회가 다른 법률로 다른 날짜를 지정하지 않는 한)로 했고, 1937년 초에 대통령 임기의 시작은 1월 20일로 하였다. 이러한 변화로 인해, 대통령 임기와 겹치는 의회의 수는 2에 서 3으로 증가하였다.

미국 대통령은 연방의회와의 관계에 있어서 원칙상으로는 대등한 관계에 있지만 실질적으로는 주도적인 입장에 서 있다. 특히 앤드루 잭슨 대통령의 정치개혁, 유권자 위주의 정치제도 개선에 힘입어 대통령의 권력이 유권자로부터 직접 나오게 되면서부터, 그리고 연방의회가 이루지 못한 중요한 정치개혁을 성취하면서부터는 대등하거나 앞서가는 위치에 있다.[50] 여기에서 권력관계는 단순히 야당의 의석수가 여당의 그것보다 많아서 대통령이 일하기 힘들어졌다든지, 여당이 의회에서도 과반수 의석을 점하고 있어서 대통령이 일하기 쉬워졌다는 측면에서 논의될 성질의 것이 아니다. 연방의회와 대통령이라고 하는 두 기관의 본질적인 기능의 강화 혹은 약화를 말하는 것이다.


## 4. 최초의 성문 헌법 제정

미국은 혁명을 통하여 식민지 지배를 단절하고 최초의 공화국을 수립하였는데 이를 가능케 한 것이 바로 미국헌법이다.[51] 미국헌법은 주권재민(主權在民)의 사상을 처음으로 명시한 법전이기도 하다.

미국의 헌법은 세계 최초의 성문헌법이다. 헌법제정자들은 '국민계약설'에 입각하여 영국, 프랑스, 독일 등 유럽 여러 나라에서 볼 수 없었던 성문헌법을 제정하고 이를 일반 법률과는 구분되는 상위 법률로 하였다.

의회제도가 헌법상 명확히 규정되어 법률 제정, 개정 등 입법절차가 헌법으로 보장된 최초의 사례이다.

미국헌법은 무엇보다도 주권재민의 사상과 개인자유의 권리를 기본권으로 인정하고 어떠한 국가권력도 이 권리를 침범할 수 없게 하였다.[52]

---

50) 연방의회는 연방의회 초기에는 대통령의 리더십을 앞섰으나 앤드루 잭슨 대통령 이후에는 점차 권력이 의회에서 대통령에게 이전되고 있다. 국민의 의사가 대통령과 연방의회라고 하는 두 개의 경로로 나타나기 때문에 대통령과 의회의 의사가 서로 다를 경우 어느 것이 국민의 의사인지 쉽게 확인하기 어렵다. 이런 경우 대부분 집행권을 가진 행정수반 대통령에게 무게의 중심이 기우는 것이 현실이다.

51) 립셋, S. M.(이종수 역), 『미국사의 구조』 (서울: 한길사, 1982), 29쪽.

52) 헌법은 개인권리를 침해하는 법률은 제정하지 못하도록 규정하고 있다. 대부분의 유럽사회는 계급 간, 정

독립선언을 중요한 지침으로 삼고 있던 대표자들은, 자치 정부와 인간의 기본권 보장이라는 이념을 늘 염두에 두었다.[53]

연방의회는 그 근간에 있어서 영국 의회제도의 영향을 받은 것은 사실이나 영국과는 다른 몇 가지 기본적인 특징을 갖고 있다. 미국은 세계 최초로 성문헌법주의를 채택함으로써 의회의 지위와 권한이 헌법에 의하여 보장되고 있고, 또한 몽테스키외 등이 주창하는 권력분립주의 사상에 입각하여 철저하게 3권을 분립시키는 정부권력구조를 채택하였다.[54] 이에 따라 행정부에 대해서는 법률안 제출권을 허용하고 있지 않다. 헌법을 만든 사람들은 정부의 권한을 제한하고 시민의 자유를 확보하는 데 특히 관심을 가졌다. 입법부·행정부·사법부의 삼권분립, 그들 상호간의 견제와 균형, 개인 자유의 명시적 보장 등 모든 것들은 국가권력과 개인의 자유 사이에 균형을 이루기 위한 것이었다.

그들은 또 행정부와 입법부를 완전히 분리하는 것이 연방국가인 미국이 성공적으로 국정운영을 할 수 있는 최선의 방책이라고 생각하였다. 이를 위해 대통령은 의회 밖에서 선출하여 그가 의회에 대해 책임을 지는 것이 아니라 국민에 대해 책임을 지도록 하였다. 뿐만 아니라 의회는 대통령에 대한 파면권을 갖지 않으며, 대통령은 의회 해산권을 갖지 않는 것으로 하였다.

---

당 간 갈등을 야기하는 이데올로기적 다원주의의 유산을 안고 있었으며 이는 그대로 집단 간의 갈등을 야기하였고, 그 결과 형성된 정치제도들은 다양한 이데올로기의 영향력을 반영하는 것이었다. 반면 미국은 평등주의, 개방주의, 사회적 위계질서의 부재, 정치적 권위에 대한 의심, 국민 주권의 신념이 배어 있는 정치제도를 창안하게 되었다. Samuel P. Huntington, *American Politics: The Promise of Disharmony* (Cambridge, MA: Harvard University Press, 1981). 새뮤얼 헌팅턴(장원석 역), 『미국정치론 —부조화의 패러다임 —』(서울: 오름, 1999), 60-61쪽.

53) 원래 권리장전은 영국에서 명예혁명 다음 해인 1689년에 공포된 법률을 가리켰다. 그 내용은 의회의 승인 없이 법률의 정지나 면제, 금전 징수, 상비군(常備軍)의 유지를 할 수 없으며, 의회 안에서의 언론의 자유, 왕위 계승의 순서와 자격 등을 규정했다. 영국의 권리장전은 미국의 독립선언, 버지니아 권리장전, 매사추세츠 권리선언 등에도 영향을 주었고, 이들을 통하여 다시 프랑스 인권선언에도 영향을 끼쳤다. 오늘날 권리장전이라는 말은 일반화되어, 각국의 헌법에 규정된 인권을 보장하는 조항을 가리키는 말로 사용되기도 한다. 미국에서는 언론, 집회 및 예배의 자유와 여타 개인권리 중 무기소지권리를 보장하고 있는 수정헌법 첫 10개 조항을 '권리장전'이라고 한다.

54) Barbara Hinckley and Sheldon Goldman, *American Politics*(Glenview, IL: Scott, Foresman, 1990), 3-4쪽.

미국헌법은 '유연성'도 특징으로 꼽히고 있다. '유연성'이란 이런 의미도 있고 저런 뜻도 있는 애매모호한 유연성이 아니라 일정한 방향을 가리키되 문제가 간결하게 정리되어 있다는 뜻으로 해석할 수 있다. 그것은 제정된 지 200년이 훨씬 넘는 오늘날에도 헌법의 해석을 둘러싼 법리논쟁이 심하지 않다는 점에서도 알 수 있다.[55]

## 5. 진실규명을 위한 적극적인 청문회 활동

연방의회에서 청문회를 개최하는 목적은 '진실규명'에 있다. 법률을 제정 혹은 개정함에 있어 그 기반이 되는 것은 정확한 사실관계, 즉 진실을 파악하는 일이다.

진실규명행위가 중요시되는 것은 국회의원들이 입법 활동을 함에 있어 참고해야 할 자료가 정확해야 하고, 사안 혹은 사건의 본질에 대한 올바른 이해와 판단을 할 수 있어야 하기 때문이다. 따라서 청문회는 바로 정확한 정보가 흐르는 공간이 된다.

연방의회는 진실규명을 위해서 여러 가지 수단과 방법을 동원한다. 청문회 개최 이전에 충분한 시간적 여유를 가지고 사전준비에 임하며, 위증을 하는 자에 대해서는 엄격한 처벌을 가하고, 진실이 규명되었다고 판단될 때까지 청문회를 계속하기 때문에 청문회를 개최하면 진실이 밝혀진다는 인식을 심어 준 지 오래이다.

물론 핵심 증인이 사망하는 등 예외적인 사태가 발생하는 경우에는 최종적인 판단을 유보하기도 하나 그럼에도 불구하고 사건 혹은 사안에 대한 진실규명은 객관적인 자료의 확보 이외에도 증인들이 진술을 해야 가능해지기

---

55) 헌법 제정 이래 지금까지 27개 수정조항이 추가되었을 뿐이다. Kenneth Janda, Jeffrey M. Berry, Jerry Goldman and Kenvin W. Hula, *The Challenge of Democracy*(New York: Houghton Mifflin Company, 2004) 참조.

때문에 연방의회는 여러 가지 제도적 장치를 마련해 놓고 있다. 대표적인 것이 증언자들이 진실을 밝힐 경우 제한적인 범위 내에서 면책특권을 주기도 한다. 경우에 따라서는 자신의 범죄행위가 드러나는 것이 두려워 부분적인 진실만을 말하는 것을 막기 위해 면책을 주는 조건으로 진술을 이끌어내기도 한다. 죄에 대한 처벌보다는 진실규명을 중시하는 연방의회의 의지를 볼 수 있는 부분이다.

증인이 증언을 거부할 경우 강제소환장이 발부되며, 위증을 할 경우에는 의회모독죄를 적용하여 무거운 처벌을 가하기 때문에 청문회에서 위증을 하는 것은 상상하기 어려운 일이다.

청문회는 연방의회에 대한 시민들의 신뢰도를 높여 준 제도적 장치이며, 청문회에서는 진실이 밝혀진다는 인식을 공유하게 해 준 안전판이기도 하다.

청문회를 행한 후 제출되는 보고서는 과거의 비리나 오류를 지적하는 데 그치지 않고 미래의 입법 혹은 정책 수립을 위한 참고자료로 활용된다.


## 6. 입법권과 대표권

▷ 입법권

미국헌법 제1조 제1절은 "모든 입법권은 의회에 속한다."고 하여 연방의회의 입법권을 언급하였으며, 입법·행정·사법 3권의 권력분립론을 확고하게 천명하고 있다.

식민지의 미국인들이 새로운 정부수립에 착수하면서 합의한 것 중의 하나는 공화주의 정부를 수립해야 한다는 것이다. 공화정체(共和政體)란 모든 권력이 군주가 아닌 국민들로부터 나오는 정치체제이다.

미국은 주권재민의 사상과 개인자유의 권리를 천부의 권리로서 인정하고, 이것을 국가권력으로서도 침범할 수 없게 하였다. 미국은 개국 이래 봉건제 또는 군주제가 존재하지 않았기 때문에 민권사상이 자연적으로 발전하게 되었다. 이러한 사조가 삼권분립으로, 그리고 높은 수준의 독립성을 갖는 입법부를 탄생시켰다.

▷ 대표권

국회의원들은 자신의 선거구 주민 혹은 주(州)의 이익을 대표하고 옹호·유지하며 나아가 국가를 대표한다.

미국은 식민지 시절 자신들의 대표자가 참석하지 않는 영국국회에 의하여 과세되는 것은 대헌장(Magna Carta) 이래 영국 헌법상의 원칙인 대표 없이 과세 없다는 원칙에 위배되는 것이라 하여 본국인 영국에 반기를 들었다. 그러나 영국정부가 이를 무력으로 탄압함에 따라 미국은 1776년 7월 필라델피아 대륙회의에서 버지니아 권리장전(Virginia Bill of Rights, 1776.06.12)을 기초로 한 제퍼슨의 독립선언을 발표하여 13주(州)가 각기 주권을 보유한 독립국가임을 선언하였다.[56] 이어 1787년 5월 필라델피아에서 헌법회의가 소집되어 연방국가를 창설하는 미국헌법이 제정되었다.

미국의 의회제도는 영국으로부터 직접적인 영향을 받았다. 여기에 당시 유럽사회의 자유주의사상 또한 미국의 독립과 헌법 제정에 있어 영향을 미쳤다. 미국헌법은 당시 어느 나라에서도 볼 수 없었던 권력분립의 이념을 구현하여, 연방의회를 입법기관으로, 연방정부를 집행기관으로 하되 연방정부에는 입법권을 허용하지 않았다. 삼권을 분립시켜 입법, 행정, 사법 각 기관이 상호 견제해야 한다는 몽테스키외(Montesquieu, 1689~1755)의 이론을 실현한 것이다.

---

56) 버지니아 권리장전은 조지 메이슨(George Mason, 1725~1792)이 기초하였다. 자유시민의 제반 권리에 대한 개인적 열망과 당시 버지니아 식민지 주민들의 이상을 담고 있다. 버지니아 의회는 메이슨의 초고에 약간의 수정을 가하고 또 두 개의 조항을 추가하여 가결하였는데, 그중 신앙의 자유에 관한 조항은 패트릭 헨리(Patrick Henry, 1736~1799)의 것이다. 미국사 연구회, 앞의 책, 43쪽.

## 7. 유권자 중심의 정당, 의회

일본이나 영국, 유럽의 일부 의회와는 달리 미국 연방의회 의원들의 선출 및 행동 방식은 중앙당의 기율과는 무관하다. 미국의 주요 정당들은 4년마다 실시되는 대통령 선거 기간에 국가적 정당(공화당이나 민주당) 자격으로 합류하는 지방 혹은 주 기관들의 연합체이다. 의원 후보자에 대한 공천권이 중앙에 있는 것이 아니라 지역 유권자들에게 부여되었기 때문에 의원들이 소신 있는 입법 활동을 할 수 있는 여지가 크다. 이러한 의원선출 방식·과정 채택 결과 하원의원과 상원의원의 입법 행위는 개인주의적이고 각기 소신에 의거한 의정활동 경향을 띠게 되었다. 이는 의원들이 대표하는 선거구 유권자들이 매우 다양하다는 점과 의원들이 각기 충성스러운 지지자들을 확보함으로써 가능해졌다.[57]

결국 의원 개인은 자신의 소신을 관철하고, 지역구 유권자들의 의견을 집약하고 반영하는 의회상·의원상을 구축하여 왔다.


## 8. 높은 정당 충성심 및 현직 효과

연방의회선거에 큰 영향을 미치는 요인 중의 하나는 유권자들의 정당 충성심(party loyalty)이다. 대통령선거와는 달리 연방의회선거는 상대적으로 적은 수의 변수가 후보자들의 당락을 좌우한다. 정당에 대한 충성심 혹은 정당귀속의식(party identification)은 대통령선거에서보다도 연방의원선거에서 영향력을 발휘한다.

현직 효과(incumbency effect)는 현직 의원이 다른 후보자와의 경쟁에서 지명도, 선거기반, 유권자 관리 등에 있어 보다 유리한 위치에 서 있기 때문

---

57) 미국연방의회와 영국국회가 종종 비교되는데, 기능적인 면에서 볼 때에는 비교대상으로 적절하지 않다. 대통령중심제 국가와 의원내각제 국가에서 국회의 기능은 크게 다르기 때문이다.

에, 다음 선거에서 상대적으로 쉽게 당선되는 현상을 가리킨다.

## 9. 의회 직원의 높은 전문성

연방의회 전문직 직원의 충원과, 직원들이 갖는 높은 수준의 전문성은 연방의회의 특징이다. 국회의장이나 원내대표, 원내총무 등은 제한된 임기를 갖지만, 이들을 보좌하고 지원하는 입법지원조직의 부서장들은 남달리 오랜 기간 근무하는 사람들이 예상보다 많은 편이다.

한 가지 사례를 들어 보면, 본회의장에서 국회의장 가까이에 앉아 있다가 국회 규칙이나 관행, 법률 해석 등에 관한 자문을 하는 국회법 담당관(parliamentarian)은 장기간 근무한다. 루이스 데슐러(Lewis Deschler)는 1928년에 '국회법 담당관'으로 임용된 이래 1974년까지 무려 46년간이나 봉직하였다. 한평생을 하원에서 국회법 담당관으로 일하면서 하원 본회의에서의 법률이나 하원 의사규칙 등과 관련하여 자문과 해석을 도맡아 한 사람이다. 46년의 근무기간은 그가 성실하지 않았거나 전문성이 부족했다면 생각할 수도 없는 일이다.

연방의회 도서관의 허버트 푸트남 관장도 1899년부터 1939년까지 40년간 근무하였다. 오랜 기간을 봉직하면서 능력을 인정받는 그들도 대단하지만, 전문성을 키워 주고 그 전문성을 계속 발휘할 수 있게 해 주는 제도나 관행에 대해서는 긍정적으로 검토해 볼 만한 충분한 이유가 있다.

합리성과 효율성을 따지는 미국인들이 이러한 제도나 관행을 유지하고 있고, 이제까지 별다른 문제점이 지적되고 있지 않은 것은 제도 운용과 관련하여 시사점을 던져 주고 있다.

# 10. 경험에 의한 정부 기관의 설치 및 운용

아메리카 대륙 개척기에 건설된 13개의 식민지는 각기 다른 배경에서 출발하여 자신에게 맞는 제도를 발전시켜 갔다. 그들은 다른 주와의 통상교역 문제, 외교안보문제 등 여러 분야에서 난관에 봉착하면서 서로 소통하고 함께 발전해야 한다는 과제를 안고 있었다. 식민지가 처한 이러한 과제들은 대륙에서 프랑스군과의 전쟁, 영국군과의 전쟁을 거치면서, 그리고 나중에 다른 미개척지를 미국영토로 편입시키는 과정에서 미국인들로 하여금 강력한 중앙정부가 있어야 한다는 공통된 인식에 도달하게 되었다.

그들은 선거제도, 선거와 피선거 자격 규정, 투표 절차, 입법 및 행정기술 등을 발전시켜 식민지 사회의 정치적 활성화 및 민주화에 크게 이바지하였다. 식민지 주민들이 직접 선출한 식민지 의회와 국왕이 임명한 총독 사이의 경쟁, 갈등, 그리고 정치세력 간의 타협은 결과적으로 식민지가 정치적으로 성숙해지고, 정치제도가 발전하는 계기가 되었다.

그러한 과정에서 다양한 세력과 집단의 존재가 인정되고 그들이 자치권을 향유할 수 있게 되었다. 강력한 중앙정부를 세우고 그 강력한 중앙정부를 견제하는 입법부와 사법부를 두어 권력분립에 의한 정치발전과 민주주의 제도가 발전할 수 있게 되었다.

이해관계를 달리하는 여러 파벌과 사회계층의 의사를 대변하기 위한 양원제 의회제도(상원과 하원)의 채택도 그 연원을 따지자면 상원과 하원이 존재하던 식민지 시대로 거슬러 올라간다.

절대적 권위를 갖는 군주통치의 지배에서 벗어나고자 했고, 여러 방면의 자유와 자치를 향유하고 싶었던 식민지 시절의 경험은 미국에서 절대 권력을 견제할 수 있도록 강한 의회를 구성케 하였다. 대통령은 의회를 해산할 수 없고, 의원들의 선출에도 영향력을 행사할 수 없는 정치체제가 만들어졌다.

이렇게 볼 때 미국 정부의 체제(system)는 영국 식민지 시절의 경험에 의해 만들어진 것이며, 정부의 한 부문인 연방의회의 기구, 조직, 권력 배분 또한 그러한 역사적 맥락에서 우러난 것이라고 볼 수 있다.

## 11. 의사규칙의 복잡성·변칙성

연방의회는 양원제이기에 우선 단원제 국회보다는 입법과정이 복잡하고 시간도 더 걸린다. 연방의회 상원은 주의 이익을 대표하고, 하원은 각 선거구 유권자들의 이익·의사를 대표한다. 이렇게 상원과 하원 사이에는 대표하는 이익과 대표하는 집단이 다르기 때문에 의사절차는 다양하고 복잡해진다. 하원은 민의를 반영하고 상원은 입법에 신중을 기한다는 양원제 의회의 취지에 부합하는 기능을 하고 있기에 양원 간의 이질감 혹은 차이점은 크게 부각된다.

여기에다가 최초의 성문헌법을 가진 나라답게, 많은 것이 기록으로 남겨지고 문서화하고 있으며, 원내에서의 제반 활동은 규칙에 의해 정리되고 있다. 어지간한 것은 비공식 회의나 간담회 등을 통하여 해결하는 방식보다는 문서상의 규칙으로 정리하다 보니 규칙은 넘쳐나게 된다.

수많은 규칙이 시행되고 있는 한편에서 그러한 규칙상의 절차를 생략하는 권한을 부여하는 규칙이 다시 만들어지곤 한다.[58] 이러한 복잡한 의사절차와 규칙은 의안을 신중하게 처리한다는 장점을 가지나 다른 한편에서는 의안처리의 지체를 가져와 정책 형성 및 집행에 장애가 되기도 하고, 다수의 의안이 위원회에서 사장되는 결과를 낳고 있다.

원내 다수당이 바뀔 때마다 의회제도 개혁의 명분 아래 관련 법률과 의사규칙이 변경되고, 위원회의 수, 보좌직원의 수가 증원 혹은 감축되고 있는 것은 의회제도의 '개혁'이라고 하기보다는 '변화'에 가깝다. 연방의회가 진

---

58) 예를 들면 하원 규칙위원회에서 신속처리를 위한 특별 규칙이 만들어지지 않으면 제출된 법안은 본회의에 상정할 기회를 잃게 되고 보류 혹은 폐기될 가능성이 있다.

정으로 개혁하고자 한다면 무엇보다도 복잡한 의사규칙을 대폭 정리하고, 어느 당이 다수당이 되느냐에 관계없이 장기적으로 통용될 수 있는 기본적이고, 합리적인 의사규칙의 제정이 필요하다.

특히 상원에 비해 의원의 수가 많아서 형편상 규칙이나 선례가 많이 만들어진 하원의 경우에는 의사규칙을 정리해야 입법 활동의 효율성과 생산성이 크게 향상될 것이다.

# ■■■ 제4장

## 의회 운영

# 제4장
## 의회 운영



## 제1절 양원제 의회

### 1. 연방의회 양원제의 기원

미국의 양원제 의회제도는 역사적 배경과 정치적 배경 두 가지로 설명이 가능하다. 역사적 배경으로는, 이 책의 제1장 '식민지 의회'에서 서술한 것처럼 미국이 영국의 식민지였을 때, 모국인 영국이 양원제를 채택하고 있던 것에 기인한다. 영국국회는 13세기부터 귀족원(상원)과 평민원(하원)으로 나뉘어 운영되고, 발전하여 왔다. 연방헌법 초안 기초자들은 영국의 의회제도를 본받아 양원제를 도입하였는데, 헌법 기초 당시 일부 주를 제외한 모든 주가 이미 양원제를 채택하고 있었으므로 연방의회에도 양원제를 도입하게 된 것이다.

정치적 배경으로는 헌법 제정 당시 버지니아 주의 연방안과 뉴저지 주의 연방안을 절충한 코네티컷안의 내용은, 연방 하원은 인구비례로 선거하여 대표를 구성하고, 연방 상원은 각 주에서 주의 인구나 면적의 크고 작음에 관계없이 주당 2명의 대표를 선출하여 연방의회를 구성하도록 한 것인데 이

안이 수용되어 헌법에 반영된 사실을 들 수 있다.

연방의회는 상원(Senate)과 하원(House of Representative)으로 구성되어 있는데, 양원제 의회제도는 1787년 필라델피아에서 개최된 헌법회의에서 대표성(Representation)을 둘러싸고 벌어진 격렬한 논쟁과정에서 나타난 '대타협'의 산물이다. 당시 의회의 구성과 관련하여 제임스 메디슨(James Madison)과 큰 주들은 인구에 비례하여 선출하는 양원제를 주장하였고, 이에 반대한 작은 주(state)들은 인구에 관계없이 각 주가 동등한 수의 대표를 갖는 단원제를 주장하여 양측 간에 심각한 이견이 제기되었다. 그러다가 상원에서는 각 주가 동등한 수의 대표를 보유하도록 하고, 하원에서는 인구에 비례하여 선출하자는 중재안(코네티컷안)이 마련되어 양측이 이에 동의함으로써 정치적인 타협이 이루어진 것이다.

원칙적으로 상원과 하원 간에는 권한과 기능상 평등하고 균형 잡힌 관계가 설정되어 있다. 그러나 조약, 정부고위공직자 임명에 대한 동의권은 상원에 있고, 예산선의권은 하원에 있는 등 양원 간의 기능적인 차이는 존재한다. 양원의 의견이 일치하지 않을 때에는 양원협의회가 개최된다.


## 2. 상원(Senate)과 하원(House)의 차이

양원제 의회제도의 채택으로 입법권과 입법기능은 두 개의 원(院)으로 분산되었다. 상원은 각 주를 대표하고 하원은 국민과 민주주의를 대표한다. 하원의 분위기는 공식적, 비개인적, 위계적인데 반하여 상원은 비공식적, 개인적, 비위계적 조직이다. 임기는 상원은 6년 하원은 2년이다.

역할을 보면 상원은 동시에 여러 상임위원회에 소속하여 입법 및 대표 활동에 치중하나 하원은 입법 및 정책수립을 중시하는 입법 활동을 하는 경우가 많다. 통제력의 측면에서 보면 상원은 지도자의 통제력이 약하고 개인주의적 성향이 두드러지는 반면에 하원은 각 의원들이 원내 지도자들에게 복

종하며, 규칙위원회에 의한 통제를 받는다.[1]

건국 초기부터 약 50년간은 하원이 상원에 비해 우세한 위상을 유지하다가 남북전쟁 이후에는 상원이 우세하였다. 제1차 세계대전을 전후하여 미국의 국력이 강성해지자 그 무렵부터 상원과 하원은 대등한 위치에서 저마다각자의 역할영역을 확고히 하게 되었다. 무엇보다도 상원의원도 하원의원처럼 주민들에 의해 직접 선출됨으로써 그 위상이 높아지게 되었다.[2]

상원의원은 유권자들이나 이익집단 등의 압력으로부터 비교적 자유스러운 편이며, 국제문제나 외교문제에 있어서도 하원의원보다는 보다 장기적인 관점에서 바라볼 수 있다는 차이점이 있다.

## 제2절 연방의회 선거

### 1. 선거 개요

헌법에 의하면, 미국 상원의원들은 30세 이상으로서 최소 9년 이상은 미합중국 시민이어야 하며, 선출된 주의 주민이어야 한다. 하원의원은 25세이상으로서 최소 7년 이상 미합중국 시민이어야 하며, 선출된 주의 주민이어야 한다. 각 주마다 의회 선거를 위한 자격 요건을 추가로 정할 수 있지만, 헌법은 의원의 자격 요건에 대한 결정 권한을 각 원에 부여하고 있다.

헌법은 10년마다 한 번씩 국세조사를 실시하여 인구 변동에 따라 하원의의석수를 재분배하도록 규정하고 있다. 최초의 헌법 규정은 하원의원 수는시민 3만 명당 1명을 넘지 않도록 하였다. 최초의 하원의원은 65명이었는데, 그 수는 첫 번째 인구조사 이후 106명으로 증가하였다. 3만 명당 1명이

---

1) 상원에는 규칙위원회가 존재하지 않는다.
2) 김유남, 『의회정치론』(서울 : 삼영사, 2000), 208쪽.

라는 공식을 변함없이 고수해 왔더라면 오늘날 미합중국의 인구 증가에 따라 하원의원 총수는 7천 명에 이르렀을 것이다. 의원정수 관련규정은 현실에 맞게 변경되어, 오늘날 인구수 대 하원의원 수의 비율은 60만 명당 1명 정도이다.

상원의원과 하원의원을 선거할 시기, 장소 및 방법은 각 주에서 그 주 의회가 정한다. 그러나 연방의회는 언제든지 법률에 의하여 그러한 규정을 제정 또는 개정할 수 있다. 다만, 상원의원의 선거 장소에 관해서는 예외로 하였다.[3]

〈표 4-1〉 연방의회 의원 피선 요건

| 원(院) | 임기 | 선출 | 피선거권 | 시민권 | 법적 거주 | 의원 정수 |
|---|---|---|---|---|---|---|
| 상원 | 6년 | 상원의원 1/3은 2년마다 개선 | 30세 이상 | 미국시민권 9년 이상 소지 | 선출된 주에 거주 | 100인(각 주에서 2명씩) |
| 하원 | 2년 | 하원의원 전원을 2년마다 선출 | 25세 이상 | 미국시민권 7년 이상 소지 | 선출된 주에 거주 | 435인 |

## 2. 임기 및 피선거권

### 1) 상원

헌법 제1조는 연방정부의 모든 입법권을 상하 양원으로 구성된 연방의회에 부여하고 있다. 헌법에 규정된 대로, 상원은 각 주에서 2명의 의원이 선출되며, 현재 상원의원 수는 100명이다.

각 주를 대표하는 상원의원들은 처음에는 주 의회 의원들에 의해 선출되었다. 상원의원이 유권자들의 직접 선거로 뽑히기 시작한 것은 수정조항 제17조가 비준된 1913년부터이다. 각 주에서 선출되는 두 명의 상원의원은 6년 임기를 부여받으며, 전체 상원 의석의 3분의 1이 2년마다 선거를 치른다. 이때 상원의원들은 유권자의 다수표로 선출되며, 각 주는 소선거구 역할을 한다.

---

3) 수정조항 제17조 참조.

## 2) 하원

하원에는 하원의원과, 하원의 정원 외에 하원의 멤버로서 회의에 참석하는 대의원, 상주대표가 있다.

하원의원 및 의결권이 없는 대의원의 임기는 2년이며, 모든 의원이 매 짝수년도에 선출된다. 다만 푸에르토리코 상주대표의 임기는 4년이며 4로 나누어지는 매 짝수년도에 선출된다. 연임회수에 관하여는 모두 제한이 없다.

하원의원(의결권 없는 대의원 포함)은 임기 개시일에 25세 이상이어야 하며, 7년간 미국 선거권자이어야 하고, 선출 당시 해당 주의 주민이어야 한다.

하원과 상원은 거의 동등한 권력을 갖지만, 선거 방식은 많이 다르다. 헌법 기초자들은 하원의 구성원들이 국민과 가까운 거리에 있도록 하였다. 그래서 하원 규모를 비교적 크게 계획하고 선거를 자주(2년마다) 치르게 했다.

하원 의석 하나하나는 지리적인 선거구를 대표하는 것이며, 모든 의원들은 다수표 원칙에 따라 독특한 방법이나 '소선거구' 방식으로 선출된다. 선거에서 가장 많은 표를 획득한 후보가 선출된다는 뜻이다. 50개 주는 모두 하원에서 최소한 1석은 보장받으며, 나머지는 인구수에 따라 주별로 할당된다. 예를 들어 알래스카는 인구가 아주 적기 때문에 하원에서 1석만 차지한다.

하원의원의 임기가 2년이므로 연방의회도 2년 주기로 교체된다(상원은 2년마다 정원의 3분의 1씩 개선). 수정조항 제20조에 따르면, 의회는 특별히 다른 날을 정하지 않는 이상 매년 1월 3일에 정기 회의를 소집하도록 규정하고 있다. 의회는 의원들이 투표를 통해 휴회를 결정하기 전까지 계속 회의를 개최하며, 보통은 연말에 휴회가 이루어진다.

# 3. 상원의원 선거

상원은 주의 면적이나 인구의 크기에 관계없이 각 주가 두 개의 의석을 갖는다. 상원의원의 선거구는 주 전체 지역이다.

상원의원의 임기는 6년이며, 한 주에서 2명씩 선거하며, 2년마다 전체 의석의 3분의 1을 개선한다. 따라서 각 주에서는 한 선거에서 잘해야 1명을 선출하며 어떤 해에는 1명도 선출하지 않는 경우도 있다. 선거가 돌아오기 전에 공석이 생기면 주지사가 후계자를 지명한다.[4] 선거일시는 11월 첫 월요일이 속한 주의 화요일에 실시한다. 하원의원 선거일도 같다.

상원에서 공석이 생기는 경우에는 주지사의 의중 혹은 명단의 순서에 따라 임명되며, 지명된 사람은 전임자의 나머지 임기 동안 재직하게 된다.[5]

과거 헌법 채택 이후 백여 년 동안, 상원의원은 국민들의 직접 투표에 의해 선출되지 않고 주 의회에 의해 임명되었으며 각기 출신 주의 대표로 간주되었다. 주 의회에서 선출하던 상원위원은 1913년에 채택된 수정조항 제17조에 따라 유권자들이 직접 선거하는 방식으로 변경되었다. 그들의 의무는 각 출신 주들이 모든 법률 제정 과정에서 동등한 대우를 받도록 보장하는 것이다.

---

4) 일리노이 주의 로드 블라고예비치 주지사는 버락 오바마의 대통령 당선으로 공석이 된 일리노이 주 연방 상원의원직을 돈 받고 팔려고 한 혐의로 수사를 받았으며, 결국 일리노이 주 상원의원들은 2009년 1월 29일 그에 대한 탄핵안을 만장일치(찬성 59표, 반대 0표)로 가결하였다. 일리노이 주 의회는 주지사가 검찰의 수사를 받게 되자 그에 대한 탄핵절차를 시작, 주 하원이 탄핵특별위원회를 구성하여 그의 매관매직과 세금낭비, 권력 남용에 대해 심의한 뒤 2009년 1월 9일 찬성 114표, 반대 1표로 탄핵을 결정하였다. 미국에서 주지사가 탄핵을 받은 것은 1988년 아이반 메컴 아리조나 주지사 이후 21년 만이다.

5) 힐러리 클린턴 의원의 오바마 정부 국무장관 취임으로 공석이 된 뉴욕 주 연방의회 상원의원에 커스틴 질리브랜드(Gillibrand, 민주당, 여성) 연방의회 뉴욕 주 하원의원이 지명되었다(2009.01.23). 결원이 된 의석은 지명권을 가진 데이빗 패터슨(Patterson) 뉴욕 주지사가 질리브랜드와 랜다 와인가르튼(Weingarten) 전국교사연합대표 중에서 질리브랜드를 지명함으로써 확정되었다.

## 4. 하원의원선거

헌법 원문은 하원의원선거에 관해 "선거의 시일, 장소, 방법은 각 주의 의회에서 결정하되, 연방의회가 때때로 규칙을 제정하거나 개정할 수 있다."고 규정하고 있다.

의원선거는 2000년, 2002년, 2004년, 2006년과 같이 짝수 해에 실시되며 선거를 통해 하원의 의석 435석과 상원의석 100석 중 3분의 1이 순서에 따라 채워진다.

하원의원이 재직 중에 사망하거나 사직하여 공석이 생기는 경우, 주지사는 홀수 해에 공석을 채우기 위한 특별선거를 실시한다.

하원의원 선거에서는 단순다수대표제를 채택하여 1개의 선거구에서 1명의 의원을 선출하고 있다.

하원의원의 총수는 연방의회가 결정해 왔으며, 그 수는 각 주의 인구수에 따라 할당된다. 각 주는 인구수에 관계없이 최소 1명의 하원의원을 보낼 수 있다고 헌법에 규정되어 있다. 현재 7개 주(알래스카, 델라웨어, 몬태나, 노스다코타, 사우스다코타, 버몬트, 와이오밍)에서 각각 1명의 하원의원을 보내고 있다. 반면 20명 이상의 하원의원을 보유한 주는 일곱개나 되며, 캘리포니아 주는 단독으로 55명의 하원의원을 보유한다.

헌법 제정 당시에는 하원의원의 정원은 65명이었고, 의원의 수는 인구 3만 명당 1명의 비율을 초과하지 못한다고 규정하였다.[6] 1911년부터 현재까지 하원은 435명의 정원을 유지하고 있다. 한 때 하원의원의 정원은 433명이었는데, 곧 미국의 주로 편입될 애리조나와 뉴멕시코에 각각 1명의 하원의원을 배정하였기 때문에 435명이 되었다.

1959년부터 1963년 사이에는 하원의원의 수가 일시적으로 437명이 되었

---

6) 뉴햄프셔 3석, 매사추세츠 8석, 로드아일랜드 및 프로비덴스 식민지 1석, 코네티컷 5석, 뉴욕 6석, 노스캐롤라이나 5석, 사우스캐롤라이나 5석, 뉴저지 4석, 펜실베이니아 8석, 델라웨어 1석, 메릴랜드 6석, 버지니아 10석, 조지아 3석 등 65석이다.

느데 이는 알래스카와 하와이가 새로 미국의 주로 편입되었기 때문이다. 이후 다시 435명으로 조정되었다.

이렇게 인구로 정원이 조정되는 하원은 유권자를 대표하는 성격이 강한 반면 상원은 각 주를 대표하는 성격이 강하다.

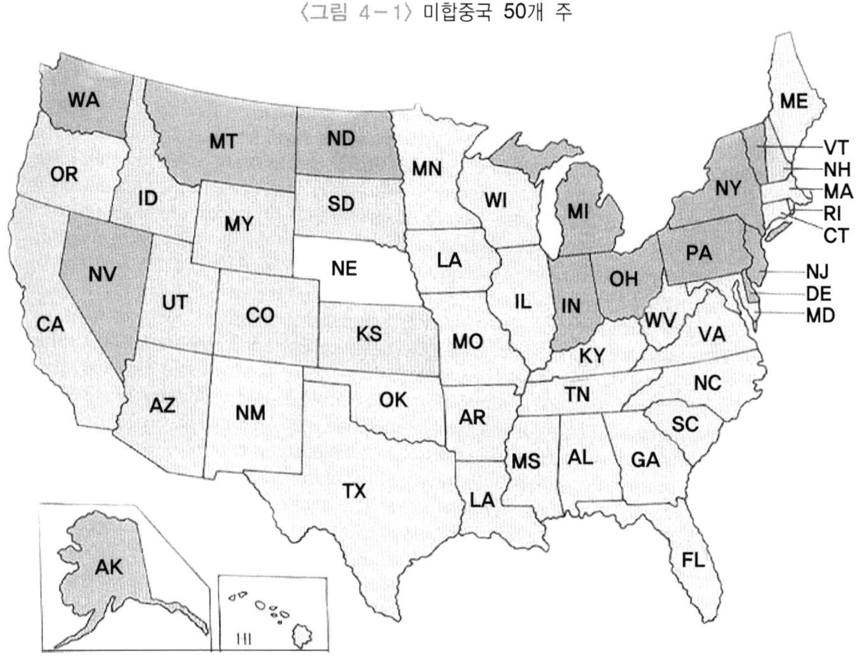

〈그림 4-1〉 미합중국 50개 주

<표 4-2> 주별 약칭 및 명칭(ABC순)

| 약칭 | 명칭 | 선거인단(명) | 약칭 | 명칭 | 선거인단(명) | 약칭 | 명칭 | 선거인단(명) |
|---|---|---|---|---|---|---|---|---|
| AK | 알래스카 | 3 | KY | 켄터키 | 8 | NY | 뉴욕 | 31 |
| AL | 앨라배마 | 9 | LA | 루이지애나 | 9 | OH | 오하이오 | 20 |
| AR | 아칸소 | 6 | MA | 매사추세츠 | 12 | OK | 오클라호마 | 7 |
| AZ | 애리조나 | 10 | MD | 메릴랜드 | 10 | OR | 오리곤 | 7 |
| CA | 캘리포니아 | 55 | ME | 메인 | 4 | PA | 펜실베이니아 | 21 |
| CO | 콜로라도 | 9 | MI | 미시간 | 17 | RI | 로드아일랜드 | 4 |
| CT | 코네티컷 | 7 | MN | 미네소타 | 10 | SC | 사우스캐롤라이나 | 8 |
| DC* | 워싱턴 디시 | 3 | MO | 미주리 | 11 | SD | 사우스다코타 | 3 |
| DE | 델라웨어 | 3 | MS | 미시시피 | 6 | TN | 테네시 | 11 |
| FL | 플로리다 | 27 | MT | 몬태나 | 3 | TX | 텍사스 | 34 |
| GA | 조지아 | 15 | NC | 노스캐롤라이나 | 15 | UT | 유타 | 5 |
| HI | 하와이 | 4 | ND | 노스다코타 | 3 | VA | 버지니아 | 13 |
| IA | 아이오와 | 7 | NE | 네브래스카 | 5 | VT | 버몬트 | 3 |
| ID | 아이다호 | 4 | NH | 뉴햄프셔 | 4 | WA | 워싱턴 | 11 |
| IL | 일리노이 | 21 | NJ | 뉴저지 | 15 | WI | 위스콘신 | 10 |
| IN | 인디애나 | 11 | NM | 뉴멕시코 | 5 | WV | 웨스트버지니아 | 5 |
| KS | 캔자스 | 6 | NV | 네바다 | 5 | WY | 와이오밍 | 3 |

* 워싱턴 디시(DC)는 주(state)는 아니지만 3인의 선거인단이 배정된다.

<표 4-3> 주별 연방 가입순서 및 시기

| 가입순서 | 주 | 가입 시기 | 가입순서 | 주 | 가입 시기 | 가입순서 | 주 | 가입 시기 |
|---|---|---|---|---|---|---|---|---|
| 1 | DE | 1787.12.07 | 18 | LA | 1812.04.30 | 35 | WV | 1863.06.30 |
| 2 | PA | 1787.12.12 | 19 | IN | 1816.12.11 | 36 | NV | 1864.10.31 |
| 3 | NJ | 1787.12.18 | 20 | MS | 1817.12.10 | 37 | NE | 1867.03.01 |
| 4 | GA | 1788.01.02 | 21 | IL | 1818.12.03 | 38 | CO | 1876.08.01 |
| 5 | CT | 1788.01.09 | 22 | AL | 1819.12.14 | 39 | ND | 1889.11.02 |
| 6 | MA | 1788.02.06 | 23 | ME | 1820.03.15 | 40 | SD | 1889.11.02 |
| 7 | MD | 1788.04.28 | 24 | MO | 1821.08.10 | 41 | MT | 1889.11.08 |
| 8 | SC | 1788.05.23 | 25 | AR | 1836.06.15 | 42 | WA | 1889.11.11 |
| 9 | NH | 1788.06.21 | 26 | MI | 1837.01.26 | 43 | ID | 1890.07.03 |
| 10 | VA | 1788.06.25 | 27 | FL | 1845.03.03 | 44 | WY | 1890.07.10 |
| 11 | NY | 1788.07.26 | 28 | TX | 1845.12.29 | 45 | UT | 1896.01.04 |
| 12 | NC | 1789.11.21 | 29 | IA | 1846.12.28 | 46 | OK | 1907.11.26 |
| 13 | RI | 1790.05.29 | 30 | WI | 1848.05.29 | 47 | NM | 1912.01.06 |
| 14 | VT | 1791.03.04 | 31 | CA | 1850.09.09 | 48 | AZ | 1912.02.14 |
| 15 | KY | 1792.06.01 | 32 | MN | 1858.05.11 | 49 | AK | 1959.01.03 |
| 16 | TN | 1796.06.01 | 33 | OR | 1859.02.14 | 50 | HI | 1959.08.21 |
| 17 | OH | 1803.03.01 | 34 | KS | 1861.01.29 | | | |

주: 각 주의 명칭은 <표 4-2> 참조.

## 5. 선거의 분류

### 1) 동시선거

임기가 6년인 상원은 2년마다 정원의 3분의 1씩을 선출한다. 처음 선거를 치르는 집단을 제1반(class 1), 2년 후의 선거를 치르는 집단을 제2반(class 2), 다시 2년 후에 치르는 집단을 제3반(class 3)이라고 불러 구분한다. 4로 나누어 나눠지는 해에는 대통령, 하원의원 전원, 상원의원 3분의 1을 선출하는데 이 선거를 동시선거(on-year election)라고 한다.

### 2) 중간선거

4로 나누어 2가 남는 해에 실시하는 선거를 중간선거(off－year election)라고 한다. 이때에는 하원의원 전부와 상원의 3분의 1을 선출한다.

참고로 하드 머니(hard money)는 연방선거법의 규제하에 모금되고 소비되는 선거자금을 말하고, 소프트 머니(soft money)는 주 단위 또는 그 이하 자치단체의 선거를 위해서나 정당 설립, 투표 참여 독려 등의 목적을 위한 돈이라면 주법(州法)에 위배되지 않는 한 개인이나 정치활동위원회(PAC), 기업이나 노조까지도 무제한으로 정당에 줄 수 있는 자금을 말한다.[7]

## 6. 하원 의석 할당

1787년 실시된 국민인구조사에 의거하여 하원의 각 의원은 연방의회 제1

---

7) 소프트 머니는 미국의 정치자금 중 후보 개인이 아니라 정당에 기부되는 자금을 일컫는 말이다. 미국의 정치자금 모금은 그 용도에 따라 특정 선거의 특정 후보에만 사용할 수 있도록 한 후보기부금(하드 머니)과 포괄적 당 운영비 형태의 정당기부금(소프트 머니) 두 가지로 나뉜다. 소프트 머니는 원래 '유권자 투표 참여 캠페인'과 같은 당 활동 지원비로 사용되는 것이 원칙이다. 소프트 머니는 그동안 한도가 정해져 있지 않는데 기부액에 상한선이 없다 보니 담배회사 등 기업체들로부터 거액의 로비자금이 흘러 들어가는가 하면 사용처도 모호해 개인의 선거자금으로 유용되기도 했다.

대 국회에서 유권자 3만 명을 대표하였다. 그 후 1790년부터 10년마다 한 번씩 실시되는 인구조사 결과에 따라 각 주의 의석은 변동을 보여 왔다. 1910년부터는 정원을 435명으로 고정한 뒤 그 범위 안에서 각 주의 의석을 할당해 오고 있는데, 변동되는 주별 의석은 <표 4-4>에 제시되어 있다. 뉴욕 주, 오하이오 주, 펜실베이니아 주 등 북부지역 주들은 의석이 감소하는 추세에 있고, 캘리포니아 주, 플로리다 주, 텍사스 주 등 중부와 남부지역의 큰 주들은 의석이 증가추세에 있다.

〈표 4-4〉 하원의석 할당표(1790~2000)

| 주 | 헌법 | 1차(1790) | 2차(1800) | 3차(1810) | 4차(1820) | 5차(1830) | 6차(1840) | 7차(1850) | 8차(1860) | 9차(1870) | 10차(1880) | 11차(1890) | 12차(1900) | 13차(1910) | 15차(1930) | 16차(1940) | 17차(1950) | 18차(1960) | 19차(1970) | 20차(1980) | 21차(1990) | 22차(2000) |
|---|---|---|---|---|---|---|---|---|---|---|---|---|---|---|---|---|---|---|---|---|---|---|
| AL |  |  |  |  | 3 | 5 | 7 | 7 | 6 | 8 | 8 | 9 | 9 | 10 | 9 | 9 | 9 | 8 | 7 | 7 | 7 | 7 |
| AK |  |  |  |  |  |  |  |  |  |  |  |  |  |  |  |  |  | 1 | 1 | 1 | 1 | 1 |
| AZ |  |  |  |  |  |  |  |  |  |  |  |  |  | 1 | 1 | 2 | 2 | 3 | 4 | 5 | 6 | 8 |
| AR |  |  |  |  |  |  | 1 | 2 | 3 | 4 | 5 | 6 | 7 | 7 | 7 | 7 | 6 | 4 | 4 | 4 | 4 | 4 |
| CA |  |  |  |  |  |  |  | 2 | 3 | 4 | 6 | 7 | 8 | 11 | 20 | 23 | 30 | 38 | 43 | 45 | 52 | 53 |
| CO |  |  |  |  |  |  |  |  |  |  | 1 | 2 | 3 | 4 | 4 | 4 | 4 | 4 | 5 | 6 | 6 | 7 |
| CT | 5 | 7 | 7 | 7 | 6 | 6 | 4 | 4 | 4 | 4 | 4 | 4 | 5 | 5 | 6 | 6 | 6 | 6 | 6 | 6 | 6 | 5 |
| DE | 1 | 1 | 1 | 2 | 1 | 1 | 1 | 1 | 1 | 1 | 1 | 1 | 1 | 1 | 1 | 1 | 1 | 1 | 1 | 1 | 1 | 1 |
| FL |  |  |  |  |  |  |  | 1 | 1 | 2 | 2 | 2 | 3 | 4 | 5 | 6 | 8 | 12 | 15 | 19 | 23 | 25 |
| GA | 3 | 2 | 4 | 6 | 7 | 9 | 8 | 8 | 7 | 9 | 10 | 11 | 11 | 12 | 10 | 10 | 10 | 10 | 10 | 10 | 11 | 13 |
| HI |  |  |  |  |  |  |  |  |  |  |  |  |  |  |  |  |  | 2 | 2 | 2 | 2 | 2 |
| ID |  |  |  |  |  |  |  |  |  |  |  | 1 | 1 | 2 | 2 | 2 | 2 | 2 | 2 | 2 | 2 | 2 |
| IL |  |  |  |  | 1 | 3 | 7 | 9 | 14 | 19 | 20 | 22 | 25 | 27 | 27 | 26 | 25 | 24 | 24 | 22 | 20 | 19 |
| IN |  |  |  |  | 3 | 7 | 10 | 11 | 11 | 13 | 13 | 13 | 13 | 13 | 12 | 11 | 11 | 11 | 11 | 10 | 10 | 9 |
| IA |  |  |  |  |  |  |  | 2 | 6 | 9 | 11 | 11 | 11 | 11 | 9 | 8 | 8 | 7 | 6 | 6 | 5 | 5 |
| KS |  |  |  |  |  |  |  |  |  | 1 | 3 | 7 | 8 | 8 | 8 | 7 | 6 | 6 | 5 | 5 | 5 | 4 | 4 |
| KY |  | 2 | 6 | 10 | 12 | 13 | 10 | 10 | 9 | 10 | 11 | 11 | 11 | 11 | 9 | 9 | 8 | 7 | 7 | 7 | 6 | 6 |
| LA |  |  |  |  | 3 | 3 | 4 | 4 | 5 | 6 | 6 | 6 | 7 | 8 | 8 | 8 | 8 | 8 | 8 | 8 | 7 | 7 |
| ME |  |  |  |  | 7 | 8 | 7 | 6 | 5 | 5 | 4 | 4 | 4 | 4 | 3 | 3 | 3 | 2 | 2 | 2 | 2 | 2 |
| MD | 6 | 8 | 9 | 9 | 9 | 8 | 6 | 6 | 5 | 6 | 6 | 6 | 6 | 6 | 6 | 6 | 7 | 8 | 8 | 8 | 8 | 8 |
| MA | 8 | 14 | 17 | 20 | 13 | 12 | 10 | 11 | 10 | 11 | 12 | 13 | 14 | 16 | 15 | 14 | 14 | 12 | 12 | 11 | 10 | 10 |
| MI |  |  |  |  |  |  | 3 | 4 | 6 | 9 | 11 | 12 | 12 | 13 | 17 | 17 | 18 | 19 | 19 | 18 | 16 | 15 |
| MN |  |  |  |  |  |  |  |  | 2 | 3 | 5 | 7 | 9 | 10 | 9 | 9 | 9 | 8 | 8 | 8 | 8 | 8 |
| MS |  |  |  |  |  | 1 | 2 | 4 | 5 | 5 | 6 | 7 | 7 | 8 | 7 | 7 | 6 | 5 | 5 | 5 | 5 | 4 |
| MO |  |  |  |  | 1 | 2 | 5 | 7 | 9 | 13 | 14 | 15 | 16 | 16 | 13 | 13 | 11 | 10 | 10 | 9 | 9 | 9 |

| 주 | 헌법 | 1차(1790) | 2차(1800) | 3차(1810) | 4차(1820) | 5차(1830) | 6차(1840) | 7차(1850) | 8차(1860) | 9차(1870) | 10차(1880) | 11차(1890) | 12차(1900) | 13차(1910) | 15차(1930) | 16차(1940) | 17차(1950) | 18차(1960) | 19차(1970) | 20차(1980) | 21차(1990) | 22차(2000) |
|---|---|---|---|---|---|---|---|---|---|---|---|---|---|---|---|---|---|---|---|---|---|---|
| MT | | | | | | | | | | | | 1 | 1 | 2 | 2 | 2 | 2 | 2 | 2 | 2 | 1 | 1 |
| NE | | | | | | | | | 1 | 3 | 6 | 6 | 6 | 5 | 4 | 4 | 3 | 3 | 3 | 3 | 3 |  |
| NV | | | | | | | | | 1 | 1 | 1 | 1 | 1 | 1 | 1 | 1 | 1 | 1 | 1 | 2 | 2 | 3 |
| NH | 3 | 4 | 5 | 6 | 6 | 5 | 4 | 3 | 3 | 3 | 2 | 2 | 2 | 2 | 2 | 2 | 2 | 2 | 2 | 2 | 2 | 2 |
| NJ | 4 | 5 | 6 | 6 | 6 | 6 | 5 | 5 | 5 | 7 | 7 | 8 | 10 | 12 | 14 | 14 | 14 | 15 | 15 | 14 | 13 | 13 |
| NM | | | | | | | | | | | | | | 1 | 1 | 2 | 2 | 2 | 2 | 3 | 3 | 3 |
| NY | 6 | 10 | 17 | 27 | 34 | 40 | 34 | 33 | 31 | 33 | 34 | 34 | 37 | 43 | 45 | 45 | 43 | 41 | 39 | 34 | 31 | 29 |
| NC | 5 | 10 | 12 | 13 | 13 | 13 | 9 | 8 | 7 | 8 | 9 | 9 | 10 | 10 | 11 | 12 | 12 | 11 | 11 | 11 | 12 | 13 |
| ND | | | | | | | | | | | 1 | 2 | 3 | 2 | 2 | 2 | 2 | | 1 | 1 | 1 | 1 |
| OH | | | | 6 | 14 | 19 | 21 | 21 | 19 | 20 | 21 | 21 | 21 | 22 | 24 | 23 | 23 | 24 | 23 | 21 | 19 | 18 |
| OK | | | | | | | | | | | | | | 8 | 9 | 8 | 6 | 6 | 6 | 6 | 6 | 5 |
| OR | | | | | | | | 1 | 1 | 1 | 2 | 2 | 3 | 3 | 4 | 4 | 4 | 4 | 5 | 5 | 5 |  |
| PA | 8 | 13 | 18 | 23 | 26 | 28 | 24 | 25 | 24 | 27 | 28 | 30 | 32 | 36 | 34 | 33 | 30 | 27 | 25 | 23 | 21 | 19 |
| RI | 1 | 2 | 2 | 2 | 2 | 2 | 2 | 2 | 2 | 2 | 2 | 2 | 2 | 3 | 2 | 2 | 2 | 2 | 2 | 2 | 2 | 2 |
| SC | 5 | 6 | 8 | 9 | 9 | 9 | 7 | 6 | 4 | 5 | 7 | 7 | 7 | 7 | 6 | 6 | 6 | 6 | 6 | 6 | 6 | 6 |
| SD | | | | | | | | | | | 2 | 2 | 3 | 2 | 2 | 2 | 2 | 2 | 1 | 1 | 1 |  |
| TN | | 3 | 6 | 9 | 13 | 11 | 10 | 8 | 10 | 10 | 10 | 10 | 10 | 9 | 10 | 9 | 9 | 8 | 9 | 9 | 9 |  |
| TX | | | | | | | 2 | 4 | 6 | 11 | 13 | 16 | 18 | 21 | 21 | 22 | 23 | 24 | 27 | 30 | 32 |  |
| UT | | | | | | | | | | | | 1 | 2 | 2 | 2 | 2 | 2 | 2 | 3 | 3 | 3 |  |
| VT | | 2 | 4 | 6 | 5 | 5 | 4 | 3 | 3 | 3 | 2 | 2 | 2 | 2 | 1 | 1 | 1 | 1 | 1 | 1 | 1 | 1 |
| VA | 10 | 19 | 22 | 23 | 22 | 21 | 15 | 13 | 11 | 9 | 10 | 10 | 10 | 10 | 9 | 9 | 10 | 10 | 10 | 10 | 11 | 11 |
| WA | | | | | | | | | | | 2 | 3 | 5 | 6 | 6 | 7 | 7 | 7 | 8 | 9 | 9 |  |
| WV | | | | | | | | | 3 | 4 | 4 | 5 | 6 | 6 | 6 | 6 | 5 | 4 | 4 | 3 | 3 |  |
| WI | | | | | | | | 3 | 6 | 8 | 9 | 11 | 11 | 10 | 10 | 10 | 10 | 9 | 9 | 9 | 8 |  |
| WY | | | | | | | | | | | 1 | 1 | 1 | 1 | 1 | 1 | 1 | 1 | 1 | 1 | 1 |  |
| 합계 | 65 | 105 | 141 | 181 | 213 | 240 | 223 | 234 | 241 | 292 | 325 | 356 | 386 | 435 | 435 | 435 | 437 | 435 | 435 | 435 | 435 | 435 |

주: 각 주의 명칭은 〈표 4-2〉 참조.
자료: http://clerk.house.gov/art_history/house_history/congApp.html/(검색일: 2009.03.11)

## 1. 상원의 구성

　연방의회는 상원(Senate)과 하원(House of Representatives) 양원으로 구성된다. 상원의원은 100명으로 50개 주에서 2명씩 선출된다. 상원의원의 정수는 제88대 국회인 1963년부터 100명으로 고정되었다. 상원의원은 자기의 소신에 따라 자유로이 투표하며, 주 정부의 의사에 구속되지 않는다.

　상원의원은 주 대표로 연방의회에 진출하여 의정활동을 하는데, 주의 이름으로 표결하는 것은 아니고 자신의 이름으로 표결하며, 또한 동일한 주에서 선출된 2인의 의원도 각기 독립적으로 투표한다.

　상원의원의 피선자격은 30세 이상으로서 미국시민이 된 후 9년 이상 되어야 하며, 선거 당시 자신이 출마하는 주에 거주하고 있어야 한다.

〈표 4-5〉 상원과 하원의 구성·기능 및 차이점

| 항 목 | 상 원 | 하 원 |
|---|---|---|
| 의장 호칭 | 프레지던트<br>(President of the Senate) | 스피커<br>(Speaker of the House) |
| 의장 선출방법 | 행정부의 부통령이 겸임(헌법 규정) | 원내 선거를 통하여 의원들이 선출 |
| 의장 리더십 | 약함 | 강함 |
| 선거일 | 11월 첫째 월요일 다음 화요일 | 11월 첫째 월요일 다음 화요일 |
| 의원 정수 | 100인(50개 주에서 각 주당 2인씩 선출) | 435인(인구 비례. 단 1911년에 435인으로 정원을 고정) |
| 의원 임기 | 6년 | 2년 |
| 의원 선출 | 유권자가 직접 투표로 선출 | 유권자가 직접 투표로 선출 |
| 의원 임기 제한 | 없음 | 없음 |
| 피선거권 | 30세 이상 | 25세 이상 |
| 선거구 규모 | 주 단위(규모 큼) | 소선거구(규모 작음) |
| 법적 거주 | 선출된 주에 거주 | 선출된 주에 거주 |
| 시민권 소지연한 규정 | 미국시민권 9년 이상 소지 | 미국시민권 7년 이상 소지 |
| 선거 시 선출 의원 수 | 상원의원 정수의 3분의 1 | 하원의원 전체 |

| 항 목 | 상 원 | 하 원 |
| --- | --- | --- |
| 의원 의사운영 | 주로 전원일치로 운영 | 다수결 의사절차 준수 |
| 권한·업무 | 업무량 증가, 필리버스터 빈번 | 의장단에 권한 집중 |
| 의사 절차 | 점차 비효율성·비생산성 증대 | 점차 효율성 증대 |
| 중요 권한(특권) | 조약체결 비준동의권, 고위 공직자 인준권(임명동의권), 탄핵심판권 보유 | 세입·세출관련법안 우선 심의권 보유. 탄핵소추권 보유 |
| 거부권 번복 | 빈번하지 않음 | 빈번함 |
| 정책 전문성 | 보통 수준 | 높은 수준 |
| 의원 상호간 권력배분 | 비교적 균등하며 개인적임 | 비교적 균등하지 않음 |
| 본회의 토론과 심의 | 신속하지 않음 | 비교적 신속 |
| 본회의 수정안 | 수정안에 대한 제한 거의 없음 | 적절하지 않은 수정안에 대해서는 엄격히 제한 |
| 본회의장 의원 좌석 | 지정되어 있음 | 지정되어 있지 않음. 단, 지도부의 좌석은 지정되어 있음 |
| 대비되는 측면 | 외교정책 강조 | 세금·세입 정책 강조 |
| 토론에 대한 제한 | 거의 모든 의안에 대하여 무제한의 토론가능 | 토론시간 엄격히 제한 |
| 의사운영방식 | 소수의 권리 강조, 심사숙고, 개인적 | 다수결주의, 신속한 행동과 결정, 집단적 |
| 기타(정원 외 대표) | 없음 | 정원 외에 의결권 없는 대의원 5인 존재(워싱턴 디시, 사모아, 괌, 버진아일랜드, 북마리아나 제도). 의결권 없는 상주대표 1인 존재(푸에르토리코) |
| 위상 | 높음(상대적으로 하원보다 높음) | 높음(상대적으로 상원보다 낮음) |
| 지역구 활동 호칭 | 비입법기간<br>(non-legislative periods) | 지역구 봉사기간<br>(district work periods) |
| 조직/규칙 | 상대적으로 덜 치밀한 조직 및 규칙 유지. 비집중적 | 상대적으로 치밀한 조직 및 규칙 유지. 중앙집권적 |
| 규칙위원회 | 존재하지 않음. 토론 제한은 만장일치 또는 필리버스터 클로처에 의함 | 시간 통제 및 토론 규칙 통제에 관한 강력한 권한 보유 |
| 신규 주 가입 | 양원(상원·하원)의 동의를 요함 | |

자료: Walter Oleszek(2004), 24쪽. 필자가 내용 추가.

## 2. 상원의장

부통령이 겸직하는 상원의장은 하원의장처럼 특별한 정치적 기능을 가지고 있지는 않다. 의사진행은 부통령이 하는 것이 원칙이지만, 부통령은 상원의원이 아니므로 투표권은 없다. 그러나 어떤 문제를 둘러싼 표결에 찬성하는 표의 수와 반대하는 표의 수가 같아서 가부를 결정할 수 없을 때에는 부통령, 즉 상원의장에게 투표할 자격이 부여된다.[8] 상원에서는 부통령 외에 임시의장을 선출하여 부통령이 사회를 보지 않을 때에 의사진행을 하도록 하고 있다. 그러니까 형식적으로는 부통령이 상원의장을 맡지만 실질적으로 상원을 이끄는 것은 임시의장이다.

헌법은 부통령이 상원의 의장이 되도록 규정하고 있으며, 또 상원의장은 표결 시에 가부 동수일 경우를 제외하고는 투표권을 가지지 못하도록 규정하고 있다(제1조 3절). 상원은 부통령 즉 의장 부재 시에는 상원을 주재할 임시의장을 선출한다.[9] 평상시에 부통령직을 수행해야 하는 상원의장이 상원에서 의장의 역할을 하는 것은 주로 의식을 행할 때 또는 본회의에서의 표결결과 찬성과 반대표가 같을 때 투표권을 행하는 정도이다.

그러나 대통령이 직무를 수행할 수 없는 상황, 예컨대 면직(사임), 사망, 와병 중이거나 통신두절 등인 경우, 부통령이 직무대행을 하게 된다.[10] 이를 위해서는 먼저 대통령이 상하 양원에 그 이유에 대하여 서면으로 통보해야 한다. 물론, 갑작스러운 와병 또는 납치 등의 상황이 발생하여 서면통보가 불가능할 시에는 부통령이 '일단 부득이하게' 권한을 행사하게 된다.[11]

부통령 궐위 시에는 대통령이 새로이 부통령이 될 사람을 지명하고, 이를 상원과 하원 양원에서 과반수로 동의하면 된다.[12]

---

8) 1881년 이래 상원 표결에서 가부동수가 된 상황에서 부통령이 회의를 주재하여 의결한 사례는 2001년 체니(Dick Cheney) 부통령이 처음이다.

9) 하원의장과 상원 임시의장은 언제나 각 원에서 최대 의석을 차지하는 정당의 소속 의원들 중에서 선출된다. 의장은 다수당 의원총회에서 선출되고 본회의에서는 이를 승인한다. 의장으로 선출되면 차기 선거에서 낙선하지 않거나 자신이 속한 정당이 소수당이 되지 않는 한 사망 또는 스스로 사임할 때까지는 의장에 선출되는 것이 관례이다.

10) 대통령 유고 시, 대통령 승계권은 부통령(상원의장 겸직), 하원의장, 상원 임시의장, 국무장관, 재무장관, 국방장관의 순서대로 한다. 국무장관 이후의 승계순서는 내각의 부서가 설립된 날짜순서에 따른다. 신임 대통령 취임식 때나 대통령의 연례 국정연설 등 대통령직 승계 서열상의 고위직 관리들이 함께 참석하는 대규모 행사가 있을 때에는 행정부 고위 관리 중 한사람은 행사장에서 멀리 떨어진 비공개 장소에서 유사시에 대비하여 대기한다. 2009년 1월 20일의 오바마 대통령 취임식 때에는 퇴임하는 부시 정부에서 국방부 장관을 지내고 오바마 대통령 당선자가 유임시킨 로버트 게이츠(Robert Gates) 국방부 장관이 군사시설에서 대기하고 있었다.

11) 부통령이 대통령과 긴밀한 관계를 갖기 시작한 것은 1922년 칼빈 쿨리지(Calvin Coolidge) 부통령이 각의(Cabinet Meeting)에 정식으로 참여한 때부터 이며, 그 이후 각의 참여가 관행처럼 되어 오늘에 이르고 있다.

12) 제38대 대통령이었던 포드 대통령의 경우, 이러한 과정으로 부통령이 된 다음, 닉슨 대통령의 궐위(闕位)로 대통령의 직위에 올랐다.

상원 본회의가 열릴 때에는 상원 내 다수당에 의하여 선출되는 임시의장이 회의를 주재한다. 임시의장을 선거할 때까지는 사무총장이 그 직무를 대행한다. 임시의장은 상원에서 가장 오랫동안 지속적으로 재직한 다수당의 의원이 맡는 것이 관례로 되어 있다.[13]

〈표 4-6〉 부통령(상원의장)

| 부통령 | 출신 주 | 정당 | 첫 선거 연도 | 변동 사항 | 대통령 |
|---|---|---|---|---|---|
| John Adams | 매사추세츠 | 연방주의 자당 | 1789 | - | 워싱턴 |
| Thomas Jefferson | 버지니아 | 민주 공화당 | 1796 | - | 애덤스 |
| Aaron Burr | 뉴욕 | 민주 공화당 | 1800 | - | 제퍼슨 |
| George Clinton | 뉴욕 | 민주 공화당 | 1804 | 1812년 4월 20일 사망. 1813년까지 부통령직 공석 | 제퍼슨 |
| Elbridge Gerry | 매사추세츠 | 민주 공화당 | 1812 | 1814년 11월 23일 사망. 1817년까지 부통령직 공석 | 매디슨 |
| Daniel D. Tompkins | 뉴욕 | 민주 공화당 | 1816 | - | 먼로 |
| John C. Calhoun | 사우스캐롤라이나 | 민주 공화당 | 1824 | 1832년 12월 28일 사임. 1833년까지 부통령직 공석 | J. Q. 애덤스 |
| Martin Van Buren | 뉴욕 | 민주당 | 1832 | - | 잭슨 |
| Richard M. Johnson | 켄터키 | 민주당 | 1836 | - | 반 뷰렌 |
| John Tyler | 버지니아 | 휘그당 | 1840 | 1841년 4월 6일 대통령직 승계. 1845년까지 부통령직 공석 | W. 해리슨 |
| George M. Dallas | 펜실베이니아 | 민주당 | 1844 | - | 포크 |
| Millard Fillmore | 뉴욕 | 휘그당 | 1848 | 1850년 7월 10일 대통령직 승계. 1853년까지 부통령직 공석 | 테일러 |
| William R. King | 앨라배마 | 민주당 | 1852 | 1853년 4월 18일 사망. 1857년까지 부통령직 공석 | 피어스 |
| John Breckinridge | 켄터키 | 민주당 | 1856 | - | 뷰캐넌 |
| Hannibal Hamlin | 메인 | 공화당 | 1860 | - | 링컨 |
| Andrew Johnson | 테네시 | 공화당 | 1864 | 1865년 4월 15일 대통령직 승계. 1869년까지 부통령직 공석 | 링컨 |
| Schuyler Colfax | 인디애나 | 공화당 | 1868 | - | 그랜트 |
| Henry Wilson | 매사추세츠 | 공화당 | 1872 | 1875년 11월 22일 사망. 1877년까지 부통령직 공석 | 그랜트 |

---

13) 임시의장도 명목상에 불과하며 실질적으로 지도자의 역할을 하는 것은 다수당의 원내대표, 원내총무 등이다.

| 부통령 | 출신 주 | 정당 | 첫 선거 연도 | 변동 사항 | 대통령 |
|---|---|---|---|---|---|
| William A. Wheeler | 뉴욕 | 공화당 | 1876 | – | 헤이즈 |
| Chester A. Arthur | 뉴욕 | 공화당 | 1880 | 1881년 9월 20일 대통령직 승계. 1885년까지 부통령직 공석 | 가필드 |
| Thomas Hendricks | 인디애나 | 민주당 | 1884 | 1885년 11월 25일 사망. 1889년까지 부통령직 공석 | 클리블랜드 |
| Levi Morton | 뉴욕 | 공화당 | 1888 | – | 해리슨 |
| Adlai E. Stevenson | 일리노이 | 민주당 | 1892 | – | 클리블랜드 |
| Garret A. Hobert | 뉴저지 | 공화당 | 1896 | 1899년 11월 21일 사망. 부통령직 1901년까지 공석 | 맥킨리 |
| Theodore Roosevelt | 뉴욕 | 공화당 | 1900 | 1901년 9월 14일 대통령직 승계. 부통령직 1905년까지 공석 | 맥킨리 |
| Charles Fairbanks | 인디애나 | 공화당 | 1904 | – | 루스벨트 |
| James S. Sherman | 뉴욕 | 공화당 | 1908 | 1912년 10월 30일 사망. 부통령직 1913년까지 공석 | 태프트 |
| Thomas R. Marshall | 인디애나 | 민주당 | 1912 | – | 윌슨 |
| Calvin Coolidge | 매사추세츠 | 공화당 | 1920 | 1923년 8월 3일 대통령직 승계. 부통령직 1925년까지 공석 | 하딩 |
| Charles G. Dawes | 일리노이 | 공화당 | 1924 | – | 쿨리지 |
| Charles Curtis | 캔자스 | 공화당 | 1928 | – | 후버 |
| John Nance Garner | 텍사스 | 민주당 | 1932 | – | F. 루스벨트 |
| Henry A. Wallace | 아이오와 | 민주당 | 1940 | – | F. 루스벨트 |
| Harry Truman | 미주리 | 민주당 | 1944 | 1945년 4월 12일 대통령직 승계. 부통령직 1949년까지 공석 | F. 루스벨트 |
| Alben W. Barkley | 켄터키 | 민주당 | 1948 | – | 트루만 |
| Richard Nixon | 캘리포니아 | 공화당 | 1952 | – | 아이젠하워 |
| Lyndon B. Johnson | 텍사스 | 민주당 | 1960 | 1963년 11월 22일 대통령직 승계. 1965년까지 부통령직 공석 | 케네디 |
| Hubert Humphrey | 미네소타 | 민주당 | 1964 | – | L. 존슨 |
| Spiro T. Agnew | 메릴랜드 | 공화당 | 1968 | – | 닉슨 |
| Gerald R. Ford | 미시간 | 공화당 | 1973 | 1974년 8월 9일 대통령직 승계. 1974년 12월 19일까지 부통령직 공석 | 닉슨 |
| Nelson Rockefeller | 뉴욕 | 공화당 | 1974 | – | 포드 |
| Walter F. Mondale | 미네소타 | 민주당 | 1976 | – | 카터 |
| George H. W. Bush | 텍사스 | 공화당 | 1980 | – | 레이건 |
| J. Danforth Quayle | 인디애나 | 공화당 | 1988 | – | G. H. W. 부시 |

| 부통령 | 출신 주 | 정당 | 첫 선거 연도 | 변동 사항 | 대통령 |
|---|---|---|---|---|---|
| Albert Gore, Jr | | 민주당 | – | – | 클린턴 |
| Richard B. Cheney | 네브래스카 | 공화당 | – | – | G. W. 부시 |
| Jdseph R. Biden, Jr. | 펜실베이니아 | 민주당 | – | – | 오바마 |

자료: http://www.senate.gov/artandhistory/history/common/breifing/Vice–President.htm#5/(검색일: 2009.02.07).

## 3. 상원의 조직

제111대 국회의 상원 임시의장을 맡은 로버트 버드는 1964년 6월 10일 오전 9시 51분에 14시간 13분에 걸친 연설을 종료하여 필리버스터 최장시간은 아니지만 장시간 연설기록을 가지고 있다. 그는 현안이 되어 있는 민권법안(the Civil Rights Act of 1964)에 관련하여 연설을 하였는데 이날 오전 민주당 원내총무 허버트 험프리는 토론을 종결하기 위해 67표를 획득하여 버드의 연설을 종료시킬 수 있었다. 상원의 조직은 <그림 4-2>에서 보는 것처럼 부통령, 임시의장, 정당지도자(원내대표, 원내총무, 컨퍼런스 의장, 컨퍼런스 사무장, 정책위원회 의장), 위원회, 그리고 상원 본회의에서 선출하는 임원 및 관료로 구성되어 있다.

<그림 4-2> 상원의 조직(제111대 국회, 2009)

| 부통령(상원의장) |
| --- |
| 조지프 바이든(Joseph R. Biden, Jr.) |
| 임시의장 |
| 로버트 버드(Robert C. Byrd) |

**정당 지도자(Political Party Leaders)**

| 다수당 원내대표 Harry Reid | 다수당 원내총무 Richard Durbin | 민주당 컨퍼런스 의장 Harry Reid | 민주당 컨퍼런스 사무장 Patty Murray | 민주당 정책위원회 의장 Byron Dorgan |
| --- | --- | --- | --- | --- |
| 소수당 원내대표 Mitch McConnell | 소수당 원내총무 Jon Kyl | 공화당 컨퍼런스 의장 Lamer Alexander | 공화당 컨퍼런스 사무장 John Cornyn | 공화당 정책위원회 의장 John Ensign |

**위원회**

| 농업영양 산림위원회 | 세출위원회 | 군사 위원회 | 은행주택도시업무위원회 | 예산위원회 |
| --- | --- | --- | --- | --- |
| 통상과학 운수위원회 | 에너지천연자원 위원회 | 환경공공 사업위원회 | 재무위원회 | 외교위원회 |
| 건강교육노동연금위원회 | 국토안보 정무위원회 | 법사위원회 | 규칙위원회 | 중소기업 위원회 |
| 재항군인 위원회 | 윤리특별 위원회 | 정보특별 위원회 | 인디언특별위원회 | 노인특별 위원회 |
| 합동경제 위원회 | 합동출판 위원회 | 합동세제 위원회 | 합동도서관 위원회 | |

**상원 선출 임원·관료**

| 사무총장, 경위장, 국회법 담당관 |
| --- |
| 다수당(민주당) 사무총장, 소수당(공화당) 사무총장, 전속목사 |

자료: http://www.senate.gov/pagelayout/e one section no teasers/org chart.htm/(검색일: 2009.02.25)

## 4. 상원 임시의장

미국헌법은 상원에서 부통령이 결원인 경우에 임시의장을 선출하도록 규정하고 있으며, 임시의장은 상원의 회의를 주재하고 입법안에 서명하며, 신임 상원의원들의 의원선서를 받는다.

오랜 기간 동안 부통령이 일상적으로 상원 회의를 주재했으며, 임시의장은 단지 부통령이 없을 때에만 임시로 의장직을 수행하기 위해 선출되었다. 그 직위의 연속성을 확보하기 위하여 1890년에 상원은 임시의장의 지속적인 임기를 보장하였다. 부통령은 다른 상원의원을 임시의장으로 지명하여 의장의 직무를 수행할 수 있도록 하였다. 상원 초창기에는 상원의 규칙이나 절차를 잘 아는 의원에게 맡겼으나 20세기 중반부터 다수당의 원로 의원에게 그 직위를 주는 전통이 만들어졌다. 상원의 임시의장은 대통령직 승계서열 3위에 올라 있는 중요한 자리이다.

부통령이 상원의장을 맡지만 부통령이 상원의 사회를 보는 일은 많지 않다. 상원의원 중에서 임시의장이 선출되며 그는 부통령이 결석할 때 회의의 사회를 본다. 그는 토론을 규제할 권한은 가지고 있으나 행사하는 일은 거의 없다. 임시의장 제도는 상원에만 존재한다.[14]

임시의장 중 특기할 만한 사례 몇 가지는 다음과 같다. 존 겔러드(John Gaillard)는 엘브릿지 게리(Elbridge Gerry) 부통령(상원의장)의 사망 후에 선출되었으며, 제14대 국회 기간 중 봉직하였다. 이때 부통령직은 공석으로 두었다.

상원은 1890년 3월, 상원 임시의장은 다른 임시의장이 선출될 때까지 계속하여 그 직위에 있도록 하는 결의안을 채택하였으며, 제62대 국회의 경우

---

14) 하원에도 임시의장(Speaker pro tempore)제도가 있으나 상원의 임시의장제도와는 다르다. 하원 임시의장은 엄밀한 의미에서는 '의장직무대행'이다. 하원의장은 특정 의원을 지명하여 직무를 대행하게 할 수 있는데 이러한 직무대행은 3회의일(3legislative days)을 초과할 수 없다. 다만, 의장이 건강상의 이유로 직무를 수행하기 어려울 때에는 본회의의 승인을 받아 10일을 초과하지 않는 기간 의장직무대행을 지명할 수 있다. 의장이 부재하여 직무수행 지명이 생략된 경우에는 본회의에서 의장의 부재 기간 동안 활동할 의장직무대행을 선출하도록 되어 있다.

를 제외하고는 이 결의안은 현재까지 계속하여 효력을 발생하고 있다.

2000년 선거는 공화당의 백악관 입성과 하원의 다수당 유지로 막을 내렸다. 공화당과 민주당은 상원에서 각각 50석을 차지했지만, 헌법상 상원에서 부통령(공화당원 딕 체니)에게 한 표가 부여되기 때문에, 공화당은 2000년 선거 이후 아주 근소한 차이로 다수당이 되었으며, 덕분에 연방정부에 대해 통합적인 지배력을 갖게 되었다.

2001년 5월 24일, 상원의원 제임스 제포즈가 2001년 6월 6일부로 공화당에서 무소속으로 당적을 변경하겠다고 선언하였다. 제임스 제포즈(James Jeffords, 버몬트 주)가 공화당을 떠나자, 상원 통제권이 민주당으로 넘어가면서 다시 분할 정부가 만들어졌다. 하지만 민주당이 2002년 선거에서 아슬아슬하게 다수당 자리를 놓치면서, 통합적인 지배력이 공화당으로 다시 넘어갔다.

2001년 6월 6일, 로버트 버드(Robert C. Byrd)는 다시 임시의장이 되었다.

<표 4-7> 상원 임시의장(1789~2009)

| 국회 | 기간 | 성명 | 출신 주 | 재임기간 |
|---|---|---|---|---|
| 1 | 1789~1791 | John Langdon | 뉴햄프셔 | 1789.04.06 ~ 1789.04.21<br>1789.08.07 ~ 1789.08.09 |
| 2 | 1791~1793 | Richard Henry Lee | 버지니아 | 1792.04.18 ~ 1792.10.08 |
| | | John Langdon | 뉴햄프셔 | 1792.11.05 ~ 1792.12.04 |
| | | | | 1793.03.01 ~ 1793.03.03 |
| 3 | 1793~1795 | John Langdon | 뉴햄프셔 | 1793.03.04 ~ 1793.12.02 |
| | | Ralph Izard | 사우스캐롤라이나 | 1794.05.31 ~ 1794.11.09 |
| | | Henry Tazewell | 버지니아 | 1795.02.20 ~ 1795.06.07 |
| 4 | 1795~1797 | Henry Tazewell | 버지니아 | 1795.12.07 ~ 1795.12.08 |
| | | Samuel Livermore | 뉴햄프셔 | 1796.05.06 ~ 1796.12.04 |
| | | William Bingham | 펜실베이니아 | 1797.02.16 ~ 1797.03.03 |
| 5 | 1797~1799 | William Bradford | 로드아일랜드 | 1797.07.06 ~ 1797.10. |
| | | Jacob Read | 사우스캐롤라이나 | 1797.11.22 ~ 1797.12.12 |
| | | Theodore Sedgwick | 매사추세츠 | 1798.06.27 ~ 1798.12.05 |
| | | John Laurance | 뉴욕 | 1798.12.06 ~ 1798.12.27 |
| | | James Ross | 펜실베이니아 | 1799.03.01 ~ 1799.12.01 |
| 6 | 1799~1801 | Samuel Livermore | 뉴햄프셔 | 1799.12.02 ~ 1799.12.29 |
| | | Uriah Tracy | 코네티컷 | 1800.05.14 ~ 1800.11.16 |
| | | John E. Howard | 메릴랜드 | 1800.11.21 ~ 1800.11.27 |
| | | James Hillhouse | 코네티컷 | 1801.02.28 ~ 1801.03.03 |
| 7 | 1801~1803 | Abraham Baldwin | 조지아 | 1801.12.07 ~ 1802.12.13 |
| | | Stephen R. Bradley | 버몬트 | 1802.12.14 ~ 1803.10.16 |
| 8 | 1803~1805 | John Brown | 켄터키 | 1803.10.17 ~ 1804.02.26 |
| | | Jesse Franklin | 노스캐롤라이나 | 1804.03.10 ~ 1804.11.04 |
| | | Joseph Anderson | 테네시 | 1805.01.15 ~ 1805.12.01 |
| 9 | 1805~1807 | Samuel Smith | 메릴랜드 | 1805.12.02 ~ 1807.10.25 |
| 10 | 1807~1809 | Samuel Smith | 메릴랜드 | 1808.04.16 ~ 1808.11.06 |
| | | Stephen R. Bradley | 버몬트 | 1808.12.28 ~ 1809.01.08 |
| | | John Milledge | 조지아 | 1809.01.30 ~ 1809.03.03 |
| 11 | 1809~1811 | John Milledge | 조지아 | 1809.03.04 ~ 1809.05.21 |
| | | Andrew Gregg | 펜실베이니아 | 1809.06.26 ~ 1809.12.18 |
| | | John Gaillard | 사우스캐롤라이나 | 1810.02.28 ~ 1810.12.11 |
| | | John Pope | 켄터키 | 1811.02.23 ~ 1811.11.03 |
| 12 | 1811~1813 | William Crawford | 조지아 | 1812.03.24 ~ 1813.03.23 |
| 13 | 1813~1815 | Joseph B. Varnum | 매사추세츠 | 1813.12.06 ~ 1814.02.03 |
| | | John Gaillard | 사우스캐롤라이나 | 1814.04.18 ~ 1815.12.03 |
| 14 | 1815~1817 | John Gaillard | 사우스캐롤라이나 | 1815.12.04 ~ 1817.03.03 |
| 15 | 1817~1819 | John Gaillard | 사우스캐롤라이나 | 1817.03.04 ~ 1819.01.05 |
| | | James Barbour | 버지니아 | 1819.02.15 ~ 1819.12.05 |

| 국회 | 기간 | 성명 | 출신 주 | 재임기간 |
| --- | --- | --- | --- | --- |
| 16 | 1819~1821 | James Barbour | 버지니아 | 1819.12.06 ~ 1819.12.26 |
| | | John Gaillard | 사우스캐롤라이나 | 1820.01.25 ~ 1821.12.02 |
| 17 | 1821~1823 | John Gaillard | 사우스캐롤라이나 | 1821.12.03 ~ 1823.11.30 |
| 18 | 1823~1825 | John Gaillard | 사우스캐롤라이나 | 1823.12.01 ~ 1825.03.03 |
| 19 | 1825~1827 | John Gaillard | 사우스캐롤라이나 | 1825.03.09 ~ 1825.12.04 |
| | | Nathaniel Macon | 노스캐롤라이나 | 1826.05.20 ~ 1827.12.02 |
| 20 | 1827~1829 | Samuel Smith | 메릴랜드 | 1828.05.15 ~ 1828.12.18 |
| 21 | 1829~1831 | Samuel Smith | 메릴랜드 | 1829.03.13 ~ 1831.12.04 |
| 22 | 1831~1833 | Samuel Smith | 메릴랜드 | 1831.12.05 ~ 1831.12.11 |
| | | Littleton Tazewell | 버지니아 | 1832.07.09 ~ 1832.07.16 |
| | | Hugh L. White | 테네시 | 1832.12.03 ~ 1833.12.01 |
| 23 | 1833~1835 | Hugh L. White | 테네시 | 1833.12.02 ~ 1833.12.15 |
| | | George Poindexter | 미시시피 | 1834.06.28 ~ 1834.11.30 |
| | | John Tyler | 버지니아 | 1835.03.03 ~ 1835.12.06 |
| 24 | 1835~1837 | William R. King | 앨라배마 | 1836.07.01 ~ 1837.03.03 |
| 25 | 1837~1839 | 〃 | 〃 | 1837.03.07 ~ 1839.12.01 |
| 26 | 1839~1841 | 〃 | 〃 | 1839.12.02 ~ 1841.03.03 |
| 27 | 1841~1843 | William R. King | 앨라배마 | 1841.03.04 ~ 1841.03.04 |
| | | Samuel Southard | 뉴저지 | 1841.03.11 ~ 1842.05.31 |
| | | Willie P. Mangum | 노스캐롤라이나 | 1842.05.31 ~ 1843.12.03 |
| 28 | 1843~1845 | Willie P. Mangum | 노스캐롤라이나 | 1843.12.04 ~ 1845.03.03 |
| 29 | 1845~1847 | Willie P. Mangum | 노스캐롤라이나 | 1845.03.04 ~ 1845.03.04 |
| | | Ambrose H. Sevier | 아칸소 | 1845.12.27 |
| | | David R. Atchison | 미주리 | 1846.08.08 ~ 1847.12.05 |
| 30 | 1847~1849 | David R. Atchison | 몬태나 | 1848.02.02 ~ 1849.03.04 |
| 31 | 1849~1851 | David R. Atchison | 몬태나 | 1849.03.05 ~ 1849.12.02 |
| | | William R. King | 앨라배마 | 1850.05.06 ~ 1851.03.03 |
| 32 | 1851~1853 | William R. King | 앨라배마 | 1851.03.04 ~ 1852.12.20 |
| | | David R. Atchison | 몬태나 | 1852.12.20 ~ 1853.03.03 |
| 33 | 1853~1855 | David R. Atchison | 몬태나 | 1853.03.04 ~ 1854.12.04 |
| | | Lewis Cass | 미시간 | 1854.12.04 ~ 1854.12.04 |
| | | Jesse D. Bright | 인디애나 | 1854.12.05 ~ 1855.12.02 |
| 34 | 1855~1857 | Jesse D. Bright | 인디애나 | 1855.12.03 ~ 1856.06.09 |
| | | Charles E. Stuart | 미시간 | 1856.06.09 ~ 1856.06.10 |
| | | Jesse D. Bright | 인디애나 | 1856.06.11 ~ 1857.01.06 |
| | | James M. Mason | 버지니아 | 1857.01.06 ~ 1857.03.03 |
| 35 | 1857~1859 | James M. Mason | 버지니아 | 1857.03.04 ~ 1857.03.04 |
| | | Thomas J. Rusk | 텍사스 | 1857.03.14 ~ 1857.07.29 |
| | | Benjamin Fitzpatrick | 앨라배마 | 1857.12.07 ~ 1859.02.09 |

| 국회 | 기간 | 성명 | 출신 주 | 재임기간 |
|---|---|---|---|---|
| 36 | 1859~1861 | Benjamin Fitzpatrick | 앨라배마 | 1859.03.09 ~ 1860.02.26 |
| | | Jesse D. Bright | 인디애나 | 1860.06.12 ~ 1860.06.13 |
| | | Benjamin Fitzpatrick | 앨라배마 | 1860.06.26 ~ 1860.12.02 |
| | | Solomon Foot | 버몬트 | 1861.02.16 ~ 1861.02.17 |
| 37 | 1861~1863 | Solomon Foot | 버몬트 | 1861.03.23 ~ 1863.03.03 |
| 38 | 1863~1865 | Solomon Foot | 버몬트 | 1863.03.04 ~ 1864.04.13 |
| | | Daniel Clark | 뉴햄프셔 | 1864.04.26 ~ 1865.02.19 |
| 39 | 1865~1867 | Lafayette S. Foster | 코네티컷 | 1865.03.07 ~ 1867.03.02 |
| | | Benjamin F. Wade | 오하이오 | 1867.03.02 ~ 1867.03.03 |
| 40 | 1867~1869 | Benjamin F. Wade | 오하이오 | 1867.03.04 ~ 1869.03.03 |
| 41 | 1869~1871 | Henry B. Anthony | 로드아일랜드 | 1869.03.23 ~ 1870.12.04 |
| 42 | 1871~1873 | 〃 | 〃 | 1871.03.10 ~ 1873.01.24 |
| 43 | 1873~1875 | Matthew Carpenter | 위스콘신 | 1873.03.12 ~ 1875.01.04 |
| | | Henry B. Anthony | 로드아일랜드 | 1875.01.25 ~ 1875.02.17 |
| 44 | 1875~1877 | Thomas W. Ferry | 미시간 | 1875.03.09 ~ 1877.03.04 |
| 45 | 1877~1879 | 〃 | 〃 | 1877.03.05 ~ 1879.03.17 |
| 46 | 1879~1881 | Allen G. Thurman | 오하이오 | 1879.04.15 ~ 1880.12.05 |
| 47 | 1881~1883 | Thomas F. Bayard | 델라웨어 | 1881.10.10 ~ 1881.10.13 |
| | | David Davis | 일리노이 | 1881.10.13 ~ 1883.03.03 |
| | | George F. Edmunds | 버몬트 | 1883.03.03 ~ 1883.12.02 |
| 48 | 1883~1885 | George F. Edmunds | 버몬트 | 1883.12.03 ~ 1885.03.03 |
| 49 | 1885~1887 | John Sherman | 오하이오 | 1885.12.07 ~ 1887.02.26 |
| | | John J. Ingalls | 캔자스 | 1887.02.26 ~ 1887.12.04 |
| 50 | 1887~1889 | John J. Ingalls | 캔자스 | 1887.12.05 ~ 1889.03.03 |
| 51 | 1889~1891 | John J. Ingalls | 캔자스 | 1889.03.07 ~ 1891.03.02 |
| | | Charles Manderson | 뉴잉글랜드 | 1891.03.02 ~ 1891.12.06 |
| 52 | 1891~1893 | Charles F. Manderson | 뉴잉글랜드 | 1891.12.07 ~ 1893.03.03 |
| 53 | 1893~1895 | Charles Manderson | 뉴잉글랜드 | 1893.03.04 ~ 1893.03.22 |
| | | Isham G. Harris | 테네시 | 1893.03.22 ~ 1895.01.07 |
| 54 | 1895~1897 | William P. Frye | 메인 | 1896.02.07 ~ 1897.03.03 |
| 55 | 1897~1899 | 〃 | 〃 | 1897.03.04 ~ 1899.12.03 |
| 56 | 1899~1901 | 〃 | 〃 | 1899.12.04 ~ 1901.03.03 |
| 57 | 1901~1903 | 〃 | 〃 | 1901.03.07 ~ 1903.03.04 |
| 58 | 1903~1905 | 〃 | 〃 | 1903.03.05 ~ 1905.03.03 |
| 59 | 1905~1907 | 〃 | 〃 | 1905.03.04 ~ 1907.03.03 |
| 60 | 1907~1909 | 〃 | 〃 | 1907.12.05 ~ 1909.03.03 |
| 61 | 1909~1911 | 〃 | 〃 | 1909.03.04 ~ 1911.04.03 |

| 국회 | 기간 | 성명 | 출신 주 | 재임기간 |
|---|---|---|---|---|
| 62 | 1911~1913 | William P. Frye | 메인 | 1911.04.04 ~ 1911.04.27 |
| | | Augustus O. Bacon | 조지아 | 1911.08.14 ~ 1911.08.14 |
| | | Charles Curtis | 캔자스 | 1911.12.04 ~ 1911.12.12 |
| | | Augustus O. Bacon | 조지아 | 1912.01.15 ~ 1912.01.17 |
| | | Jacob H. Gallinger | 뉴햄프셔 | 1912.02.12 ~ 1912.02.14 |
| | | Augustus O. Bacon | 조지아 | 1912.03.11 ~ 1912.03.12 |
| | | Frank B. Brandegee | 코네티컷 | 1912.03.25 ~ 1912.03.26 |
| | | Augustus O. Bacon | 조지아 | 1912.04.08 ~ 1912.04.08 |
| | | Jacob H. Gallinger | 뉴햄프셔 | 1912.04.26 ~ 1912.05.07 |
| | | Augustus O. Bacon | 조지아 | 1912.05.10 ~ 1912.05.10 |
| | | Henry Cabot Lodge | 매사추세츠 | 1912.05.25 ~ 1912.05.25 |
| | | Augustus O. Bacon | 조지아 | 1912.05.30 ~ 1912.07.05 |
| | | Jacob H. Gallinger | 뉴햄프셔 | 1912.07.06 ~ 1912.07.31 |
| | | Augustus O. Bacon | 조지아 | 1912.08.01 ~ 1912.08.10 |
| | | Jacob H. Gallinger | 뉴햄프셔 | 1912.08.12 ~ 1912.08.26 |
| | | Augustus O. Bacon | 조지아 | 1912.08.27 ~ 1912.12.15 |
| | | Jacob H. Gallinger | 뉴햄프셔 | 1912.12.16 ~ 1913.01.04 |
| | | Augustus O. Bacon | 조지아 | 1913.01.05 ~ 1913.01.18 |
| | | Jacob H. Gallinger | 뉴햄프셔 | 1913.01.19 ~ 1913.02.01 |
| | | Augustus O. Bacon | 조지아 | 1913.02.02 ~ 1913.02.15 |
| | | Jacob H. Gallinger | 뉴햄프셔 | 1913.02.16 ~ 1913.03.03 |
| 63 | 1913~1915 | James P. Clarke | 아칸소 | 1913.03.13 ~ 1915.03.03 |
| 64 | 1915~1917 | James P. Clarke | 아칸소 | 1915.12.06 ~ 1916.10.01 |
| | | Willard Saulsbury | 델라웨어 | 1916.12.14 ~ 1917.04.04 |
| 65 | 1917~1919 | Willard Saulsbury | 델라웨어 | 1917.03.05 ~ 1919.03.03 |
| 66 | 1919~1921 | Albert B. Cummins | 아이오와 | 1919.05.19 ~ 1921.03.03 |
| 67 | 1921~1923 | 〃 | 〃 | 1921.03.07 ~ 1923.12.02 |
| 68 | 1923~1925 | 〃 | 〃 | 1923.12.03 ~ 1925.03.03 |
| 69 | 1925~1927 | Albert B. Cummins | 아이오와 | 1925.03.04 ~ 1925.03.06 |
| | | George H. Moses | 뉴햄프셔 | 1925.03.06 ~ 1927.03.04 |
| 70 | 1927~1929 | George H. Moses | 뉴햄프셔 | 1927.12.15 ~ 1929.03.03 |
| 71 | 1929~1931 | 〃 | 〃 | 1929.03.04 ~ 1931.12.06 |
| 72 | 1931~1933 | 〃 | 〃 | 1931.12.07 ~ 1933.03.03 |
| 73 | 1933~1935 | Key Pittman | 네바다 | 1933.03.09 ~ 1935.01.02 |
| 74 | 1935~1937 | 〃 | 〃 | 1935.01.07 ~ 1937.01.04 |
| 75 | 1937~1939 | 〃 | 〃 | 1937.01.05 ~ 1939.01.02 |
| 76 | 1939~1941 | Key Pittman | 네바다 | 1939.01.03 ~ 1940.11.10 |
| | | William H. King | 유타 | 1940.11.19 ~ 1941.01.03 |

| 국회 | 기간 | 성명 | 출신 주 | 재임기간 |
| --- | --- | --- | --- | --- |
| 77 | 1941~1943 | Pat Harrison | 미시시피 | 1941.01.06 ~ 1941.06.22 |
| | | Carter Glass | 버지니아 | 1941.07.10 ~ 1943.01.05 |
| 78 | 1943~1945 | Carter Glass | 버지니아 | 1943.01.14 ~ 1945.01.02 |
| 79 | 1945~1947 | Kenneth McKellar | 테네시 | 1945.01.06 ~ 1947.01.02 |
| 80 | 1947~1949 | Arthur Vandenberg | 미시간 | 1947.01.04 ~ 1949.01.02 |
| 81 | 1949~1951 | Kenneth McKellar | 테네시 | 1949.01.03 ~ 1951.01.02 |
| 82 | 1951~1953 | 〃 | 〃 | 1951.01.03 ~ 1953.01.02 |
| 83 | 1953~1955 | Styles Bridges | 뉴햄프셔 | 1953.01.03 ~ 1955.01.04 |
| 84 | 1955~1957 | Walter F. George | 조지아 | 1955.01.05 ~ 1957.01.02 |
| 85 | 1957~1959 | Carl T. Hayden | 애리조나 | 1957.01.03 ~ 1959.01.06 |
| 86 | 1959~1961 | 〃 | 〃 | 1959.01.07 ~ 1961.01.02 |
| 87 | 1961~1963 | 〃 | 〃 | 1961.01.03 ~ 1963.01.08 |
| 88 | 1963~1965 | 〃 | 〃 | 1963.01.08 ~ 1965.01.03 |
| 89 | 1965~1967 | 〃 | 〃 | 1965.01.04 ~ 1967.01.09 |
| 90 | 1967~1969 | 〃 | 〃 | 1967.01.10 ~ 1969.01.02 |
| 91 | 1969~1971 | Richard B. Russell | 조지아 | 1969.01.03 ~ 1971.01.20 |
| 92 | 1971~1973 | Richard B. Russell | 조지아 | 1971.01.21 ~ 1971.01.21 |
| | | Allen J. Ellender | 루이지애나 | 1971.01.22 ~ 1972.07.27 |
| | | James O. Eastland | 미시시피 | 1972.07.28 ~ 1973.01.02 |
| 93 | 1973~1975 | James O. Eastland | 미시시피 | 1973.01.03 ~ 1975.01.13 |
| 94 | 1975~1977 | 〃 | 〃 | 1975.01.14 ~ 1977.01.03 |
| 95 | 1977~1979 | 〃 | 〃 | 1977.01.04 ~ 1978.12.27 |
| 96 | 1979~1981 | Warren G. Magnuson | 워싱턴 | 1979.01.15 ~ 1980.12.04 |
| | | Milton R. Young | 노스다코타 | 1980.12.05 ~ 1980.12.05 |
| | | Warren G. Magnuson | 워싱턴 | 1980.12.06 ~ 1981.01.04 |
| 97 | 1981~1983 | Strom Thurmond | 사우스캐롤라이나 | 1981.01.05 ~ 1983.01.02 |
| 98 | 1983~1985 | 〃 | 〃 | 1983.01.03 ~ 1985.01.02 |
| 99 | 1985~1987 | 〃 | 〃 | 1985.01.03 ~ 1987.01.05 |
| 100 | 1987~1989 | John C. Stennis | 미시시피 | 1987.01.06 ~ 1989.01.02 |
| 101 | 1989~1991 | Robert C. Byrd | 웨스트버지니아 | 1989.01.03 ~ 1991.01.02 |
| 102 | 1991~1993 | 〃 | 〃 | 1991.01.03 ~ 1993.01.04 |
| 103 | 1993~1995 | 〃 | 〃 | 1993.01.05 ~ 1995.01.03 |
| 104 | 1995~1997 | Strom Thurmond | 사우스캐롤라이나 | 1995.01.04 ~ 1997.01.06 |
| 105 | 1997~1999 | 〃 | 〃 | 1997.01.07 ~ 1999.01.06 |
| 106 | 1999~2001 | 〃 | 〃 | 1999.01.07 ~ 2001.01.03 |
| 107 | 2001~2003 | Robert C. Byrd | 웨스트버지니아 | 2001.01.03 ~ 2001.01.20 |
| | | Strom Thurmond | 사우스캐롤라이나 | 2001.01.20 ~ 2001.06.06 |
| | | Robert C. Byrd | 웨스트버지니아 | 2001.06.06 ~ 2003.01.03 |
| 108 | 2003~2005 | Theodore Stevens | 아칸소 | 2003.01.03 ~ 2005.01.03 |

| 국회 | 기간 | 성명 | 출신 주 | 재임기간 |
| --- | --- | --- | --- | --- |
| 109 | 2005~2007 | 〃 | 〃 | 2005.01.04 ~ 2007.01.04 |
| 110 | 2007~2009 | Robert C. Byrd | 웨스트버지니아 | 2007.01.04 ~ 2009.01.04 |
| 111 | 2009~현재 | 〃 | 〃 | 2009.01.06 ~ 2009 현재 |

자료:http://www.senate.gov/artandhistory/history/common/briefong/President Pro Tempore.htm/(검색일: 2009.03.26)

　　제66대 국회부터 제68대 국회 기간에 상원 공화당 원내대표를 지낸 헨리 롯지(Henry Lodge) 의원은 상원이 권위와 영향력 있는 기관이 되도록 노력한 사람이다. 그는 특히 베르사유 조약안에 대한 비준과 윌슨 대통령이 주창한 국제연맹가입안을 모두 부결시키는 데 큰 역할을 하였다.[15]

　　로버트 버드 의원은 제95대 국회와 제96대 국회에서 원내대표를 지냈으며, 제100대 국회에서도 원내대표를 역임하는 등 리더십을 발휘하여 의정활동에 영향을 미쳤다. 버드 의원은 2007년의 제110대 국회 이후 지금까지 임시의장직을 맡아오고 있다.

---

15) Congressional Quarterly, How Congress Works(Washington D.C.: CQ Press, 1998), 38-39쪽.

<표 4-8> 상원 원내대표(1911~2009)

| 국회(회기) | 상원 원내대표 | |
| --- | --- | --- |
| | 다수당(majority) | 소수당(minirity) |
| 62(1911~1913) | Shelby M. Cullom(공화, 일리노이) | Thomas S. Martin(민주, 버지니아) |
| 63(1913~1915) | John W. Kern(민주, 인디애나) | Jacob H. Gallinger(공화, 뉴햄프셔) |
| 64(1915~1917) | 〃 | 〃 |
| 65(1917~1919) | Thomas S. Martin | Jacob H. Gallinger/<br>Henry C. Lodge(공화, 매사추세츠) |
| 66(1919~1921) | Henry C. Lodge(공화, 매사추세츠) | Thomas S. Martin/<br>Oscar W. Underwood(민주, 알래스카) |
| 67(1921~1923) | 〃 | Oscar W. Underwood |
| 68(1923~1925) | Henry C. Lodge/<br>Charles Curtis(공화, 캔자스) | Joseph T. Robinson(민주, 아칸소) |
| 69(1925~1927) | Charles Curtis | 〃 |
| 70(1927~1929) | 〃 | 〃 |
| 71(1929~1931) | James E. Watson(공화, 인디애나) | 〃 |
| 72(1931~1933) | 〃 | 〃 |
| 73(1933~1935) | Joseph T. Robinson(민주, 아칸소) | Charles I. McNary(공화, 오리건) |
| 74(1935~1937) | 〃 | 〃 |
| 75(1937~1939) | Joseph T. Robinson/<br>Alben W. Barkley(민주, 켄터키) | 〃 |
| 76(1939~1941) | Alben W. Barkley | 〃 |
| 77(1941~1943) | 〃 | 〃 |
| 78(1943~1945) | 〃 | 〃 |
| 79(1945~1947) | 〃 | Wallace H. White Jr.(공화, 메인) |
| 80(1947~1949) | Wallace H. White Jr.(공화, 메인) | Alben W. Barkley(민주, 켄터키) |
| 81(1949~1951) | Scott W. Lucas(민주, 일리노이) | Kenneth S. Wherry(공화, 네브래스카) |
| 82(1951~1953) | Earnest W. McFarland(민주, 애리조나) | Kenneth S. Wherry/<br>Styles Bridges(공화, 뉴햄프셔) |
| 83(1953~1955) | Robert A. Taft(공화, 오하이오)/<br>William F. Knowlanf(공화, 캘리포니아) | Lyndon B. Johnson(민주, 텍사스) |
| 84(1955~1957) | Lyndon B. Johnson(민주, 텍사스) | William F. Knowlanf(공화, 캘리포니아) |
| 85(1957~1959) | 〃 | 〃 |
| 86(1959~1961) | 〃 | Everettn Mckinly Dirksen(공화, 일리노이) |
| 87(1961~1963) | Mike Mansfield(민주, 몬태나) | 〃 |
| 88(1963~1965) | 〃 | 〃 |
| 89(1965~1967) | 〃 | 〃 |
| 90(1967~1969) | 〃 | 〃 |
| 91(1969~1971) | 〃 | Everettn Mckinly Dirksen/<br>Hugh Scott(공화, 펜실베이니아) |
| 92(1971~1973) | 〃 | Hugh Scott |
| 93(1973~1975) | 〃 | 〃 |

| 국회(회기) | 상원 원내대표 | |
|---|---|---|
| | 다수당(majority) | 소수당(minirity) |
| 94(1975~1977) | 〃 | 〃 |
| 95(1977~1979) | Robert C. Byrd(민주, 웨스트버지니아) | Howard H. Baker Jr.(공화, 테네시) |
| 96(1979~1981) | 〃 | 〃 |
| 97(1981~1983) | Howard H. Baker Jr.(공화, 테네시) | Robert C. Byrd(민주, 웨스트버지니아) |
| 98(1983~1985) | 〃 | 〃 |
| 99(1985~1987) | Bob Dole(공화, 캔자스) | 〃 |
| 100(1987~1989) | Robert C. Byrd(민주, 웨스트버지니아) | Bob Dole(공화, 캔자스) |
| 101(1989~1991) | George J. Mitchell(민주, 메인) | 〃 |
| 102(1991~1993) | 〃 | 〃 |
| 103(1993~1995) | 〃 | 〃 |
| 104(1995~1997) | Bob Dole(공화, 캔자스 주)/<br>Trent Lott(공화, 미시시피) | Tom Daschle(민주, 사우스다코타) |
| 105(1997~1999) | Trent Lott | 〃 |
| 106(1999~2001) | 〃 | 〃 |
| 107(2001~2003) | Thomas A. Daschle(민주, 사우스다코타) | Trent Lott(공화, 미시시피) |
| 108(2003~2005) | William M. Frist(공화, 테네시) | Thomas A. Daschle(민주, 사우스다코타) |
| 109(2005~2007) | 〃 | Harry M. Reid(민주, 네바다) |
| 110(2007~2009) | Harry M. Reid(민주, 네바다) | Mitch McConnell(공화, 켄터키) |
| 111(2009~현재) | Harry M. Reid(민주, 네바다) | Mitch McConnell(공화, 켄터키) |

자료: http://www.senate.gov/artandhistory/history/common/briefing/Majority_Minority_Leaders.htm#4/(검색일: 2009.02.25)

〈표 4-9〉 상원 공화당 원내총무

| 재직 기간 | 성명 | 출신 주 | 비고 |
| --- | --- | --- | --- |
| 1915 | James W. Wadsworth, Jr. | 뉴욕 | 최초의 공화당 원내총무 |
| 1915~1924 | Charles Curtis | 캔자스 | 1925년 원내대표 피선 |
| 1924~1929 | Wesley L. Jones | 워싱턴 | |
| 1929~1933 | Simeon D. Fess | 오하이오 | |
| 1933~1935 | Felix Hebert | 로드아일랜드 | |
| 1944~1949 | Kenneth S. Wherry | 네브래스카 | 1949년 당 지도자 피선 |
| 1949~1957 | Leverett Saltonstall | 매사추세츠 | |
| 1957~1959 | Everett M. Dirksen | 일리노이 | 1959년 당 지도자 피선 |
| 1959~1969 | Thomas H. Kuchel | 캘리포니아 | |
| 1969 | Hugh Scott | 펜실베이니아 | 1969년 당 지도자 피선 |
| 1969~1977 | Robert P. Griffin | 미시간 | |
| 1977~1985 | Theodore(Ted) Stevens | 알래스카 | |
| 1985~1995 | Alan K. Simpson | 와이오밍 | |
| 1995~1996 | Trent Lott | 미시시피 | 1996년 당 지도자 피선 |
| 1996~2003 | Don Nickles | 오클라호마 | |
| 2003~2007 | Mitch McConnell | 켄터키 | 2007년 당 지도자 피선 |
| 2007 | Trent Lott | 미시시피 | |
| 2008~현재 | Jon Kyl | 애리조나 | |

주: 1935년부터 1944년까지 아무도 임명되지 않았는데 그것은 1936년 대통령선거 당시 프랭클린 대통령의 압도적인 승리로 말미암아 공화당은 17명의 의원만을 보유하게 되었기 때문이다.
자료: http:www.senate.gov/artandhistory/history/common/briefing/Party_Whips.htm#3/(검색일: 2009.03.03)

〈표 4-10〉 상원 민주당 원내총무

| 재직 기간 | 성명 | 출신 주 | 비고 |
| --- | --- | --- | --- |
| 1913~1919 | J. Hamilton Lewis | 일리노이 | |
| 1919~1929 | Peter G. Gerry | 로드아일랜드 | |
| 1929~1933 | Morris Sheppard | 텍사스 | |
| 1933~1939 | J. Hamilton Lewis | 일리노이 | |
| 1939~1941 | Sherman Minton | 인디애나 | |
| 1941~1947 | Joseph Lister Hill | 앨라배마 | |
| 1947~1949 | Scott W. Lucas | 일리노이 | 1949년 당 지도자 피선 |
| 1949~1951 | Francis J. Myers | 펜실베이니아 | |
| 1951~1953 | Lyndon B. Johnson | 텍사스 | 1953년 당 지도자 피선 |
| 1953~1957 | Earle C. Clements | 켄터키 | |
| 1957~1961 | Michael J. Mansfield | 몬태나 | 1961년 당 지도자 피선 |
| 1961~1965 | Hubert H. Humphrey | 미네소타 | |
| 1965~1969 | Russell B. Long | 루이지애나 | |
| 1969~1971 | Edward M. Kennedy | 매사추세츠 | |
| 1971~1977 | Robert C. Byrd | 웨스트버지니아 | 1977년 당 지도자 피선 |
| 1977~1991 | Alan Cranston | 캘리포니아 | |
| 1991~1999 | Wendell H. Ford | 켄터키 | |
| 1999~2005 | Harry M. Reid | 네바다 | 2005년 당 지도자 피선 |
| 2005~현재 | Richard Durbin | 일리노이 | |

자료: http:www.senate.gov/artandhistory/history/common/briefing/Party_Whips.htm#3/(검색일: 2009.03.03)

## 1. 하원의 구성

상원이 각 주의 대표적 성격을 갖는 데 반하여, 하원은 국민을 직접 대표하는 더 높은 수준의 대표성을 갖는다. 하원의원은 각 주에서 일반 선거인이 직접 선출하며, 2년마다 50개 주에서 선출되는 435명의 의원으로 구성된다. 하원의원의 피선자격은 25세 이상으로서 미국시민이 된 후 7년 이상이어야 하며, 선거 당시 해당 주에 거주하고 있어야 한다.

### 1) 인 원

헌법기초자들은 하원 스스로 의원정수를 정하도록 하였는데, 1900년대 초반 이래 의원 정수는 435명을 유지하고 있으며, 그 수는 인구에 비례하여 각 주에 배분된다. 각 주는 그 인구수와는 관계없이 최소한 1명의 하원의원이 보장되어 있다. 최초의 하원의원 정원은 65명이었으나 1911년부터는 435명으로 고정되어 있다. 각 주의 의원 정수는 10년마다 행하는 인구조사에 기초하여 설정하되, 435명의 범위 내에서 조정된다.

### 2) 대의원 · 상주대표

하원에는 435명의 정원 외에 의결권이 없는 대의원(Delegate) 5명과 상주대표 1명이 있다. 현재 워싱턴 디시(Washington District of Columbia), 사모아(American Samoa), 괌(Guam), 버진아일랜드(Virgin Island)에서 각각 1명씩 대의원을 하원에 보내고 있으며, 북마리아나 제도(Northern Mariana Islands)는 2009년부터 대의원을 연방의회 하원에 보내고 있다.[16]

한편 푸에르토리코는 의결권은 없지만 대의원과 같은 권한을 가진 상주대표(resident commissioner) 1명을 1900년부터 연방의회에 보내고 있다.

대의원이나 상주대표는 위원회의 토론에 참여할 수는 있으나 하원 본회의에 참석하여 투표권을 행사할 수 없다.[17] 다만 그들이 속해 있는 각종 위원회에서는 투표할 수 있다. 대의원 및 상주대표는 일반 의원들과 동일한 절차에 의해 상임위원회의 위원이 되며, 해당 위원회에서 다른 의원들과 동일한 권한과 특권을 갖는다.[18] 차이점이 있다면 중요한 표결에서는 위원회에서도 투표권이 제한될 수도 있다는 점이다. 이들 6명의 대의원 및 상주대표는 연방의회 하원 건물에 사무실을 두고 활동하고 있다.


## 2. 하원의장

하원의장은 다수당 지도자로서의 당파적 역할, 하원의 행정적 수장, 하원에서 하원의 선출된 의원들의 대표로서의 역할, 원내 사회자로서의 역할 등을 수행한다. 또 본회의의 사회자, 양원협의회(Conference Committee)의 위원장, 의사일정 작성, 규칙 해석, 법안의 상임위원회 회부 결정 등의 권한을 가지며, 규정된 직무를 수행한다.

---

16) 그레고리오 킬릴리 카마초 사블란은 2009년 1월 6일 북마리아나 제도를 대표하여 최초로 연방의회에 진출하였다. http://sablan.house.gov/about/index.shtml/(검색일: 2009.03.19)

17) 제103대 국회 전에는 대의원들이나 상주대표는 본회의에서 투표권을 가지지 못했다. 제102대 국회 회기 중인 1992년 12월, 민주당 의원총회는 헌법상의 이유로 인해 최종법안에 대해서는 이들에게 투표권을 부여하지 않지만 수정안에 대해서는 투표를 허용하는 제안을 가결하였다. 1993년 1월 콜로라도 출신의 민주당 하원의원 데이비드 스캐그(David Skaggs)는 대의원들에게 수정안에 대해 투표하더라도 그들의 표가 최종 결과에 영향을 미치지 않을 때에만 집계에 포함되도록 하는 완화된 제안을 제출하였다. 하원의 공화당 소속 의원들은 연방법원에 이 제안은 위헌이라는 소송을 제기했으나 법원은 대의원들에게 투표권을 부여하는 규칙안이 위헌이라는 결정을 내리지 않았다. 이 규칙안은 공화당이 다수당이 된 제104대 국회(1995~1996)에서 삭제되었다. 로렌스 에반스·월터 올레스젝(미국정치연구회 역), 『위기의 미국의회 - 개혁정치의 허와 실』(서울: 오름, 2002), 114쪽.

18) 하원 제3 의사규칙 제3조.

## 1) 어원 유래

하원의장을 '스피커(Speaker)'라고 하는데, 이는 영국국회 하원의장 호칭인 '스피커(Speaker)'를 본받은 것이다. 영국국회에서 의장, 즉 '스피커'는 국왕과 직접 대화할 수 있는 사람이었으며, 국왕에게 하원(평민원)의 요망사항을 전달하는 역할을 담당하기도 하였다.

## 2) 의장의 직무 및 권한

▷ 의사일정 조정권

의장직은 원내에서 권위와 막강한 영향력을 동시에 가지는 자리이다. 의장은 특히 규칙위원회의 위원 배정 권한을 가지고 있는데, 이는 규칙위원회와, 규칙위원회에서 조정한 일정대로 진행되는 본회의의 의사일정과 의안처리에 영향력을 행사할 수 있는 중요한 자리라는 것을 의미한다.

▷ 인사권

의회 회기가 시작되면 의장은 사무총장, 경위장, 총무국장 등을 임명하여 본회의의 동의를 받도록 되어 있다.

의장은 하원이 정한 모든 특별위원회, 합동위원회 및 양원협의회의 위원을 선임하며, 언제라도 특별위원회와 양원협의회 위원을 해임하고 다른 위원을 선임할 수 있다.

▷ 회의 주재 및 표결 참여

의장은 일반적인 입법과정에서 반드시 투표에 참여해야 하는 것은 아니다. 다만, 본회의에서 무기명 투표를 실시하거나 의장의 투표가 특정 사안에 대한 가부를 정하는 데 있어 결정적일 경우에는 표결에 참여해야 한다.

하원의장은 의사 진행 중에 토론에 참여하지는 않지만, 만약 토론에 직접 참여하려면 사회를 부의장에게 임시로 맡기고 단상에서 내려와 일반 의원과 마찬가지로 토론에 참가할 수 있다.

▷ 질서유지권

하원의장은 원내에서 질서와 예의를 유지하도록 해야 하며, 방청석 또는 로비에서 발생하는 소란행위나 무질서 행위에 대해서는 적절한 제재조치를 취할 수 있다.[19]

▷ 권력 승계

대통령과 부통령(상원의장)이 모두 공석일 경우 하원의장이 대통령직을 승계하도록 되어 있다. 다음으로는 상원 임시의장(부통령 부재 시에 상원 회의를 주재하도록 선출된 상원의원)이, 그다음으로는 내각 각료들이 정해진 순서에 따라 대통령 권한을 승계하게 된다.


## 3. 하원의장의 원내리더십 유형

리더십(Leadership)이란 리더(leader)와 팔로우어(follower)로 구성되는 사회공동체 내부에서 구성원의 집합적 행위(collective action)에 관하여 방향을 설정해주는 지도자의 무형의 능력과 유형의 관리활동 전반을 가리키는 말이다.

이 책에서 사용하는 '원내 리더십(House Leadership)'이라는 개념은 리더십의 하위 개념이며, 다음과 같이 정의된다. '원내 리더십'은 입법부의 수장인 국회의장이 갖는 리더십으로서, 효율적이고 생산적인 국회운영, 시대흐름을 파악하여 사회가 필요로 하는 법률 제정 혹은 개정 행위, 예측적 법률 제정 행위 등 국가경쟁력 강화를 위하여 국회의원·국회직원들의 집합적 행위에

---

19) 연방의회 하원 의사규칙 제2조.

관하여 방향을 설정해주는 무형의 능력과 유형의 관리활동을 가리킨다.

막강한 권한을 보유하는 하원의장은 의장으로 선출되는 것 자체로도 리더십을 인정받는다. 그런데 이들의 원내리더십은 시기에 따라, 개인에 따라, 법률(규칙)의 내용에 따라 달라지기도 한다. 하원의장의 리더십은 네 가지 유형으로 분류할 수 있다. 제왕적 리더십, 카리스마적 리더십, 유화적 리더십, 그리고 의전적 리더십이 그것인데, 이들 중 서로 겹치는 부분이 있다는 것을 인정하고, 각 유형을 살펴보고자 한다.[20]

의장의 리더십은 외부적 결속력의 변화에도 영향을 받지만 내부적 법률(규칙)환경과 의장 개개인의 성격과 의회경력, 그리고 권력분립의 이념을 추구하는 가치관의 소유 여부 등에 따라서도 리더십 스타일이 영향을 받는다.[21]

〈표 4-11〉 하원의장의 원내리더십 유형

| 리더십 유형 | 내용 | 대표적인 의장 |
| --- | --- | --- |
| 제왕적 | 의장이 의회운영의 전권을 행사. 법률(규칙)에 의장의 강력한 권한 명시 | 헨리 클레이, 토머스 리드, 조지프 캐넌, 뉴트 깅리치 |
| 카리스마적 | 의장 개인의 카리스마로 의회운영 주도. 법률(규칙)에 의장의 강력한 권한 불명시 | 샘 레이번, 토머스 오닐 |
| 유화적 | 유연함과 친화력으로 의회운영 주도. 의장 권한에 연연하지 않음 | 데니스 해스터트, 낸시 펠로시 |
| 의전적 | 주도적인 의회운영과 의정활동에 제약. 일반 의원들의 도전에 무력해짐 | 제임스 클락, 존 맥코맥 |

---

20) 리플리는 오래전에 하원의장의 리더십 유형으로 ① 개인적 리더십(personal leadership), ② 집단적 리더십(Collective leadership), ③ 표면적 리더십(Figure-head leadership)을 제시한 바 있다. Randall Ripley, *Party leaders in the House of Representatives*(Washington, D.C.: The Brookings Institute, 1967) 참조.

21) David Rohde and Kenneth A. Shepsle, "Leaders and Followers in the House of Representatives: Reflections on Woodrow Wilson's 'Congressional Government'", *Congress and Presidency* vol. 14(1987). 유권자들의 지지를 받는 정당은 권한과 지도력이 강한 하원의장의 등장을 가져온다는 리더십에 관한 연구가 있다. 제104대 국회에서 공화당이 다수당이 된 후 뉴트 깅리치가 하원의장이 되어 의회개혁에 과감히 나섰던 상황을 연상시킨다. 설득력이 있는 연구결과이지만 연방의회 전체를 놓고 볼 때에는 다소 부족한 감이 느껴진다.

## 1) 제왕적 리더십(Imperial leadership)

제왕적 리더십이란 의장이 법률 혹은 규칙의 틀 안에서 의회 운영과 인사권에 대해 전적인 영향력을 행사하는 리더십을 말한다. 때로는 법률과 관행의 틀을 넘나들며 자신의 뜻대로 의회를 운영해 가는 권한을 행사하는 강력한 리더십이다. 이 리더십은 '제왕적 통치(czar rule)'라고도 불린다.

제왕적 리더십 유형의 의회지도자들은 때로는 행정수반인 대통령과 리더십을 다투기도 한다. 공화당 소속 원내 지도자들이 다수 이 유형에 포함되어 있다.

▷ 헨리 클레이

헨리 클레이(Henry Clay, 재임: 1811~1814, 1815~1820, 1823~1825, 켄터키 주) 의장은 1811년에 하원의장에 선출되어 의장을 다섯 번 역임하였는데, 그는 의장 임기 초반부터 연방의회 하원의 운영을 주도한 것으로 잘 알려져 있다. 그는 일단의 젊은 강경파 의원들의 지지를 받아 의장에 선출된 다음 서부 방면으로의 팽창을 주창하고 미국의 해상무역에 대한 영국의 부당 간섭을 비판하며 영국과의 전쟁불사를 주장하였다.

클레이 의장은 1812년 제임스 매디슨 대통령을 영미전쟁(英美戰爭)으로 내몬 매파(전쟁론자)의 일원으로서 전국적인 관심의 대상이 된 인물이다.[22] 그는 평화로운 해결을 추구했던 매디슨 대통령과 마찰을 빚었지만 결국 대통령을 굴복시켰다. 매디슨 대통령은 1812년 6월 18일 영국에 대한 선전포고를 승인하였다.[23]

---

22) 헨리 클레이의 다양한 정치경력에 대해서는 *Encyclopedia of American History*, 170-171쪽 참조.

23) 1808년 대통령에 당선된 제임스 매디슨(재임: 1809~1817)은 점증하는 영국과의 전쟁압력을 피할 수 없었다. 그는 1812년 6월 1일 연방의회에 교서를 보내면서 영국에 대한 개전 원인으로서, ① 미국 선원의 강제 징모, ② 미국의 중립권 침해, ③ 미국 항구 폐쇄, ④ 인디언의 미국인 마을 공격 선동 등을 열거하였다. 교서를 받은 연방의회는 전쟁법안을 가결하였고, 6월 18일 대통령이 이에 서명함으로써 영국에 대한 전쟁이 선포되었다. 전쟁준비가 없던 미국은 전쟁 초기에는 수도 워싱턴 디시가 영국군에 의해 불타는 등 불운을 겪기도 하였다. 매디슨은 1812년 선거에서 재선되었고, 전쟁은 1814년 12월 겐트조약(Treaty of Ghent)에 의해 종료되었다. 미국은 이때 전쟁의 원인 중 어느 하나도 해결하지 못하고 전쟁 전의 영토만을 보전할 수 있었다. 미국사 연구회, 앞의 책, 78쪽.

클레이 의장은 영미전쟁 종료 후에 하원에서 관세 입법(tariff legislation)과 관련된 위원회의 구조와 소관사항 배정을 그가 원하는 대로 조정하여 그의 관세정책이 유효하게 실행될 수 있도록 하였다.[24] 그는 강력한 리더십을 발휘하여 민주공화당의 코커스(caucus)를 주재하며 하원 본회의 안건을 정하고 상임위원회 위원장들도 직접 임명하는 등 인사와 정책형성에 큰 영향을 미쳤다.[25]

▷ 토머스 리드

공화당 소속 토머스 브래킷 리드(Thomas Brackett Reed, 재임: 1889~1891, 메인 주) 의장은 중요한 시기에 클레이 의장과 함께 주도적으로 연방의회를 운영한 강한 의회지도자로 인정받고 있다.[26]

리드 의장은 의사활동의 효율성과 신속성을 위해 의장 본인에게 강력한 권한과 지위를 부여함은 물론, 소수당이 다수당의 의정활동을 쉽게 방해할 수 없도록 엄격한 다수결의 원칙을 유지하였다. 그는 소수당의 소모적인 도전을 용납하지 않고 다수당의 의지대로 의회운영을 해 갈 수 있는 제도적 틀을 마련한 힘 있는 의장으로 인식되고 있다. 소수당의 의견은 청취하지만 소수당의 반대가 다수당의 정상적인 의정활동 자체를 방해할 수 없도록 하여 원내에서 질서와 품위가 유지되도록 하였고, 무엇보다도 다수결의 원칙이 지켜지고 또 책임도 지는 의회민주주의의 틀을 정착시켰다.

▷ 조지프 캐넌

공화당 소속 조지프 캐넌(Joseph Gurney Cannon, 재임: 1903~1911, 일리

---

24) David W. Brady and Mathew D. McCubbins. eds., *Party, Process, and Political Change in Congress - New Perspectives on the History of Congress -* (Stanford, CA: Stanford University Press, 2002), 248쪽.

25) Wilson and Dilulio, 앞의 책, 303 - 304쪽.

26) 랜달 스트라한은 클레이 의장과 리드 의장이 중요한 시기에 탁월한 리더십을 발휘했다고 주장한다. Randall Strahan, "Leadership and Institutional Change in the Nineteenth - Century House", in David W. Brady and Mathew D. McCubbins. eds., *Party, Process, and Political Change in Congress - New Perspectives on the History of Congress -* (Stanford, CA: Stanford University Press, 2002), 237 - 269쪽.

노이 주) 의장은 상임위원장을 지명하고, 하원의 입법과정에 널리 영향력을 행사하였다. 캐넌은 1873년 연방의회 하원의원으로 선출되었으며, 1890년과 1912년 두 차례만 선거에서 패배한 것을 제외하고는 1923년까지 매번 연방의원으로 당선되었다. '엉클 조(Uncle Joe)'로 알려진 캐넌의 하원의장 재임 시절인 1903년부터 1911년까지 기간에 의장으로서의 그의 권한은 절정에 달하였다. 하원 규칙위원회 위원장을 겸직했던 캐넌 의장은 모든 상임위원회의 위원장을 임명하고, 의원들의 위원회 배정에 있어 자신의 의중대로 배정하였다.[27]

캐넌 의장은 하원의 규칙으로 본회의에서의 발언자를 선정하는 순서, 상임위원장 선임에 있어서도 임의대로 행하였다. 의장의 권한은 캐넌 의장 이전의 찰스 크리스프 의장, 토머스 리드 의장, 데이빗 헨더슨 의장 시절에도 강했으나 캐넌 의장은 과다한 권한을 행사하여 물의를 빚곤 하였다.[28] 의장은 규칙위원회의 위원장직도 겸할 수 있었기에 의장은 입법과정의 흐름을 조정할 수 있는 강력한 영향력을 행사하였다.

▷ 뉴트 깅리치

뉴트 깅리치(Newt Gingrich, 재임: 1995~1999, 조지아 주) 의장은 1994년 연방의회 중간선거 때 공화당의 선거 사령탑을 맡아 선거승리를 이끌어 낸 의회지도자이다.[29] 깅리치 의장은 '미국과의 계약'에서 제시한 약속을 지키기 위해 스스로 의장 권한을 강화하였으며, 막강한 영향력과 리더십을 발휘하여 하원 운영을 주도하였다.

---

27) 캐넌은 1903년에 의장이 되기 전에 8년간 세출위원회(Committee on Appropriations) 위원장을 지냈다. 그는 의장 시절 입법 활동에 철저한 통제를 가한 인물로 알려져 있으나, 다른 한편에서는 국회의사당과 하원의 설비(accomodations)에 큰 관심을 갖고 지원하였다. William Allen, 앞의 책, 377쪽.

28) 조지프 캐넌 의장에 이어 의장이 된 제임스 클락 의장은 캐넌 의장 당시 하원 운영위원회의 위원이자, 민주당 원내총무로서 1910년 전횡을 일삼던 캐넌 의장에게 반기를 들었다.

29) 깅리치는 1994년의 중간선거에서 복지제도 개혁, 범죄단속 강화, 균형예산 편성, 미군의 유엔평화유지활동 제한 등의 보수적 가치를 담은 '미국과의 계약'을 내세워 상하 양원 선거에서 압승하는 데 기여한 인물이다. 깅리치는 이러한 공로를 인정받아 1995년 하원의장이 되었지만 빌 클린턴 대통령에 대한 탄핵에 앞장서는 등강경책을 펼치다가 1998년 중간선거에서 낙선하였다.

  깅리치는 제105대 국회 하원의장으로 취임하면서 국가의 의제를 설정했
을 뿐만 아니라 하원의 행정수장으로서의 기능을 하면서 다수당 원내총무인
텍사스 주 출신의 딕 아미(Dick Armey)에게 하원에서의 실행요원의 역할을
맡기기도 하였다.[30] 깅리치는 또 공화당 의제설정 및 수행 성공 여부에 결
정적인 상임위원장(세출위원장, 통상위원장, 규칙위원장, 세입위원장)을 선정
함에 있어 '선수(選數)'를 기준으로 하는 선임우선원칙을 무시하고 충성심이
많은 인사들을 기용하였다. 그는 때로는 의장 직권으로 특정 의안의 처리에
영향력을 발휘하기도 하는 등 원내 의사절차와 의사일정에 크게 관여한 의
장으로 알려져 있다.

  깅리치는 하원의 상설규칙과 하원 공화당의 당규를 의장의 리더십이 강화
되는 방향으로 변경하였다.[31] 이때 하원이 채택한 의사규칙은 하원을 폭 넓
게 공개하고, 소수의 권리를 존중하는 곳으로 만들고, 또한 의장의 권한을
강화하는 내용 등을 포함하고 있었다.


## 2) 카리스마적 리더십(Charismatic leadership)

  카리스마적 리더십이란 법률이나 규칙에서 정하는 의장의 권한이 약하더
라도 혹은 권한의 강약과는 관계없이 개인의 능력을 중심으로 하여 의회운
영의 주도권을 장악하는 리더십이다.

  과거 하원의장의 권한이 강하여 이를 남용하게 되자 민주당이 하원을 장
악하게 된 1911년에는 의장이 갖는 권한의 상당 부분을 삭제하였다. 그 결
과 의장은 단상에서 발언하기를 원하는 의원들의 권리를 인정해 주는 과정

---

30) Oleszek, Walter J., *Congressional Procedures and the Policy Process*, 6th ed.(Washington
    D.C.: CQ Press, 2004), 318쪽.

31) 공화당이 하원을 장악한 제104대 국회에서 깅리치 의장은 당시 공화당의 인물 가운데 국가를 위해 무엇
    을 해야 하는지를 제대로 알고 있던 사람은 3명(John Kasich, Bob Livingstone, Bob Walker)의 신임
    위원장뿐이었다고 회고했다. 깅리치의 그러한 시국 및 상황 인식도 그가 강력한 의장 리더십을 추구하는
    한 요인으로 작용했을 가능성이 크다. 이에 반해 민주당 의원들은 야망이 넘치는 사람들로 정책적인 면에
    서 몰두하는 경향을 가졌다고 인식하였다. 뉴트 깅리치(김수진·김혜진 공역), 『진정한 변화: 미국은 왜
    오바마를 선택했는가』(서울: 지상사, 2009), 30-33쪽 참조.

이 필요하게 되었고, 상임위원을 임명하는 권한과, 규칙위원회에서의 권한도 상실하게 되었다. 그때 이후 의장의 영향력은 다수 의원이 속한 정당의 영향력 있는 지도자의 위치보다도 공식적으로는 오히려 약한 권한을 갖게 되었다. 의장들은 나름대로 인간관계, 카리스마, 친화력 등을 통하여 다른 의원들과의 원만한 관계를 유지하면서 무리 없이 의회를 주도적으로 운영해 나갈 수 있었다.[32] 이런 방식으로 성공한 의회지도자를 카리스마적 리더십의 소유자라고 부를 수 있다.[33]

카리스마적 리더십을 보는 한, 하원의장의 영향력은 법률이나 제도에 의한 것 못지않게 본인의 능력, 성격(성실성·진지성·합리성), 개성, 업무 추진력, 친화력 등에 상당 부분 기인한다는 것을 알 수 있다. 카리스마를 갖는 의장들은 큰 힘을 가지고 입법 활동에 적극 개입하였으나 공식적인 권한행사를 한 것은 아니고 상당 부분 비공식적인 영향력을 행사한 것이다. 공식적으로 큰 권한이 부여되지 않았기 때문이다.

카리스마적 리더십은 제왕적 리더십에는 미치지 못하지만 의장이 의회운영에 있어 상당한 영향력을 발휘하는 리더십이다.


▷ 샘 레이번

민주당 소속 샘 레이번(Sam Rayburn, 재임: 1882~1961, 텍사스) 의장은 17년 2월 2일간 하원의장으로 일함으로써 하원 역사상 가장 오랜 기간 동안 의장으로 재직한 기록을 보유한다(재임: 1940~1947; 1949~1953; 1955~1961). 레이번 의장은 법률이나 규칙상의 의장 권한은 약하나 의장 개인의 카리스마, 동료 의원들에 대한 설득 및 협상력을 무기로 하여 입법 활동

---

32) 원내에서의 권한이 위원장, 규칙위원회, 정당 지도부, 의장단 사이에 과다하게 분산되어 있는 곳에서 의장은 권한을 나누어 가진 지도자들과 협상을 하고, 타협해야 한다. 이러한 의회제도하에서는 의안처리가 불필요하게 지연되거나, 타협을 위해 의안의 내용이 부분적으로 변경되는 경우도 있어 국민들로부터 또 다른 비판에 직면하게 되는 것도 사실이다.

33) 칼 알버트 의장(1971년 취임, 민주당)도 오닐 의장과 마찬가지로 강력한 리더십을 인정받은 의회지도자이다.

을 주도하였다.[34] 17년간 다른 곳도 아닌 하원의 의장직을 수행했다는 것이 움직일 수 없는 그의 리더십을 말해 준다.

노련한 입법가인 레이번은 흥정과 타협을 통해서 쟁점이 된 의안을 처리하는 데 능숙하였다. 위원회 위원장들과의 관계에 있어서도 설득과 타협 이외에 선택할 만한 다른 방법은 없었다.[35] 설득과 타협이 가능했던 것은 레이번이 의장직에 있어서라기보다는 그가 카리스마를 가지고 있었기 때문이라고 볼 수 있다. 이렇게 볼 때, 레이번은 구조적 제약 속에서 개인적·정치적 재능을 극대화해 가는 전략으로 의장직을 수행한 것으로 평가된다.[36]

제왕적 리더십에서 언급한 캐넌 의장은 법률에서 정한 의장의 권한을 남용한다 싶을 정도로 활용한 반면, 레이번 의장은 법률상의 권한보다는 그가 가진 카리스마를 통해 의원들과 원만한 관계를 설정했다는 차이점이 있고, 바로 거기에 레이번의 리더십이 존재한다.


▷ 토머스 오닐

민주당 소속 토머스 오닐(Thomas P. O'Neill, Jr., 재임: 1977~1987, 매사추세츠) 의장은 의회운영에 있어 강한 영향력을 행사하였다. 그런데 그의 영향력은 법률이나 규정 이외에서 나온 개인의 카리스마에 기인하는 것이다.[37]

오닐은 1952년 연방의회 하원의원으로 정치인 생활을 시작했으며, 민주당

---

34) *Encyclopedia of American History*, 767쪽. 레이번은 1912년 연방 하원의원에 당선되었으며, 그 이후 전 생애를 의원으로 봉직한 의회인이다. 탁월한 입법 전술가로서의 레이번은 1937년 다수당 원내대표가 되었고, 1940년에는 하원의장을 선출되었다. 1942년 미국이 전쟁에 개입한 후, 루스벨트 대통령이 원자폭탄 제조에 소요되는 막대한 비용을 걱정하자 샌 레이번은 선뜻 자기에게 맡겨 달라고 했으며, 다음 날 의회로 가서 상임위원회와 소위원회 위원장 회의를 소집하고 그들에게 상당한 액수의 예산을 속히 확보하라고 지시했고, 위원장들은 아무 말 없이 지시에 따랐다고 한다. 이 일화에서 레이번의 일하는 스타일과 위원장들의 관계를 알 수 있다. 윌리엄 노박(의회정치연구소 역), 『의회에 산다: 미국 하원의장 오닐의 생애와 정치비화』(서울: 내외신서, 1989), 153쪽.

35) Michael Baron and Richard E. Cohen, *The Almanac of American Politics*(Washington D.C.: National Journal Group, 2004), 1528쪽.

36) 이현우, 「미국하원의장의 권한변화와 그 원인」, 『의정연구』제3권 제1호(1997), 117쪽.

37) 오닐은 그 이전의 의장 중 가장 성공적으로 의장직을 수행한 것으로 평가된다. 성격상으로도 오닐은 절도 있는 건실한 의회인이었다. Baron and Cohen, 앞의 책, 570쪽, 798쪽 등 참조.

원내총무와 하원의장을 역임한 원로 의회인이다. 오닐은 1977년에 의장이 되었을 때 구체제(舊體制)를 유지하였는데, 그가 1986년에 하원에서 은퇴하자마자 민주당은 원내총무직 등의 요직 인사 선출에 있어 당 코커스에서 경선을 통해 선출하는 방식으로 제도를 변경하였다.[38] 오닐이 의장직에 있을 때, 그의 리더십에 다소의 경직성이 있었음에도 불구하고 원만하게 의장 직무를 수행할 수 있었던 것은 굵은 선을 가진 그의 리더십 스타일 때문인 것으로 볼 수 있다.

### 3) 유화적 리더십(Appeasement leadership)

유화적 리더십이란 카리스마적 리더십에는 미치지 못하지만 의장이 의회운영이나 동료 의원들과의 관계에 있어 원만하게 의회를 주도해 가는 리더십이다. 이 유형에 속하는 의장들은 개인적으로 카리스마는 갖지 않았으나 탁월한 친화력으로 의정활동을 주도하였다는 점이 카리스마적 리더십 스타일과는 다른 점이다. 대표적인 인물로는 데니스 해스터트와 낸시 펠로시가 있다.

▷ 데니스 해스터트

깅리치 의장의 후임자인 공화당 소속 데니스 해스터트(J. Dennis Hastert, 재임: 1999~2007, 일리노이 주) 의장은 깅리치와는 다른 리더십을 선택하였다. 그는 원내에서 정상적이고 원만한 입법질서를 유지하였으며, 보다 많은 일반 의원들과 접촉하여 그들의 의견을 청취한 후에 타협하고 설득하였다. 그리고 그는 위원회 위원장들을 신뢰하였고, 정책결정을 함에 있어서도 신중하게 여러 의견을 들어 결정하였다. 그는 공화당 원내대표(Tom Delay, 텍사스), 공화당 원내총무(Roy Blunt, 미주리), 그리고 의장 자신으로 이루어지는 3인 리더십 체제를 굳건히 하여 당의 결속을 다지며 의정활동에 임하였다.

카리스마는 없어도 한편에서 3인 체제를 굳히고, 다른 한편에서 남다른

---

38) 윌리엄 노박, 앞의 책, 139 – 140쪽.

친화력을 발휘하여 일반 의원들과 원만한 관계를 유지한 것은 유화적 리더
십의 전형이다.

▷ 낸시 펠로시

민주당 소속 낸시 펠로시(Nancy Pelosi, 재임: 2007~2009 현재) 의장은
최초의 여성 하원의장이며, 유연하지만 심지가 곧은 리더십의 소유자로 평
가되고 있다. 현직에 있는 의장이라 평가하기에 시기적으로 이르기는 하지
만 문서화된 의장의 권한에 연연하거나, 의장의 권한을 확대하려고 하는 등
의 행위를 시도하지 않아도 강한 리더십의 소유자로 인식되고 있다.[39]

펠로시 의장은 근년 점증 추세에 있기는 하지만 아직도 수가 많지 않은
여성의원들에게 혹은 정치참여를 희망하는 예비여성정치인들에게 하나의 모
범 사례가 될 만한 여성의원이자 하원의장이다. 부드러움과 섬세함 속에서
자신의 직무 수행능력이 최대화되고, 의회운영의 효율성과 생산성이 향상되
도록 노력하는 리더십의 소유자이다. 펠로시 의장 또한 유화적 리더십의 전
형이라고 할 수 있다.

## 4) 의전적 리더십(Figure - head leadership)

의전적 리더십은 제왕적 리더십, 카리스마적 리더십, 그리고 유화적 리더
십과는 성질을 달리하는 리더십이다. 상기 세 가지 리더십이 좋은 의미이건
나쁜 의미이건 드러나는 색깔을 갖고 있는 데 반해 의전적 리더십은 쉽게
그 색깔을 노출하지 않는 평범한 리더십이다. 평범하면서도 안정성이 낮은
것으로 분류되는 이 리더십은 때로는 의장의 업무 성과에 관계없이 일부 도
전적인 의원들의 공격을 받아 상처를 받기 쉽다. '실질'로서의 의장이라기보
다는 '형식'으로서의 의장으로 인식되는 경우의 리더십이다.

---

39) 펠로시는 2006년 중간선거에서 민주당의 사령탑을 맡아 승리했으며, 12년간 이어진 공화당의 하원지배
　　를 종식시키는 데 기여하였다.

▷ 제임스 클락

민주당 소속 제임스 클락(James Beauchamp Clark, 재임: 1911~1919, 미주리 주)은 전임 의장인 조지프 캐넌의 권한이 너무 강하여 일반 의원들의 반발이 있게 되어 공식적인 의장 권한이 약해진 다음에 의장직을 맡았다. 법률적인 의장 권한은 약해져 있고, 개인적인 카리스마도 약했으며, 다른 의원들과의 친화력도 약한 편이어서 클락의장은 의회운영을 주도적으로 행하지 못하였다.[40] 무엇보다도 동료 의원들과의 의사소통에 문제가 있어서 의장 본인과 동일 정당인 민주당 소속의원들에 의해 의장직 박탈이 시도되기도 하였다.

▷ 존 맥코맥

민주당 소속 존 맥코맥(John W. McCormack, 재임: 1962~1971, 매사추세츠 주) 의장은 전임자인 샘 레이번 의장과는 비교되는 리더십을 가진 의장이었다. 맥코맥 의장은 당론보다도 초당적인 외교정책을 신봉했기에 다른 민주당의원들로부터 비웃음과 비방을 받기도 하였다. 결국 맥코맥 의장은 소장 간부들의 압력에 의하여 사임하였다.[41]

과거 의장의 막강한 영향력 및 권한 남용에 반발한 일반의원들이 의장 권한의 상당 부분을 공식적으로 삭제하였다. 이에 따라 의장은 단상에서 발언하기를 원하는 의원들의 권리를 인정하게 되었고, 상임위원장을 임명하는 권한이나 규칙위원회에서의 권한도 삭제된 채 의장 직무를 수행하는 경우가 있었다.

카리스마나 뛰어난 친화력을 갖는 의장들은 리더십의 위기를 극복할 수 있었으나, 그렇지 못한 의장들은 리더십이 표류하는 상태에서 임기를 마쳐야 했다.

---

40) 캐넌 의장에 대한 반발로 후임인 클락 의장은 규칙위원회의 위원이 될 수 있는 권한, 위원회에 대한 의원 배정 권한, 의사일정에 대한 통제권을 상실한 채 의장직을 수행하였다.

41) 맥코맥 의장 재임 초반기에는 그와 동일 정당인 케네디 대통령(민주당), 중반에는 존슨 대통령(민주당)이 행정수반이어서 큰 문제는 없었으나 임기 후반에 공화당 소속 리처드 닉슨이 대통령이 되면서 정책노선을 둘러싸고 그의 의회운영에 갈등과 혼란이 발생하였다.

〈표 4-12〉 하원의장(1789~2009)

| 국회 | 연도 | 성명 | 소속정당 | 출신 주 | 당선일자 |
|---|---|---|---|---|---|
| 1 | 1789~1791 | Frederick A. C. Muhlenberg | – | 펜실베이니아 | 1789.04.01 |
| 2 | 1791~1793 | Jonathan Trumbull | – | 코네티컷 | 1791.10.24 |
| 3 | 1793~1795 | Frederick A. C. Muhlenberg | – | 펜실베이니아 | 1793.12.02 |
| 4 | 1795~1799 | Jonathan Dayton | – | 뉴저지 | 1795.12.07 |
| 5 | 1797~1799 | 〃 | – | 뉴저지 | 1797.05.15 |
| 6 | 1799~1801 | Theodore Sedgwick | – | 매사추세츠 | 1799.12.02 |
| 7 | 1801~1807 | Nathaniel Macon | – | 노스캐롤라이나 | 1801.12.07 |
| 8 | 1803~1805 | 〃 | – | 〃 | 1803.10.17 |
| 9 | 1805~1807 | 〃 | – | 〃 | 1805.12.02 |
| 10 | 1807~1809 | Joseph B. Varnum | – | 매사추세츠 | 1807.10.26 |
| 11 | 1809~1811 | 〃 | – | 〃 | 1809.05.22 |
| 12 | 1811~1813 | Henry Clay | 민주공화 | 켄터키 | 1811.11.04 |
| 13 | 1813~1814 | 〃 | 〃 | 〃 | 1813.05.24 |
| 13 | 1814~1815 | Langdon Cheves | – | 사우스캐롤라이나 | 1814.01.19 |
| 14 | 1815~1817 | Henry Clay | 민주공화 | 켄터키 | 1815.12.04 |
| 15 | 1817~1819 | 〃 | 〃 | 〃 | 1817.12.01 |
| 16 | 1819~1820 | 〃 | 〃 | 〃 | 1819.12.06 |
| 16 | 1820~1821 | John W. Taylor | – | 뉴욕 | 1820.11.15 |
| 17 | 1821~1823 | Philip P. Barbour | – | 버지니아 | 1821.12.04 |
| 18 | 1823~1825 | Henry Clay | 민주공화 | 켄터키 | 1823.12.01 |
| 19 | 1825~1827 | John W. Taylor | – | 뉴욕 | 1825.12.05 |
| 20 | 1827~1829 | Andrew Stevenson | – | 버지니아 | 1827.12.03 |
| 21 | 1829~1831 | 〃 | – | 〃 | 1829.12.07 |
| 22 | 1831~1833 | 〃 | – | 〃 | 1831.12.05 |
| 23 | 1833~1835 | John Bell | – | 테네시 | 1834.06.02 |
| 24 | 1835~1837 | James K. Polk | – | 테네시 | 1835.12.07 |
| 25 | 1837~1839 | 〃 | – | 〃 | 1837.09.04 |
| 26 | 1839~1841 | Robert M. T. Hunter | – | 버지니아 | 1839.12.16 |
| 27 | 1841~1843 | John White | – | 켄터키 | 1841.05.31 |
| 28 | 1843~1845 | John W. Jones | – | 버지니아 | 1843.12.04 |
| 29 | 1845~1847 | John W. Davis | – | 인디애나 | 1845.12.01 |
| 30 | 1847~1849 | Robert C. Winthrop | – | 매사추세츠 | 1847.12.06 |
| 31 | 1849~1851 | Howell Cobb | – | 조지아 | 1849.12.22 |
| 32 | 1851~1853 | Linn Boyd | – | 켄터키 | 1851.12.01 |
| 33 | 1853~1855 | 〃 | – | 〃 | 1853.12.05 |
| 34 | 1855~1857 | Nathaniel P. Banks | – | 매사추세츠 | 1856.02.02 |
| 35 | 1857~1859 | James L. Orr | – | 사우스캐롤라이나 | 1857.12.07 |
| 36 | 1859~1861 | William Pennington | – | 뉴저지 | 1860.02.01 |
| 37 | 1861~1863 | Galusha A. Grow | 공화 | 펜실베이니아 | 1861.07.04 |

| 국회 | 연도 | 성명 | 소속정당 | 출신 주 | 당선일자 |
|---|---|---|---|---|---|
| 38 | 1863~1865 | Schuyler Colfax | 공화 | 인디애나 | 1863.12.07 |
| 39 | 1865~1867 | 〃 | 공화 | 〃 | 1865.12.04 |
| 40 | 1867~1868 | 〃 | 공화 | 〃 | 1867.03.04 |
| 40 | 1868~1869 | Theodore M. Pomeroy | 공화 | 뉴욕 | 1869.03.03 |
| 41 | 1869~1871 | James G. Blaine | 공화 | 메인 | 1869.03.04 |
| 42 | 1871~1873 | 〃 | 공화 | 〃 | 1871.03.04 |
| 43 | 1873~1875 | 〃 | 공화 | 〃 | 1873.12.01 |
| 44 | 1875~1876 | Michael C. Kerr | 민주 | 인디애나 | 1875.12.06 |
| 44 | 1876~1877 | Samuel J. Randall | 민주 | 펜실베이니아 | 1876.12.04 |
| 45 | 1877~1879 | 〃 | 민주 | 〃 | 1876.12.04 |
| 46 | 1879~1881 | 〃 | 민주 | 〃 | 1879.03.18 |
| 47 | 1881~1883 | J. Warren Keifer | 공화 | 오하이오 | 1881.12.05 |
| 48 | 1883~1885 | John G. Carlisle | 민주 | 켄터키 | 1883.12.03 |
| 49 | 1885~1887 | 〃 | 민주 | 〃 | 1885.12.07 |
| 50 | 1887~1889 | 〃 | 민주 | 〃 | 1887.12.05 |
| 51 | 1889~1891 | Thomas B. Reed | 공화 | 메인 | 1889.12.02 |
| 52 | 1891~1893 | Charles F. Crisp | 민주 | 조지아 | 1891.12.08 |
| 53 | 1893~1895 | 〃 | 민주 | 〃 | 1893.08.07 |
| 54 | 1895~1897 | Thomas B. Reed | 공화 | 메인 | 1895.12.02 |
| 55 | 1897~1899 | 〃 | 공화 | 〃 | 1897.03.15 |
| 56 | 1899~1901 | David B. Henderson | | 아이오하 | 1899.12.04 |
| 57 | 1901~1903 | 〃 | | 〃 | 1901.12.02 |
| 58 | 1903~1905 | Joseph G. Cannon | 공화 | 일리노이 | 1903.11.09 |
| 59 | 1905~1907 | 〃 | 공화 | 〃 | 1905.12.04 |
| 60 | 1907~1909 | 〃 | 공화 | 〃 | 1907.12.02 |
| 61 | 1909~1911 | 〃 | 공화 | 〃 | 1909.03.15 |
| 62 | 1911~1913 | James Beauchamp Clark | 민주 | 미주리 | 1911.04.04 |
| 63 | 1913~1915 | 〃 | 민주 | 〃 | 1913.04.07 |
| 64 | 1915~1917 | 〃 | 민주 | 〃 | 1915.12.06 |
| 65 | 1917~1919 | 〃 | 민주 | 〃 | 1917.04.02 |
| 66 | 1919~1921 | Frederick H. Gillett | 공화 | 매사추세츠 | 1919.05.19 |
| 67 | 1921~1923 | 〃 | 공화 | 〃 | 1921.04.11 |
| 68 | 1923~1925 | 〃 | 공화 | 〃 | 1923.12.03 |
| 69 | 1925~1927 | Nicholas Longworth | 공화 | 오하이오 | 1925.12.07 |
| 70 | 1927~1929 | 〃 | 공화 | 〃 | 1927.12.05 |
| 71 | 1929~1931 | 〃 | 공화 | 〃 | 1929.04.15 |
| 72 | 1931~1933 | John N. Garner | 민주 | 텍사스 | 1931.12.07 |
| 73 | 1933~1935 | Henry T. Rainey | 민주 | 일리노이 | 1933.03.09 |
| 74 | 1935~1936 | Joseph W. Byrns | 민주 | 테네시 | 1935.01.03 |
| 74 | 1936~1937 | William B. Bankhead | | 앨라배마 | 1936.06.04 |

| 국회 | 연도 | 성명 | 소속정당 | 출신 주 | 당선일자 |
|---|---|---|---|---|---|
| 75 | 1937~1939 | 〃 | 민주 | 〃 | 1937.01.05 |
| 76 | 1939~1940 | 〃 | 민주 | 〃 | 1939.01.03 |
| 76 | 1940~1941 | Sam Rayburn | 공화 | 텍사스 | 1940.09.16 |
| 77 | 1941~1943 | 〃 | 공화 | 〃 | 1941.01.03 |
| 78 | 1943~1945 | 〃 | 공화 | 〃 | 1943.01.06 |
| 79 | 1945~1947 | 〃 | 공화 | 〃 | 1945.01.03 |
| 80 | 1947~1949 | Joseph W. Martin, Jr. | | 매사추세츠 | 1947.01.03 |
| 81 | 1949~1951 | Sam Rayburn | 공화 | 텍사스 | 1949.01.03 |
| 82 | 1951~1953 | 〃 | 공화 | 〃 | 1951.01.03 |
| 83 | 1953~1955 | Joseph W. Martin, Jr. | | 매사추세츠 | 1953.01.03 |
| 84 | 1955~1957 | Sam Rayburn | 공화 | 텍사스 | 1955.01.05 |
| 85 | 1957~1959 | 〃 | 공화 | 〃 | 1957.01.03 |
| 86 | 1959~1961 | 〃 | 공화 | 〃 | 1959.01.07 |
| 87 | 1961~1962 | 〃 | 공화 | 〃 | 1961.01.03 |
| 87 | 1962~1963 | John W. McCormack | 민주 | 매사추세츠 | 1962.01.10 |
| 88 | 1963~1965 | 〃 | 민주 | 〃 | 1963.01.09 |
| 89 | 1965~1967 | 〃 | 민주 | 〃 | 1965.01.04 |
| 90 | 1967~1969 | 〃 | 민주 | 〃 | 1967.01.10 |
| 91 | 1969~1971 | 〃 | 민주 | 〃 | 1969.01.03 |
| 92 | 1971~1973 | Carl Albert | 민주 | 오클라호마 | 1971.01.21 |
| 93 | 1973~1975 | 〃 | 민주 | 〃 | 1973.01.03 |
| 94 | 1975~1977 | 〃 | 민주 | 〃 | 1975.01.14 |
| 95 | 1977~1979 | Thomas P. O'Neill, Jr. | 민주 | 매사추세츠 | 1977.01.04 |
| 96 | 1979~1981 | 〃 | 민주 | 〃 | 1979.01.15 |
| 97 | 1981~1983 | 〃 | 민주 | 〃 | 1981.01.05 |
| 98 | 1983~1985 | 〃 | 민주 | 〃 | 1983.01.03 |
| 99 | 1985~1987 | 〃 | 민주 | 〃 | 1985.01.03 |
| 100 | 1987~1989 | James C. Wright, Jr. | 민주 | 텍사스 | 1987.01.06 |
| 101 | 1989~1989 | 〃 | 민주 | 〃 | 1989.01.03 |
| 101 | 1989~1991 | Thomas S. Foley | 민주 | 워싱턴 | 1989.01.06 |
| 102 | 1991~1993 | 〃 | 민주 | 〃 | 1991.01.03 |
| 103 | 1993~1995 | 〃 | 민주 | 〃 | 1993.01.05 |
| 104 | 1995~1997 | Newt Gingrich | 공화 | 조지아 | 1995.01.04 |
| 105 | 1997~1999 | 〃 | 공화 | 〃 | 1997.01.07 |
| 106 | 1999~2001 | J. Dennis Hastert | 공화 | 일리노이 | 1999.01.06 |
| 107 | 2001~2003 | 〃 | 공화 | 〃 | 2001.01.03 |
| 108 | 2003~2005 | 〃 | 공화 | 〃 | 2003.01.07 |
| 109 | 2005~2007 | 〃 | 공화 | 〃 | 2005.01.04 |
| 110 | 2007~2009 | Nancy Pelosi | 민주 | 캘리포니아 | 2007.01.04 |
| 111 | 2009~현재 | 〃 | 민주 | 〃 | 2009.01.06 |

주: 소속정당이 기재되지 않은 것은 소속정당이 복수이거나 자료가 없는 경우이다.
자료: http://clerk.house.gov/art_history/house_history/speakers.html/(검색일: 2009.02.24)

# 4. 하원의 조직

〈그림 4-3〉 하원의 조직(제111대 국회, 2009)

<table>
<tr><td colspan="5">하원의장<br>낸시 펠로시(Nancy Pelosi)</td></tr>
<tr><td colspan="5">정당 지도자(Political Party Leaders)</td></tr>
<tr><td>다수당<br>원내대표<br>Steny H.<br>Hoyer</td><td>공화당<br>원내대표<br>John A.<br>Boehner</td><td></td><td>다수당<br>원내총무<br>James E.<br>Clyburn</td><td>공화당<br>원내총무<br>Eric Cantor</td></tr>
<tr><td>민주당 코커스</td><td>하원공화당<br>컨퍼런스</td><td></td><td>하원 민주당</td><td>하원 공화당<br>정책위원회</td></tr>
<tr><td colspan="5">위원회</td></tr>
<tr><td>농업위원회</td><td>세출위원회</td><td>군사위원회</td><td>예산위원회</td><td>교육노동<br>위원회</td></tr>
<tr><td>에너지통상위원<br>회</td><td>재정위원회</td><td>외무위원회</td><td>국토안보<br>위원회</td><td>하원운영<br>위원회</td></tr>
<tr><td>법사위원회</td><td>천연자원<br>위원회</td><td>감독및정부개혁<br>위원회</td><td>규칙위원회</td><td>과학기술<br>위원회</td></tr>
<tr><td>중소기업<br>위원회</td><td>공직규범<br>위원회</td><td>운송및기반시설<br>위원회</td><td>재향군인<br>위원회</td><td>세입위원회</td></tr>
<tr><td>영구정보<br>특별위원회</td><td>에너지독립및지<br>구온난화특별위<br>원회</td><td>합동경제<br>위원회</td><td>합동도서관<br>위원회</td><td>합동출판<br>위원회</td></tr>
<tr><td>합동세제<br>위원회</td><td></td><td></td><td></td><td></td></tr>
<tr><td colspan="5">상원 선출 임원·관료</td></tr>
<tr><td colspan="5">사무총장, 경위장, 국회법 담당관<br>다수당(민주당) 사무총장, 소수당(공화당) 사무총장, 전속목사</td></tr>
</table>

하원에서는 다수당 지도부가 본회의에서의 법안 토의조건을 조정할 수 있으며, 위원회 위원장은 어떤 법안을 가결, 부결 혹은 폐기시킬지를 결정하는 주도적인 위치에 선다. 이러한 입법과정의 정점에는 하원의장이 있고, 원내대표, 원내총무, 코커스 의장, 컨퍼런스 의장 등의 직위와 기관이 있다. 이들을 일괄하여 정당지도자라고 부르는데, 이들 지도자들은 휘하의 위원회 활동을 조정하는 역할을 한다. 제111대 국회의 하원 조직은 <그림 4-3>과 같다.

## 제5절 원내 지도자

수백 명의 의원으로 구성되는 하원은 19세기 이래 입법과정을 원만하게, 효율적으로 하기 위해 또 그들 정당의 단합을 유지하기 위해 다수당 원내대표와 소수당 원내대표를 선출해 왔다. 이들 지도자들은 2년마다 정당 코커스(party caucus)나 컨퍼런스(conference)에서 비밀투표에 의해 선출된다.

### 1. 다수당 원내대표

의장 혹은 임시의장 다음의 직위는 다수당의 원내대표이다. 다수당 리더(Majority leader), 즉 원내대표는 하원을 관리하고 법안심사를 위한 의사일정을 수립하는 일을 총괄한다.

다수당 원내대표는 본회의 심의를 위한 입법일정 조정을 책임지며, 일간·주간·연간 입법 의제를 계획하며, 주로 다수당의 목표를 달성하기 위해 일한다.

이처럼 하원의 의사일정이나 입법 활동을 결정하는 사령탑의 역할을 하는 원내대표는 원내 당 지도부의 정점에 서는 중요한 직책이다.

## 2. 소수당 원내대표

의장 혹은 임시의장, 그리고 다수당 원내대표에 이은 중요한 직책이 소수당 원내대표(Minority leader)이다. 소수당 원내대표는 '충성스러운 반대자(loyal opposition)'의 원내 지도자로서 일하며, 의장의 소수 상대자로서 기능한다. 다수당 원내대표와 소수당 원내대표의 기본적인 임무는 상당 부분 같으나, 소수당 원내대표는 소수당을 대변하고, 소수당의 정책을 견지하고, 소수당의 권익을 지키기 위해 일한다.

〈표 4-13〉 하원 원내대표(1899~2009)

| 의회 | 재임기간 | 다수당(majority) | 소수당(minirity) |
|---|---|---|---|
| 56 | 1899~1901 | Sereno E. Payne(공화, 뉴욕) | James D. Richardson(민주, 테네시) |
| 57 | 1901~1903 | 〃 | 〃 |
| 58 | 1903~1905 | 〃 | John S. Williams(민주, 미시시피) |
| 59 | 1905~1907 | 〃 | 〃 |
| 60 | 1907~1908 | 〃 | 〃 |
| 60 | 1908~1909 | 〃 | James B. Clark(민주, 미주리) |
| 61 | 1909~1911 | 〃 | James B. Clark(민주, 미주리) |
| 62 | 1911~1913 | Oscar W. Underwood(민주, 알래스카) | James R. Mann(공화, 일리노이) |
| 63 | 1913~1915 | 〃 | 〃 |
| 64 | 1915~1917 | Claude Kitchin(민주, 노스캐롤라이나) | 〃 |
| 65 | 1917~1919 | 〃 | 〃 |
| 66 | 1919~1921 | Frank W. Mondell(공화, 와이오밍) | Champ Clark(민주, 미주리) |
| 67 | 1921~1923 | 〃 | C. Kitchin(민주, 노스캐롤라이나) |
| 68 | 1923~1925 | Nicholas Longworth(공화, 오하이오) | Finis J. Garrett(민주, 테네시) |
| 69 | 1925~1927 | John Q. Tilson(공화, 코네티컷) | 〃 |
| 70 | 1927~1929 | 〃 | 〃 |
| 71 | 1929~1931 | 〃 | John N. Garner(민주, 텍사스) |
| 72 | 1931~1933 | Henry T. Rainey(민주, 일리노이) | Bertrand H. Snell(공화, 뉴욕) |
| 73 | 1933~1935 | Joseph W. Byrns(민주, 테네시) | 〃 |
| 74 | 1935~1937 | William B. Bankhead(민주, 알래스카) | 〃 |
| 75 | 1937~1939 | Sam Rayburn(민주, 텍사스) | 〃 |
| 76 | 1939~1940 | 〃 | Joseph Martin Jr.(공화, 매사추세츠) |
| 76 | 1940~1941 | John W. McCormack(민주, 매사추세츠) | 〃 |
| 77 | 1941~1942 | 〃 | 〃 |

| 의회 | 재임기간 | 다수당(majority) | 소수당(minirity) |
|---|---|---|---|
| 78 | 1943~1945 | 〃 | 〃 |
| 79 | 1945~1947 | 〃 | 〃 |
| 80 | 1947~1949 | Charles A. Halleck(공화, 인디애나) | Sam Rayburn(민주, 텍사스) |
| 81 | 1949~1951 | John W. McCormack(민주, 매사추세츠) | Joseph W. Martin Jr.(공화, 매사추세츠) |
| 82 | 1951~1953 | 〃 | 〃 |
| 83 | 1953~1955 | Charles A. Halleck(공화, 인디애나) | Sam Rayburn(민주, 텍사스) |
| 84 | 1955~1957 | John W. McCormack(민주, 매사추세츠) | Joseph W. Martin Jr. |
| 85 | 1957~1959 | 〃 | 〃 |
| 86 | 1959~1961 | 〃 | Charles A. Halleck(공화, 인디애나) |
| 87 | 1961~1962 | John W. McCormack | 〃 |
| 87 | 1962~1963 | Carl B. Albert(민주, 오클라호마) | 〃 |
| 88 | 1963~1965 | 〃 | 〃 |
| 89 | 1965~1967 | 〃 | Gerald R. Ford(공화, 미시간) |
| 90 | 1967~1969 | 〃 | 〃 |
| 91 | 1969~1971 | 〃 | 〃 |
| 92 | 1971~1973 | Hale Boggs(민주, 루이지애나) | 〃 |
| 93 | 1973 | Thomas P. O'Neill, Jr.(민주, 매사추세츠) | 〃 |
| 93 | 1974~1975 | 〃 | John J. Rhodes(공화, 애리조나) |
| 94 | 1975~1977 | 〃 | 〃 |
| 95 | 1977~1979 | James C. Wright, Jr.(민주, 텍사스) | 〃 |
| 96 | 1979~1981 | 〃 | 〃 |
| 97 | 1981~1983 | 〃 | Robert H. Michel(공화, 일리노이) |
| 98 | 1983~1985 | 〃 | 〃 |
| 99 | 1985~1987 | 〃 | 〃 |
| 100 | 1987~1989 | Thomas S. Foley(민주, 워싱턴) | 〃 |
| 101 | 1989~1990 | Thomas S. Foley | 〃 |
| 101 | 1989~1991 | Richard A. Gephardt(민주, 미주리) | 〃 |
| 102 | 1991~1993 | 〃 | 〃 |
| 103 | 1993~1995 | 〃 | 〃 |
| 104 | 1995~1997 | Richard K. Armey(공화, 텍사스) | Richard A. Gephardt(민주, 미주리) |
| 105 | 1997~1999 | 〃 | 〃 |
| 106 | 1999~2001 | 〃 | 〃 |
| 107 | 2001~2003 | 〃 | 〃 |
| 108 | 2003~2005 | Tom DeLay(공화, 텍사스) | Nancy Pelocy(민주, 캘리포니아) |
| 109 | 2005 | 〃 | 〃 |
| 109 | 2005~2006 | Roy Blunt(공화, 미주리) | 〃 |
| 109 | 2006~2007 | John Boehner(공화, 오하이오) | 〃 |
| 110 | 2007~2009 | Steny Hoyer(민주, 메릴랜드) | John Boehner(공화, 오하이오) |
| 111 | 2009~현재 | 〃 | 〃 |

자료: http://clerk.house.gov/art history/house history/leaders.html/(검색일: 2009.02.23)

## 3. 원내총무

새로운 국회가 시작될 때마다, 정당 소속 의원들은 수없이 제출되는 법안 처리를 위해 원내총무와 기타 임원들을 선출한다. 이 임원들은 의장 및 위원회 위원장들과 더불어 법률 제정에 큰 영향력을 미친다.

한때 '미스터 공화당'으로 불리던 로버트 태프트(Robert Taft) 의원도 당시 다수당이던 공화당의 원내총무였고, 존슨(Lyndon B. Johnson) 의원도 상원의 원내총무(1953~1960)를 지냈다. 또 주일대사를 지낸 맨스필드(Mike Mansfield) 의원도 당시 상원의 다수당인 민주당의 원내총무로 활약하였다.

▷ 원내 총무제도의 유래

원내총무(whip, floor leader)는 원내대표 다음가는 요직이다. 각 정당은 원내총무제도(whip system)를 통하여 원내에서 정당의 일관성 혹은 정당단합을 유지하고 있다.[42]

원내총무는 당 소속의 각 의원들과 상임위원회 간에 긴밀한 연락을 취하여 당의 입법 정책 시행을 위해 중요한 역할을 한다. 특히 다수당 원내총무의 역할은 매우 중요한데, 그는 소수당의 원내총무와 협조하여 의사진행계획을 의논하고 모든 일이 원만하게 처리되도록 한다.

그러니까 국회의원들에 대한 전령이자 현장의 지휘탑이 곧 원내총무이다. 원내총무는 휩(whip)이라고 하는데 이 용어는 원래 영국에서 여우사냥을 할 때 사냥개들이 사냥 도중에 무리를 떠나지 않도록 하는 '사냥개 몰이 담당자'라는 의미의 'whipper – in'에서 비롯되었다.[43]

'whip'은 '채찍' 혹은 '채찍질하다'라는 뜻이다. 옛날 영국에서는 정당 고

---

42) Lowi 외, 앞의 책, 206쪽.

43) 여우를 추격할 때 사냥집단으로부터 사냥개들이 떨어져 나가 길을 잃지 않도록 관리하는 사람을 지칭하던 말이다. 20세기 초반에 설치되었으며, 정당 원내총무의 발전은 연방의회 상원에서 정당지도자의 진화와 동시에 이루어졌다.　http:www.senate.gov/artandhistory/history/common/briefing/Party_Whips. htm#3/(검색일: 2009.03.03)

위층들이 자기 당 소속 의원들에게 즉시 의회에 참석하라는 명령을 내려 당이 결정한 바에 따라 투표하도록 하였다.

▷ 원내총무의 기능과 역할

원내총무는 해당 정당 소속 의원들과 항상 긴밀히 연락을 취하여 투표결과를 사전에 예측하고, 필요에 따라 당 지도부의 의중을 의원들에게 전달하여 그 정당이 수행하고자 하는 정책관련 법안이나 사안에 관련하여 의원들의 찬성표를 얻어내는 역할을 맡는다.

원내총무는 정당 지도자들을 보좌하고, 정당지도자들이 법안을 가결시킬 수 있도록 보좌하며, 정당 소속의원들이 정치적으로 중요한 입법에 관한 정보를 알 수 있도록 수시로 알려 주고, 법안가결을 위한 투표수를 예측하며, 모든 정당원들이 중요한 법안 투표 시에 참석하도록 독려하는 일 등을 담당한다.[44]

원내에서 당의 입법프로그램을 관리하는 당의 지도자를 보좌해야 하는.

〈표 4-14〉 하원 공화당 원내총무(1897~2009)

| 국회 | 재직기간 | 성명 | 출신 주 |
| --- | --- | --- | --- |
| 55~58 | 1897~1905 | James A. Tawney | 미네소타 |
| 59~60 | 1905~1909 | James E. Watson | 인디애나 |
| 61~62 | 1909~1913 | John W. Dwight | 뉴욕 |
| 63 | 1913~1915 | Charles H. Burke | 사우스다코타 |
| 64~65 | 1915~1919 | Charles M. Hamilton | 뉴욕 |
| 66~67 | 1919~1923 | Harold Knutson | 미네소타 |
| 68~71 | 1923~1931 | Albert H. Vestal | 인디애나 |
| 72 | 1931~1933 | Carl G. Bachmann | 웨스트버지니아 |
| 73~78 | 1933~1943 | Harry L. Englebright | 캘리포니아 |
| 78~93 | 1943~1975 | Leslie C. Arends | 일리노이 |
| 94~96 | 1975~1981 | Robert H. Michel | 일리노이 |
| 97~100 | 1981~1989 | Trent Lott | 미시시피 |
| 101 | 1989 | Dick Cheney | 와이오밍 |
| 101~103 | 1989~1995 | Newt Gingrich | 조지아 |
| 104~107 | 1995~2003 | Tom DeLay | 텍사스 |
| 108~110 | 2003~2009 | Roy Blunt | 미주리 |
| 111 | 2009~현재 | Eric Cantor | 버지니아 |

자료: http://clerk.house.gov/art_history/house_history/rep_whips.html/(검색일: 2009.02.24)

44) 1969년부터 공화당은 원내총무를 지칭할 때 '부 원내대표(Assistant Leader)'라는 명칭을 사용하기 시작하였다.

원내총무는 법안 처리 등 모든 의사일정 관련 정보를 놓치지 않아야 하며, 중요한 법안이 표결에 부쳐질 때에는 당 소속 의원들이 모두 참석할 수 있도록 지휘·격려한다.

〈표 4－15〉 하원 민주당 원내총무(1901∼2009)

| 국회 | 재직기간 | 성명 | 출신 주 | 비고 |
|---|---|---|---|---|
| 56 | 1899∼1901 | Oscar W. Underwood | 앨라배마 | |
| 57 | 1901∼1903 | James T. Lloyd | 미주리 | |
| 58 | 1903∼1905 | 〃 | 〃 | |
| 59 | 1905∼1907 | 〃 | 〃 | |
| 60 | 1907∼1909 | 〃 | 〃 | 1908년 사직 |
| 61 | 1909∼1911 | － | － | 이 기간에는 민주당 코커스나 원내총무 관련 자료 없음 |
| 62 | 1911∼1913 | － | － | 〃 |
| 63 | 1913∼1915 | Thomas M. Bell | 조지아 | |
| 64 | 1915∼1917 | － | － | 이 기간에는 민주당 코커스나 원내총무 관련 자료 없음 |
| 65 | 1917∼1919 | － | － | 〃 |
| 66 | 1919∼1921 | － | － | 〃 |
| 67 | 1921∼1923 | William A. Oldfield | 아칸소 | |
| 68 | 1923∼1925 | 〃 | 〃 | |
| 69 | 1925∼1927 | 〃 | 〃 | |
| 70 | 1927∼1929 | 〃 | 〃 | 1928.11.19 순직<br>1929.03.03 선출 |
| 70 | 1927∼1929 | John McDuffie | 앨라배마 | |
| 71 | 1929∼1931 | 〃 | 〃 | |
| 72 | 1931∼1933 | 〃 | 〃 | |
| 73 | 1933∼1935 | Arthur H. Greenwood | 인디애나 | |
| 74 | 1935∼1937 | Patrick J. Boland | 펜실베이니아 | |
| 75 | 1937∼1939 | 〃 | 〃 | |
| 76 | 1939∼1941 | 〃 | 〃 | |
| 77 | 1941∼1943 | Robert Ramspeck | 조지아 | 1942.05.18 순직 |
| 78 | 1943∼1945 | 〃 | 〃 | |
| 79 | 1945∼1947 | 〃 | 〃 | 1945.12.31 사직 |
| 79 | 1945∼1947 | John J. Sparkman | 앨라배마 | |
| 80 | 1947∼1949 | John W. McCormack | 매사추세츠 | |
| 81 | 1949∼1951 | J. Percy Priest | 테네시 | |
| 82 | 1951∼1953 | 〃 | 〃 | |
| 83 | 1953∼1955 | John W. McCormack | 매사추세츠 | |

| 국회 | 재직기간 | 성명 | 출신 주 | 비고 |
| --- | --- | --- | --- | --- |
| 84 | 1955~1957 | Carl Albert | 오클라호마 | |
| 85 | 1957~1959 | 〃 | 〃 | |
| 86 | 1959~1961 | 〃 | 〃 | |
| 87 | 1961~1963 | 〃 | 〃 | |
| 87 | 1961~1963 | Thomas Hale Boggs | 루이지애나 | |
| 88 | 1963~1965 | 〃 | 〃 | |
| 89 | 1965~1967 | 〃 | 〃 | |
| 90 | 1967~1969 | 〃 | 〃 | |
| 91 | 1969~1971 | 〃 | 〃 | |
| 92 | 1971~1973 | Thomas P. O'Neill, Jr. | 매사추세츠 | |
| 93 | 1973~1975 | John J. McFall | 캘리포니아 | |
| 94 | 1975~1977 | 〃 | 〃 | |
| 95 | 1977~1979 | John W. Brademas | 인디애나 | |
| 96 | 1979~1981 | 〃 | 〃 | |
| 97 | 1981~1983 | Thomas S. Foley | 워싱턴 | |
| 98 | 1983~1985 | 〃 | 〃 | |
| 99 | 1985~1987 | 〃 | 〃 | |
| 100 | 1987~1989 | Tony Coelho | 캘리포니아 | |
| 101 | 1989 | 〃 | 〃 | 1989.06.15 하원에서 사직 |
| 101 | 1989~1991 | William H. Gray, Ⅲ | 펜실베이니아 | 1989.06.14 총무로 선출 |
| 102 | 1991 | 〃 | 〃 | 1991.09.11 하원의원 사직 |
| 102 | 1991~1993 | David E. Bonior | 미시간 | 1991.07.11 선출<br>1991.09.11 취임 |
| 103 | 1993~1995 | 〃 | 〃 | |
| 104 | 1995~1997 | 〃 | 〃 | |
| 105 | 1997~1999 | 〃 | 〃 | |
| 106 | 1999~2001 | 〃 | 〃 | |
| 107 | 2001~2003 | 〃 | 〃 | 2002.01.15 사직 |
| 107 | 2001~2003 | Nancy Pelocy | 캘리포니아 | 2001.10.10 선출<br>2002.01.15 취임 |
| 108 | 2003~2005 | Steny Hoyer | 메릴랜드 | |
| 109 | 2005~2007 | 〃 | 〃 | |
| 110 | 2007~2009 | James Clyburn | 사우스캐롤라이나 | |
| 111 | 2009~현재 | James Clyburn | 사우스캐롤라이나 | |

자료: http://clerk.house.gov/art_history/house_history/dem_whips.html/(검색일: 2009.02.23)

## 1. 의원총회(Party Caucus, Party Conference)

하원의 민주당 의원총회는 모든 민주당 하원의원들의 공식적인 조직이다. 민주당 지도부 선출, 민주당의원의 상임위원회 배정, 그리고 그 외의 일련의 조직상의 문제들이 의원총회에서 결정된다.

연방의회의 의원총회는 1910년 캐넌 하원의장에 대한 의원들의 반발을 계기로 그 기능이 주목받기 시작하였다. 1960년대 말기에는 젊은 민주당 의원들이 상임위원장과 다른 다선 의원들의 전횡에 맞서기 위한 수단으로 스터디그룹을 구성하여 의원총회 활성화 방안을 건의하였고, 이를 당시 하원의장 맥코맥이 수용하여 한 달에 한 번씩 의원총회를 정례화 하였다. 민주당은 1974년에는 모든 상임위원장을 의원총회에서 비밀투표로 인준하는 데까지 발전하였다.

당시 민주당 의원총회가 3명의 상임위원장 내정자를 거부하여 파란을 일으키기도 하였다.

현재의 의원총회는 지도부를 선출하고, 각 정당의 규칙을 정하는 최고의 의사결정기구로 발전하였다. 이렇게 되기까지에는 당 내부에서 적지 않은 우여곡절이 있었다. 의원총회의 권위와 영향력이 커진 것은 다음의 사례에서 볼 수 있다.

1978년 당시 민주당의 카터 대통령과 당 지도부가 찬성했던 사회보장세 인상안을 논의하기 위하여 민주당 의원들은 의원총회를 개최하였다. 하지만 상당수 의원들은 이 안은 담당 상임위원회인 세입위원회가 철회해야 한다고 주장하였다. 투표 결과 150 대 56으로 카터 대통령과 당 지도부가 패배한 것으로 종료되었다.

## 2. 정당 코커스와 컨퍼런스

하원 민주당은 그들의 회합을 '코커스'라고 하고, 하원 공화당은 이를 '컨퍼런스'라고 한다.[45] 상원의 공화당과 상원 민주당은 모두 그들의 회합을 '컨퍼런스(conference)'라고 부른다.

국회의원들은 연방의회에 와서 자기 선거구의 사정에 따라 독자적인 행동을 취하기 때문에, 이들에게 소속 정당의 결정대로 투표를 강요할 수는 없다. 그러나 각 정당은 소속 당원의 의회활동을 정치적으로 절충, 통합하면서, 정당의 이익을 증진시키기 위하여 상원과 하원에 각기 당 조직을 가지고 있다. 이 회의체 당 조직을 공화당은 컨퍼런스(confernce)라고 하고 민주당에서는 코커스(caucus)라고 한다. 코커스나 컨퍼런스에서는 공식적으로 원내대표, 원내총무, 각 정당의 의장후보 지명, 임시의장, 그리고 기타 직책을 선출한다. 정규 코커스나 컨퍼런스에서는 정당지도자들과 정당원들이 정당의 정책, 입법쟁점, 그리고 기타 사안에 대해 토론하고 의논한다.[46] 또 의장선거, 원내대표, 원내총무, 그리고 상임위원회 조직 등에 관하여 의논한다.

미국의 정치체제에서는 의회와 대통령은 별개의 권력을 갖는다. 따라서 정당의 규율이 철저하게 지켜지지는 않는다. 국회의원들은 소신 있게, 정책에 대한 선호·비선호를 결정할 수 있으며 최선이라고 생각되는 정책을 마음대로 지지할 수 있고, 자신의 재선에 유리하게 작용할 것이라고 판단되는 정책도 지지할 수 있다. 다른 한편에서 의회지도자들은 각기 소속된 정당의 정책 프로그램을 원만히 수행하기 위한 영향력을 행사하고, 또 의원들의 총의를 얻기 위하여 코커스 혹은 컨퍼런스를 개최하게 되었다.

---

45) 코커스란 일반적으로 "전략에 합의하거나 후보를 선출하거나 아니면 두 가지를 다 행하기 위하여 정당이나 이익집단의 소속원들이 대개는 비공식적으로 만나는 모임"이다. 원내에서 party caucus는 민주당 소속의원들의 전체 모임을 말하고, party conference는 공화당 소속의원들 전원의 모임을 말한다.

46) 연방의회 내에 대량살상무기(WMD)의 확산을 막기 위한 의원들의 모임인 '코커스(causus)'가 2009년 2월 12일 구성되었다. 로버트 케이시(민주, 펜실베이니아) 상원의원과 리처드 버(공화, 노스캐롤라이나) 상원의원이 주도해 설립한 이 초당적 '상원 대량살상무기 코커스(Senate WMD Caucus)'는 대량살상무기의 위협에 맞서 연방의회 차원의 대응책을 마련하기 위한 것이다.

하원 공화당 컨퍼런스는 새로운 국회가 구성될 때 당의 지도자를 선출하는 조직 포럼과 같은 역할을 수행한다. 컨퍼런스는 주 1회 모임을 기본으로 하며 당의 정책, 현안 입법문제, 그리고 기타 여러 가지 사안에 대하여 토의한다.

1863년부터 현재까지의 공화당 컨퍼런스 의장(Republican Conference Chairmen) 명단은 다음과 같다.

〈표 4-16〉 공화당 컨퍼런스 의장(1863~2009)

| 국회 | 이름 | 출신 주 | 재직 기간 |
|---|---|---|---|
| 38~39 | Justin S. Morrill | 버몬트 | 1863~1867 |
| 40 | Nathaniel Banks,<br>Luck Poland,<br>Samuel Hooper | 매사추세츠<br>버몬트<br>매사추세츠 | 1867~1869 |
| 41 | Robert C. Schenck | 오하이오 | 1869~1871 |
| 41 | Nathaniel P. Banks | 매사추세츠 | 1869~1871 |
| 42 | Austin Blair | 미시간 | 1871~1873 |
| 43 | Horace Maynard | 테네시 | 1873~1875 |
| 44 | George W. McCrary | 아이오와 | 1875~1877 |
| 45 | Eugene Hale | 메인 | 1877~1879 |
| 46 | William P. Frye | 메인 | 1879~1881 |
| 47 | George M. Robeson | 뉴저지 | 1881~1883 |
| 48~50 | Joseph G. Cannon | 일리노이 | 1883~1889 |
| 51~53 | Thomas J. Henderson | 일리노이 | 1889~1895 |
| 54~55 | Charles H. Grosvenor | 오하이오 | 1895~1899 |
| 56~57 | Joseph G. Cannon | 일리노이 | 1899~1903 |
| 58~60 | William P. Hepburn | 아이오와 | 1903~1909 |
| 61~62 | Frank D. Currier | 뉴햄프셔 | 1909~1913 |
| 63~65 | William S. Greene | 매사추세츠 | 1913~1919 |
| 66~67 | Horace M. Towner | 아이오와 | 1919~1923 |
| 68 | Sydney Anderson | 미네소타 | 1923~1925 |
| 69~72 | Willis C. Hawley | 오리곤 | 1925~1933 |
| 73 | Robert Luce | 매사추세츠 | 1933~1935 |
| 74 | Frederick R. Lehlbach | 뉴저지 | 1935~1937 |
| 75~81 | Roy O. Woodruff | 미시간 | 1937~1951 |
| 82~84 | Clifford R. Hope | 캔자스 | 1951~1957 |
| 85~87 | Charles Hoeven | 아이오와 | 1957~1963 |
| 88 | Gerald R. Ford | 미시간 | 1963~1965 |
| 89~90 | Melvin Laird | 위스콘신 | 1965~1969 |
| 91~95 | John B. Anderson | 일리노이 | 1969~1979 |
| 96 | Samuel L. Devine | 오하이오 | 1979~1981 |
| 97~99 | Jack Kemp | 뉴욕 | 1981~1987 |
| 100 | Dick Cheney | 와이오밍 | 1987~1989 |
| 101~102 | Jerry Lewis | 캘리포니아 | 1989~1993 |
| 103 | Richard K. Armey | 텍사스 | 1993~1995 |

| 국회 | 이름 | 출신 주 | 재직 기간 |
|---|---|---|---|
| 104~105 | John A. Boehner | 오하이오 | 1995~1999 |
| 106~107 | J. C. Watts Jr. | 오클라호마 | 1999~2003 |
| 108~109 | Deborah Pryce | 오하이오 | 2003~2007 |
| 110 | Adam Putnam | 플로리다 | 2007~2009 |
| 111 | Mike Pence | 인디애나 | 2009~현재 |

하원 민주당 코커스 의장(Democratic Caucus Chairmen)은 민주당 소속 의원 전원으로 구성되는 코커스 회의를 주재한다.

민주당 코커스는 주 1회를 기본으로 하여 소집되며, 당의 정책, 현안 입법문제, 그리고 기타 여러 가지 사안에 대하여 토의한다.

〈표 4-17〉 민주당 코커스 의장(1849~2009)

| 국회 | 이름 | 출신 주 | 재직 기간 |
|---|---|---|---|
| 31 | James Thompson | 펜실베이니아 | 1849~1851 |
| 32 | 자료 불명 | - | 1851~1853 |
| 33 | Edson B. Olds | 오하이오 | 1853~1855 |
| 34 | George W. Jones | 테네시 | 1855~1857 |
| 35 | 자료 불명 | - | 1857~1859 |
| 36 | George S. Houston | 앨라배마 | 1859~1861 |
| 37~40 | 자료 불명 | - | 1861~1869 |
| 41 | William E. Niblack | 인디애나 | 1869~1871 |
| 41 | Samuel J. Randall | 펜실베이니아 | 1869~1871 |
| 42 | 자료 불명 | - | 1871~1873 |
| 43 | William E. Niblack | 인디애나 | 1873~1875 |
| 44 | Lucius Q. C. Lama | 미시시피 | 1875~1877 |
| 45 | Hiester Clymer | 펜실베이니아 | 1877~1879 |
| 46 | John F. House | 테네시 | 1879~1881 |
| 47 | 자료 불명 | - | 1881~1883 |
| 48 | George W. Geddes | 오하이오 | 1883~1885 |
| 49 | J. Randolph Tucker | 버지니아 | 1885~1887 |
| 50 | Samuel S. Cox | 뉴욕 | 1887~1889 |
| 51~53 | William S. Holman | 인디애나 | 1889~1895 |
| 54 | David B. Culberson | 텍사스 | 1895~1897 |
| 55 | James D. Richardson | 테네시 | 1897~1899 |
| 56~58 | James Hay | 버지니아 | 1899~1905 |

| 국회 | 이름 | 출신 주 | 재직 기간 |
| --- | --- | --- | --- |
| 59 | Robert L. Henry | 텍사스 | 1905~1907 |
| 60~61 | Henry D. Clayton | 앨라배마 | 1907~1911 |
| 62 | Albert S. Burleson | 텍사스 | 1911~1913 |
| 63 | A. Mitchell Palmer | 펜실베이니아 | 1913~1915 |
| 64~65 | Edward W. Saunders | 버지니아 | 1915~1919 |
| 66 | Arthur G. DeWalt | 펜실베이니아 | 1919~1921 |
| 67 | Sam Rayburn | 텍사스 | 1921~1923 |
| 68 | Henry T. Rainey | 일리노이 | 1923~1925 |
| 69 | Charles D. Carter | 오클라호마 | 1925~1927 |
| 70 | Arthur H. Greenwood | 인디애나 | 1927~1929 |
| 71 | David H. Kincheloe | 켄터키 | 1929~1930 |
| 72 | William W. Arnold | 일리노이 | 1931~1933 |
| 73 | Clarence F. Lea | 캘리포니아 | 1933~1935 |
| 74 | Edward T. Taylor | 콜로라도 | 1935~1937 |
| 75 | Robert L. Doughton | 노스캐롤라이나 | 1937~1939 |
| 76 | John W. McCormack | 매사추세츠 | 1939~1940 |
| 77 | Richard M. Duncan | 미주리 | 1941~1943 |
| 78 | Harry R. Sheppard | 캘리포니아 | 1943~1945 |
| 79 | Jere Cooper | 테네시 | 1945~1947 |
| 80 | Aime J. Forand | 로드아일랜드 | 1947~1949 |
| 81 | Francis E. Walter | 펜실베이니아 | 1949~1951 |
| 82 | Jere Cooper | 테네시 | 1951~1953 |
| 83 | Wilbur D. Mills | 아칸소 | 1953~1955 |
| 84 | John J. Rooney | 뉴욕 | 1955~1957 |
| 85~86 | Melvin Price | 일리노이 | 1957~1961 |
| 87~88 | Francis E. Walter | 펜실베이니아 | 1961~1963 |
| 88 | Albert Thomas | 텍사스 | 1964~1965 |
| 89 | Eugene Keogh | 뉴욕 | 1965~1967 |
| 90~91 | Dan Rostenkowski | 일리노이 | 1967~1971 |
| 92~93 | Olin Teague | 텍사스 | 1971~1975 |
| 94 | Philip Burton | 캘리포니아 | 1976~1977 |
| 95~96 | Thomas S. Foley | 워싱턴 | 1977~1981 |
| 97~98 | Gillis W. Long | 루이지애나 | 1981~1985 |
| 99~100 | Richard A. Gephardt | 미주리 | 1985~1989 |
| 101 | William(Bill) H. Gray Ⅲ | 펜실베이니아 | 1989 |
| 101~103 | Steny H. Hoyer | 메릴랜드 | 1989~1995 |
| 104~105 | Vic Fazio | 캘리포니아 | 1995~1999 |
| 106~107 | Martin Frost | 텍사스 | 1999~2003 |
| 108~109 | Bob Menendez | 뉴저지 | 2003~2006 |
| 109 | James Clyburn | 사우스캐롤라이나 | 2006~2007 |

| 국회 | 이름 | 출신 주 | 재직 기간 |
|---|---|---|---|
| 110 | Rahm Emanuel | 일리노이 | 2007~2009 |
| 111 | John Larson | 코네티컷 | 2009~현재 |

## 제7절 의회제도 개혁에 관한 이론적 논의

### 1. 순환론과 행선지론

'의회'는 필연적으로 환경의 변화에 적응하면서 작동하는 반응형 기관으로 존재해야 하는 기관이다.[47] 의회는 늘 변화와 개혁을 요구받게 되며 때로는 스스로 변화를 도모하기도 하는데, 나라마다 정치적 환경이나 역사적 경험이 다르고, 정부형태나 의회운영 방식이 다르다면 의회제도 변화의 속도와 방향은 달라질 수밖에 없다. 따라서 의회제도의 변화를 제대로 보기 위해서는 적어도 두 개 이상의 관점이 필요하다는 전제하에 '순환론'과 '행선지론'을 살펴보고자 한다.

개혁 혹은 개혁 시도는 연방의회의 입법활동을 효율적인 것, 생산적인 것으로 하려는 것임에 틀림이 없지만 다수파가 된 정당의 이익관계나 입장에 따라 제도의 변화가 발생하는 가운데 작용과 반작용을 거치면서 나선형으로 발전해 간다는 것이 순환론이고, 장기적인 관점에서 '개혁'이라는 방향으로 서서히 직선적으로 발전해 간다는 것이 행선지론이다.

---

47) 이 부분은 김현우, 「주요국 의회제도의 변화경향 비교연구」, 『의정연구』 제7권 제2호(2001), 98-102쪽의 내용을 일부 수정하여 전재한 것이다. 이 논의는 의회제도 변화의 속도와 방향, 내용과 입장의 다양성, 그리고 때로는 '개혁'과는 크게 관련이 없어 보이는 당파적 이익이 우선적으로 고려된 '제도 변경'이 행해지는 현실 또한 고려하고 수긍해야 한다는 의미에서 제시되는 것이다.

## 1) 순환론

메이어와 캐넌은 연방의회는 주기적인 제도개혁을 하면서 변화하고 있다는 내용의 순환론을 제시하였다.[48] 이들에 의하면 연방의회의 제도는 '집중된 권력효과를 갖는 제도 개혁(1880, 1946, 1995)' 단계에서 시작하여, '강력한 중앙통제를 받기 쉬운 의원으로부터 오는 압력의 점증' 단계에 이르고, '권력분산의 효과를 갖는 변화(1910, 1970~1975)' 단계, 그리고 '입법과정에서 효율성의 결여에 의한 압력' 단계에 도달한다고 하는데 경험적으로 볼 때 이러한 단계는 다소의 차이는 있지만 대체로 순환되고 있다는 것이다.

'순환론'을 풀이해보면, 원내 다수 세력의 교체가 있거나 권력의 중앙집권화에 대한 의원들의 반발이 있고 그들 집단의 중론이 힘을 받게 되면 다시 권력의 분산이 요구되며, 시간이 흐르면서 권력의 통합이 이루어지는 과정이 반복된다는 것이다. 즉 어느 정도 예측이 가능한 제도 개혁이나 절차의 변화 과정이 되풀이된다는 것이다.

1946년의 의회재조직법은 위원회의 수를 대폭 축소하는 내용을 포함하고 있었다. 그런데 1970년대 중반 이후 소위원회는 '버섯처럼' 여러 상임위원회에서 설치되기 시작하였다.[49] 1970년대에 행해진 의회개혁은 그간의 이른바 '상임위원장 정치'를 다소 불식시키기는 했으나 이번에는 다시 '소위원회에 의한 정치'라는 평가를 받게 되었다.[50] 소위원회 업무의 양적 팽창은 그대로 입법심의 업무량의 증가로 이어져 그 업무를 지원할 보좌 인력의 대폭 증원으로 이어졌다. 의장이 규칙위원회에 대한 영향력을 강화하는 계기

---

48) Kenneth R Mayer and David T. Canon, *The Dysfunctional Congress?*(Boulder: Westview Press,Mayer, 1999), 131쪽. 이들의 논의를 뒷받침해 주는 자료로는 Joseph F. Zimmerman and Wilma Rule(eds.), *The U.S. House of Representatives: Reform or Rebuild?*(Westport, CN: Praeger, 2000), 194－209쪽.

49) 하원은 소위원회 의존 경향이 강했으나, 상원은 위원회별로 소위원회의 수가 증가하기도 하고 감소하기도 하는 등 일정한 경향을 보이지는 않았다.

50) Roger H. Davidson, "Subcommittee Government: New Channels for Policy Making", in Thomas E. Mann and Norman J. Ornstein(eds.), *The New Congress*(Washington, D.C.: American Enterprise Institute, 1981), 99쪽. 1973년에 '소위원회 권리장전'을 제정한 것은 국회의 기능과 권한을 더욱 분산시키는 결과를 초래하였다. 소위원회 권리장전은 1995년에 폐지되었다.

가 되기도 하였다. 1980년대 들어와 소위원회의 수는 다시 150개에 달할 정도로 증가하였다. 상원에서는 1명의 의원이 최소 여섯 개의 소위원회에, 하원에서는 1명의 의원이 평균 두 개의 소위원회에 속하게 되었다. 그러다가 1990년대 후반에는 88개, 2000년대에는 100개를 넘어섰다. 근년 들어 위원회제도가 다소 안정되었다고는 해도 그간의 경험을 보면 위원회의 증가와 감소, 소위원회의 증가와 감소가 반복되어 왔음을 알 수 있다.

입법절차의 복잡화와 소위원회의 영향력 증대로 인하여 법안의 심의와 처리가 지연되는 사례가 증가하면서 위원회제도는 다시 개혁논의선상에 오르게 되었다.

연방의회는 의장이 당적을 보유하면서 입법활동을 이끌어 가는 의회이기에 누가 의장이 되느냐에 따라 의회운영 방식에 크고 작은 변화를 수반하게 되었다. 물론 당시의 정치 환경 예를 들면 행정부를 장악한 것이 의장과 동일 정당의 대통령인지, 또 당시 의회 내의 법규 혹은 규칙이 의장에게 큰 권한을 부여하고 있는지도 참고해야 하겠지만 의장이 주도하는 개혁은 대체로 그가 속한 정당의 정책을 펴는데 보다 우호적인 입법 환경을 조성하는 방향으로 설정되어 왔다.[51]

조지프 캐넌 의장의 밀어붙이기식의 의회운영 방식은 비판을 받았지만, 그 뒤를 이은 의장의 설득과 타협의 운영방식도 온전한 운영방식이라고 보기에는 무리가 따른다. 그렇기 때문에 의장이나 다수당이 바뀌게 되면 필연적으로 의회운영 방식에 변화를 주려는 시도가 있게 마련이다. 예를 들면, 한때 의욕적인 젊은 의원들로부터 비판을 받은 '선임우선제도(seniority system)'는 분명히 단점이 있지만, 다른 한편에서는 위원회 의사의 안정, 불필요한 위원장 선거운동 배제 등 장점도 있었다. 이 제도의 단점을 부각시

---

51) 위원회제도에서부터 지도부의 특권에 이르기까지 의회제도 및 의회조직의 상당 부분은 의원들의 개인적인 권력추구와 연관이 있다는 과격한 주장도 있다. Lawrence C. Dodd, "Congress and the Quest for Power", in Lawrence C. Dodd and Bruce I. Oppenheimer(eds.), *Congress Reconsidered*,(New York: Praeger, 1977) 참조.

킨다면 '개혁의 대상'이 되는 것이지만, 장점을 부각시키고 운용의 묘를 살린다면 이 제도 또한 활용할 만하다는 평가를 받게 될 수도 있다.

무엇보다도 정당이 지배하는 의회에서 이루어지는 '개혁'이란 다수 의석을 갖게 된 정당의 정치적 이해와 입장이 다분히 고려된 '정치적'인 것이 될 공산이 크다.[52] 특정 정파의 논리와 정책정향에 의하여 개혁이 이루어지지만 그것은 다른 정파의 입장에서 보면 '개혁'이 아닌 '단순한 변화'일 수도 있다. 깅리치 의장이 의회 개혁을 주도했지만 개혁의 한 부분을 볼 때, 위원회 직원은 감소하고 다수당 지도부의 보좌직원의 수는 증원되었다. 다수당 지도부를 보좌하는 직원의 수를 늘린 것이 입법성과를 높였다는 이야기는 아직 들은 바 없는데, 이러한 개혁은 연방의회 차원의 개혁이라고 하기보다는 다수당의 편의를 위한 변화라고 볼 수 있다.

본회의나 위원회제도도 정당들의 정책선호를 반영하면서 변화해왔다. 1970년대부터 하원 민주당 지도부는 공화당 측이 민주당의 이익에 부합하지 않는 수정안을 본회의에 제출하기 어렵도록 규제해 왔다. 그러한 본회의 절차의 불공정성을 타파하고 민주당의 하원 운영방법을 쇄신하겠다는 의도가 1980년대 및 1990년대의 공화당 측 개혁 과제의 핵심을 이루었다.

메이어와 캐넌은 집단적 이익형성에 주의를 기울이지 않는 '이기적인 의원들' 때문에 의회가 기능장애(dysfunction)를 보이게 되는 것이며, 제도변화의 순환을 보이게 되는 것이라고 주장하였다.[53]

---

52) 민주당지배 시기인 1984년 6월에 상원은 위원회제도 및 활동에 관한 개선안을 제안하기 위해 또 다른 특별위원회를 설치하였다. 댄 퀘일(Dan Quayle) 공화당 의원이 이 위원회의 의장으로 활동하였는데, 퀘일 위원회는 몇 번의 청문회를 개최하고, 1984년 12월에 개혁을 위한 일련의 권고안을 상원에 제출하였다. 그러나 권고안 중 더욱 엄격한 위원회 배정 제한을 제외하고는 대부분 무시되었다.

53) 1994년 9월 20일 하원 규칙위원회의 민주당 의원들이 모여 리 해밀턴(Lee Hamilton, 인디애나 주) 의원이 발의한 의회개혁법안을 심의하였다. 해밀턴 의원은 1994년 2월, 1994년 의회재조직법(Legislative Reorganization Act of 1994)이라는 법안명칭으로 하원에 상정하였다. 그리고 그 법안은 의회조직사안에 관한 권한을 갖는 규칙위원회에 회부되었다. 이날 규칙위원회는 개혁 과정이 당분간 휴식기에 들어간다는 내용의 결정을 내렸다. 토머스 폴리 하원의장(민주당)은 규칙위원회가 열리기 전에 모우클리 규칙위원회 위원장 방에서 열린 민주당회의에서, 민주당 지도부가 반대하는 위원회 소속의 당 토론의원들에게 촉구하기도 하였다. 제103대 국회 회기가 거의 끝나 가는 시점에서 규칙위원회는 의회재조직법을 다시 심사하지 않음에 따라 그 법안은 자동 폐기되었고, 몇 주 후인 1994년 11월 8일 의회선거에서 민주당은 공화당에게 큰 차이로 패배하였다. 공화당은 40년 만에 상원과 하원의 다수당이 되었으며 개혁의 기치를

결국 순환론은 장기적으로는 연방의회 운영제도의 발전이기는 하나 단기적으로는 부분 수정적인 제도의 변화를 논하는 것이다. 제104대 국회(1995~1997)에서 깅리치 의장이 의회개혁을 행하였지만 그것은 공화당의 정책목표를 달성하기 위하여 공화당이 의회를 운영하기에 편한 방식으로의 변경이었고, 의장의 권한 강화였으며, 위원회 수의 감축이었다. 그는 정책결정을 보다 효율적으로 하기 위하여 위원회의 자율성을 다소 제한함으로써 원내권력의 중앙집권화를 지향하기도 하였다.[54]

하원의 운영방식을 정한 의사규칙은 원내 다수파가 자신들의 정책수립 및 집행을 쉽게 관철시킬 수 있도록 변화해 왔거나, 의장 개인의 선호에 따라 변경되어 온 만큼 연방의회제도는 순환되고 있다는 주장을 뒷받침하는 근거 자료가 될 수 있다.

## 2) 행선지론

의회제도의 개혁이란 정상적인 상황에서는 의회기능 개선을 위한 제도의 변경을 가리킨다. 앞의 순환론은 어떤 제도를 도입하면 그에 대한 반발이나 역기능이 있어 다음 개혁 시에는 다시 다른 제도를 도입하게 되는데 이에 대해서도 반발이나 역기능에 대한 비판이 있게 마련이므로 다시 고치게 된다는 것을 강조하는 논의이다. 즉 수정과 변화의 반복에 의해 의회제도가 개선되는 경향을 논하는 것이다.

이에 반하여 장기적인 안목에서 의회가 행정부를 견제하고 감독하는 자기 본연의 위상과 기능을 찾아가는 과정에 주목하는 논의를 '행선지론'이라고 한다.

영국의회제도의 발전경과를 살펴보면 행선지론의 의미를 알 수 있다. 현인회의(witenagemot)에서 국왕재판소(curis regis)로, 그리고 대회의(commune consilium)를 지나 의회(parliamentum, parliament)를 거쳐 귀족원(House of Lords)

---

내걸게 되었다.
54) 주로 위원회의 수와 위원회 직원의 수를 다소 감축하였다.

과 서민원(House of Commons), 즉 지금의 양원제 의회형태로 발전해 오는 과정은 점진적인 제도 발전의 전형을 보여 주는 것이다. 영국국회에서 임명직 혹은 세습의원들로 구성되는 귀족원에 대한 근년의 개혁논의는 그것이 제도의 폐지가 되었건 아니면 개혁이 되었건 간에 대의제 민주주의의 기본원리에 충실해야 한다는 시대적 요청에 부응하는 논의임에는 틀림이 없다.[55]

지금은 과거처럼 귀족·성직자 계급의 이익을 대변해야 할 이유도 없어졌고, 귀족원 자체가 제대로 기능하지 않는 상황에서는 폐지 혹은 개혁 논의가 나오는 것은 당연한 일이다.

영국 하원의장은 미국 하원의장처럼 국가정책을 주도하려 하지 않는다. 내각에서 주요 정책을 작성하여 정제한 후에 국회에 제출하기 때문이다. 따라서 영국 하원의장이 교체되었다고 해서 국회운영의 규칙이 바뀌거나 의회제도의 과도한 개혁에 나서거나 하는 일은 좀처럼 보기 힘들다.

그런데 그런 분위기 속에서도 1979년에 하나의 변화가 감지되었다. 하원에 14개의 특별위원회가 설치된 것이다.[56] 내각의 반대에도 불구하고 설치되었다는 점에서, 그리고 국정의 거의 모든 영역을 취급하는 14개의 위원회가 활동을 시작한 것은 영국정치나 영국의회 연구자들에게는 좋은 연구대상이 되었다. 이들 특별위원회는 조사 및 연구를 통하여 행정부를 감독하는 기능을 수행하였다.[57] 기능할 것 같지 않았던 영국 하원이 움직인 것이다.

이러한 변화의 분위기는 그보다 9년 전인 1970년경에 이미 관측되기 시작하였다. 영국 하원이 더 이상 '닫혀 있거나 머물러 있는 기관'이 아니라 위원회 심의에 의미를 부여하기 시작했고, 의회로비활동도 활성화되고 있으며, 행정부에 대한 통제능력도 배양되고 있다는 것이 관찰되었다.[58]

---

55) 영국정부가 취한 귀족원 개혁경과에 관해서는 http://www.parliament.uk 참조.

56) 영국은 상임위원회중심주의가 아닌 본회의 중심주의를 채택하고 있다.

57) Michael Jogerst, *Reform in the House of Commons: The Select Committee System*(Lexington: University Press of Kentucky, 1993), 91쪽 참조.

58) Philip Norton, "Representation of Interests: The Case of British House of Commons", in Copeland and Patterson(eds.), *Parliaments in the Modern World*(Ann Arbor: The University of

강물이 바다라고 하는 목표지점을 향하여 흘러가고 있는 것처럼 행선지론은 궁극적인 목표 지점이 있다는 것을 전제로 한다. 다만, 곳곳에 여물목을 설치하여 물살의 속도를 조절해 감으로써 의회에 대한 행정부, 국민, 여론, 정당의 요구나 비판을 흡수, 소화해 가는 과정을 논하는 시각이라고 할 수 있다.

의회제도의 개혁이란 강물의 흐름을 좀 더 빠르게 하기 위하여 강바닥에 턱을 쌓거나 강폭을 좁히는 일과 같다. 강바닥이 갑자기 얕아지거나 강폭이 좁아져 물살이 세차게 흐르는 곳을 여울이라고 하는데, 의회제도의 개혁은 바로 여울목을 설치하는 일에 비유될 수 있다. 그런데 여울목을 설치하여 물살을 빠르게 할 수는 있으나 그 지점을 지나면 다시 강바닥은 평이해지거나 강폭이 넓어지기도 하여 물살의 흐름은 완만해져 여울목 설치의 효과는 감소한다. 행선지론은 때로는 효과의 감소나 다소의 굴곡은 있어도 그 물줄기는 바다방향을 향하여 흘러가는 직선형 변화를 설명하는 시각이다. 장기적인 안목에서 물이 낮은 곳으로 흐르듯 전진적으로 변화해 간가는 것이 행선지론이다.

장기적으로는 제도발전이기는 하나 단기적으로는 수정적인 제도 변화를 논하는 것이 순환론인 데 반하여, 행선지론은 그 변화양태가 보다 궁극적인 제도발전의 추구로 나타난다는 점에서 차이가 난다고 할 수 있다. 결국 순환론은 과정에 무게중심을 두는 것이고, 행선지론은 방향에 무게중심을 두는 논의라고 정리할 수 있다. 일견 순환론과 행선지론은 별개의 논의로 보이지만 결국은 속도와 방법의 차이라고 할 수 있다.

Michigan Press, 1994), 13 – 28쪽.

## 1. 개혁 사유

연방의회는 정치세력 간의 경쟁과 견제, 그리고 협력의 공간이면서 동시에 시대와 상황의 변화에 따라 발생하는 유권자들의 요구를 수용하고 반영해야 하는 살아 움직이는 공간이므로 늘 지속적인 변화의 한가운데에 서 있을 수밖에 없는 기관이다.

의회에서 다수당의 지위를 차지한 정당은 유권자의 지지 속에 들어 있는 묵시적 정치개혁 요구를 의식하지 않을 수 없다. 따라서 어떠한 방향으로든 의회에서의 의사절차나 구조 등을 변경하여 보다 효율적이고 생산적인 입법 활동을 할 수 있도록 한다. 그런데 의사절차와 원내 의사결정 구조는 의회의 권력배분과 밀접한 관련이 있기 때문에 때로는 의회의 개혁이란 '눈감고 아웅'하는 식의 표면상의 변화에 그칠 때도 있다.

의사절차와 구조는 의회 내의 권력배분 및 산출하고자 하는 정책, 즉 집행의 기반이 되는 법률의 내용에 영향을 미칠 수 있기에 어느 국회에서나 중요하게 인식되고 있다.[59] 그런데 의회제도를 개선한다고 하여 어떤 제도를 변경하지만 새롭게 변경된 제도도 대부분 장점과 단점을 동시에 갖고 있기에 다음 선거에서 다수당이 바뀌게 되면 새로 다수당이 된 정당은 기존 제도 혹은 규정의 장점보다는 단점을 부각시켜 의회제도 개혁의 대상으로 치부하는 경우가 있다.

의회를 개혁하는 사유에는 여러 가지가 있으나 기본적으로는 의회가 작은 등치, 작은 전문성으로 큰 등치, 큰 전문성을 가진 행정부를 상대하기에 벅차기에 늘 전문성 제고 및 효율성 강화를 위해 제도 개혁을 논하게 되며, 선거

---

59) 에반스 · 올레스젝, 앞의 책, 4쪽.

에서 다수당이 된 정당이 의회운영 방식과 관련하여 새로운 제도·규정을 제시하기 때문에 이루어지기도 하고, 의회 구성원인 의원들이 비리에 연루되거나 솔선수범하는 태도를 보이지 못하는 경우 국민들로부터 불신을 받게 될 때, 즉 의회에 대한 국민 여론이 악화될 때, 또 의회운영의 비능률성이 지적될 때 개혁논의가 시작된다. 특히 능률성과 관련해서는, 상원과 하원이 모두 급변하는 현대 사회의 요구에 따라가지 못하고 있다는 지적으로부터 자유롭지 못했던 점을 지적할 수 있다. 그리고 당연한 일이지만 의회제도 개혁의 또 다른 부분은 위원회제도 개혁을 통한 행정감독기능의 개선에 있다.[60]

의회운영의 능률이라는 측면에서 보다 개선된 정보전달체계를 갖춘다거나, 참모(staffs)의 수를 적정수로 증원하되 전문성을 가진 직원들을 선별하여 충원한다든가, 수많은 의사 규칙을 단순화한다든가, 의례적인 혹은 의전적인 절차를 줄이자는 개혁 제안들이 있어 왔다.


## 2. 개혁 과정


1900년대 초반 연방의회는 계속되는 정치부패로 인하여 여론이 악화되자 이에 대한 반성으로 비밀투표제, 예비선거제 도입, 상원의원 직선제를 도입하는 등 제도개선에 나섰다. 당시의 노력에 의해 의회에 대한 인식이 개선되고, 의회의 기능 또한 향상되었던 경험이 있다.

제2차 세계대전 이후 연방의회는 크게 세 차례의 중대한 개혁을 이루었다. 그 시기는 ① 제2차 세계대전이 종료된 다음 해인 1946년, ② 베트남전쟁 및 워터게이트 사건을 전후란 시기인 1970년, 그리고 ③ 1994년의 연방의회 중간선거 결과 다수당이 민주당에서 공화당으로 교체된 후 의회개혁이 이루어진 1995년의 개혁을 들 수 있다.

---

60) Steven S. Smith and Christopher J. Deering, *Committees in Congress*(Washington, D.C.: Congressional Quarterly Inc., 1990), 50 − 51쪽.

엄격한 삼권분립이 지켜지고 있는 미국에서 의회제도 개혁이란 대통령의 권한 남용, 무리한 정책의제 설정 및 집행 등을 견제하기 위한 의회의 기능 및 권한 강화, 입법심의의 충실화를 위한 전문직원 충원 확충 및 입법정보원 확대, 의원들의 특권과 윤리문제, 그리고 의회운영의 민주화를 말하는데 특히 위원회의 기능 강화에 그 초점이 맞추어져 있다.

결국 의회제도 개혁 작업은 의회의 정책결정에 핵심적인 기능과 역할을 하는 위원회, 기타 입법보조기관 및 구성원에 관한 것이다. 국회의원들이 그 지원·보좌기관과의 긴밀한 유대 없이 현대의 복잡다기한 현상과 그에 대한 해답 혹은 대응방안을 찾아내기란 쉽지 않은 일이기 때문이다. 연방의회는 자신들을 향한 국민의 불신이 고조되었을 때 이를 타개하기 위하여 스스로 '상하 양원' 합동위원회를 열어 자가진단을 행하고 개혁을 시작하기도 한다. 그런데 외견상 의회제도 개혁이라고 하지만 실제에 있어서는 의회 다수당의 교체에 따르는 정책 우선순위 변경에 의한 조직 재편이라고 볼 수 있는 경우도 있다.

## 1) 의회재조직법 1946

태평양전쟁을 위한 동원령이 선포된 1942년, 연방의회는 국회의원들과 보좌관들이 공무원연금을 수령할 수 있도록 조치하였다. 또한 전쟁을 수행하는 어려운 상황 속에서 일반 시민들에게는 연료 공급이 철저한 규제 속에 할당되고 있었지만 의원들에게는 무제한으로 휘발유 등 석유를 구입할 수 있도록 하는 법안이 가결되었다. 이에 시민들이 분노했고, 청년상공회의소 회원들은 '의회를 위한 꾸러미(Bundles of Congress)'라는 프로그램을 만들어 "아주 탐욕스러운 의원들을 위한 오래된 의류들과 버려진 신발, 그리고 갖가지 쓰레기들"을 수집했다.[61]

---

61) Robert Byrd, *The Senate, 1789~1989*(Washington, D.C.: U.S. Government Printing Office, 1988), 539쪽.

다음 선거를 의식한 의원들은 그 특권들을 철회했다. 제2차 세계대전 이후 연방의회는 국내외 상황변화에 대응하기 위하여 의회제도 개혁에 나섰다. 먼저 의회재조직법(Legislative Reorganization Act of 1946)을 제정하였다.[62]

위원회의 비효율성을 개선하고, 전문성을 강화하기 위하여 위원회의 구성을 합리화하고 각 위원회의 소관을 명확히 하였다. 또 참모진을 개선하였고, 의원들이 보다 많은 시간을 보다 적은 수의 위원회에서 심의에 집중하게 하였다.

이 법은 행정부의 조직과 영역, 인원이 크게 증가하는 것에 비해 의회의 권한과 영역이 상대적으로 축소되고 있다는 초당파적 공감대가 형성되었기에 가결될 수 있었으며, 주로 의회 운영의 민주화와 의회 기능의 극대화에 초점이 맞추어져 있었다.

이 법은 의회조직에 관한 합동위원회(the Joint Committee on the Organization of Congress, 1945~1946)에서 행한 청문회의 산물이다. 이 합동위원회의 주요 목표는 의회 업무량의 증가, 대통령 권한의 확대와 같은 시대적 흐름에 부응하기 위해 의회를 재조직하고 근대화하는 것이었다. 1946년법의 특징은 상하 양원 상임위원회 수의 축소, 위원회에 대한 지속적인 전문직·사무직 직원의 충원, 행정부에 대한 위원회의 지속적인 감시, 예산안에 대한 철저한 심의, 그리고 로비스트의 등록(규제) 등의 내용을 포함하고 있다.[63] 위원회 체제의 구축 등 근대적 의미의 의회제도가  이 무렵에 상당부분 정비되었다.

---

62) 의회개혁을 이야기할 때 먼저 거론되는 것이 '의회조직법 1946'인데, 사실은 1939년에 '행정부 재조직법(Executive Reorganization Act of 1939)'이 제정된 사실을 간과할 수 없다. 미국인들이 대통령제를 도덕적 지도력, 입법의 방향설정, 그리고 정책의 주된 원천으로 간주할수록 대통령비서진 규모를 늘리고 전문화를 도모해야 한다는 압박이 가중되고 있었다. 그래서 1930년 이후부터 대통령제가 제도적으로 변신하기 시작하였고 그 결과가 '행정부재조직법 1939'이다. 이 법으로 인하여 '대통령 행정실(Executive Office of the President)'이 설립되고, 이 기구 산하에 여러 독립기관들이 이전되었다. 예산국(Bureau of the Budget)이 대통령의 국내 정책 프로그램 작성에 대한 책임을 맡았으며, 이러한 기구 설립, 업무조정, 전문성 향상 등으로 인하여 대통령의 행정관리 능력이 크게 향상되었다고 한다. 그리고 미국이 1941년 12월에 태평양전쟁 참여를 선포하기도 전에 연방정부와 행정기구 및 대통령의 모든 권한이 집중되기 시작하였다. 김종완, 『의회중심에서 대통령중심으로의 미국정치제도의 변천』(성남: 세종연구소, 1999), 32 - 33쪽.

63) 에반스·올레스젝, 앞의 책, 47쪽. 이때 만들어진 위원회 소관사항의 대부분은 약간의 변화가 있기는 해도 지금까지 이어져 오고 있다.

당시 방만한 연방의회의 기구와 제도를 대폭 손질할 수 있는 근거로 '의회재조직법'을 만든 것이다. 한때 100개가 넘던 상임위원회 수가 이 법이 시행되면서 상원 15개, 하원 19개로 대폭 축소되었다. 각 상임위원회의 관할 범위가 명확하게 규정되고 위원회 운영규칙이 마련되는 계기가 되었다. 또 보좌관의 전문화를 위한 골격이 마련되고 입법 작업의 간소화도 이루었다.

이 법률에 따라 연방의회는 특히 위원회의 구조 개선과 기능 향상을 보게 되었으며, 국내는 물론 세계 각국에 관한 정보 수집, 자료 분석, 그리고 현안 발생 시 대응방안을 즉시에 강구할 수 있는 체제를 갖추기 시작하였다. 결과적으로 의회운영의 민주화가 이루어지고, 의회의 위상이 제고되었으며 기능이 향상되었다.[64]

## 2) 의회재조직법 1970

1946년의 의회재조직법 제정 이후 약 20년이 지난 1965년, 의회는 의회의 조직과 활동에 대한 총체적인 평가를 위해 양원 의원들로 구성되는 합동위원회를 구성하였다. 의회의 효율성이 행정부의 그것에 뒤진다는 여론이 비등했기 때문이다. 합동위원회는 진지한 연구와 조사, 그리고 계속된 토론을 거쳐 의회를 대폭으로 개방해야 한다는 결론에 도달하였다.

1960년대에 흑인 민권운동과 월남전을 둘러싼 사회갈등이 심각해지고 스태그플레이션으로 정치권에 대한 불신이 높아지자 정치개혁논의가 고개를 들었다.[65]

폐쇄적인 의회구조가 불필요한 권위주의와 비능률을 초래한다는 자가진단

---

64) Christopher J. Deering and Steven S. Smith, *Committees in Congress*(Washington, D.C.: Congressional Quarterly Inc., 1997), 163쪽.

65) 남북전쟁은 연방정부의 권한을 강화시켰고, 대공황과 태평양전쟁도 연방정부의 권한을 강화시켰다. 1960년대의 흑인민권운동의 강화는 연방의회에서 Affirmative Action을 채택하게 만들었고, 베트남전쟁은 연방의회의 권한을 강화시켰다. 그리고 나중에 워터게이트 사건도 의회의 권한을 강화시켰으며 동시에 의회 법안심의 과정도 투명해졌다. 전쟁이나 공황 등 국가적 급변 혹은 위기상황에서는 행정부의 권한이 강화되고, 부정부패사건 때에는 의회의 권한이 강화되는 경향이 있다.

에 따라 의회를 개방하고, 효율성이 뒤지는 본회의 운영절차도 대폭 개선하였다. 이번 의회재조직법은 위원회의 행정부 감독권한을 명시적으로 규정하였으며, 상하원의 대부분 위원회에 대해 위원회의 감독활동에 대한 보고서를 2년마다 제출하도록 요구하였다. 또 의회의 독자적인 조사기능을 확대, 강화하고 소수당의 지위를 제도적으로 강화하는 방안도 마련하였다.

연방의회는 1970년에 의회재조직법(Legislative Reorganization Act of 1970)을 가결하였다. 이 법의 주요 내용은, 의회를 국민에게 개방한다, 의회의 정책결정능력을 강화한다(효율성 추구), 의회에서 소수당의 권리를 강화한다 등이다. 이 법으로 텔레비전과 라디오가 위원회 의사록을 취재하는 것을 허가하였고, 상원에 재향군인위원회를 설치했으며, 위원회 참모의 수를 증원하게 되는 등 여러 측면에서 변화가 있었다. 연방의회는 1970년의 의회재조직법을 통해 입법참모의 수를 증가시킬 수 있도록 하였다. 그 결과, 하원의원의 경우 평균 12명, 상원의원의 경우 평균 24명을 두게 되었다.

연방의회는 1970년대의 의회제도 개혁을 통하여 위원회 제도의 정비, 위원회 전문직원의 확충, 의회도서관과 입법조사국 확대, 연방회계감사원의 권한 및 기능 강화, 위원회 회의 공개 등 의회의 법안심의과정을 보다 투명화하고 민주화하는 변화를 가져왔다.[66] 이러한 조치를 통하여 연방의회의 권한과 정책형성능력이 강화되었다.

결국 1970년의 의회재조직법은 대통령 권한의 집중에 대응하는 의회 권력의 강화, 의회의 지나친 분권화에 대한 통합시도로 특징지어진다. 그리고 군사관련문제와 예산문제에 있어서 의회의 권한을 강화시켰고, 의회의 정책형성능력을 지원하기 위한 전문지원조직을 강화하였다.[67] 예산 결정 및 대외군사행동과 관련한 의회의 권한도 증대되었다.[68]

---

66) Leroy N. Rieselbach, *Congressional Reform*(Washington, D.C.: CQ Press, 1986), 47 – 50쪽.

67) Samuel C. Patterson, "The Semi – Sovereign Congress", Anthony King ed., *The New American Political System*(Washington D.C.: American Enterprise Institute, 1978), 176 – 177쪽.

68) 연방의회는 대외정책에서 대통령이 원하는 것이면 무엇이든지 언제나 승인을 해 주는 이른바 '고무도장(rubber stamp)'은 아니다. 그러나 의회가 비교적 정보와 전문지식을 결여하고 있으며, 국내정책과 선거

1970년의 의회재조직법 제정 이후에도 의회의 기능강화를 위한 조치는 계속 이어졌다. 몇몇 사례를 보면 다음과 같다.

민주당은 1971년 의장 선출방식을 변경하고자 하였다. 그 이유는 의장의 권한이 강대하여 남용하는 사례가 다수 있었기 때문이다. 의장으로 선출되는 최다선 다수당 의원에 대한 도전을 쉽게 하기 위하여 의장선출 규칙을 변경하였다.

또한 1971년 하원의 민주당 의원총회는 상임위원회 위원장 후보자들에게 대하여 비밀투표로서 승인을 받도록 하였으며, 1973년에는 '소위원회 권리장전(subcommittee bill of right)'을 채택하여 위원회 위원장의 권한을 축소하는 대신 소위원회에 더 큰 권한을 부여하였다.[69]

소위원회 권리장전을 채택한 민주당은 전문성 및 효율성 제고를 위한 위원회 제도 개혁에 나섰다. 위원장이 갖고 있는 권력을 이동시킴으로써 위원회제도가 하원의장과 민주당 당원에 대해 더욱 책임의식을 갖도록 하려는 의도에서 개혁이 시도되었다. 소위원회에 일정한 소관 범위와 충분한 수의 의회 참모 배치를 보장하고, 소위원회를 중요한 입법 활동 및 논의의 장소로 만들려는 시도였다.

1974년의 하원의 개혁수정안은 몇몇 상임위원회에 대하여 '특별감독권'을

---

구의 요구에 열중하고, 국제적인 위기에서는 대통령 뒤에서 서로 단합하는 경향이 있기 때문에 대외정책에 대한 의회의 역할이 약화되기 쉬운 것은 사실이다. 국제적인 비상사태 상황에서는 국민과 의회는 대통령을 지지하는 경향이 있다. 단적인 예는 1962년의 쿠바 미사일위기를 들 수 있다. 상황이 전개되고 있는 중에 양당의 지도자들은 자주 백악관의 특별비상회의에 초청되어 상황을 보고받고 행정부의 행동계획을 보고받는다. 대통령은 자신의 행정부의 행동을 정당화하고, 그러한 행동의 배후에 관련되어 있는 외국의 적들에게 시위하기 위해 위회의 지지를 적극 모색한다. 이럴 경우 대통령이 의회의 지지를 얻는 데에 큰 어려움은 없다. 베트남전쟁과 데탕트는 의회가 국방비의 지출과 대통령의 대외정책 수행을 공개적으로 비판할 수 있는 좋은 기회를 마련해 주었다. 전쟁권한과 행정협정에 대한 법안이 의회에서 가결된 것은 1970년대 초반, 대외정책에 대한 의회의 통제권을 주장하기 위해서 의회가 취했던 여러 조치들 중의 하나이다. 미국 중앙정보국(CIA)은 그 비밀활동을 '적절한 형식'으로 의회에 보고해야 한다는 요구나, 의회가 700만 달러어치 또는 그 이상의 다른 나라에 대한 무기판매를 거부할 수 있는 권한을 부여받은 법안들은 이러한 정책방향에서 수립된 것이다.

69) '소위원회 권리장전'과 '법안의 상임위원회 공동회부제도'는 1995년에 대리투표제도와 함께 폐지되었다. 하원 민주당은 1973년과 1974년에 위원회 위원장의 권한을 약화시키기 위하여 '소위원회 권리장전'을 제정하였다. 민주당은 이러한 방법으로 연방정부를 보다 민주적인 공간으로 만들었으며, 위원장의 소위원회에 대한 통제권을 약화시켰다. Susan Welch 외, 앞의 책, 290 - 291쪽.

부여하였다. 상원 역시 1977년에 위원회재조직수정안을 채택하여 이른바 '포괄적 정책감독권'이라는 하원과 동일한 방안을 채택하였다. 민주당 지배 시기인 1976년과 1977년에 상원 위원회제도 연구를 위한 임시특별위원회가 설치되었다. 1976년 3월 스티븐(Adlai Stevenson) 민주당 상원의원이 이끄는 특별위원회를 설치하여 위원회 조직에 대한 개선안을 작성하였다.

상원 규칙행정위원회에서 개선안에 대한 수정을 행한 후 1977년 상원에서 채택하였다. 1946년 의회재조직법 이후 상원의 위원회제도를 재조직화한 것이다. 상임위원회의 수를 감축하고, 위원회별로 분산된 소관사항을 통합하도록 하였다.

민주당 지배 시기인 1970년대 초반 리처드 볼링(Richard Bolling, 민주) 의원은 일반적인 기준에서 위원회의 업무량과 소관범위에 대한 조사를 실시하여, 위원회 직원 증원을 요구하였다. 볼링 의원은 제시한 위원회 개혁안에서 위원회 업무량 균등 배분, 의원의 배정 상한 수 제한, 관련된 정책소관 범위를 단일 위원회로 통합, 의장이 법안을 하나 이상의 위원회에 회부하는 것 등을 제안하였으나 하원 본회의는 제안내용 채택을 거부하였다. 이어 줄리아 버틀러 한센(Julia B. Hansen, 민주) 의원이 볼링 의원의 개혁안에 비해 소관사항 범위의 변화를 최소화하고, 의장의 권한을 강화하며, 의회 참모진의 수를 증대하고, 기타 점진적인 개혁을 하자는 안을 제시하였는데, 이 안은 하원 본회의에서 채택되었다.


## 3) 의회재조직법 1994년(시도)

연방의회에 대한 시민들의 불신감은 의원들의 비리·비행사건이 연이어 불거진 1980년대 후반 광범위하게 확산되었다.[70] 1990년 연방 의회 선거 결과 하원에서는 한 무리의 공화당 초선 의원들이 등원하여 개혁의 물꼬를 트는

---

70) 이때 국민들의 의회에 대한 불신도가 77퍼센트에 달하였다. 1992년 6월 하원은 투표 결과 412 대 4로, 상원은 만장일치로 양원 합동위원회의 설치 결의안을 가결하였다.

데 기여했다. 이들 중 7명이 모여 비공식 모임을 조직하였는데 이 모임은 뉴트 깅리치(Newt Gingrich)가 주도하는 공화당의 의회 개혁 노력에 큰 힘을 보탰다.[71) 하원 제102대 국회(1991～1993) 회기 동안 그들은 일련의 개혁 조치들을 주도했는데 특히 의원들의 부수입에 대한 철폐를 주장하고 나섰다.

민주당 소속 리 해밀턴(Lee Hamilton, 인디애나 주) 하원의원이 의회제도 개혁 결의안을 제출했는데 이는 1980년대 후반부터 일련의 의원 관련 비리가 연이어 터진데다가 특히 1992년 하원 전용 은행 부도사건을 계기로 연방의회에 대한 비난여론이 비등했기 때문이다. 의원들에 대한 특권의 하나인 하원 은행 비리사건은 시민들의 분노를 사게 되어 제3차 양원 합동개혁위원회가 설립되는 계기가 되었다.

해밀턴 의원이 개혁안을 제출할 당시만 해도 의회 지도자들은 시간과 에너지의 낭비라고 인식하고 있었다. 급증하는 연방 예산 적자와 연이어 불거진 국회의원 관련 추문(scandal)의 발생으로 인하여 연방의회 운영에 대한 신뢰는 땅에 떨어졌다. 추문의 사례로는 '키팅(Keating) 5인방'의 불법 선거자금 모금, 하원 전용은행의 부도수표 사건(1992년),[72) 팩우드 상원의원의 성(性) 추문 등이 있다.

연방의회에 대한 신뢰성, 공정성이 저하되고 국민의 불심감이 증대되면서 의회개혁은 중요한 정치적 쟁점으로 부상하게 되었다. 해밀턴 의원이 의회제도 개혁안을 제출했고, 그 이후에도 공화당 소속의원들에 의해 지속적으로 개혁안이 제출되었다. 해밀턴 의원의 의회 개혁 결의안은 1992년 6월 18일 하원 본회의에서 찬성 424표, 반대 4표로 가결되었다. 상원에서도 같은해 6월 30일 만장일치로 가결되었다.

---

71) 이들을 '7인의 갱(Gang of Seven)'이라고 부르는데 그들은 Jim Nussle(아이오하), Rick Santorum(펜실베이니아), John Boehner(오하이오), Scott Klug(위스콘신), Charles Taylor(노스캐롤라이나), Frank Riggs(캘리포니아), John Doolittle(캘리포니아) 등이다.

72) 1991년 9월 연방의회 내 일반회계감사원(GAO)은 회계연도가 종료되는 6월 30일까지 12개월 동안 하원의원들이 하원 은행에 잔고가 부족했음에도 8,000장 이상의 당좌수표를 발행해 왔다는 사실을 발표하였다. 이에 1991년과 1992년에 걸쳐 하원 은행 추문이 폭로된 후 의원들의 특권과 부수입을 없애도록 제도를 개선해야 한다는 여론이 비등하였다. 에반스·올레스젝, 앞의 책, 81쪽.

이런 과정을 거쳐 '의회 조직에 관한 합동위원회'가 구성되었으며, 이 위원회는 1993년 말까지 연방의회를 연구하고 제도개혁을 위한 권고안을 제출하도록 위임받았다.[73]

1993년 봄 하원의 위원회 위원장들은 상임위원회의 규모를 축소하는 것과 의원들이 배정받을 수 있는 상임위원회의 수를 제한하는 것에 초점을 맞추어진 상임위원회 개혁안을 공동으로 추진하였다.

제2차 세계대전 이후 연방의회 상임위원회의 규모는 크게 증가해 왔다. 상원에서는 1945년에는 14.9명이었던 상임위원회의 평균 구성원 수가 1992년에는 18.4명으로 증가하였다. 같은 기간 동안 하원 상임위원회의 평균 구성원 수는 10명에서 38.7명으로 증가하였다. 특히 하원의 경우 1993년 현재 세출위원회는 60명의 구성원을 그리고 공공사업위원회는 63명의 구성원을 가지고 있었다. 이 정도 위원을 갖는 위원회라면 당초 의도한 심도 있는 사안 논의는 힘들 것이기 때문에 개혁의 대상이 되었다.

1994년 2월, 해밀턴 의원과 드라이어 의원은 의회 개혁 건의안을 '1994년 의회재조직법'이라는 명칭으로 하원에 제출하였다. 이 법안은 의회 조직 사안에 대해 관할권을 갖는 규칙위원회로 회부되었지만 당시 다수당이었던 민주당의 소극적인 자세로 인하여 개혁을 성사시키지는 못하였다.

## 4) 의회제도 개혁 1995(공화당 주도 의회 개혁)

1994년 11월의 연방의회 중간선거에서 공화당이 1954년 이래 40년 만에 처음으로 하원의 다수당이 되었다.[74] 상원에서도 다수당이 되어 상하 양원을 장악하게 된 공화당은 바로 의회제도 개혁에 나서게 되었다.[75]

---

73) 이 위원회는 상원과 하원, 그리고 공화당과 민주당 각각 동수로 구성되었다.

74) 공화당은 유권자들이 공화당을 다수당으로 만들어 주면 제104대 국회 임기 개시 후 100일 이내에 '미국과의 계약'에 제시된 개선안 10개 항목(세금 감면, 복지 혜택 증대 등)을 모두 입법화하겠다고 공약했었는데, 이 중 '의원 임기제한'만 제외하고는 공약을 지켰다. Oleszek, 앞의 책, 14쪽.

75) 제104대 국회에서의 의회 개혁에 관해서는 박찬욱, '미국연방의회의 내부개혁: 제104대 하원 이후', 박찬욱·이현우 외, 『미국의 정치개혁과 민주주의』(서울: 오름, 2004) 참조.

공화당에 의한 개혁은 우선 의회에 대한 국민의 불신과 불만을 해소하기 위한 연방의회의 책임성 제고에 중점이 두어졌다.[76] 의회책임법(Congressional Accountability Act)이 제정되고, 의회 운영에 있어서 낭비와 비리, 권한 남용 요인을 찾아내기 위한 회계감사를 실시하였다. 동시에 보다 효율적인 의사(議事) 관리를 위하여 조직을 개편하여 위원회 직원의 수를 감축하였고, 시민들이 입법과정에 관하여 보다 쉽게 접근하여 내용을 이해할 수 있고, 또 참여할 수 있는 조치들을 취하였다. 또 상임위원회의 자율권을 약화시켰고, 상임위원회 배정방식을 개정하였다. 연방의회와 연방의회 소속 의원들에 대한 책임성, 신뢰성, 그리고 투명성 제고를 위한 자구책을 마련한 것이다. 이때 수십 년 만에 로비관계법 개정이 있었다.

1994년 11월 '미국과의 계약(Contract with America)'을 기치로 내건 공화당이 40년 만에 상하 양원의 다수당으로 복귀한 것은 이런 분위기를 대변한 사건이었다.[77]

공화당은 1994년 선거에서 지나치게 비대해진 연방정부에 대한 대대적인 개혁과 축소를 공약으로 내걸고 압도적인 승리를 거둠으로써 1955년 이후 만년 소수당의 지위에서 벗어날 수 있었다.[78]

연방의회 선거에서 승리가 확정된 후인 1994년 12월 14일, 깅리치는 의

---

76) Leroy N. Rieselbach, "Congressinal Change: Historical Perspectives", James A. Thurber and Roger H. Davidson(eds.), *Remaking Congress: Change and Stability in the 1990s*(Washington, D.C.: Congressional Quarterly Inc., 1995), 11쪽.

77) 에반스·올레스젝, 앞의 책, 160쪽.

78) 의원의 임기제한 움직임은 1994년 11월 공화당이 다수당으로의 복귀를 위한 선거 전략의 하나였다. 당시 공화당을 이끌었던 뉴트 깅리치가 '미국과의 약속' 10대 강령을 정하면서 그 속에 핵심사항의 하나로 포함시킨 것이다. 당시 의회운영의 효율성이 떨어지는 것에 대한 국민의 비판이 강했는데 그러한 분위기를 감지한 공화당이 이를 강령으로 채택한 것이다. 그러한 파격적인 공약에 힘입어 공화당은 그해 11월의 선거에서 상하 양원의 다수당으로 복귀했다. 1995년 공화당은 공약을 지키기 위해 하원의원은 6회까지, 상원의원은 2회까지로 각각 12년으로 임기를 제한하는 내용이었다. 크나큰 관심 속에 그 법안에 대한 표결이 있었는데, 결과는 찬성 227표, 반대 207표로 부결되었다. 찬성표가 많았지만 의원 임기를 규정한 헌법을 수정하기 위해서는 3분의 2 이상의 찬성이 필요하기 때문이다. 2년이 지난 1997년 2월 같은 내용의 법안을 하원이 제출하여 다시 표결에 들어갔다. 이번에는 투표 결과 찬성 217표가 나와 역시 부결되었다. 국민이 선출하는 의원의 임기를 인위적으로 제한하는 것은 헌법정신에 어긋난다는 법원의 판결이 영향을 미쳤다. 이로써 공화당이 제시한 10개의 개선안 가운데 9개는 처리되고 의원임기 제한 건만은 채택되지 못하였다.

장에 대한 8년 임기 제한을 수용하였고, 제105대 국회 회기가 시작된 하원
은 1995년 1월 4일 이 안을 채택하였다.

공화당의 개혁은 결과적으로는 의장 권력의 강화로 나타났다. 깅리치 의
장은 모든 상임위원장을 지명하는 공식적인 권한을 행사하였다. 이러한 권
한행사는 특히 공화당의 정책목표를 달성하는 데 핵심적인 위원회에 대해
행사하였다.[79]

### 위원회제도 개혁

① 상임위원회와 소위원회의 위원장 임기를 6년으로 제한한다. ② 상임위원회 위
원장에게 소속 소위원회 위원장 지명 권한을 부여한다. ③ 독립적인 소위원회 직원
을 없애는 한편 위원회 재정지원 절차를 강화한다. ④ 위원회에서 대리투표를 금지
한다. ⑤ 두 개의 상임위원회와 네 개의 소위원회로 의원의 위원회 배정을 제한한
다. 예외는 해당되는 의원 총회에 의해 승인을 받아야 한다. ⑥ 대부분의 상임위원
회에 대해 소위원회 수를 제한한다. ⑦ 컬럼비아특별구위원회, 해양수산위원회와 체
신위원회를 폐지하고 그 소관사항을 다른 위원회로 이관함으로써 위원회제도를 재
구조화한다. 에너지·상업위원회의 소관사항 중 일부 항목을 다른 위원회로 이관한
다. 공화당의 정책 우선순위를 반영하도록 많은 기존 위원회 명칭을 변경한다. ⑧
의원들은 단 하나의 상임위원회나 소위원회의 위원장을 맡도록 한다. ⑨ 유동 정족
수(출석하지 않은 의원도 투표할 수 있도록 위원회 호명투표를 '개방해 놓는' 관행)
를 금지한다. ⑩ 정보위원회의 규모, 구성, 임기 기간을 변경한다. ⑪ 보다 체계적
인 위원회 감독 계획을 요구한다.

공화당의원들은 1995년에 지엽적인 이해관계에 있다고 보이는 세 개의
위원회를 없앴다. 없어진 3개의 위원회는 전통적으로 민주당의 이해에 부응
하는 위원회였다. 제104대 국회 이후 공화당이 지배하는 하원에서 본회의
심의 효율성이 그 이전보다 향상되었으며, 본회의의 1일 평균 개의시간이

---

79) 에반스 · 올레스젝, 앞의 책, 167쪽.

늘었고, 법안가결 비율도 높아졌다. 그런데 동시에 정당규율의 수준이 상당히 높아졌다. 결국 공화당 주도의 연방의회가 당면하는 현안들을 공화당 방식으로 타개해 가기 위해 하원을 재조직하고 절차를 변경했는데, 이는 정당지도부 권한강화를 통한 원내 권력구조와 의사결정구조의 효율성 추구였다. 변화와 개선을 위한 노력이기는 하지만 이를 혁명적인 개혁의 결과라고 보기 어렵다는 견해가 있다.[80]

1970년대 연방의회는 포괄적이고 대규모적인 의회 개혁 작업을 수행하여 결과적으로 위원회 지배(committee government)현상을 가져왔고 이는 적어도 하원에서의 소위원회 지배(subcommittee government)로 이어졌다. 소위원회는 연방의회의 분권화의 특성을 반영하며 의원들 사이의 분업시스템을 발전시키고 전문성을 강화시켜 의회의 역량강화에 기여했다.[81] 그러나 지나친 위원회와 소위원회 수의 증가는 효율성을 감소시켰다 하여 연방의회의 개혁 대상이 되었다.[82] 결국 공화당이 다수당이 된 제104대 국회(1995~1997)에 이르러 위원회와 소위원회는 대폭적으로 축소되었다.

연방의회 개혁은 앞의 순환론에서도 언급되었듯이, 외부 환경의 변화에 적응하기 위한 생존 차원의 자구책이며, 동시에 일반 유권자의 요구·기대치에 부응하기 위한 전략적 제도 변경에 가깝다고 할 수 있다.


## 제9절 회기


1933년 2월 6일 비준된 수정조항 제20조 제2절은, 연방의회는 매년 적어

---

80) 박찬욱, 앞의 글, 261쪽 참조. 제104대 국회의 개혁은 위원회를 다수당 지배의 도구로 보는 관점을 강화시켰다.

81) 소위원회는 정부 각 부처, 의회의 후원자들, 사적인 단체, 그 밖에 여러 기관들의 의견을 미리 시험해 보고 의안검토에 참고하기도 한다.

82) Heineman, Robert A. et al., *American Government*(New York: Mcgraw-Hill, 1989), 205-210쪽 참조.

도 1회 집회하여야 하며, 그 집회의 시기는 의회가 법률로 다른 날짜를 정하지 않는 한 1월 3일 정오라고 규정하고 있다.[83]

하원의원의 임기는 2년이고, 각 국회의 회기는 두 개의 회기로 나뉜다.[84] 매 홀수 해의 1월 3일부터 회기가 시작되므로, 홀수연도가 제1회기가 되고 짝수연도가 제2회기가 된다. 의회가 휴회 중이더라도 대통령의 소집에 의해 특별회기를 소집할 수 있다.

이처럼 연방의회는 한국국회나 일본국회처럼 '소집'이라고 하는 의례적 행위 없이 법률에서 정한 특정한 날, 즉 매년 1월 3일 정오에 활동이 시작된다.[85] 휴회 기간을 제외하고는 연중 열려 있기 때문에 1년이 곧 한국이나 일본에서 말하는 정기회(regular session, 정기국회)인 셈이다.

특별한 경우에 대통령이 소집하는 특별회(special session)가 있으나, '연중국회(年中國會)' 체제이기 때문에 휴회기간을 제외하면 대통령이 특별히 국회를 소집해야 힐 필요성은 거의 없다.[86]

연방의회는 연중회기제도로 운영되기 때문에 회의 일정의 조정이 용이하며, 하루에 처리해야 할 업무량도 상대적으로 축소되기에 연말에 밀린 의안을 무더기로 처리해야 하는 등의 비생산적이고 비합리적인 일은 크게 감소한다.

의회 사무총장은 첫 회기가 시작되면 개회를 선언하며, 하원에서는 의장 선출 시까지, 상원에서는 임시의장 선출 시까지 원내에서의 질서 및 예의를 유지하고 의사일정을 정리한다.

---

83) 매년 1월 3일 정오에 시작되는 회기는 필요한 기간만큼 계속할 수 있다.

84) 의회의 임기는 홀수 해에 시작하여 다음의 홀수 해에 종료된다.

85) 1934년부터 연방의회의 제1회기는 홀수 해 1월 3일에 회합하며, 다음 홀수 해 1월 3일에 폐회하기로 하였다.

86) 프랭클린 루스벨트 대통령이 대공황을 극복하기 위하여 연방의회 특별회를 소집한 적이 있다. 루스벨트 대통령은 1933년 3월 특별회를 소집하여 6월 16일까지 100일 동안 회기를 가졌다. 특별회기 동안 행정부는 대공황 극복과 불황 타개를 위한 대책을 제시하고 입법화하였는데 이 새로운 정책을 '뉴딜정책'이라고 한다.

〈표 4-18〉 하원 회기(제1대 국회~제111대 국회)

| 국회 | 회기 수 | 개회일 | 정회(휴회) | 개의일 수 |
|---|---|---|---|---|
| 1 | 3 | 1789.03.04 | 1791.03.03 | 519 |
| 2 | 2 | 1791.10.24 | 1793.03.02 | 316 |
| 3 | 2 | 1793.12.02 | 1795.03.03 | 311 |
| 4 | 2 | 1795.12.05 | 1797.03.03 | 266 |
| 5 | 3 | 1797.05.15 | 1799.03.03 | 394 |
| 6 | 2 | 1799.12.02 | 1801.03.03 | 271 |
| 7 | 2 | 1801.12.07 | 1803.03.03 | 236 |
| 8 | 2 | 1803.10.17 | 1805.03.03 | 282 |
| 9 | 2 | 1805.12.02 | 1807.03.03 | 234 |
| 10 | 2 | 1807.10.26 | 1809.03.03 | 299 |
| 11 | 3 | 1809.05.22 | 1811.03.03 | 285 |
| 12 | 2 | 1811.11.04 | 1813.03.03 | 367 |
| 13 | 3 | 1813.05.24 | 1815.03.03 | 371 |
| 14 | 2 | 1815.12.04 | 1817.03.03 | 240 |
| 15 | 2 | 1817.12.01 | 1819.03.03 | 249 |
| 16 | 2 | 1819.12.06 | 1821.03.03 | 273 |
| 17 | 2 | 1821.12.03 | 1823.03.03 | 249 |
| 18 | 2 | 1823.12.01 | 1825.03.03 | 266 |
| 19 | 2 | 1825.12.05 | 1827.03.03 | 259 |
| 20 | 2 | 1827.12.03 | 1829.03.03 | 268 |
| 21 | 2 | 1829.12.07 | 1831.03.03 | 264 |
| 22 | 2 | 1831.12.05 | 1833.03.03 | 316 |
| 23 | 2 | 1833.12.02 | 1835.03.03 | 304 |
| 24 | 2 | 1835.12.07 | 1837.03.03 | 300 |
| 25 | 3 | 1837.09.04 | 1839.03.03 | 352 |
| 26 | 2 | 1839.12.02 | 1841.03.03 | 320 |
| 27 | 3 | 1841.05.31 | 1843.03.03 | 464 |
| 28 | 2 | 1843.12.04 | 1845.03.03 | 288 |
| 29 | 2 | 1845.12.01 | 1847.03.03 | 340 |
| 30 | 2 | 1847.12.06 | 1849.03.03 | 344 |
| 31 | 2 | 1849.12.03 | 1851.03.03 | 394 |
| 32 | 2 | 1851.12.01 | 1853.03.03 | 363 |
| 33 | 2 | 1853.12.05 | 1855.03.03 | 336 |
| 34 | 3 | 1855.12.03 | 1857.03.03 | 363 |

| 국회 | 회기 수 | 개회일 | 정회(휴회) | 개의일 수 |
|---|---|---|---|---|
| 35 | 2 | 1857.12.07 | 1859.03.03 | 277 |
| 36 | 2 | 1859.12.05 | 1861.03.03 | 295 |
| 37 | 3 | 1861.07.04 | 1863.03.03 | 355 |
| 38 | 2 | 1863.12.07 | 1865.03.03 | 298 |
| 39 | 2 | 1865.12.04 | 1867.03.03 | 328 |
| 40 | 3 | 1867.03.04 | 1869.03.03 | 705 |
| 41 | 3 | 1869.03.04 | 1871.03.03 | 349 |
| 42 | 3 | 1871.03.04 | 1873.03.03 | 330 |
| 43 | 2 | 1873.12.01 | 1875.03.03 | 291 |
| 44 | 2 | 1875.12.06 | 1877.03.03 | 344 |
| 45 | 3 | 1877.10.15 | 1879.03.03 | 342 |
| 46 | 3 | 1879.03.18 | 1881.03.03 | 393 |
| 47 | 2 | 1881.12.05 | 1883.03.03 | 337 |
| 48 | 2 | 1883.12.03 | 1885.03.03 | 311 |
| 49 | 2 | 1885.12.07 | 1887.03.03 | 330 |
| 50 | 2 | 1887.12.05 | 1889.03.03 | 412 |
| 51 | 2 | 1889.12.02 | 1891.03.03 | 397 |
| 52 | 2 | 1891.12.07 | 1893.03.03 | 340 |
| 53 | 3 | 1893.08.07 | 1895.03.03 | 454 |
| 54 | 2 | 1895.12.02 | 1897.03.03 | 280 |
| 55 | 3 | 1897.03.15 | 1899.03.03 | 435 |
| 56 | 2 | 1899.12.04 | 1901.03.03 | 277 |
| 57 | 2 | 1901.12.02 | 1903.03.03 | 305 |
| 58 | 3 | 1903.11.09 | 1905.03.03 | 262 |
| 59 | 2 | 1905.12.04 | 1907.03.03 | 300 |
| 60 | 2 | 1907.12.02 | 1909.03.03 | 268 |
| 61 | 3 | 1909.03.15 | 1911.03.03 | 435 |
| 62 | 3 | 1911.04.04 | 1913.03.03 | 500 |
| 63 | 3 | 1913.04.07 | 1915.03.03 | 654 |
| 64 | 2 | 1915.12.06 | 1917.03.03 | 368 |
| 65 | 3 | 1917.04.02 | 1919.03.03 | 634 |
| 66 | 3 | 1919.05.19 | 1921.03.03 | 461 |
| 67 | 4 | 1921.04.11 | 1923.03.03 | 624 |
| 68 | 2 | 1923.12.03 | 1925.03.03 | 281 |
| 69 | 2 | 1925.12.07 | 1927.03.04 | 297 |
| 70 | 2 | 1927.12.05 | 1929.03.03 | 268 |
| 71 | 3 | 1929.04.15 | 1931.03.03 | 529 |
| 72 | 2 | 1931.12.07 | 1933.03.03 | 312 |
| 73 | 2 | 1933.03.09 | 1934.06.18 | 266 |
| 74 | 2 | 1935.01.03 | 1936.06.20 | 406 |

| 국회 | 회기 수 | 개회일 | 정회(휴회) | 개의일 수 |
| --- | --- | --- | --- | --- |
| 75 | 3 | 1937.01.05 | 1938.06.16 | 431 |
| 76 | 3 | 1939.01.03 | 1941.01.03 | 625 |
| 77 | 2 | 1941.01.03 | 1942.12.1 | 711 |
| 78 | 2 | 1943.01.06 | 1944.12.19 | 695 |
| 79 | 2 | 1945.01.03 | 1946.08.02 | 554 |
| 80 | 2 | 1947.01.03 | 1948.12.31 | 712 |
| 81 | 2 | 1949.01.03 | 1951.01.02 | 655 |
| 82 | 2 | 1951.01.03 | 1952.07.07 | 473 |
| 83 | 2 | 1953.01.03 | 1953.08.03 | 544 |
| 84 | 2 | 1955.01.05 | 1956.07.27 | 417 |
| 85 | 2 | 1957.01.03 | 1958.08.24 | 469 |
| 86 | 2 | 1959.01.07 | 1960.09.01 | 492 |
| 87 | 2 | 1961.01.03 | 1962.10.13 | 545 |
| 88 | 2 | 1963.01.09 | 1964.10.03 | 526 |
| 89 | 2 | 1965.01.04 | 1966.10.22 | 579 |
| 90 | 2 | 1967.01.10 | 1968.10.14 | 614 |
| 91 | 2 | 1969.01.03 | 1971.01.02 | 704 |
| 92 | 2 | 1971.01.21 | 1972.10.18 | 606 |
| 93 | 2 | 1973.01.03 | 1974.12.20 | 698 |
| 94 | 2 | 1975.01.14 | 1976.10.01 | 597 |
| 95 | 2 | 1977.01.04 | 1978.1015 | 616 |
| 96 | 2 | 1979.01.15 | 1980.12.16 | 703 |
| 97 | 2 | 1981.01.05 | 1982.12.23 | 680 |
| 98 | 2 | 1983.01.03 | 1984.10.12 | 584 |
| 99 | 2 | 1985.01.03 | 1986.10.18 | 630 |
| 100 | 2 | 1987.0106 | 1988.10.22 | 623 |
| 101 | 2 | 1989.11.22 | 1990.10.28 | 584 |
| 102 | 2 | 1991.01.03 | 1992.10.09 | 647 |
| 103 | 2 | 1993.01.05 | 1994.12.01 | 637 |
| 104 | 2 | 1995.01.04 | 1996.10.04 | 641 |
| 105 | 2 | 1997.01.07 | 1998.12.19 | 638 |
| 106 | 2 | 1999.01.06 | 2000.12.15 | 648 |
| 107 | 2 | 2001.01.03 | 2002.11.22 | 656 |
| 108 | 2 | 2003.01.07 | 2004.12.09 | 659 |
| 109 | 2 | 2005.01.04 | 2006.12.08 | 692 |
| 110 | 2 | 2007.01.04 | 2009.01.03 | 718 |
| 111 | 1 | 2009.01.06 | 2009.02 현재 | - |

자료: http://clerk.house.gov/art.history/house − history/session − Dates/session/(검색: 2009.02.12)

# 제5장
위원회



## 1. 개요

의회는 국민의 의사를 가장 잘 대표하는 정치 기구로 평가되어 왔다. 그런데 시민사회가 점차 커지고 복잡해짐에 따라 이를 대표하는 국회의원의 수도 증가하고, 의회에 제출되는 의안의 내용도 복잡해졌다. 결국 대표자 전원이 모든 안건을 심의하는 데 참가한다는 것은 불가능해졌다. 이러한 문제를 해결하기 위해 특정 의제를 소수의 의원으로 하여금 먼저 심도 있게 심사하게 하고, 그들의 보고를 받아 대표자 전원의 의사를 결정하도록 하는 대안이 등장하였다. 여기서 심도 있게 심사하는 소수의 의원들로 구성된 것이 위원회이다.

연방의회는 위원회중심주의를 채택하고 있다. 소수의 전문성을 갖는 의원들이 위원회에서 숙고하여 내린 결정에 대하여 특별한 일이 없는 한 본회의에서 무시당하거나 부결되는 일이 없도록 존중하는 제도가 위원회중심주의이다.

행정권이 확대되고 국가가 성장하면서 의회에 제출되는 법안을 보다 철저히 조사하고 검토해야 할 필요성이 제기되었다. 연방의회의 위원회제도는 1789년, 연방의회 하원의원들이 새 법안 제출과 관련하여 끝이 없이 이어지는 논쟁 때문에 의사진행을 제대로 할 수 없었던 경험을 바탕으로 하여 고안되었다.[1] 최초의 위원회는 독립전쟁 배상 청구, 우편도로 개설, 미국속령 및 다른 국가와의 무역문제를 다루었다.[2] 그 후 위원회는 오랜 세월을 거치면서 정치적·사회적·경제적 변화에 따라 구성되고, 변화하거나 소멸되어 왔다. 예를 들어 과거에 있었던 독립전쟁배상청구위원회는 더 이상 필요하지 않지만, 전역군인들에 대한 후생복지 등을 담당하는 재향군인원호위원회는 지금도 연방의회 양원에서 동시에 유지되고 있다.

미국 헌법은 의회의 위원회 구성에 대해 명시하고 있지 않다. 그러나 국가가 성장하면서 연방의회에 제출되는 각종 법안을 보다 철저하게 조사해야 할 필요성 역시 커져 갔다.

연방의회는 1789년의 제1대 국회부터 '위원회 제도'를 도입하여 운영해 왔다. 그러나 위원회에 정책 결정 권한을 위임할 경우 다수의 의지와는 다른 결과가 만들어질 것을 우려하여 전원위원회(Committee of the Whole) 제도를 도입하여 운영해 오다가, 행정부의 업무 확장, 업무량 증대, 의원 수의 증가에 따라 1800년대 초에 상임위원회 제도를 채택하였다.[3]

그후 연방의회는 내부적으로는 의사절차를 개정했으며, 위원회 제도를 재

---

1) 슈뢰더, 앞의 책, 108쪽.

2) 하원에서 가장 오래된 위원회는 세입위원회(Committee on Ways and Means)이다. 이 위원회는 1789년 7월 24일 제1대 국회에서 특별위원회로 처음 설치되었으며, 그 후 제4대 국회(1795~1797)에서 상임위원회로 위상이 변경되었다. http://clerk.house.gov/art_history/house_history/committee_firsts.html/ (검색일: 2009.03.11)

3) 하원의장 클레이는 상임위원회제도의 발전에 기여한 인물로 평가된다. 그는 자신의 관세정책에 호의적이지 않았던 상업제조위원회와 세입위원회 사이의 관할권 다툼이 있은 후 1819년-1921년 사이에 새로운 상임위원회인 '제조업위원회'를 신설하여 관할권 문제를 해결함과 동시에 제조업위원회 위원장에 강한 보호주의론자인 헨리 볼드윈을 지명하여 위원회를 구성하고 관세정책을 추진하였다. Randall Strahan, "Leadership and Institutional Change in the Nineteenth-Century House," in David W. Brady and Mathew D. McCubbins, eds., *Party, Process, and Political Change in Congress-New Perspectives on the History of Congress-*(Stanford, CA: Stanford University Press, 2002), 253쪽.

정비하였다. 위원회 제도를 개선하면서 행정부에 대한 견제와 입법 활동의 활성화를 이루게 되었다. 산업자본주의의 병폐를 막기 위해 의회는 아동노동 규제, 식품의약법안 등을 가결하였고, 1913년에는 중앙은행 기능을 하는 '연방 준비제도 이사회(Federal Reserve Board)'를 창설하기도 하였다.

이렇게 위원회제도를 운용하면서 많은 일을 하였지만 그 후 위원회의 수가 많아져서 그 기능이 중복되고, 거의 기능하지 않게 된 쓸모없어진 위원회도 많아지게 되었다. 상원은 1920년 5월 27일, 제1차 세계대전의 분위기에 부응하여 모든 수준의 정부운영을 근대화하기로 했으며, 동시에 과다한 위원회의 수를 크게 감축하는 작업에 나서 42개의 위원회를 소멸시켰다.[4]

1920년대 이후 상임위원회는 연방의회의 핵심적인 구성요소가 되어 왔다.

이 중요한 기관의 수장인 위원장 선임과 관련하여 1960년대 말기까지는 하원 위원회 위원장을 선발하는 유일한 기준은 선임횟수(특정 위원회에 계속 소속한 연한)였다.

그 후 '선임 우선' 인선에 대한 젊은 의원들의 반발이 일기 시작하였다. 다수당이었던 민주당에 대한 충성심이나 민주당 정책방향에 대한 지지도는 기준에서 멀어져 있었다. 필립 버튼(Philip Burton, 캘리포니아) 의원은 주로 보수색채가 짙은 선임의원들이 장악하고 있는 하원 위원장직의 권한을 축소시키자고 제안하였다. 그의 노력이 결실을 맺어 위원회 위원장은 민주당 의원총회에서 선출하게 되었다.

1974년 11월 중간선거에서 당선된 초선의원들은 의회운영 방식에 혁신을 기하고자 유명무실하던 소위원회제도를 활성화하였다. 하원의 민주당 개혁가들은 상임위원회 내에서 권한을 분산시키고 소위원회의 정책입안 활동을 강화하였다. 이에 따라 소위원회는 일정한 소관사항과 국회의원 참모(Staffs) 배정을 보장받았다. 소위원회의 의장은 상위조직인 정식 상임위원회 위원장

---

4) http://www.senate.gov/artandhistory/history/minute/Senate_Eliminate_42_Committees.htm/(검색일: 2009.03.24).

단이 아니라 해당 위원회의 다수당 의원들에 의하여 선출되었다.

1940년대～1960년대에는 위원회정부(Committee Government)라고 불릴 정
도로 위원회의 권한이 강해졌으나, 1970년대의 의회 민주화 개혁 이후에는
그 권한이 소위원회에 대폭 이양되었다.

제104대 국회(1995～1997) 하원에서 채택된 위원회 개혁안은 공화당 의원
총회와 당 지도부의 의지에 부응하는 위원회제도를 만들려는 의도에서 만들
어진 것이다.[5] 이때 위원회제도를 축소하고 상임위원장들의 권한을 강화시켰
다. 이는 '미국과의 계약'을 성취하기 위한 공화당 차원의 노력의 일환이었다.

상임위원회중심주의를 채택하고 있는 연방의회에서 위원회제도를 개혁한
다는 것은 곧 위원회 자체의 기능 향상도 있겠지만, 다수당의 정책 프로그
램이 효율적으로 실현될 수 있는 방향으로 위원회를 재구성하는 것으로 이
해된다.


## 2. 위원회의 기능과 유형

### 1) 기능

연방의회는 상임위원회중심주의를 채택하고 있는데 이 제도는 의회 입법
활동의 중심이 상임위원회에 있는 제도이다. 이 제도 하에서 소관 상임위원
회의 승인 없이는 법안을 하원 본회의나 상원 본회의에 상정할 수 없다.

상원과 하원의 각 상임위원회의 명칭과 구조는 위원회 업무의 효율성을
고려하여 행정부처의 소관분야에 상응하는 구조를 취한다.[6]

위원회는 휴회 기간을 제외하고는 언제든지 회의를 열 수 있다. 각 상임
위원회는 소관업무를 원활히 수행하기 위하여 최소한 월 1회 이상의 정례

---

5) 로렌스 에반스·월터 올레스젝, 앞의 책, 300쪽.

6) 위원회제도는 위원회의 소관이 정부부처 또는 기능별로 구분되어 있고 의회가 본회의 또는 상임위원회 중
　심으로 운영되는지 여부에 따라 유형을 분류한다.

회의일(regular meeting days)을 정하여 그 정례일에 위원회 계류법안, 결의안에 대한 심사, 기타 위원회 소관 업무의 처리를 위하여 회의를 하도록 하고 있다.[7]

위원회는 사실관계 자료 수집이 끝나면, 새로운 법안에 대해 찬성보고를 해야 할지 아니면 수정 후에 법안을 처리해야 한다고 권고해야 할지를 결정한다. 때로는 법안이 위원회 단계에서 부결되거나 심의 보류되어 본회의에서의 심의 대상에서 제외되기도 한다.

위원회는 법률을 제정 혹은 개정하는 과정에서 청문회(hearings)나 조사활동(investigations)을 통하여 현안이나 쟁점을 국민에게 알리는 중요한 기능을 수행한다. 그 밖의 기능으로는 <표 5-1>에서 보는 것처럼, 법안 심의 분업 기능, 정보수집 및 활용 기능, 이익관계 조정 및 교환기능 등이 있다.

〈표 5-1〉 위원회의 기능

| 기능 | 내용 |
|---|---|
| 국정현안 홍보기능 | · 국정 현안이나 사회적 쟁점을 국민에게 알린다.<br>· 현안이나 쟁점에 대한 의회의 입장·태도를 알린다.<br>· 국민의 여론을 듣고 입법에 반영하는 동시에 선거공약 등으로 제시된 정책집행을 위하여 특정한 방향으로 여론을 주도한다. |
| 법안심의 분업기능 | · 의회에 제출, 접수되는 수많은 법안을 소관분야별로 나누어 심의한다.<br>· 분업을 통해 입법 활동의 효율성, 생산성, 전문성을 제고한다. |
| 정보수집 및 활용기능 | · 입법 활동에 필수적인 정확하고 살아 있는 정보 및 자료의 수집과 분석을 행한다.<br>· 수집되고 분석되는 정보와 자료를 입법에 반영하고, 행정부 감독활동에 활용한다. |
| 이익관계 조정 및 교환기능 | · 의원 간에 이견과 입장, 그리고 이익관계를 조정하고 서로 교환한다(예: 로그롤링).<br>· 정당 간에 정책집행상의 우선순위, 예산 조정 등에 관하여 타협하고 서로의 이익을 교환한다. |

## 2) 유형

연방의회 위원회의 유형은 3~4가지가 있다.[8] 좁은 의미로 유형을 분류하면 상임위원회, 특별위원회, 공동위원회가 있고, 넓은 의미로 분류하면 앞

---

7) 하원 제11 의사규칙 제2조(b)항.

8) 연구자에 따라서는 상임위원회, 특별위원회, 그리고 공동위원회 세 가지로 분류하기도 한다. William J. Keefe et al.(1983), 294쪽 참조. Keefe와 그 동료들은 양원협의회를 위원회의 종류에 포함시키지 않는다.

의 세 가지에 양원협의회를 포함하는 네 가지이다. 각 유형별 위원회의 기능과 역할은 <표 5-2>와 같다.

<표 5-2> 위원회의 유형

| 위원회 | 기능/업무 수행 |
|---|---|
| 상임위원회<br>(Standing Committee) | · 새로 구성된 국회의 회기가 시작되면 그 국회의 임기 종료 시까지 존속하며 활동<br>· 청문회 등의 조사활동을 주도 |
| 특별위원회(Ad hoc,<br>Special, Select<br>Committee) | · 필요에 따라 설치가 결정되며, 설치목적을 달성했을 때에는 소멸되는 한시적 위원회<br>· 행정부의 업무 및 그 영역의 확대와 전문화에 의회가 신속히 대응하기 위해 설치<br>· 특정한 사안에 대한 신속하고 철저한 조사 및 조치를 위해 설치(예: 워터게이트 추문 발생 후, '대통령선거운동조사'에 관한 특별위원회 구성) |
| 공동위원회<br>(Joint Committee) | · 상원과 하원의 의원들로 구성되며, 조사활동을 하거나 특별한 사안에 대하여 연구<br>· 상원과 하원 간의 업무 및 의사활동을 촉진하고, 국민적 관심 사안을 조사하는 데 긴밀히 협조하는 것을 목적으로 설치(예: 1987년 이란-콘트라 추문 조사를 위한 공동위원회 구성 및 청문회 개최) |
| 양원협의회(Conference<br>Committee) | · 공동위원회의 특별한 종류. 상원과 하원에서 각기 가결된 동일한 법안의 내용이 다를 경우, 이를 조정하기 위하여 양원 동수의 의원들로 구성. 이 위원회의 구성원은 각 원에서 조정의 대상이 된 법안을 당초에 제출했거나 심의했던 당사자 의원들로 구성 |

## 3. 위원회 활동

위원회의 주요 임무는 소관 법률의 집행을 감독하고, 위원회에 제출된 법안을 심의한 후 그 결과를 본회의에 보고하는 것이다. 이러한 활동은 주로 위원회 회의(committee meeting), 청문회(hearing), 축조심사회의(business meeting) 형식으로 행해지고 있다.

하원의 모든 상임위원회 위원장과 위원 배정은 하원의장에 의해 결정되어 왔으나, 제61대 국회(1910~1911) 당시 의장이 아닌 하원 자체에서 선출하는 것으로 변경되었다.[9]

의원들이 위원회에서 적극적으로 활동하는 이유는 당연히 좋은 정책을 형성하기 위해서이며, 또한 의회 내에서의 영향력을 확보하기 위함이다. 공화당에는 '위원회 배정 위원회(committee on committee)'가 있고, 민주당에는 '운영

---

9) Beard, 앞의 책, 277쪽.

및 정책위원회'(하원), 운영위원회(상원)에서 위원회를 사실상 배정한다.

모든 의원은 다른 의원이 2번째 위원회를 배정받기 전에 최소한 주요 위원회 하나를 배정받을 수 있도록 보장하고 있다.

위원회의 배정절차는 그림에서 보는 것처럼 각 의원의 신청을 받은 다음 각 당 지도부에서 각 의원에 대한 소속 위원회를 사실상 결정한 후 이를 의원총회에서 승인받고, 다시 본회의에서 의결하는 것으로 종료된다.

<그림 5-1> 위원회 배정 절차

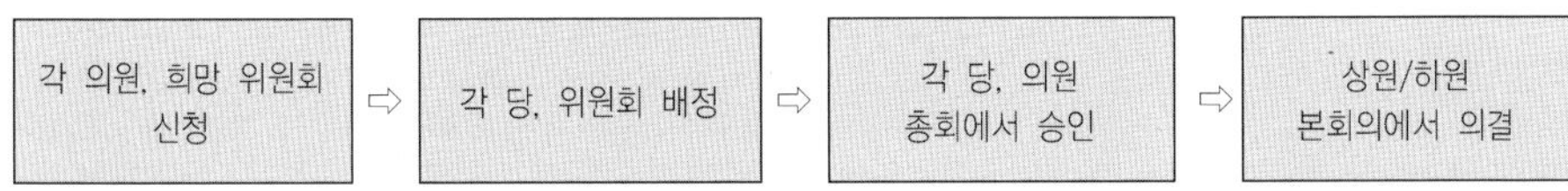


배정기준은 각 정당의 자체 규정, 선임자 우대, 지역적 고려, 지도부와의 관계 등이 기준이 된다. 위원회 배정과 관련하여 의사운영규칙에 명문화된 규정이 있는 것은 아니다. 하원에서는 각 정당이 자체 배정원칙을 정해 놓고 있으나 이는 원칙일 뿐이다.

그런데 이러한 위원회 배정은 비난의 대상이 되어 왔다. 정당지도자들은 의원들의 위원회 배정에 있어 각 의원의 선호를 신중히 고려하여 결정한다. 예컨대 농업지역 출신의원은 농업위원회에 소속되어 일하기를 희망할 것이고, 노조활동이 왕성한 지역 출신 의원은 '노동위원회'에서 일하기를 희망할 것이다. 그렇게 되면 의원들은 국가이익에 앞서 지방, 즉 자신의 선거구 이익을 우선시하는 경우가 많아지는 것이다. 따라서 이런 의원들이 주민들의 참된 민의를 반영하고 있는지에 대한 의문이 제기된 지 오래이다. 이러한 의문에 대한 명확한 해법은 아직 제시되어 있지 않다. 의원 스스로 공익 우선 활동을 해야겠지만, 재선을 의식해야 하는 만큼 공익과 재선 사이에서 어느 위치에 서게 되는지는 각 의원의 가치관에 따라 달라질 것이다.

## 제2절 상원 상임위원회

### 1. 위원장 선출

위원장은 당의 비공식 회의에서 선임순에 의해 선출되어왔다. 상임위원회에 배치된 의원 중 가장 오랫동안 근속한 의원이 자동적으로 위원장으로 선출되곤 했는데 이를 '선임우선원칙(seniority rule)'이라고 한다. 이 제도의 시행으로 대부분의 연방 의회 위원회가 보수적인 노장파 의원들의 수중에 들어가게 되었다는 비난은 면할 길이 없다. 그렇지만 선임우선원칙은 장점과 단점을 동시에 갖고 있는 제도이다. 장점은 경험이 많은 의원을 지도자의 지위에 오르게 하여 위원회의 의사를 지휘하도록 하는 제도인데, 누가 위원장을 맡을 것인지를 예측할 수 있다는 점에서 의원들 간의 불필요한 경쟁을 방지할 수 있다는 것이고, 단점은 누가 위원장이 될 것인지 예측가능하기 때문에 자극이나 경쟁도 없어서 발전을 가져오기 힘들다는 것이다.

선수가 높은 의원이 상임위원장 등 주요 직책을 차지하던 선임 우선의 원칙은 1975년부터는 의원총회에서의 경선으로 그 선출방식이 변경되었다.

오늘날 상원과 하원의 공화당, 민주당은 모두 당헌 당규를 개정하여 위원회의 위원장은 각 당의 의원총회(Party Caucus, Conference)에서 비밀투표에 의하여 선임하고 있다.

이제 위원장 선임은 개인의 능력을 우선하거나, 정당지도부의 의중에 따라 결정되기 때문에 선임우선원칙은 크게 작용하지 않는다. 참고로 연방의회에서는 위원회의 위원장직은 다수당이 독점한다.

## 2. 위원장의 권한과 기능

위원장은 위원회 운영과 관련하여 회의 소집권, 위원회 의사일정 작성권, 위원회 청문회 일정 결정권,[10] 청문회에 나와 증언할 증인의 결정, 위원회 질서유지권, 위원회 보고서 제출권,[11] 소위원회 인원 배정, 상하 양원 공동 위원회 위원임명권 등의 권한을 갖는다. 위원회 행정과 관련해서는 위원회의 행정회계예산을 총괄하며 위원회 소속 직원과 보좌관들에 대한 임면권을 갖는다.

위원장은 법안 심사가 끝나고 그 법안이 본회의에 상정되었을 때, 그 법안이 순조롭게 가결, 처리될 수 있도록 유도하는 회의 조정도 맡아한다.

위원장은 소속 위원회에 부여된 여러 권한을 보호하고 기능을 발휘하는 연방의회 내의 중요한 행위자이다. 그런 면에서 볼 때 위원장은 위원회의 대표자이면서 대변인이기도 하다.

1970년대 들어 위원장의 권력 기반이 부분적으로 잠식되기도 하였다. 권한배분을 일부 중진의원들이 요구하면서 그동안 위원장들이 향유해 오던 권위와 영향력이 축소되기 시작하였다. 이러한 변화의 한가운데 있는 것이 선임우선원칙의 퇴색이다. 한 위원회에 가장 오랫동안 위원으로 활동해 오던 다수당 소속 위원을 거의 자동으로 위원장으로 선임하는 관행에 제동이 걸린 것이다.[12] 선출방식은 변했지만, 위원장의 기능과 역할, 권한은 아직도 매우 커서 '연방의회의 꽃'이라고 불릴 정도로 기대와 선망의 대상이 되고 있다.

---

10) 상임위원장은 청문회 개최의 시기와 기간을 결정하는 권한을 갖는데, 이는 법안 혹은 사안의 운명을 결정하는 데 있어서 제출된 법안을 반대하거나 대폭적인 수정을 원하는 위원장이라면 청문회를 연기하거나 지루할 정도로 오랫동안 청문회를 끌고 가는 전략을 구사하기도 한다.

11) 위원회의 축조심사 과정에서 위원 간의 의견대립이 해소되면 위원회는 그 위원회가 심사 보고할 법안에 대한 표결을 행한다. 위원회는 소속의원의 반수 이상이 출석해야 표결을 실시할 수 있다.

12) Oleszek, 앞의 책, 89쪽.

상원과 하원에서는 몇몇 위원회가 의원들의 선망의 대상이 되는데, 상원
의 경우에는 세출위원회, 군사위원회, 재무위원회, 법사위원회 등이고, 하원
의 경우에는 세출위원회, 군사위원회, 에너지통상위원회, 법사위원회, 세입
위원회 등이다.[13] 이들 위원회가 선망의 대상이 되는 것은 위원회 자체가

〈표 5-3〉 제111대 국회(2009~2011) 상원 위원회

| 구 분 | | 위 원 회 | |
|---|---|---|---|
| 상임<br>위원회 | ① | 농업영양산림위원회 | Committee on Agriculture, Nutrition and Forestry |
| | ② | 세출위원회 | Committee on Appropriations |
| | ③ | 군사위원회 | Committee on Armed Services |
| | ④ | 은행주택도시문제위원회 | Committee on Banking, Housing, and Urban Affairs |
| | ⑤ | 예산위원회 | Committee on the Budget |
| | ⑥ | 통상과학운수위원회 | Committee on Commerce, Science and Transportation |
| | ⑦ | 에너지천연자원위원회 | Committee on Energy and Natural Resources |
| | ⑧ | 환경공공사업위원회 | Committee on Environment and Public Works |
| | ⑨ | 재무위원회 | Committee on Finance |
| | ⑩ | 외교위원회 | Committee on Foreign Relations |
| | ⑪ | 건강교육노동연금위원회 | Committee on Health, Education, Labor, and Pensions |
| | ⑫ | 국토안보정무위원회 | Committee on Homeland Security and Governmental Affairs |
| | ⑬ | 법사위원회 | Committee on the Judiciary |
| | ⑭ | 규칙행정위원회 | Committee on Rules and Administration |
| | ⑮ | 중소기업기업가위원회 | Committee on Small Business and Entrepreneurship |
| | ⑯ | 재향군인위원회 | Committee on Veterans' Affairs |
| 특별<br>위원회 | ① | 인디언문제위원회 | Committee on Indian Affairs |
| | ② | 윤리위원회 | Select Committee on Ethics |
| | ③ | 정보위원회 | Select Committee on Intelligence |
| | ④ | 노인위원회 | Select Committee on Aging |
| 양원<br>합동<br>위원회 | ① | 합동출판위원회 | Joint Committee on Printing |
| | ② | 합동세제위원회 | Joint Committee on Taxation |
| | ③ | 합동도서관위원회 | Joint Committee on the Library |
| | ④ | 합동경제위원회 | Joint Economic Committee |

자료: http://www.senate.gov/pagelayout/committees/d three sections with teasers/committees home htm/(검색일: 2009.02.24)

---

13) http:www.congress.org/congressorg/directory/dongdir.tt/(검색일: 2009.02.11).

큰 권한을 갖고 있기 때문이다. 이는 소관업무의 중요성, 산하 단체의 규모 및 그에 대한 영향력에 기인하는 것이다.[14)

상임위원회(Standing Committee)는 임기 중 상설되어 있는 위원회를 말한다. 2009년 3월 현재 상원은 20개의 위원회와 67개의 소위원회, 그리고 4 개의 합동위원회를 두고 있다. 상원의 위원회가 하원의 위원회와 비슷해 보이지만 각 위원회는 고유의 가이드라인을 가지고 있으며, 고유의 규칙을 설정하여 운용하고 있다는 점에서 하원의 위원회와 차이가 있음을 볼 수 있다.

상원 외교위원회 위원장은 '제2의 국무장관'이라고 부를 정도로 외교정책을 결정함에 있어서 중요한 지위를 차지하고 있다.[15) 그것은 국제조약은 상원에서 3분의 2 이상의 찬성동의가 있어야만 효력을 발생하기 때문이다. 근년에는 '조약' 대신에 상원의 승인을 요하지 않는 '행정협정'의 형식으로 외국과의 관계를 설정하는 사례가 많아졌기도 하지만 그래도 상원 외교위원회의 위상과 영향력은 여전히 크다.[16)

〈표 5-4〉 상원 위원회별 소위원회 수·정당별 위원 수(2009)

| 위원회 | 소위원<br>회 수 | 위원 수<br>(민주/공화) | 주소/전화 |
|---|---|---|---|
| 농업영양산림위원회 | 5 | 12/8 | 주소: 328A Russell Senate Office Building<br>전화: 202-224-2035 |
| 세출위원회 | 12 | 17/13 | 주소: The Capitol, S-131,<br>전화: 202-224-7363 |

---

14) 연방의회는 외교정책과 관련하여 큰 권한을 갖고 있는데, 특히 상원 외교위원회에서 동의하는 외교라야 정책수립 및 예산 지원 등이 원만하게 이루어진다. 외교위원회에서의 법안 가결이나 결의안 채택행위가 갖는 국제정치적 파장과 영향력은 매우 크다. 예를 들면, 1987년 전두환 정권에 타격을 준 상원 외교위원회의 '한국에 대한 민주화결의안'이 그렇고, 대만관계법 제정이 그러하다. 대만관계법은 미국이 중국과 1979년 수교하면서 대만과 맺고 있던 공동방위 조약을 폐기하고 이를 대체하기 위해 그해 4월 제정, 발효된 미국 국내법이다. 대만에 대한 안전 보장조항을 담고 있으며 필요에 따라 대만에 병력을 투입하도록 허용하고 있다. 이 법은 그 뒤 상호대표부 설치와 대만에 대한 미국제 무기 판매, 고위관리 교류 등의 토대가 됐으나, 중국은 이에 대해 '하나의 중국' 원칙을 저버린 채 실질적으로 두 개의 중국을 용인한 이중적인 태도라며 비난해 왔다. 중국 측의 항의에 따라 1982년 발표된 양국 공동성명에서 미국은 대만에 대한 무기 판매량을 점차 줄여 나가기로 합의했으나, 이후에도 미국은 대만에 대한 무기 판매를 지속해 왔다.

15) Thomas A. Bailey, *A Diplomatic History of the American People*(New York: Appleton, 1964), 15쪽.

16) 찰스 섬너(Charles Sumner)는 율리시스 그랜트 대통령의 도미니카공화국합병안(1870년)을 영구히 폐기했으며, 헨리 캐봇 랏지(Henry Cabot Lodge)는 우드로 윌슨 대통령이 제안한 국제연맹가입안(1920-1921)을 백지화시키기도 하였다.

| 위원회 | 소위원<br>회 수 | 위원 수<br>(민주/공화) | 주소/전화 |
| --- | --- | --- | --- |
| 군사위원회 | 6 | 15/11 | 주소: SR-228, Russell Senate Office Building<br>전화: 202-224-3871 |
| 은행주택도시문제<br>위원회 | 5 | 13/10 | 주소: 534 Dirksen Senate Office Building<br>전화: 202-224-7391 |
| 예산위원회 | 0 | 13/10 | 주소: 624 Dirksen Senate Office Building<br>전화: 202-224-0642 |
| 통상과학운수위원회 | 7 | 14/11 | 주소: (민주당) 254 Russell, (공화당) 560 Dirksen<br>전화: (민주당) 202-224-0411; (공화당) 202-224-1251 |
| 에너지천연자원<br>위원회 | 4 | 13/10 | 주소: 304 Dirksen Senate Building<br>전화: 202-224-4971 |
| 환경공공사업위원회 | 7 | 11/8 | 주소: (다수당) 410 Dirksen Senate Office Bldg(소수당) 456 Dirksen Senate Office Bldg.<br>전화: (다수당) 202-224-8832 (소수당) 202-224-6176 |
| 재무위원회 | 5 | 13/10 | 주소: 219 Dirksen Senate Office Building<br>전화: 202-224-4515 |
| 외교위원회 | 7 | 11/8 | 주소: Dirksen Senate Office Building<br>전화: (다수당) 202-224-4651; (소수당) 202- 224-6797 |
| 건강교육노동연금<br>위원회 | 3 | 12/10 | 주소: 428 Dirksen Senate Office Building |
| 국토안보정무위원회 | 6 | 10/6 | 주소: 340 Dirksen Senate Office Building<br>전화: (민주당) 202-224-2637; (공화당) 202- 224-4751 |
| 법사위원회 | 6 | 11/8 | 주소: 224 Dirksen Senate Office Building<br>전화: (민주당) 202-224-7703; (공화당) 202- 224-5225 |
| 규칙행정위원회 | 0 | 11/8 | 주소: 305 Russell Senate Office Building<br>전화: 202-224-6352 |
| 중소기업·기업가<br>위원회 | 0 | 11/8 | 주소: 428A Russell Senate Office Building<br>전화: 202-224-5175<br>전자우편: info@small_bus.senate.gov/ |
| 재향군인위원회 | 0 | 8/6/1<br>(1은 무소속) | 주소: 412 Russell Senate Office Building; 825A Hart Senate Building.<br>전화:(민주당)202-224-9126;(공화당) 202-224-2074 |
| 인디언문제위원회 | 0 | 8/6 | 주소: 838 Hart Office Building<br>전화: 202-224-2251 |
| 윤리위원회 | 0 | 3/3 | 주소: 220 Hart Office Building<br>전화: 202-224-2981 |
| 정보위원회 | 0 | 8/7 | 주소: 211 Hart Senate Office Building<br>전화: 202-224-1700 |
| 노령화위원회 | 0 | 11/8 | 주소: (민주당) G31 Dirksen Senate Office Building (공화당) 628 Hart Senate Office Building<br>전화: (민주당) 202-224-5364 |
| 합동출판위원회 | - | - | - |
| 합동세제위원회 | - | - | 주소: 1015 Longworth House Office Building<br>전화: 202-225-3621 |
| 합동도서관위원회 | - | - | - |
| 합동경제위원회 | - | - | 주소: G-01 Dirksen Senate Office Building<br>전화: 202-224-5171 |

자료: http://clerk.house.gov/committee_info/index.html?comcode=HIT00/(검색일: 2009.03.08)

## 제3절 하원 상임위원회

연방의회에서는 본회의에서 상임위원회 위원장을 선출한다. 특별위원회 위원장의 경우에는 의장이 위원장을 선임한다.

앞부분에서도 언급한 것처럼 위원장은 상임위원회 중심의회이건 본회의 중심의회이건 간에 소속 위원회의 업무의 속도, 범위 등을 조정하며, 위원회의 의사를 정리하고 지휘하는 일을 맡는다. 무엇보다도 중요한 것은 위원회에 회부된 법률안 등 의안 처리에 관하여 우선적인 의사결정권을 갖는다는 점이다.

### 1. 위원회 설치

위원회는 관련 법규나 규칙에 의하여 설치되는데, 이러한 관련규정이 없을 때에는 의회의 의결로 위원회를 설치하는 것이 보통이다.

연방의회는 1946년의 의회재조직법에 의하여 상임위원회의 수를 감축하는 한편 소위원회의 수는 증가시켰다. 소위원회에 대한 위원장의 권한은 절대적이었다. 위원장은 소위원회의 설치, 규모, 할당, 재정적 지원, 법안 부탁 등 많은 권한을 갖고 있었다.

그러나 1970년대에 이르러 어떠한 하원의원도 두 개 이상의 소위원회의 위원장이 될 수 없도록 하였고, 1973년에는 이른바 '소위원회 권리장전'이 채택되어 각 위원회의 의원들로 구성되는 총회가 설치되어 총회에서 소위원장을 선임토록 하였다. 1974년에는 위원회의 위원들에게 소위원회의 수를 결정하는 권한이 부여되었고 20명을 초과하는 위원회에는 적어도 네 개의 위원회를 설치하지 않으면 안 되도록 하였다. 또 위원장은 2주일 이내에 법안을 소위원회에 부탁하도록 의무화하였기 때문에 위원장이 특정법안을 불필요하게 장기간 보류시키는 일이 없도록 하였다.

또한 소위원회의 경우에도 유력한 의원들이 중요한 소위원회의 위원과 위원장을 독점하지 못하도록 하원규칙을 개정(1975년 민주당 주도)하여 소위원회의 자율성 강화, 전문성 제고, 그리고 권한의 분산화를 도모하였다.

2009년 3월 현재 하원은 20개의 상임위원회, 2개의 특별위원회, 그리고 4개의 합동위원회를 두고 있다.

〈표 5-5〉 하원 위원회의 유형과 수, 제84대~111대 국회(1955~2009)

| 국회(회기) | 상임위원회 | 상임위원회 소위원회 | 특별위원회 | 특별위원회 소위원회 | 공동위원회 | 공동위원회 소위원회 |
|---|---|---|---|---|---|---|
| 84(1955~1956) | 19 | 83 | 2 | 5 | 10 | 11 |
| 90(1967~1968) | 20 | 133 | 1 | 6 | 10 | 15 |
| 92(1971~1972) | 21 | 120 | 3 | 8 | 8 | 15 |
| 94(1975~1976) | 22 | 151 | 3 | 4 | 7 | 17 |
| 96(1979~1980) | 22 | 149 | 5 | 8 | 4 | 5 |
| 97(1981~1982) | 22 | 132 | 3 | 7 | 4 | 6 |
| 98(1983~1984) | 22 | 130 | 3 | 7 | 4 | 6 |
| 99(1985~1986) | 22 | 142 | 5 | 12 | 4 | 6 |
| 100(1987~1988) | 22 | 140 | 6 | 12 | 4 | 8 |
| 101(1989~1990) | 22 | 138 | 5 | 12 | 4 | 8 |
| 102(1991~1992) | 22 | 135 | 5 | 11 | 4 | 8 |
| 103(1993~1994) | 22 | 115 | 1 | 3 | 5 | 0 |
| 104(1995~1996) | 19 | 84 | 1 | 2 | 4 | 0 |
| 105(1997~1998) | 19 | 86 | 1 | 2 | 4 | 0 |
| 106(1999~2000) | 19 | 85 | 1 | 2 | 4 | 0 |
| 107(2001~2002) | 19 | 89 | 1 | 3 | 4 | 0 |
| 111(2009~2010) | 20 | 97 | 2 | 4 | 4 | 0 |

주: 제111대 국회 자료는 http://clerk.house.gov/committee_info/index.html?comcode=HIT00/(검색일: 2009.03.08)
자료: Ornstein, Mann and Malbin, 앞의 책, 119쪽.

## 2. 위원의 선출 및 임기

위원의 임기는 일반적으로 위원회의 존속기간과 일치한다. 위원은 같은 위원회에 재선임될 수 있다. 외국의 사례를 보면 몇몇 의회의 경우에는 재선임에 관하여 제한을 두고 있다. 스위스 의회의 경우 한 의원이 동일한 상임위원회에 최고 6년까지만 재임할 수 있으며, 상임위원회를 사임한 위원은 3년 동안 동일 위원회에 재선임될 수 없도록 하고 있다.

〈표 5-6〉 제111대 국회(2009~2011) 하원 위원회

| 구 분 | | | 위 원 회 |
|---|---|---|---|
| 상임<br>위원회 | ① | 농업위원회 | Committee on Agriculture |
| | ② | 세출위원회 | Committee on Appropriations |
| | ③ | 군사위원회 | Committee on Armed Services |
| | ④ | 예산위원회 | Committee on the Budget |
| | ⑤ | 교육노동위원회 | Committee on Education and Labor |
| | ⑥ | 에너지통상위원회 | Committee on Energy and Commerce |
| | ⑦ | 재정위원회 | Committee on Financial Services |
| | ⑧ | 외무위원회 | Committee on Foreign Affairs |
| | ⑨ | 국토안보위원회 | Committee on Homeland Security |
| | ⑩ | 하원운영위원회 | Committee on House Administration |
| | ⑪ | 법사위원회 | Committee on the Judiciary |
| | ⑫ | 천연자원위원회 | Committee on Natural Resources |
| | ⑬ | 감독및정부개혁위원회 | Committee on Oversight and Government Reform |
| | ⑭ | 규칙위원회 | Committee on Rules |
| | ⑮ | 과학기술위원회 | Committee on Science and Technology |
| | ⑯ | 중소기업위원회 | Committee on Small Business |
| | ⑰ | 공직규범위원회 | Committee on Standards of Official Conduct |
| | ⑱ | 운송및기반시설위원회 | Committee on Transportation and Infrastructure |
| | ⑲ | 재향군인위원회 | Committee on Veterans' Affairs |
| | ⑳ | 세입위원회 | Committee on Ways and Means |
| 특별<br>위원회 | ① | 영구정보특별위원회 | Permanent Select Committee on Intelligence |
| | ② | 에너지독립 및 지구<br>온난화특별위원회 | Select Committee on Energy Independence and Global Warming |
| 양원<br>합동<br>위원회 | ① | 합동경제위원회 | Joint Economic Committee |
| | ② | 합동도서관위원회 | Joint Committee on the Library |
| | ③ | 합동출판위원회 | Joint Committee on Printing |
| | ④ | 합동세제위원회 | Joint Committee on Taxation |

출처: http://clerk.house.gov/house/Committee_info/index.html/(검색일: 2009.03.07).

하원 본회의 의결이 있는 경우에 소위원회의 수는 증감될 수 있다. 하원은 현재 20개의 상임위원회가 각 상임위원회별로 평균 5개 내외의 소위원

회를 두고 있다. 소위원회의 위원 구성은 위원회와 마찬가지로 다수당과 소수당 의석수 비율을 따르며, 비상설로 설치되는 윤리위원회 소위원회의 경우 다수당과 소수당 위원이 동수로 구성된다.[17]

〈표 5-7〉 하원 위원회별 소위원회 수 · 정당별 위원 수(2009)

| 위원회 | 소위원회 수 | 위원 수<br>(민주/공화) | 주소 및 연락처 |
|---|---|---|---|
| 농업위원회 | 6 | 28/18 | 주소: 1301 LHOB Washington, DC 20515-6001<br>전화: (202) 225-2171 |
| 세출위원회 | 12 | 37/23 | 주소: H218 CAPITOL Washington, DC 20515-6015 전화: (202) 225-2771 |
| 군사위원회 | 7 | 37/25 | 주소: 2120 RHOB Washington, DC 20515-6035<br>전화: (202) 225-4151 |
| 예산위원회 | 0 | 24/15 | 주소: 207 CHOB Washington, DC 20515-6065<br>전화: (202) 226-7200 |
| 교육노동위원회 | 5 | 30/19 | 주소: 2181 RHOB Washington, DC 20515-6100<br>전화: (202) 225-3725 |
| 에너지통상위원회 | 5 | 36/23 | 주소: 2125 RHOB Washington, DC 20515<br>전화: 202) 225-2927 |
| 재정위원회 | 5 | 42/29 | 주소: 2129 RHOB Washington, DC 20515-6050<br>전화: (202) 225-4247 |
| 외무위원회 | 7 | 28/19 | 주소: 2170 RHOB Washington, DC 20515-6128<br>전화: (202) 225-5021 |
| 국토안보위원회 | 6 | 21/13 | 주소: H2-176 FHOB Washington, DC 20515-6480 전화: (202) 226-2616 |
| 하원운영위원회 | 2 | 6/3 | 주소: 1309 LHOB Washington, DC 20515-6157<br>전화: (202) 225-2061 |
| 법사위원회 | 5 | 23/16 | 주소: 2138 RHOB Washington, DC 20515-6216<br>전화: (202) 225-3951 |
| 천연자원위원회 | 4 | 29/20 | 주소: 1324 LHOB Washington, DC 20515-6201<br>전화: (202) 225-6065 |
| 감독및정부개혁<br>위원회 | 5 | 25/16 | 주소: 2157 RHOB Washington, DC 20515-6143<br>전화: (202) 225-5051 |
| 규칙위원회 | 2 | 9/4 | 주소: H312 CAPITOL Washington, DC 20515-6269 전화: (202) 225-9091 |
| 과학기술위원회 | 5 | 27/17 | 주소: 2321 RHOB Washington, DC 20515-6301<br>전화: (202) 225-6375 |
| 중소기업위원회 | 5 | 17/12 | 주소: 2361 RHOB Washington, DC 20515-6315<br>전화: (202) 225-4038 |

---

17) 각 위원회별 구체적인 소관업무는 연방의회 하원 홈페이지에서 볼 수 있다.

| 위원회 | 소위원회 수 | 위원 수<br>(민주/공화) | 주소/전화 |
|---|---|---|---|
| 공직규범위원회 | 0 | 5/5 | 주소: HT2 CAPITOL Washington, DC 20515-6328 전화: (202) 225-7103 |
| 운송및기반시설<br>위원회 | 6 | 45/30 | 주소: 2165 RHOB Washington, DC 20515-6256<br>전화: (202) 225-4472 |
| 재향군인위원회 | 4 | 18/11 | 주소: 335 CHOB Washington, DC 20515-6335<br>전화: (202) 225-9756 |
| 세입위원회 | 6 | 26/15 | 주소: 1102 LHOB Washington, DC 20515-6348<br>전화: (202) 225-3625 |
| 영구정보특별<br>위원회 | 4 | 13/9 | 주소: HVC304 CAPITOL Washington, DC 20515-6415 전화: (202) 225-7690 |
| 에너지독립및지구온난화<br>특별위원회 | 0 | 9/6 | 주소: B243 LHOB Washington, DC 20515<br>전화: (202) 225-4012 |
| 합동경제위원회 | - | - | 주소: SD-G01 DSOB Washington, DC 20510-6602 전화: (202) 224-5171 |
| 합동도서관위원회 | - | - | 주소: 1309 LHOB Washington, DC 20515<br>전화: (202) 225-2061 |
| 합동출판위원회 | - | - | 주소: 305 RUSSELL SOB Washington, DC 20510<br>전화: (202) 224-6352 |
| 합동세제위원회 | - | - | 주소: 1015 LHOB Washington, DC 20515-6453<br>전화: (202) 225-3621 |

자료: http://clerk.house.gov/committee info/index.html?comcode=HIT00/(검색일: 2009.03.08)


## 제4절 소위원회


### 1. 소위원회의 의의


연방의회는 큰 틀에서는 상임위원회 중심주의로 운용되지만 작은 틀에서 보면 소위원회 중심주의로 이행되어 온 지 오래이다.

소위원회란 위원회가 의결로 정하는 일정한 범위 내에서 법안 등의 의안에 대한 심사나 그 소관사항을 분담심사하기 위하여 소수의 위원으로 구성되는 회의체를 말한다. 위원회중심주위를 택한 의회는 대부분 위원회운영의 전문성과 효율성을 극대화하기 위하여 소위원회제도를 활용하고 있다.

연방의회의 하원은 상원에 비해 소위원회 활동에 의지하고 있는 비율이 높은 편이다. 그만큼 전문성, 집중성을 중시한다는 뜻이며, 정확한 자료를 바탕으로 심의 및 의사결정에 만전을 기하려는 것으로 볼 수 있다.

## 2. 소위원회 위원장 및 위원

소위원회의 위원장은 과거에는 각 소위원회의 다수당 선임자가 맡는 것이 일반적이었다. 그러나 소위원회의 기능이 중시되면서 선임자 우선이 아니라 다수당 위원들이 비밀투표로 정하는 경우가 많다.

소위원회가 중시되다 보니 소위원장의 역할과 위상에 대한 관심도 높은 편이다. 세출소위원회와 같은 중요한 소위원회의 위원장은 어떤 의미에서는 다른 약소 상임위원회의 위원장에 버금가는 권한과 위상을 가질 때가 있다.

소위원회 위원 선임은 상임위원장이 하는 것이 관행이었으나 1970년대 이후 위원회 내에서 협의하여 선출하고 있다.

## 3. 소위원회의 기능

상임위원회 중심주의를 채택하고 있는 연방의회에서는 위원회가 심의의 중심이 되는 기관이다. 그리고 소위원회는 '중심기관의 중심기관' 역할을 하고 있다. 의회가 그러한 기능과 권한을 소화하기 위해서는 전문성과 효율성이 요구되는데, 이러한 요구에 응답하기 위해 위원회제도가 발달하게 되었다. 사회가 발달하고 고도로 분화되면서, 위원회는 다시 더 적은 인원으로 구성되는 소위원회(subcommittee)를 두게 되었다.[18] 연방의회에서는 사안에

---

18) 제111대 국회 하원 세출위원회(Committee on Appropriations)는 12개의 소위원회를 운용하고 있다. 예산과 관련된 만큼 세출위원회의 소관 범위는 넓다.

대한 즉각적이고 전문적인 심사를 위해 소위원회가 상설로 설치되고 있다.

법안이 제출되면 상임위원회를 거쳐 소위원회에 회부되는데 소위원회에서의 심의가 그 법안의 존망을 좌우하기 때문에 본회의에서 그 법안이 가결되느냐 하는 것은 사실상 소위원회에서의 심의에 달려 있다.

소위원회는 해당 위원회의 소관에 속하는 특정한 안건을 다루기 위하여 설치되는데, 안건심사를 위하여 필요한 경우 청문회를 개최하기도 한다. 소위원회는 위원회에서 심사한 안건 중 특정사항을 심사하기도 한다. 소위원회는 이러한 임무를 수행한 후 그 활동결과를 위원회에 보고한다.

위원회 업무 중 세분화된 영역을 담당하고 있는 소위원회의 기능은 중시되고 있다.

소위원회의 법안과 보고서는 하원 또는 상원에 제출되기 전에 상임위원회에서 승인을 받아야 한다. 위원회 보고서에는 각 과정에서 행해진 투표결과를 기록하도록 되어 있다. 뿐만 아니라 소위원회 차원의 활동도 모두 기록하도록 되어 있다.

소위원회는 의회의 전문화된 심의를 전제로 하여 위원회에 설치된 작은 규모의 심의기관이다. 이는 의회 직권의 분화를 의미하는 것이고 이는 다시 정책결정과정에 더 많은 시간을 필요로 하고, 더 많은 협상 혹은 타협을 위한 시간을 요하는 장치이기도 하다.[19]

소위원회의 기능과는 다소 거리가 있는 논의를 해보자면, 의회에서의 이러한 분업, 분산화 작업과는 달리 대통령은 복잡해진 행정부의 기능을 분권화보다는 중앙 집중화를 통하여 리더십문제를 해결하였다. 대통령은 백악관 참모진의 규모를 크게 하였고 참모진의 중요성을 충분히 인식했으며, 중앙 집중화된 정책결정과정에서 대통령이 정책이나 어떤 사안에 대해 신속하게 행동할 수 있는 능력을 향상시켰다.[20]

---

19) 하원의 농업위원회와 하원 세출위원회는 그들 입법업무량의 과다함 때문에 오랫동안 소위원회에 의존하기도 하였다. Hinckley and Goldman, 앞의 책, 263쪽.

20) Sidney M. Milkis and Michael Nelson, *The American Presidency*(Washington, D.C.: Congressional

비슷한 시기에 이루어진 연방의회 내부의 분권화 작업과 백악관의 권력 집중화 작업은 결과적으로는 대통령이 연방의회에 대하여 우위를 점하게 되는 요인의 하나가 되었다.

다시 위원회로 돌아가 보면 상임위원회의 소위원회에 대한 통제는 대체로 무기력하고 비효율적이었다. 시간이 흐름에 따라 소위원회가 자율성을 높여 갔기 때문이다. 활동적인 소위원회 위원장에게 상임위원회에서 할 수 있는 것은 소위원회 보고서 내용의 문법을 부분적으로 수정하는 정도이다.

소위원회의 역량 강화는 상임위원회 위원장이 가진 권한을 약화시켰지만 위원회 위원장의 소위원회에 대한 영향력 감소는 하원에서 권력을 널리 분산시키는 결과를 초래하였다. 또 위원회의 수가 대폭 증가함에 따라 소위원회 간에 소관사항을 둘러싸고 분쟁이 자주 발생하게 되는 폐단도 목격되었다. 결과적으로 소위원회의 난립은 시간과 재정의 소모와 관할권 분쟁으로 상임위원회의 생산성을 저해한 측면도 있다.

연방의회는 1970년에 포괄적이고 대규모적인 의회개혁을 단행하였다. 그 중에서 핵심적인 것의 하나는 '위원회 중시' 개혁이다. '위원회 지배'라는 말은 이때 만들어졌는데, 특히 하원에서는 처리해야 할 업무를 분권화된 여러 개의 위원회에 나누어 주어 효율성과 전문성을 제고하여 의회의 법안처리 역량은 크게 향상되었다.

그런데 전문성을 증대시키려는 의도에서 위원회의 수와 소위원회의 수를 크게 늘린 것이 오히려 비효율성을 증가시켰다 하여 의회개혁의 대상이 되기에 이르렀다. 위원회 중시 정치가 시작된 이래 20여 년만인 1990년대 중반(제103대 국회, 제104대 국회)에 위원회와 소위원회는 대폭적으로 그 수가 감소하였다.

이러한 경향은 의회의 권한 구조를 집중화·단순화하려는 세력과 세분화하려는 세력 간의 다툼이기도 하였으나, 실은 위원회의 수가 증가한 것은 미

Quarterly, 1990), 273쪽.

국만이 아니라 세계 여러 나라의 국회에서 흔하게 볼 수 있었던 경향이었다.

위원회중심주의를 채택하고 있는 연방의회는 의회 내의 권한을 위원회와 소위원회에 철저하게 분산시키고 있다.[21] 위원회 위주로 법안심사가 이루어지다 보니 위원회와 소위원회의 수가 과도하게 증가하였다.

하원의 경우 위원회와 소위원회의 수는 1975년과 1980년 사이에 최고조에 달하였다. 그리고는 1980년대 이후 감소하기 시작하였다. <표 5-8>에서 보는 것처럼 제94대 국회에서 상원은 205개 패널(panels), 하원은 204개의 패널을 운영하였다. 제107대 국회까지 상원은 91개, 하원은 116개의 패널만이 존재하였다.[22] 하원 역시 제94대 국회(1975-1976)에서 204개의 패널을 운영하여 가장 많은 위원회·소위원회를 운영한 국회로 기록되었다. 그후 감소하던 패널은 다시 증가세로 돌아섰다가 제104대 국회(1995-1996) 이후 감소하였다. 그런데 이것도 2000년대 들어와서 다시 증가추세를 보이고 있어 연방의회 내에서 '위원회의 수'를 조정하는 것은 마치 '두더지 잡기' 놀이를 하는 것 같은 인상을 준다.

1975년에 142명의 하원의원들이 위원장직을 보유했고, 2001년에는 108명이 보유하고 있었다. 1975년에 57명의 상원의원들이 위원장직을 보유하였고, 2001년에는 38명이 위원장직을 보유하고 있었다.[23]

---

21) 한때 우드로 윌슨은 입법부의 정책결정, 법안 처리를 두고 '소위원회 정부(subcommittee government)'라고 표현하기도 했다.

22) Ornstein, Mann and Malbin, 앞의 책, 20쪽.

23) Ornstein, Mann and Malbin, 앞의 책.

<표 5-8> 상원 위원회의 유형과 수, 제84~111대 국회(1955~2009)

| 국회(회기) | 상임<br>위원회 | 상임위원회<br>소위원회 | 특별<br>위원회 | 특별위원회<br>소위원회 | 합동<br>위원회 | 합동위원회<br>소위원회 |
|---|---|---|---|---|---|---|
| 84(1955~1956) | 15 | 88 | 3 | 6 | 10 | 11 |
| 90(1967~1968) | 16 | 99 | 3 | 12 | 10 | 15 |
| 92(1971~1972) | 17 | 123 | 5 | 13 | 8 | 15 |
| 94(1975~1976) | 18 | 140 | 6 | 17 | 7 | 17 |
| 96(1979~1980) | 15 | 91 | 5 | 10 | 4 | 5 |
| 97(1981~1982) | 15 | 94 | 5 | 12 | 4 | 6 |
| 98(1983~1984) | 16 | 103 | 4 | 4 | 4 | 6 |
| 99(1985~1986) | 16 | 90 | 4 | 0 | 4 | 6 |
| 100(1987~1988) | 16 | 85 | 5 | 0 | 4 | 8 |
| 101(1989~1990) | 16 | 86 | 4 | 0 | 4 | 8 |
| 102(1991~1992) | 16 | 87 | 4 | 0 | 4 | 8 |
| 103(1993~1994) | 17 | 86 | 3 | 0 | 5 | 0 |
| 104(1995~1996) | 17 | 68 | 3 | 0 | 4 | 0 |
| 105(1997~1998) | 17 | 68 | 3 | 0 | 4 | 0 |
| 106(1999~2000) | 17 | 68 | 4 | 0 | 4 | 0 |
| 107(2001~2002) | 16 | 68 | 4 | 0 | 3 | 0 |
| 111(2009~현재) | 16 | 68 | 4 | 0 | 4 | 0 |

주: 제111대 국회 자료는 http://www.senate.gov/pagelayout/committees/d_three_sections_with_teasers/committees_home.htm/
(검색일: 2009.03.14)
자료: Ornstein, Mann, and Malbin(2002), 120쪽.

## 제5절 특별위원회

### 1. 기능

특별위원회는 필요에 따라 설치가 결정되며, 설치목적을 달성했을 때에 소멸되는 한시적 위원회이다.

특별위원회는 상임위원회의 소관사항이 아닌 특정한 사안이나 사건을 다루는데 예를 들면 행정부의 실정과 실책, 선거부정 등을 조사, 심사하기 위하여 의회의 의결로서 설치된다.

## 1) 설치

근대 초기에 여러 나라에서 예산안, 결산 등을 제외한 대부분의 법안은 특별위원회에서 심의되었기 때문에 매 회기에 설치되는 특별위원회의 수가 많았다.

영국 등 유럽 여러 나라 의회의 전통을 학습한 연방의회에서도 초기 의정활동의 중심은 특별위원회와 전원위원회였다. 미국의 제1대 국회가 개원했을 때 의회는 법안의 세목을 검토하도록 특별위원회를 설치한 것이 최초의 특별위원회로 기록된다.

## 2) 기능 및 역할의 변화

연방의회에서는 다른 나라 국회에 비하여 상임위원회가 고도로 발달했기 때문에 특별위원회의 기능은 상임위원회만큼 인정을 받지는 못하고 있다. 1802년부터 상임위원회의 수가 증가하는 데 반하여 특별위원회의 수는 점차로 감소하였다. 일시적 기구인 특별위원회만으로는 의회의 기능을 만족시킬 수 없었기 때문에 위원회의 상설화, 즉 상임위원회 제도가 도입된 것이다. 무엇보다도 연방헌법에서 정한 바대로 권력분립을 철저히 시행하기 위해서는 의안을 심의하는 상설기구가 필요해진 것이다.

1946년에 가결된 의회재조직법이 의도한 목표 중의 하나는 특별위원회의 활용을 축소하는 데 있었다. 1955년에 이르면 상원과 하원의 상임위원회가 도합 34개인데 비해 특별위원회는 5개에 불과하였다.(<표 5-5>와 <표 5-8> 참조)

행정부의 기능과 업무가 확대되고 전문화함에 따라 의회도 그에 대응하여 신속한 대응을 위해, 또 특정한 사안에 관하여 신속하게 대처하기 위해 수시로 특별위원회를 구성하고 있다.[24] 연방의회에서도 특별위원회는 여전히

---

[24] 워터게이트 사건이 발생하자 상원은 '대통령 선거운동행위에 관한 특별위원회'를 구성하고 닉슨 대통령의 탄핵 제1단계 조사를 하였다.

중요한 기관의 하나로서 기능하고 있다.


## 2. 한계 및 소멸

하원의 특별위원회는 하원의장, 상원의 특별위원회는 상원 임시의장의 직권으로 구성한다.

상임위원회에서 다루기 어려운 의안을 다루는 특별위원회는 한시적으로 특별한 목적을 위해 설치되는 기관이므로 조사와 연구를 행할 수는 있지만 법률안 제출권이 없는 한계를 갖는다.

특별위원회는 상임위원회 소관사항이 아닌 특정한 1개 사안에 대한 조사 및 연구를 위해 설치되고 심사가 종료되어 그 결과를 본회의에 통보함과 동시에 소멸한다는 점이 상임위원회와는 다른 점이다.


## 제6절 양원협의회


## 1. 양원협의회제도 개요

양원협의회의 역사는 연방의회보다 더 오래되었다.[25] 현행 헌법이 제정된 1789년 이전에 이미 주 의회는 상원·하원 간의 이견을 해소하기 위해 양원협의회를 운용한 바 있다. 그렇기 때문에 양원협의회제도는 연방의회가 처음 소집되었을 때 자연스럽게 하나의 제도로 채택되었다.

---

25) 양원협의회는 '양원 합동위원회'라고도 불린다.

## 2. 양원협의회의 기능

양원협의회(Conference Committee)란 상원과 하원이 법률을 제정하는 과정에서 동일한 법안 명칭하에 서로의 입장이 달라 각기 다른 내용의 법안을 가결하였을 경우, 그 타협점을 발견하기 위하여 또는 양원이 토의할 이해관계가 없는 안건 예를 들면 기념축하행사를 비롯한 공공시설, 의사당, 도서관 등에 관한 안건을 상의하여 결정하기 위하여 소집되는 하나의 협의체이다.

양원협의회는 상원과 하원에 동시에 설치하는 위원회이며, 공동결의안이나 의회 내의 규정에 의거해 위원회의 규모가 정해지는 조직이다. 독자적으로 법안을 심사하거나 법안을 본회의에 제출하는 권한은 없다

양원협의회에 상하 양원의 의원들이 같은 숫자로 위원으로 참여하며 위원장직은 상원과 하원에서 교대로 맡고 있으며, 상원의원이 위원장을 맡게 되면 하원의원이 부위원장을 맡는 것이 관례이다.

양원협의회에서 합의를 하면 그 결정이 상하 양원에 보고되며 양원은 그것을 토대로 하여 심의를 하게 된다. 그러나 어느 한 원이 계속하여 반대한다면 다시 새로운 협의체를 구성하여 재심을 하든가, 아니면 그 법안을 폐기하든가 하게 된다. 이렇게 볼 때 양원제 의회의 입법과정에 있어 양원협의회가 갖는 조정기능은 큰 것이라고 할 수 있다.

양원협의회는 일종의 합동위원회이며, 그 설치와 구성은 양원의 의장이 정하나 실제로는 그 법안을 취급한 위원회 위원장의 의견을 존중한다. 연방의회 하원은 1974년 위임 피임명자의 과반수는 "하원의 입장을 일반적으로 지지했던 의원"이어야 한다는 규칙을 채택하고, 의장에게 그 시행책임을 지도록 하였다.

양원협의회는 양원 간에 상이한 규정을 제외한 사항에 대해서는 심의대상으로 삼을 수 없고, 또한 자기 의사에 따라 새로운 규정을 부가하거나 양원이 일치한 규정을 변경할 수 없다. 그러나 하나의 원이 다른 원의 법안을 크게 변경했을 때에는 양원협의회는 본질적으로 새로운 안을 작성하지 않을

수 없는 입장에 놓이게 된다.

양원협의회의 심의과정에는 위원회의 참모와 법안에 관계하는 행정부처의 전문가 등이 참여하고 때로는 원내대표, 원내총무 혹은 대통령이 개입하는 경우도 있다. 이렇게 양원협의회는 정치적 이익집단의 영향을 받기 쉬워서 '제3의 원(the Third Hall)'이라고 불리기도 한다.

협의회에 있어 양원의 대표들은 대등한 입장에 서게 되는데 상원의 대표가 하원의 대표보다 다소 우월한 위치에 서기도 하나 늘 그렇다고는 볼 수 없다. 양원협의회는 1975년부터 비밀회로 할 것을 의결하지 않는 이상 공개적으로 개최하는 것을 원칙으로 삼고 있다.

양원협의회에서 얻어진 결론은 다시 각기 양원의 본회의에서 표결에 부친다.


## 3. 양원협의회의 입법과정상의 역할

하원에서 가결된 법안이 상원에서 그 내용이 수정되어 오는 경우, 하원은 몇 가지 선택을 할 수 있는데 그중의 하나가 양원협의회의 개최를 요구하는 일이다. 이 경우, 협의회에 참여하는 위원들은 자신이 속한 원(院)이 동의한 법안 내용의 범위를 넘어서는 협상을 할 수 없다.


## 4. 양원협의회의 구성 및 해산

양원협의회의 위원은 양원의 의장이 지명하는데, 대체로 각 원에서 각각 3~6인의 의원을 선임하여 구성한다. 의장은 의원을 양원협의회 위원으로 선임하고자 하는 경우 의장이 정하는 하원의 입장을 지지하는 의원이 과반수가 되도록 선임하여야 하며, 당해 입법에 관련(혹은 책임)이 있는 의원들을 선임해야 하며, 하원이 채택하였거나 하원에서 가결된 관련 법안 및 결의안의 핵심

사항 등에 대해 찬성한 의원들을 가능한 한 많이 위원으로 포함시켜야 한다.[26]

양원협의회에서 토의 대상이 되었던 법안에 대한 양원의 합의가 이루어져 그 법안에 관한 보고서가 작성되고 이것이 양원의 본회의에서 각각 가결되면 양원협의회는 해산한다.


## 제7절 위원회 의사절차


### 1. 위원회 개회 및 소집

다른 나라의 경우와는 달리 연방의회의 위원회는 매우 상세한 위원회 규칙을 설정해 두고 있다. 많은 국가에서는 본회의 중에는 위원회를 개회하지 못하도록 하고 있으나, 연방의회의 경우에는 본회의 중에도 위원회를 개회할 수 있다.

연방의회 상원·하원은 위원회 회의일정표에 따라 위원회를 소집한다. 의장은 필요에 따라 위원회를 소집할 수 있다.


### 2. 위원회 회의의 공개

위원회에서 열리는 법안 심의를 포함하는 각종 회의의 공개 여부는 국민의 알 권리를 충족시킨다는 의미에서 의회의 기능에 대한 중요한 평가기준의 하나가 된다.

상임위원회중심주의를 채택하고 있는 연방의회의 위원회는 국가안보 등의 이유에서 비밀회의를 해야 하는 경우를 제외하고는 대부분 공개하고 있다.

---

26) 하원 제1 의사규칙 제11조 참조.

연방의회의 각 위원회 회의에는 모든 의원이 각 위원회의 회의에 참석할 수 있으며, 일반인의 방청 또한 허가하는 것을 원칙으로 하고 있다.[27]

## 3. 위원회 표결방법

위원회에서의 표결방법은 대체로 구두표결과 거수표결(기립표결 포함)이 있다. 구두표결은 위원장의 결정에 대하여 이의가 있을 경우 위원장이 위원의 성명을 알파벳 순서로 호명하고 위원은 찬성 또는 반대 내지는 기권하는 형태로 표결하는 방법을 말한다. 상원은 기록표결에 있어서 대리투표(proxy voting)를 허용하고 있다.[28]

참고로 연방의회에서 실시되는 표결은 표결방식과 표결결과의 기록 여부에 따라 구분된다. 표결방식으로는 구두표결, 기립표결, 전자표결, 지명표결이 있다. 기록 여부로는 결과를 기록하는 표결(전파표결과 지명표결)과 기록하지 않는 표결(구두표결)이 있다.

## 4. 위원회의 권한

위원회는 소관사항과 관련한 안건 심의 권한을 갖는다. 이들 안건심의와 관련하여 위원회가 증인 등의 출석요구권과 자료제출권을 갖느냐 하는 것은

---

27) 영국, 호주 등 몇몇 국가의 경우에는 특정한 위원회에 한하여 일반인들이 참관할 수 있다. 독일 상원, 프랑스, 덴마크, 벨기에 등과 같은 나라에서는 위원회 회의는 원칙적으로 일반에게 비공개로 할 뿐 아니라 그 내용도 비밀로 하고 있다. 이들 국가에서는 위원장이나 정부위원 같은 소수의 인사들만이 위원회 회의록을 열람할 수 있다. 그러나 위원회 회의의 경과에 대해서는 공표한다.

28) 거수표결 또는 기립표결은 독일, 벨기에, 호주(하원), 이스라엘, 스페인(하원), 스위스, 일본(기립표결) 등에서 사용되고 있다. 그러나 이러한 유형에 속하는 국가 중에서도 소수당 또는 위원의 요구가 있을 때에는 호명표결이 행해질 수 있다(프랑스, 오스트리아 등). 미국 하원에서는 대리투표제도가 1995년에 폐지되었다. 과거 하원의원들은 위원회에 직접 참석하지 않고도 자신의 투표권을 참석 중인 의원 특히 소속당의 선임위원에게 위임하여 행사할 수 있었다. 이 제도는 기술적으로 의회운영에 융통성을 더해 주는 것이나 정책토론의 질을 저하시킨다는 비판에 직면해 있었다.

국가마다 다소 차이가 있다.

연방의회는 위원회가 일반인에 대한 출석요구 및 자료제출을 강제할 수 있도록 하고 있다. 만일 일반인이 증인으로서 출석요구 및 증언을 거부하는 경우에는 의회모독죄(Contempt of Parliament)로 처벌될 수 있다. 위원회의 자료제출요구가 있으면 행정부는 자료의 제출이 국익에 반하지 않는 한 자료제출요구를 거부할 수 없다.

## 5. 위원회 심의과정

연방의회의 특징 중의 하나는 상임위원회가 의사 진행 및 의정활동에 있어 주도적인 역할을 수행한다는 점이다. 헌법에는 상임위원회 설립에 관한 어떠한 규정도 존재하지 않으므로, 상임위원회는 헌법 규정이 아니라 자체적인 발전 과정을 통해 오늘날과 같은 중요한 기능을 하게 되었다.

양원에 제출된 대부분의 법안들은 위원회에 회부되어 조사와 권고를 받는다. 위원회는 회부된 법안을 승인, 수정, 폐기, 혹은 묵살할 수 있다. 어떠한 법안이든 상임위원회의 승인 없이는 하원이나 상원 본회의에 상정될 수 없다.

하원에서 특정 법안에 대한 위원회 심의 면제 청원을 위해서는 의원 218명의 찬성이 필요하며, 상원에서도 과반수의 찬성이 필요하다. 실제로 이러한 면제 동의안이 필수 찬성표를 얻는 경우는 아주 드물다.[29]

상임위원회 제도 덕분에, 의원들과 직원들은 다양한 입법 분야에서 상당한 전문 지식을 축적할 수 있다. 인구가 적고 연방정부의 임무가 제한되어 있었던 건국 초기에는 이러한 전문 지식이 그다지 중요하게 여겨지지 않았으나 국무가 복잡다단해진 오늘날에는 높은 수준의 전문적인 지식이 필요하다. 그러므로 의원들은 대부분 특정 공공정책 영역에 대해 전문 지식을 획득한 이들이라고 볼

---

29) 슈뢰더, 앞의 책, 106쪽.

수 있다.

　법안이 위원회에 접수되면 위원회의 의사일정표(calendar, 의안목록)에 등재되는데, 대부분의 법안은 여기에서 멈추어 더 이상 앞으로 나아가지를 못한다. 위원회의 심의를 받아 위원회에서 본회의에 보고하기로 결정한 법안만이 제2독회를 거쳐 의원 전체의 심의를 받아 표결로 가부를 결정하게 된다.

　위원회의 결의는 다수결의 원칙에 의해 결정된다. 의회의 최종 결정권은 본회의에 있고, 위원회는 그 예비심사 기관에 불과하지만 의회에 제출되는 안건의 수가 많으므로 본회의는 위원회에서의 결정을 존중한다. 따라서 위원회에서의 심사와 조치는 매우 중요한데 위원회가 할 수 있는 조치는 ① 제출된 법안을 심사하여 '가결' 처리한 후 본회의에 상정한다. ② 법안을 본회의에 보고하지 않고 그대로 보류해 둔다. ③ 법안을 수정하여 본회의에서 가결하도록 권유한다. ④ 법안을 본회의에 보내되, '가결하지 말라'는 권유와 함께 제출한다. 이것은 문제가 중요할 때, 위원회의 의견은 반대이지만 일반 의원들이 토의해서 결정해야 한다는 판단이 내려졌을 때 취하는 조치이다. ⑤ 위원회 자체에서 법안을 만들어 본회의에 제출한다 등이다.

　상임위원회가 법안을 승인하게 되면, 제안된 법안은 본회의에 상정되어 공개 심의를 받게 된다. 상원에서는 상원의 규정에 근거하여 실제로 무제한적인 토론이 허용된다. 그러나 하원에는 의원수가 많기 때문에 일반적으로 의사운영위원회가 토론에 제한을 가한다. 심의가 끝난 뒤 의원들은 법안을 승인할 것인지, 거부하거나 심의 보류(법안의 무효화를 의미하며 사실상 부결)할 것인지, 아니면 상임위원회로 돌려보낼 것인지를 두고 표결에 부친다. 한 원에서 가결된 법안은 표결을 위해 다시 다른 원으로 보내진다. 만약 두 번째 원에서 법안에 수정이 가해질 경우, 양원 의원들로 구성된 양원협의회가 견해차를 좁히기 위해 중재에 나선다.

## 제8절 위원회 보좌관

### 1. 전문성

국회 직원들이 갖는 전문성은 양질의 법률을 제정하는 데 있어 핵심적인 부분을 차지하는 요소이다. 직원들이 갖는 정보 수집 및 정책분석 능력은 그 국회의 입법능력을 가늠하는 척도가 되며 정책형성의 성패를 좌우하기도 한다. 연방의회 위원회 소속 직원들은 그 분야에 있어 최고의 전문가인 경우가 많다.

### 2. 직무

각 상임위원회에 근무하는 전문 보좌직원은 의회의 업무시간에는 위원회 업무 이외의 업무에 종사할 수 없으며, 위원회 업무가 아닌 직무에 배정될 수 없다.

위원회 직원들은 의제 설정(agenda setting), 법률안 관련 조사 및 법률안 초안 작성, 보고서 작성 등 업무 외에 청문회의 준비 및 진행, 의정활동과 관련된 문서작성, 기타 행정업무 외에도 로비스트들과의 접촉, 국회의원들과의 접촉, 행정부 직원들과의 접촉 등 다양한 활동을 하고 있다.

### 3. 증언 채취권

위원회 직원은 청문회를 개최할 경우 증언채취권을 갖는다. 증언채취권이 있기 때문에 청문회의 사전 준비단계에서 이들이 청문 대상자를 비롯한 증인, 참고인 등을 만나 진술을 듣거나 기타 참고자료를 확보하여 위원들의 청문회 활동을 지원한다.


## 4. 인원 규모

위원회 직원의 정원과 관련해서는 하원의 경우 '전문 보좌직원(professional staff)'을 30명으로 규정하고 있으나 상원에서는 그 수를 규칙에서 규정하지 않고 세출법에 근거하여 임명하고 있다.

대체로 각 상임위원회는 30인 이내의 전문성을 갖는 직원을 위원 과반수의 찬성으로 임명하고 있다.[30]

하원 위원회의 대부분은 예비비에서 지출되는 조사관(investigator) 혹은 비상임직 직원을 사용하고 있어 실제 위원회의 직원은 하원규칙이나 세출법에서 규정하고 있는 수보다 훨씬 많다.[31]


## 제9절 위원회의 조사 및 감독활동

### 1. 행정부의 정책수행에 대한 조사

정책수행 조사권(investigative power)은 영국에서 처음 실시한 제도로서, 행정부에 대한 감독수단으로 활용되고 있다. 미국은 헌법이나 법률에서 명문으로 국정에 대한 조사를 규정하고 있지는 않으며, 다만 관행적으로 실시해 오고 있다.[32] 헌법에는 행정부의 정책집행에 관한 조사를 실시하거나 소환장을

---

30) 하원 제10 의사규칙 제9조
31) Ornstein, Mann and Malbin, 앞의 책, 20쪽.

발부하거나, 행정부의 공무원을 의회모욕죄로 처벌하는 권한은 특별히 언급되어 있지 않다. 또 연방의회에 대해서도 행정부가 소유하고 있는 정보의 제공을 요구할 수 있는 권한을 명시적으로 인정하지도 않았다. 명시적인 규정은 없지만 위원회의 권한이나 활동을 전개하는 과정에서 그 어느 나라보다도 적극적이고도 실질적인 조사활동이 수시로 행해지고 있다.

연방정부의 정책수행에 대한 조사활동(감시 및 감독)은 매년 정기적 혹은 포괄적으로 행정부의 정책 및 예산집행을 감독하는 것이 아니며, 수시로 필요에 따라 위원회 혹은 소위원회 차원에서 실시되고 있는 상시적인 활동이다.

그런 의미에서 의회의 비입법적 기능 중 중요한 것의 하나가 행정부의 정책수행에 대한 조사권이다. 이 권한은 일반적으로 위원회(상임위원회를 비롯하여 특별한 목적을 위해 구성된 특별위원회, 양원 의원들로 구성된 합동위원회 모두 포함)에 위임된다.[33]

정책수행에 대한 조사활동은 미래의 입법에 필요한 정보를 수집하고, 이미 가결된 법률의 유효성을 점검하며, 행정부나 사법부 구성원 및 공무원들의 자격과 업무 성과를 조사하는 일이다. 위원회는 외부 전문가들을 자주 초청하는데, 외부 전문가들은 자문, 조사 등을 통해 청문회 진행을 측면 지원한다.

대부분의 위원회 청문회는 대중에 공개되며 언론 매체를 통해 널리 보도된다. 그러므로 의회의 조사활동은 의원들이 일반 시민들에게 국정 문제를 알리고 대중적 관심을 불러일으킬 수 있는 중요한 수단이다.

의회가 헌법상 부여된 권한을 행사하려면 정보가 필요한데, 정보의 대부분은 정책을 입안하고 집행하는 행정부에서 가지고 있다. 따라서 의회가 행정부에 대해 어느 정도의 정보제공을 요구하고 획득할 수 있느냐에 따라 그

---

32) '국정조사'라고 하는 용어는 부담스럽다. 청문회 등의 활동을 통한 '정책수행에 대한 조사활동'이라고 하는 것이 나을 것 같다. 일본이나 한국에서는 국정감사 혹은 국정조사활동이 마치 대단한 연례행사인 것처럼 이야기되지만 막상 그 활동의 결과는 대체로 미미하다는 점에서 제도개선의 여지가 크다고 할 수 있다. 연례행사로서의 국정활동 조사활동이 아니라 실질적인 국정수행활동에 대한 조사여야 한다.

33) 슈뢰더, 앞의 책, 111쪽.

의회의 기능이 사실상 결정된다.

연방대법원은 연방의회의 조사권을 "입법기능에 본질적이며 적절한 보조수단"이라고 했다.[34] 상원과 하원은 각기 위원회나 소위원회가 위원회의 관할권에 속하는 문제에 관하여 문서의 제출을 요구하고 증인의 출석을 요구하기 위해서 소환장(subpoena)을 발부할 수 있도록 허락한다. 증인이 위원회 소환장에 따른 증언을 거부하거나 서류의 제출을 거부하고 위원회가 이를 의회모독으로 처벌하기 위한 결의안을 본회의에 부의하기로 표결하면 상하양원의 본회의는 위원회의 요구에 따라 증인을 의회모독으로 결정할 수 있다.

행정부가 정보제공이나 공무원의 증언을 거부할 경우에도 의회는 의회모독죄를 적용할 수 있다.


## 2. 상임위원회의 기능 및 역량 강화

행정부가 수행하는 정책의 오류, 비리 등의 행위에 대한 감시·감독활동을 위해 위원회가 행하는 조사활동은 입법과정에 있어 필수불가결한 행위이다.

조사활동은 처음에는 연방의회의 의결에 따라 특별위원회에 의해 실시되었으나, 1826년 상임위원회에 증인을 소환하고 서류제출을 요구할 수 있는 권한이 부여됨으로써 상임위원회가 행정부의 정책수행활동에 대한 조사를 행하는 중심 기관이 되었다.

상원과 하원에서 의결하여 조사권이 부여되면 조사범위를 확정하고, 의회직원에 의한 정보수집 등의 준비절차가 행해진다. 이어 해당 위원회에 의한 청문회 등이 이루어진다.[35]

---

34) McGrain v. Daugherty, 273 U.S. 135(1927). 연방법원은, 조사권이 연방의회의 권능을 보조함에 있어 본질적이고 적절한 것이며, 필요한 정보를 획득하기 위하여 연방의회 또는 위원회는 개인을 청문회에 출석시킬 수 있다고 판시하였다.

35) 대통령을 조사의 대상으로 한 경우도 여러 번 있었는데, 대통령에 대해서는 일반적인 증언거부나 출석거부에 적용되는 처벌 대상에서는 제외시켜 왔다.

연방의회의 조사활동은 의회모독죄 처벌권(power to punish contempt)이라는 강제권을 통하여 실효성이 보장되고 있다. 의회모독과 관련하여 연방의회는 1957년에 의회모독 행위에 대한 처벌 근거를 마련한 규정을 제정한 바 있다.

상원은 정책수행활동 조사를 위해 상임위원회 소위원회를 통해 필요할 때마다 조사활동에 나서고 있다. 하원 또한 상임위원회별로 조사활동을 행할 수 있는 기능과 예산을 확보하고 있다. 회기에 관계없이 활동할 수 있고, 또 조사활동을 원활히 하기 위하여 관계인을 소환할 수 있는 소환권을 보유한다. 소환의 남용을 막기 위하여 관계인의 소환 시에는 위원회 위원장, 다수당 및 소수당 간사의 서명을 받고 소환명령을 발부하여야 하며, 또 이를 위해 위원회 위원 다수의 지지를 받아야 한다. 만약 소환장을 받고 이에 따르지 않을 때에는 경위장이 구인해 올 수 있다. 또 사법기관에 고발하여 2년 이하의 징역형에 처할 수 있다.


## 제10절 전원위원회

### 1. 개요

전원위원회는 영국의 위원회제도의 특색이라고 할 수 있으며 의원 전체로 구성되는 위원회이다.

17세기, 영국국회와 국왕은 조세와 재정문제로 인하여 자주 충돌하였는데, 이때 국회는 하원의 모든 의원들이 조세지출문제에 관한 토론에 참여할 수 있도록 전원위원회 제도를 만들었다. 이 전원위원회는 종종 국왕의 정책을 지지하는 의원들이 다수 소속되어 있는 상임위원회에서 제안하는 재정지출안건을 심사하는 과정에서 그 내용을 통제하거나 가결 자체를 막는 기능을 하였다. 영국의 이 제도는 미국으로 건너와 보완되어 다음과 같은 본회의와의 차이점을 보이게 되었다.[36]

〈표 5-9〉 하원 본회의와 전원위원회 비교

| 사 항 | 하원 본회의 | 전원위원회 |
| --- | --- | --- |
| 직장(mace)의 위치 | 의장 단상의 받침대 위 | 의장 단상의 받침대 아래 |
| 사회자 | 의장 | 의장이 지명하는 다수당의 동료 의원 |
| 의결 정족수Quorum | 218인(하원의원의 과반수) | 100인(정족수) |
| 수정안 심의 토론 규칙 | 1시간 토론 규칙 적용 | 5분 토론 규칙 적용 |
| 선결 문제 | 선결문제 동의 가능 | 선결문제 동의 불가능 |
| 재회부 동의 여부<br>motion to recommit | 가능 | 불가능 |

자료: *Manual on Legislative Procedure in the U.S. House of Representatives*(1986): Oleszek(2004), 157쪽.

연방의회가 최초로 발족된 시기인 1789년부터 1810년까지 모든 의회의 심의안건은 전체회의인 전원위원회를 개최하여 의사를 결정하였다. 물론 당시 전원위원회는 법안의 특수성을 검토하는 행정력과 전문성이 있는 해당 법안관련 의원들을 중심으로 구성하는 임시적 특별위원회 제도를 활용하였지만 일이 끝나면 곧 해체되었으므로 상임위원회의 성격은 아니었다.

전원위원회에서의 토의는 비교적 자유롭게 행해진다. 법안이 채택되면 본회의로 전환되어 의장이 사회를 보게 되며 전원위원회 위원장은 전원위원회 심의 경과를 본회의에서 보고한다. 본회의에서는 그에 대해 다른 토론은 하지 않으며 전원위원회에서 심의 결정한 대로 의결하는 것이 보통이다.

---

36) Oleszek, 앞의 책, 156쪽.

## 2. 기능 및 구성

연방의회는 전원위원회(the Committee of the Whole) 제도를 채택하고 있다. 이 제도는 상임위원회에서 가결된 법안을 본회의에서 처리(주로 가결)하기 전에 전원위원회를 열어 다시 검토하기 위하여 도입되었다.

전원위원회는 전체 의원으로 구성된다. 따라서 그 규모에 있어서는 본회의와 동일하다. 전원위원회가 본회의와 다른 점은 동일문제에 관하여 발언권에 제한이 없다는 점이다.

전원위원회는 상하 양원에서 개최되어 왔으나, 상원에서는 1930년 이후에는 개최되지 않고 있다.

전원위원회는 상임위원회와 같이 자주 개최되는 것은 아니지만 본회의의 동의(動議)가 있으면 구성된다. 주로 예산관련 안건을 심의할 때 구성되며, 일반 법안 중에서도 특히 중요하다고 인정되는 법안이 있을 때에는 개최된다.


## 3. 분류

전원위원회는 2종류이다. 하나는 사적법안을 심의하는 하원 전원위원회(the Committee of the Whole)이고, 다른 하나는 공공법안을 심의하는 가장 중요한 하원전원위원회(the Committee of the Whole House on the State of the Union)이다. 후자를 줄여서 전원위원회(the Committee of the Whole)라고 부르며, 특별한 언급이 없이 전원위원회를 말할 때에는 후자를 가리킨다.

## 4. 회의 진행

### 1) 토론

국민에 대한 조세 및 부담금 부과, 세입징수, 직접 혹은 간접적인 금전 또는 자산의 세출 및 그 세출의 요구·승인된 예산에 대한 지출권능 부여, 미국의 금전 및 자산에 대한 부채 경감, 배상요구의 배상청구법원 회부 등을 위한 모든 공공 법안, 결의안 및 상원 수정안은 전원위원회에서 먼저 심사하도록 되어 있다.[37]

본회의가 전원위원회로 전환되면 의장은 회의를 주재할 위원장을 지명한 후 의장석을 떠난다. 그 후 가장 먼저 해야 하는 일은 대체토론(general debate)이다. 대체토론이 종료되면 5분 규칙에 따라 법안이 낭독된다. 제출하는 수정안의 취지 설명을 하는 데 5분의 발언이 허용되고, 그에 대한 반대토론도 5분간 허용된다.

여러 원안에 대한 토론과정은 의안처리간사(floor manager)가 지휘하는데, 다수당의 의안처리간사는 그 법안을 보고한 위원회의 위원장이나 위원장이 지명한 동료 의원이 된다. 법안이 최종적으로 처리될 수 있도록 노력하며, 또 처리될 때까지 전반적인 책임을 지는 직책이다.

### 2) 정족수

하원 전원위원회의 정족수는 100인이다. 전원위원회가 정족수 부족을 처음으로 확인하였을 때, 전원위원장은 정족수 호명절차를 이행해야 한다. 전원위원장은 정족수가 충족되면 의사를 계속 진행해야 하며, 정족수가 충족되지 아니하면 산회하여야 하고, 위원장도 결석 의원의 성명을 하원에 보고하여야 한다.

---

37) 하원 제18 의사규칙 제3조. 하원 의사규칙은 적용 가능한 범위에서 전원위원회의 규칙이 된다.

정족수가 충족되면 전원위원회의 의사결정단계에서 가장 중요한 부분인 의안수정과정을 거쳐 최종안을 확정 짓는다. 의안에 대한 재회부 동의는 불가능하다.

### 3) 기록 표결 여부

정원의 4분의 1인 25인 이상의 요청으로 기록 표결할 수 있다.

■■■ **제6장**

# 본회의

# 제6장
본회의

## 제1절 국회의사당

### 1. 수도 확정 및 국회의사당 건축

연방의회 제1대 국회는 포토맥 강변에 위치한 지역을 컬럼비아 특별구(현재의 워싱턴 디시)로, 필라델피아를 임시 수도로 정하였다. 1790년 12월 6일부터 1800년 5월 14일 제6대 국회 첫 회기가 종료될 때까지 연방의회의 회의는 필라델피아의 '컨그레스 홀(Congress Hall)'에서 개최되었다.

국회의사당 건축은 1793년에 시작되었다. 1800년 11월, 연방의회는 의사당 북쪽방향에 있는 가장 먼저 완성된 건물에서 소집되었다. 존 애덤스 대통령은 1800년 11월 22일 워싱턴 디시의 국회의사당에서 열린 상하 양원 합동회의 연설을 통해 의사당 건립을 축하하고, 민주주의 발전을 다짐하였다.[1] 1850년대에는, 대륙 서부 지역으로의 영토 확장과 의회의 성장으로 인하여 주로 의사당의 남쪽과 북쪽으로 확장이 이루어졌다. 그 후 의사당 건

---

1) 국회의사당 이전 및 건립과정은 Kenneth R. Bowling and Donald R. Kennon, eds., *Establishing Congress: The Removal to Washington D.C. and the Election of 1800*(Athens: Ohio University Press, 2005) 참조.

물은 오랜 세월 동안 증축과 개축을 거듭해 왔다.

철저한 계획도시인 미국의 수도 워싱턴은 버지니아 주와 메릴랜드 주가 내놓은 컬럼비아 특별구(District of Columbia)라는 국유지에 프랑스인 피에르 랑팡의 설계로 건설되었다. 수도의 정식 명칭은 '워싱턴 컬럼비아 특별구'이며, 약칭은 '워싱턴 디시(Washington D.C.)'이다.[2]

미국이 영국으로부터 독립을 선언한 1776년 당시의 수도는 필라델피아였으나 그 후 의회에서 천도(遷都)론이 제기됨에 따라 초대 대통령인 조지 워싱턴 시절 영토 남북단의 중간지점인 포토맥 강변의 워싱턴 디시를 새 수도로 결정하였다.


## 2. 캐피틀 힐

캐피틀 힐(Capitol Hill)은 국회의사당이 있는 언덕이라는 뜻이지만 보통 '미국 국회의사당'을 가리킨다.[3] 캐피틀 힐은 젠킨스 힐(Jenkins Hill)이라고 불리다가 1800년 11월부터 '캐피틀 힐'이라고 명명되어 불리고 있다. 오늘날 넓은 의미로는 '미국 국회의사당을 둘러싸고 있는 입법부 및 중앙부처 건물들의 집합체'로도 인식되고 있다.

국회의사당 주변에는 의원들이 일상적인 입법 활동을 하는 여섯 개의 상원·하원 부속 건물과 세 개의 의회도서관 건물 등 모두 12개의 부속 건물이 들어서 있다.[4]

---

2) 1791년 초대 대통령 조지 워싱턴의 이름을 따서 '워싱턴'으로 하였고, 영국과의 독립전쟁 당시 수호신으로 칭송되던 '컬럼비아'를 기념하기 위하여 이를 함께 붙여 '워싱턴 디스트릭 오브 컬럼비아(Washington District of Columbia)'라고 하였다. 워싱턴 디시는 어느 주에도 속하지 않는 특별구역으로 미 서북부에 있는 워싱턴 주(워싱턴 주도 시애틀)와는 다른 곳이다.

3) '캐피틀 힐'이란, 고대 로마에 7개의 언덕이 있었는데 그중 가장 작은 언덕 위에 주피터를 모시는 신전(the Temple of Jupiter on the Capitoline Hill)이 있었던 것에서 유래하는 말이다.

4) 상원의원들은 1909년까지 공식적인 사무실 공간을 갖지 못하였다. 그래서 국회의사당의 위원회 회의실이나 의원의 개인 주거에서 모임을 가져왔다. 상원 건물은 1905년에 공사가 시작되어 1909년에 준공되었다. 상원은 1972년 상원 빌딩의 명칭을 조지아 주 출신 상원의원 리처드 러셀(Richard Brevard Russell)

하원의 레이번 빌딩(1965년)과 상원의 하트 빌딩(1982)이 완공되면서 의회 건물은 현재와 같은 모습을 갖추게 되었다.[5]

상원과 하원 건물은 국회의사당 건물 내 로턴타 홀(rotunda hall)의 정중앙을 경계로 구분되며 이곳에서는 입법 활동과는 무관한 국가적 의전행사가 주로 열린다. 대통령의 4년 임기는 11월 선거가 끝난 이후 이듬해 1월 20일에 취임식과 동시에 시작된다.[6] 전통적으로 취임식은 연방의회 의사당 계단에서 거행된다.

워싱턴 디시는 완전한 지방 자치권이 부여되어 있지 않으며, 1967년까지 대통령이 임명하는 3명의 위원이 수도의 행정을 담당하다가 1974년부터 주민의 선거로 시장이 선출되고 있다.


## 3. 국회의사당 방문객 센터

국회의사당 방문객 센터(CVC, Capitol Visitors Center)의 모든 시설은 의사당 동쪽 지하에 위치하고 있다. 방문객 센터 위의 대지는 1874년 옴스테드(Frederick Olmsted)에 의해 설계되었다.

국회의사당 지하에 약 53,800㎡의 크기로 건립되어 2008년 12월 2일 공식 업무를 시작한 이 센터는 영국의 식민지에서 독립하여 미국정부를 수립하고, 미국의 국력을 확대해 온 연방의회의 역사를 교육시킴과 동시에 국민들의 의회와 정치에 대한 관심을 환기시키는 교육공간으로서의 기능과 역할을 수행한다.[7]

---

의 이름을 따서 러셀 빌딩(Russell Senate Office Building, RSOB)이라고 공식 지정하였다.

5) 국회의사당의 건축 연혁, 설계, 건축 등에 관해서는 William C. Allen, *A History of the United States Capitol: A Chronicle of Design, Construction, and Politics*(Washington D.C.: Government Printing Office, 2001) 참조.

6) 제44대 대통령선거는 2008년 11월 4일 본선거가 실시되어 각 주별로 선거인단을 선출했으며, 12월 15일 선거인단이 대통령·부통령선거를 하였다. 그리고 2009년 1월 20일 당선자 버락 후세인 오바마 대통령 취임식이 거행되었다.

7) http://www.visitthecapitol.gov/(검색일: 2009.03.17). 상원과 하원 본회의장을 견학하려면 의사당 본관 지하에 자리 잡은 이 방문객 센터에서 반드시 짧은 다큐멘터리영화를 관람하도록 되어 있다. 공적 용무가

## 1. 본회의 장소

연방의회 본회의는 연방의회 상원과 하원의 본회의장에서 개회한다. 다만, 국회의장이 공익상 바람직하다고 판단하는 경우에는 본회의장 이외의 정부 건물에서 본회의를 개회할 수 있다.[8]

## 2. 개원 및 원 구성

새로 시작되는 국회는 의장, 원내총무, 원내간사, 상임위원장 등을 먼저 선출하게 된다. 이 일이 끝나면 상하 양원의 합동위원회는 대통령에게 의회의 조직이 완료되었음을 알리고, 대통령의 교서를 받을 준비가 되었다는 통보를 한다. 새 국회의 정치활동은 여기서부터 시작된다.

하원은 사무총장의 사회로 의원들의 성명(이름)을 모두 들은 다음 의장선거에 들어간다. 의장으로 선출된 의원이 하원의 최고 선임의원의 주재하에 선서를 한 다음, 모든 의원이 함께 국회의원선서를 하게 된다.

선서가 끝나면 하원 사무총장 등 하원의 선출직 고용인들을 선거한다. 이 절차가 끝난 후에 각 상임위원회 조직에 대한 투표를 행한다. 이 일이 끝나면 하원의 조직이 완료된다.

연방의회 선거가 끝난 다음 해 1월 3일 국회의사당 본회의장에서 정오에

---

있는 방문객들은 오전 7시 15분이면 입장할 수 있다. 일반 방문객들은 월요일부터 토요일까지 오전 8시 30분~4시 30분 사이에 입장할 수 있다.

8) 1812년에 영미전쟁이 시작되었는데, 1814년 8월 24일, 영국군이 워싱턴 디시에 진입하여 연방의회 의사당 건물을 포함하는 다수의 정부 건물에 불을 질렀다. 그때 상원 본회의장과 내부 시설물, 자료 등이 불에 탔으며, 화재로 훼손된 건물 복원공사는 1819년에 마무리되었다. http://www.senate.gov/artandhistory/art/special/Desks/overview.cfm/(검색일: 2009.02.26)

최초로 집회하여 새로운 국회를 조직하게 된다.

하원 사무총장은 의회 구성 후 첫 회기가 시작되면 개회를 선언하며 의장이나 임시의장 선출 시까지 원내 질서 및 예의를 유지하는 등 모든 의사일정을 정한다.

국회는 2년마다 새로 구성되고 최초의 집회 시 의장을 선출하며, 의장은 사실상 다수당 의원총회에서 선출되고 본회의에서는 이를 승인하는 것이 관례이다. 한번 의장으로 선출되면 차기 선거에서 낙선하지 않거나 자신이 속한 정당이 소수당이 되지 않는 한 사망 또는 사임할 때까지 의장으로 재선되는 것이 관례이다.

〈표 6-1〉 하원 본회의 최초 집회일 및 장소

| 구분 | 일시 | 장소 | 비고 |
| --- | --- | --- | --- |
| 최초 집회 | 1789.03.04 | 뉴욕 시 | |
| 최초 정족수 충족 | 1789.04.01 | 뉴욕 시 | |
| 필라델피아 회의 | 1790.12.06 | 필라델피아 시 | 마지막 회의: 1800.05.14 |
| 워싱턴 디시 회의 | 1800.11.17 | 워싱턴 디시 | 제6대 국회 제2회기 |
| 현 본회의장 첫 회의 | 1857.12.16 | 워싱턴 디시 | |

## 3. 본회의장 사용

본회의장은 본회의 등의 입법 활동과 의원총회를 위해서만 사용한다.[9] 본회의의 의결로 의식 거행에 사용하는 경우도 있다.

정상적인 입법 활동을 방해하기 위한 '점거', '시위', '농성' 등은 의사규칙을 위반하는 행위가 된다. 연방의회 본회의장 내에서의 농성, 시위, 점거는 크게는 의회민주주의의 발전을 저해하는 일이며, 작게는 다수결의 원칙에 입각한 의사활동을 방해하는 행위로 간주된다.

---

9) 본회의장은 체임버(chamber), 본회의는 플리너리 미팅(pleanery meeting)이라고 하며, 플로어(floor)는 전체 의원들이 모여 의사를 심의하는 장소를 말한다.

## 4. 본회의장 구조

### 1) 하원

하원 본회의장은 두 개의 단으로 나누어져 있는데, 위쪽 단에서는 일반 방청인, 외교관, 기자 등이 방청할 수 있다. 일반 방청인석은 의장석의 정면과 측면에 있고, 신문기자석은 의장석의 배후 상단에 있다.

의석은 의장석의 앞에 반원형으로 몇 줄로 배열되어 있으며, 지정석이 아니기 때문에 의원들은 아무 자리에 앉아도 무방하다. 단, 민주당 지도부 테이블과 공화당 지도부 테이블은 별도로 마련되어 있다(그림 6-1 참조).

의장석에서 의원석을 바라 볼 때 다수당이 의장석의 오른 쪽에 앉는 것이 관행이었으나 1995년에 공화당이 다수당이 된 후 그대로 의장의 왼쪽에 앉기로 결정함에 따라 과거의 관행은 사라지고, 의석의 수에 관계없이 의장이 의장석에 앉아 있을 때 오른쪽에는 민주당, 왼쪽에는 공화당이 앉게 되었다.[10) 의장이 앉아 있는 오른쪽에 직장(mace)이 놓이게 된다.

참고로 하원 본회의장은 과학기술발전의 성과물들이 최초로 전시되고 활용되는 공간이 되곤 했는데, 그 연혁은 <표 6-2>와 같다.

<표 6-2> 하원 본회의장의 기술적 변화

| 구분 | 일시 | 비고 |
| --- | --- | --- |
| 최초의 공식 전보 타전 | 1844.05.24 | 발명가 새뮤얼 모스(Samuel Morse)가 국회의사당에서 메릴랜드의 그의 친구에게 전보 타전 |
| 최초의 전화 가설 | 1880 | 국회의사당 하원 로비 |
| 최초의 라디오 생중계 | 1922.12.19 | 하원 본회의장 |
| 최초의 텔레비전 생중계 | 1947.01.03 | 하원 본회의장 |
| 최초의 전자투표 | 1973.01.23 | 의원 전원에 대한 전자 투표실시. 하원 본회의장 |
| 최초의 텔레비전 의사 진행 생방송 시작 | 1979.03.19 | PBS방송과 C-SPAN 방송에 의한 의사중계 생방송. 시청자, 본회의장의 발언내용 실시간 청취 가능해짐. |

자료: http://clerk.house.gov/art_history/house_history/tech-milestones.html/(검색일: 2009.03.11)

---

10) Oleszek, 앞의 책, 153쪽.

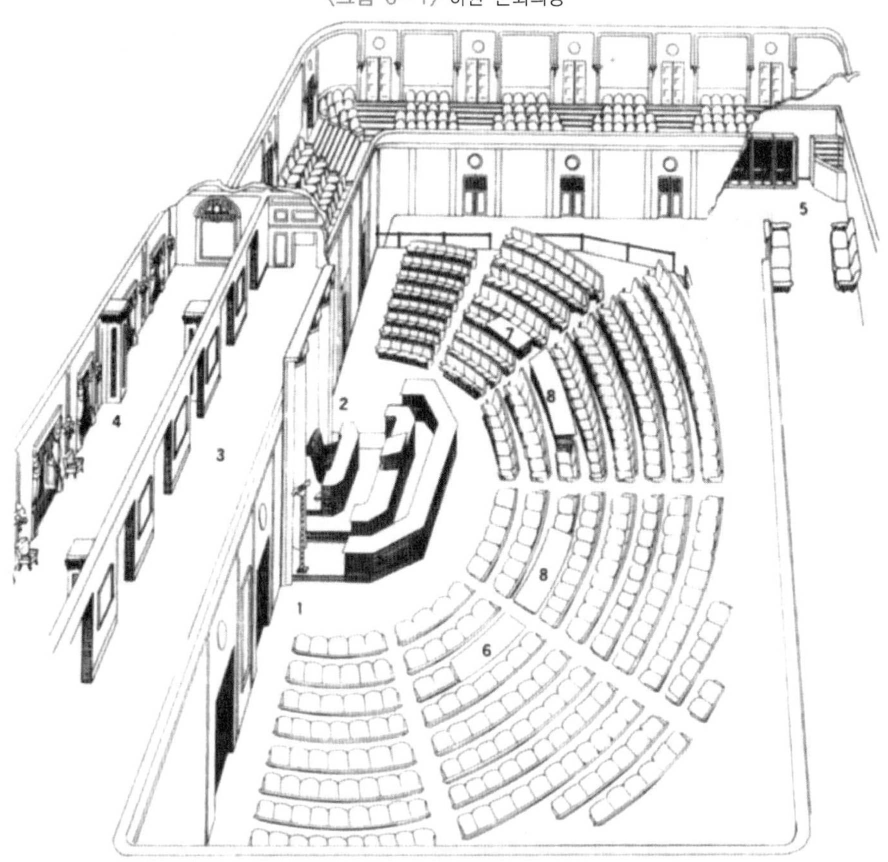



〈그림 6-1〉 하원 본회의장

하원 연단(의장석)

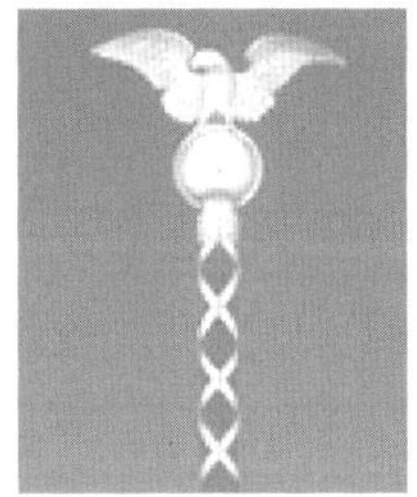

직장(mace)

① 직장(mace), ② 의장석, ③ 의장 로비, ④ 의원 독서실, ⑤ 공화당 의원 휴게실, ⑥ 민주당 지도자 테이블,
⑦ 공화당 지도자 테이블, ⑧ 위원회 테이블
자료: http://www.house.gov/; Hinckley and Goldman(1990), 252쪽

## 2) 상원

상원 본회의장은 의원의 수가 많은 하원 본회의장에 비해서 단조로운 편이다. 하원 의석은 지정되어 있지 않으나, 상원 의석은 지정되어 있다.

<그림 6-2> 상원 본회의장

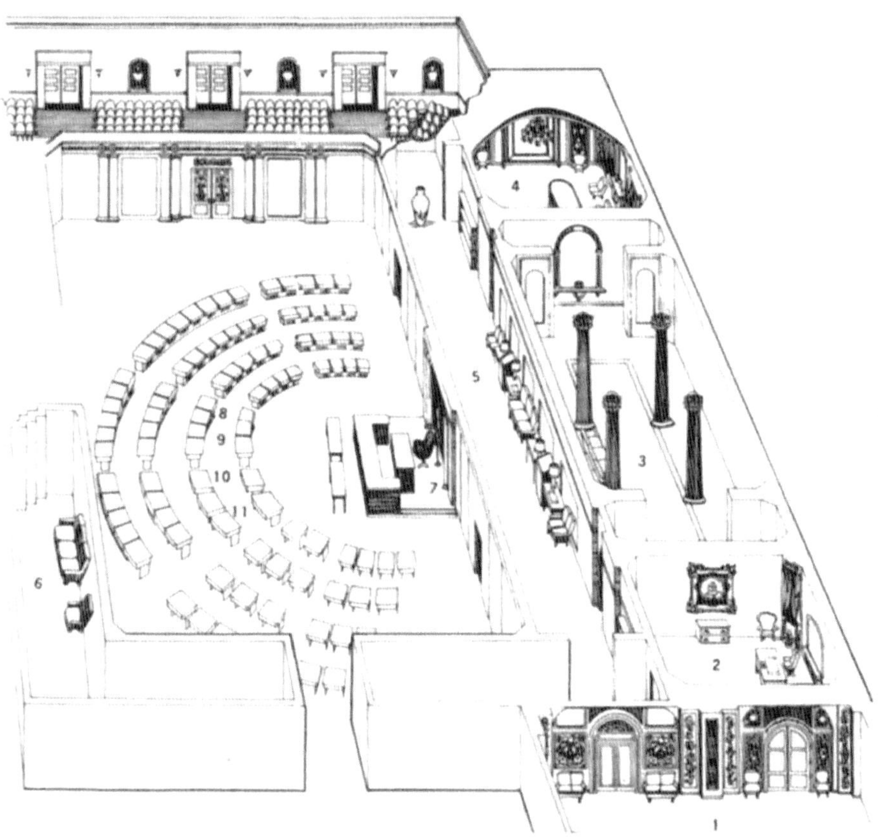

① 상원 접견실. ② 부통령실(상원의장실). ③ 대리석실. ④ 의장실. ⑤ 상원 로비. ⑥ 공화당 휴게실. ⑦ 국회법
담당관(의사관). ⑧ 민주당 원내총무. ⑨ 민주당 원내대표. ⑩ 공화당 원내대표. ⑪ 공화당 원내총무
자료: Hinckley and Goldman(1990), 252쪽.

자료: http://www.senate.gov/artandhistory/history/common/image/110th_class_photo.htm/(검색일: 2009.03.07)



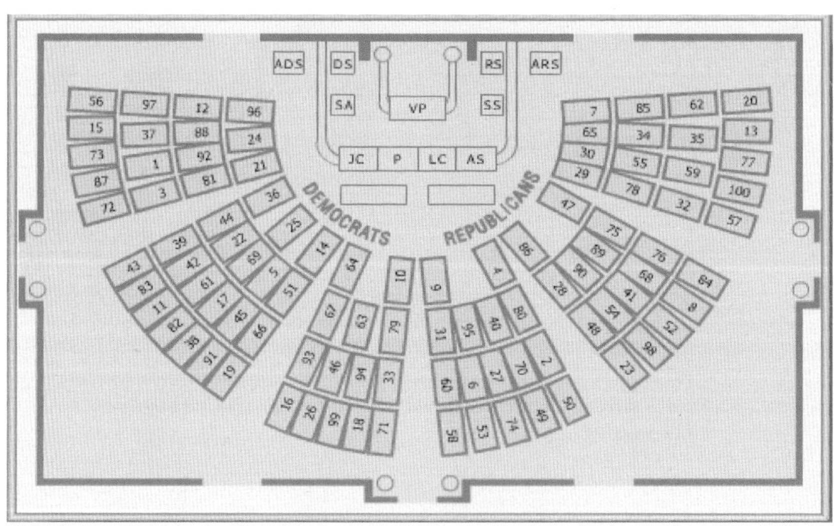


주: ADS(Assistant Democratic Secretary, 민주당 사무차장), ARS(Assistant Republican Secretary, 공화당 사무차장), AS(Assistant Secretary of the Senate, 상원 사무차장), DS(Democratic Secretary, 민주당 사무차장), JC(Journal Clerk, 저널 서기장), LC(Legislative Clerk, 입법 서기장), P(Parliamentarian, 국회법 담당관), RS(Republican Secretary, 공화당 사무차장), SA(Sergeant at Arms, 경위장), SS(Secretary of the Senate, 상원 사무차장), VP(Vice President of the U.S., 미국 부통령 혹은 상원 임시의장, 다수당 의원).

자료: http://www.senate.gov/artandhistory/art/special/Desks/chambermap.cfm/(검색일: 2009.02.11)

## 5. 본회의장 좌석 배치

### 1) 상원

상원 본회의장에는 의원 개개인의 지정된 좌석이 있다.[11] 본회의장에서 의원들이 앉는 책상(Desk)의 기본 골격은 1800년대부터 200년이 지난 현재까지 변경되지 않았으며 다만 시대별로 부수적인 장치가 부착되어 왔을 뿐이다.[12]

### 2) 하원

상원의 경우와는 달리 하원에서는 의원 개개인의 지정된 좌석은 없다. 따라서 아무 좌석에 앉아도 된다. 본회의장 내 반원형의 중심을 가로지르는 넓은 통로가 공화당과 민주당의 의석을 좌우로 분리하고 있다.

앞에 제시된 <그림 6 - 1>은 제101대 국회(1989~1991)의 좌석 배치도인데 의장석에서 의원석을 바라볼 때 오른쪽에 다수당인 민주당이 위치했으며, 왼쪽에 공화당이 자리 잡고 있었다. 2009년 현재 다수당, 소수당의 위상에 관계없이 민주당은 의장석에서 의원석을 바라볼 때 오른쪽, 공화당은 왼쪽에 위치하고 있다.

---

11) 좌석 배치도는 http://www.senate.gov/artandhistory/art/special/desks/arrangingSeating.htm/(검색일: 2009.02.25)

12) 시대별로 변화해 온 의원 책상의 이미지는 다음을 참조 http://www.senate.gov/artandhistory/srt/special. Desks/anatomy.cfm/ (검색일: 2009.02.25)

## 제3절 법안 심의

### 1. 본회의 개회 및 의사일정

#### 1) 개회

하원의 본회의는 월요일부터 목요일까지 열린다. 경우에 따라서는 금요일이나 토요일에 열리기도 한다. 월요일은 대개 여야 간에 논란의 여지가 없는 법안(non-controversial bills)을 심의하는 데 할애한다. 이는 하원의원들이 지역구 활동을 위해 자신의 지역구에서 주말을 보내고 일요일 저녁이나 월요일에 워싱턴으로 돌아오는 것을 배려한 것이다.

의사는 전속목사(Chaplain)의 기도와 의원들의 충성 서약(pledge of allegiance)으로 시작된다. 서약이 끝나면 의장은 전날의 의사활동 목록인 '저널(Journal)'을 낭독하고 이에 대한 승인을 시도한다. 때때로 의원들은 '저널' 승인을 결정짓기 위해 공식적인 호명투표를 요구하기도 한다. 1970년의 의회재조직법의 규정에 따라 '하원 저널'은 하원의장이나 참석 과반수가 특별히 요구하지 않으면 낭독하지 않을 수도 있다. 이어 의사록 삽입 또는 수정이 이뤄지며 상원이나 대통령, 상임위원회로부터 전달사항이나 각종 보고를 접수하여 처리한다. 본격적인 법안 심의와 처리는 이때부터 시작된다. 특정내용에 대한 의원들의 발언은 사전에 의장의 허락을 받아야 가능하다.

의사당에서는 벨을 울려서 본회의장에서의 진행사항을 의원들에게 알린다. 의사당 내 곳곳에 또 의원사무실 내부와 그 주변, 지하 식당에도 벨이 연결되어 있어 본회의장에서 표결이 진행될 때 의원들에게 벨의 울림횟수를 불빛으로 알려 준다. 1979년부터 하원 본회의 장면을 텔레비전으로 중계함에 따라 의원들은 의원사무실 내에서도 의사진행상황을 파악할 수 있다.

## 2) 의사일정표

위원회에서 가결된 모든 법안은 본회의 심의에 앞서 '캘린더(Calendar)'라고 불리는 의사일정표에 등재된다. 하원의 위원회에서 의결된 법안은 본회의에 보고된다. 보고된 법안은 네 개의 의사일정표 중 어느 하나에 기재된다.

사소하고 쟁점이 되지 않는 법안들(minor and non-controversial bills)은 정해진 시일에 본회의에서 일괄 처리된다. 이 법안들에 대해서는 하원의장이 강력한 통제권을 갖고 있으며, 본회의장에서의 법안 토론시간도 1시간으로 제한되어 있다. 하원은 매월 특정한 날짜를 정하여 등재된 의안 중 비논쟁적인 의안에 대하여 본회의에서 우선적으로 처리한다.[13]

하원 상임위원회에서 가결된 법안은 본회의에 이송되기 전에 규칙위원회로 보내져 법안에 대한 본회의의 토의규칙을 정하게 되는데 주로 토의시간과 수정사항의 종류 등을 구체화하게 된다. 그러나 상원에는 이러한 절차는 없다. 대신 토론의 시작시간과 얼마나 오랫동안 토론할 것인가를 만장일치로 정하고 있다. 하원 위원회가 심사 보고하는 모든 의안은 다음의 세 가지 의사일정표 중 하나에 등재된다. 세 가지 외에 제15 의사규칙 제2조의 규정에 따른 위원회 심사 배제동의 의사일정표가 있다.[14]

〈표 6-3〉 하원 의사일정표(캘린더)의 종류

| 종 류 | 내 용 |
| --- | --- |
| 전원위원회 의사일정표<br>(Committee of the Whole Calendar) | 세입징수, 조세 및 부담금 부과, 예산지출 및 국가자산 처리 또는 당해 예산 지출 및 국가자산처리의 요구, 승인된 예산에 대한 지출권능 부여, 미합중국의 금전적·재산적 부채경감, 배상요구의 배상청구법원 회부 등에 관한 공법안 및 공적 결의안 등재 |
| 하원 의사일정표<br>(House Calendar) | 전원위원회 캘린더에 등재될 것이 요구되지 아니하는 모든 공법안 및 공적 결의안 등재. 예산과 무관한 주요 법안 등재 |
| 사적 의사일정표<br>(Private Calendar) | 제15 의사규칙 제5조의 규정에 따른 의사일정표로서 모든 사법안 및 사적 결의안 등재. 법률의 일반적인 적용이 특정 개인이나 단체에게 불리하게 영향을 미칠 경우 이를 구제하는 이민법, 연방정부에 대한 손해배상 등 등재 |
| 배제동의 의사일정표<br>(Discharge Calendar) | 위원회에서 추가 심의가 불필요하거나, 위원회 심사가 배제되는 법안 등재 |

---

13) Oleszek, 앞의 책, 112쪽.

14) 국회사무처 의사국, 『미국의회 의사규칙』(서울: 국회사무처, 2007), 275-280쪽 참조.

모든 법안은 이상 네 가지의 의사일정표로 구분 인쇄되어 의사당 주변에 배포되고 있다. 그러나 의사당에서 법안 심의는 법안이 본회의장에 보고된 순서에 따라 이루어지지 않는다. 보고순서와 상관없이 하원의장, 다수당 원내대표, 하원 규칙위원장과 법안을 관장한 해당 위원회 위원장이 어떤 법안을 언제 본회의에 상정하여 심의할 것인가를 결정한다.

세출 관련 법안이나 예산 관련 공동결의안, 위원회 재정지원문제를 다루는 결의안, 규칙위원회 규칙 변경의 건처럼 긴급하면서 중요한 법안은 '특별법안'으로 분류되어 복잡한 절차를 생략한 채 하원 본회의에 곧바로 상정되기도 한다.


## 2. 규칙위원회

### 1) 기능 및 권한

하원 규칙위원회(Rules Committee)는 하원의 의사일정을 작성하고 조정하는 일을 맡는다. 이 위원회의 기능은 하원 본회의에 상정될 법안, 결의안 등 각종 의안을 언제 어떻게 처리할 것인지에 관하여 본회의가 시작되기 전에 조정을 행하는 것이다. 규칙위원회에서 내려진 결정, 즉 의안 처리의 순서와 방식은 의원들에게는 '준수되어야 하는 것'으로 인식되어 있다. 이러한 인식의 공유가 위원회뿐만 아니라 본회의에서 질서 있는 의사진행과 의안처리를 가능케 하는 요인이다.

규칙위원회는 이외에도 주요 정책안에 대한 질서 정연한 심의를 가능하게 하고, 다수당의 목표를 보호하고, 우선순위가 높은 법안에 대한 신속한 심의를 가능하게 하기 위하여 새로운 규칙을 만들어 내기도 한다.[15] 규칙위원회는 하원 다수당 지도부와 함께 의사일정을 작성하는 권한을 갖고 있다.

규칙위원회는 또 소관 위원회가 하원 본회의에 보고를 원하지 않을 때에

---

15) Oleszek, 앞의 책, 122쪽.

강제로 부의할 수 있는 강제부의권(extraction power)을 갖는다.

양원 합동위원회 보고서나 대통령이 거부권을 행사한 법안은 더 신속하게 본회의에서 처리된다. 논쟁적인 법안이나 특별 법안으로 분류된 법안도 본회의에서 정식으로 심의되기 이전에 하원 규칙위원회를 거치는 것이 보통이다. 중요한 법안일수록 의사일정표 도착순서와 무관하게 본회의에서 충분한 여유를 갖고 면밀하게 다루기 위해 규칙위원회의 특별규칙(special rule)을 적용받게 된다. 주목할 만한 것은 하원 규칙위원회가 갖는 힘과 입법과정에서 차지하는 독특한 역할이다. 특히 하원의장의 의중을 읽는 규칙위원회 위원장은 필요할 때마다 '비상회의'를 개최하여 법안심의의 우선순위를 변경하기도 한다.


## 2) 특별규칙 제정

1970년대 이루어진 일련의 의회개혁조치에 따라 규칙위원회의 위상이 다수당 지도부의 한 부분으로 축소되기는 했으나, 규칙위원회는 해당 법안에 대해 특별 규칙 적용에 앞서 그 타당성을 둘러싼 찬반의견을 청취하기 위해 간이 청문회를 수시로 개최한다. 규칙위원회는 또 본회의에서 법안 제출을 서두르거나 지연시키는 방법 또는 토론 및 수정안 제출과 관련하여 다양한 조건을 붙이기도 한다.

하원 의원의 수가 많고 제출되는 법안의 수도 많으므로, 의사를 원활하게 처리하기 위해서는 의사진행에 엄격한 제한을 가하지 않을 수 없다. 일단 위원회에서 법안 심의를 마치고 본회의에 보고하기로 한 법안은 하원의 의사일정과 관계있는 의사일정표에 기재된다.

하원 의사일정표에 올려진 안건은 선착순으로 하나하나 처리되므로 상당한 시간을 요한다. 이때 의안 처리에 있어 시간이 지체되는 것을 막기 위하여 위원회에서 가결된 법안을 규칙위원회에 제출하여 거기에서 특별규칙을 얻어, 차례가 돌아오기 전에 본회의에 제출하여 가결 처리하는 절차를 밟는다. 이때 규칙위원회는 그 법안 토론에 관한 규칙을 미리 정하여 토론 시간, 토론 방법, 수정안 제출 여부 등을 미리 정하여 본회의에 보내어 다수의 동의를 얻은 후, 그 규칙에 의하여 의사를 진행한다.

이와 같이 규칙위원회의 특별규칙이 법안의 가결 여부 및 법안처리속도를 좌우할 수 있으므로, 이 위원회의 입법과정상의 영향력은 매우 크다고 할 수 있다.[16]

## 3. 본회의 심의

논쟁적이지 않은 법안이나 방출이 확정된 법안 등을 제외한 대부분의 법안은 본회의장에서 네 단계를 차례로 거치면서 심의된다. 첫 단계는 해당 법안을 토론하거나 수정하는 것과 관련하여 적용되는 규칙을 확정하는 일이다.

1980년대 이후 상하 양원 본회의장에서 법안에 대한 수정논의가 활발해지면서 입법 활동이 전적으로 위원회에 의존하는 단계는 벗어났다. 그런데도 위원회의 토론과 심의를 거쳐 본회의에 보고되는 법안에 대한 대폭적인 수정은 사실상 불가능하다. 위원회 또는 소위원회에 소속하는 의원들과 전문직원들은 다른 위원회에 비해 해당 법안에 관하여 높은 수준의 전문지식을 갖추고 있는 것으로 인정되고 있기 때문이다. 수정안은 찬반 토론이 행해진 다음 구두 또는 기립표결로 확정여부를 결정한다. 전원위원회에서 가결된 법안은 본회의에서 토론을 거쳐야 한다. 정도의 차이가 있으나 대부분의 경우 1시간 정도의 토론시간이 주어진다.

찬성발언은 법안이 발의된 상임위원회나 소위원회의 위원장이 본회의장 의안처리간사(floor manager)의 자격으로 주도하며, 반대발언은 법안에 반대하는 당을 대표하는 의원이 주로 한다.

---

16) 규칙위원회에서 만든 규칙은 많지만 '의사당의 여왕 규칙'과 '의사당의 왕 규칙'을 예로 들 수 있다. 수많은 의사규칙의 내용이나, 세세한 의사절차에 관해서는 올레스젝(Oleszek, 2004) 참조.

전원위원회를 거친 법안은 본회의에 상정된다. 하원의장이 본회의장 의장석에 앉고, 전원위원회 진행을 맡았던 위원장은 회의에서 채택된 수정안, 결의안 등과 법안을 정식으로 본회의에 보고한다. 의원들은 전원위원회에서 이루어진 수정안에 대해 호명투표를 요청할 수 있다. 수정안에 대한 의문이 모두 해소되고 의원들의 입장이 정리되면 하원의장은 법안의 제목을 낭독한 다음 법안에 대해 반대하는 의원이 있느냐고 묻는다. 이때 한 사람의 의원이라도 반대하게 되면 그 법안은 해당 위원회에서 재심의하게 될 가능성이 있다. 그러나 이 단계까지 와서 법안에 반대하거나 재심의를 하게 되는 경우는 거의 없다.[17] 최종 투표에서 법안이 가결되면 해당 법안은 하원을 통과한 것이 된다.[18]

## 4. 하원 의사일정

하원에서의 의사일정은 복잡한 편이다. 법안의 성격에 따라 우선권이 부여된 법안이 있는가 하면, 우선권이 없어 위원회의 심의를 거치고도 본회의에 상정되지 못해 그대로 사장되는 법안도 있다.

하원은 의사일정 결정에 있어 특별한 날짜를 각종 특별 법안에 사용하도록 하였다.

1) 세수입과 예산에 관계되는 법안은 언제든지 상정할 수 있다. 그리고 의사규칙위원회에서 나온 특별규칙 첨부법안도 하원의원의 다수결에 의한

---

17) 그런데 하원 본회의는 일반적으로 위원회에서 검토되고 상정된 법안을 평가하여 하자가 없을 경우 대부분 가결시키는 반면, 상원 본회의는 반드시 그렇지는 않다. 하원이 위원회를 '정책결정과정에 있는 중요한 제도'로 보는 반면 상원은 위원회를 정책결정과정상의 '하나의 제도적 참여 장치'로 보는 경향이 있다고 한다. 김유남, 앞의 책, 27쪽.

18) 하원에서 중요한 법안을 처리할 때의 절차는 다음과 같다. 규칙위원회, '특별의사규칙' 채택 ⇨ 하원 본회의, 동 규칙 채택 ⇨ 하원 본회의, 하원 전원위원회로 변경하여 의안 심의 ⇨ 대체토론 ⇨ 5분 토론규칙에 따라 수정안에 대한 심의 ⇨ 주요 수정안에 대한 기록표결 ⇨ 전원위원회 활동 종료 후 하원 본회의에 보고 ⇨ 재회부동의안 제출 ⇨ 본회의에서 해당 의안에 대한 최종 의결. 이와 관련된 구체적인 절차는 Oleszek, 앞의 책, 258쪽 참조.

동의가 있으면 언제든지 상정할 수 있다.

2) 매주 수요일 각 상임위원회의 위원장은 자신의 위원회에서 특별히 상정하기를 원하는 법안을 의사일정표에서 골라 본회의에 상정할 수 있다. 이것을 '수요일 의사일정표(Calendar Wednesday)'라고 한다.[19]

3) 매월 첫째, 셋째 월요일에는 하원의 출석의원 3분의 2의 동의를 얻어 일반 의사규칙을 정지시키고 제출된 법안을 일시에 심사하여 처리할 수 있다. 그리고 이날에는 의사일정표에 올려진 법안 가운데 문제가 되지 않는 법안을 만장일치로 가결시키는 절차를 밟을 수 있다.

4) 매월 둘째, 넷째 월요일에는 배출 법안이 상정될 수 있다(Discharge Calendar). 즉 218명 이상의 의원이 진정서를 낸 후 7일이 경과해도 법안이 본회의에 보고되지 않는 경우에는, 진정 위원 중 1명이 배출 동의를 이날에 정식으로 낼 수 있다. 일단 배출 동의가 가결되면 해당 법안은 즉석에서 토의, 표결하게 된다.

절차적인 측면에서 볼 때 일반적인 의사일정은 다음과 같다. ① 전속목사의 기도, ② 의사록(Journal) 낭독 및 승인, ③ 국기에 대한 충성맹세, ④ 상원에서 온 의안이나 대통령 교서 수리, ⑤ 1분 발언(One-Minute Speeches), ⑥ 공공 법안 회부 정정, ⑦ 의장단상에 제출된 안건 처리, ⑧ 미료 안건 처리, ⑨ 위원회별로 호명된 법안의 심의(오전 심의), ⑩ 본회의를 전원위원회로 전환하고자 하는 동의, ⑪ 당일 의사일정

---

19) '수요일 의사일정표제도'는 1909년 캐넌 하원의장의 의사일정 통제권을 약화시키기 위하여 채택된 제도이다.

## 5. 하원의 배출법안

제출된 법안이 하원의 어떤 위원회에서 처리가 보류되어 본회의에 상정하지 못하고 있을 때가 있다. 이때 일반 위원들이 진정하여 그 법안을 본회의에 상정시킬 수 있는데, 이를 배출규칙(discharge rule)이라고 한다. 위원회로 하여금 그 법안을 위원회 바깥으로 배출시키는 규칙이다. 이 규칙을 사용하기 위해서는 하원의원의 과반수, 즉 218명 이상의 서명이 있어야 한다. 일단 배출 진정이 제출되면 7일간 대기 기한을 주고, 그 기간 내에도 위원회에서 그 법안을 본회의에 상정하지 않을 때에는 진정서에 서명한 의원 가운데 한 사람이 배출 동의를 하여 법안을 본회의에 상정한다. 이때, 이 배출 진정은 법안이 위원회에 제출된 후 적어도 30일이 경과한 후라야 가능하다.


## 6. 본회의 토론

하원은 일찍부터 본회의에서의 법안 심의를 촉진하기 위하여 각종 토론시간을 제한해 왔다. 1811년에 채택된 선결문제의 동의(previous question)는 토론을 종결하기 위한 가장 기본적인 규칙이었다. 그 밖에도 토론은 쟁점에 관련이 있어야 한다든가, 개개의원으로부터 제출된 법안에 관한 일반토론(general debate) 시간을 제한한다든가 하는 규칙들이 있었다.

본회의에서 장시간에 걸쳐 정족수를 유지하면서 자유토론을 행한다는 것은 곤란하기 때문에 전원위원회라는 제도가 도입되었다.

# 제4절 상원 본회의 법안 심의

## 1. 운영

상원은 원 내외의 압력이나 변화하는 환경에 대응하기 위하여 융통성 있는 의사진행체제를 구축해 온지 오래이다.

상원은 각 의원이 아무런 제약 없이 자신의 견해를 자유롭게 밝힐 수 있는 곳이다. 그렇지만 본회의에서 어떤 법안을 어떻게 다룰 것인가 하는 일정 조정은 원내대표와 원내총무 등 지도부가 협의하여 결정한다. 본회의에 법안을 제출하는 데도 전체 상원의원의 만장일치 동의가 있어야 한다.

따라서 특정 법안에 동의하지 않는 상원의원은 법안이 본회의에서 심의되기 이전부터 의사진행을 방해할 수 있다.

이러한 환경에 있다 보니 상원에서는 법안 제출 단계에서부터 양당 간의 긴밀한 협조와 조정이 필요하다. 원내총무 통지문(whip notices)이나 의원사무실을 연결하는 자동연결 전화망 또는 텔레비전 중계 등을 통해 그날그날의 법안 처리 일정이나 차후 일정 등을 의원들에게 빠짐없이 알려 주는 것도 다수당 지도부의 일이다.

의원정수 100명의 상원은 하원에 비해 규모가 작은 회의체이기 때문에 의사규칙을 엄격하게 할 필요성은 크지 않다. 대부분의 의사진행은 다수당 원내총무와 소수당 원내총무가 협의하여 진행한다.

그리고 수정문제에 관해서는 상원은 하원과는 달리 반드시 법안과 밀접한 관계가 있어야만 된다고 한정하지 않고 있기 때문에 법안과 밀접한 관계가 없는 수정안(non-germane amendment)의 제출이 가능하며, 때에 따라서는 전혀 별개의 법안이라 할지라도 수정 이유를 첨가하여 제출할 수 있다(부가조항, rider).

## 2. 법안 수정절차 및 토론

상원에는 하원과 달리 수정안 토론에 대하여 5분이라고 하는 토론시간 제한이 설정되어 있지 않다. 만장일치로 특별히 규정하지 않는 한 어떠한 법안도 수정을 받을 수 있다. 하원에서와 마찬가지로 상원의 수정안들은 의안의 자구(字句)의 가감삭제, 새로운 용어 혹은 어휘를 추가하는 동의안들이다.[20] 본회의에 상정된 법안에 대해서는 합의된 시간의 절반씩을 찬반 진영이 나누어 토론한다.

상원에서는 만장일치 '동의 합의'나 클로쳐(cloture)가 성립되지 않는 한 법안수정안에 대한 토론시간은 무제한이다. 법안에 반대하는 의원은 이런 제도를 이용하여 발언권을 의도적으로 독점, 의사진행을 방해하거나 지연시킨다. 이러한 행위를 필리버스터, 즉 의사진행방해라고 한다.

수정안에 대한 토론과 투표가 끝나고 더 이상 의원들이 발언 신청을 하지 않으면 최종 투표가 실시된다. 대부분의 법안은 기록되지 않는 구두투표로 이루어진다. 그러나 의원들은 누구나 언제든지 기록이 남는 호명투표를 요구할 수 있다. 호명투표를 위해서는 참석 의원 5분의 1 이상의 지지를 받아야 한다. 정원 100명인 상원에서 정족수를 51명이라고 하면 최소한 11명의 지지가 있어야 한다.


## 3. 본회의 심의 관행

### 1) 유보

'유보(holds)'는 상원에만 존재하는 비공식적인 관행의 하나이다. 상원의원은 개인 혹은 집단으로 소속 정당지도부에 대하여 특정한 법안이나 임명동

---

의안에 대한 심의를 보류해 줄 것을 요구할 수 있으며, 그렇게 함으로써 본회의에서 특정한 의안에 대한 심의를 연기 혹은 중지시킬 수 있다.[21] 그러나 유보행위는 반드시 가결 처리되어야 하는 법안까지 막지는 못한다.

## 제5절 본회의 발언제도

연방정부는 연방의회가 결정한 대로 철저히 집행하는 부문이고 또 행정부에는 공식적으로 법안을 의회에 제출할 권한이 없기 때문에 행정부에 대한 질문제도는 연방의회에는 존재하지 않는다. 행정부가 연방의회에 대해 의견을 표명하고자 할 때에는 대통령이나 장관이 상원의장 또는 하원의장 앞으로 공한에 그 내용을 담아 발송할 수 있다.

본회의에서 발언하거나 안건을 제출하고자 하는 의원은 기립하여 정중하게 '의장님'이라는 말을 하여 의장에게 발언 신청을 할 수 있으며, 의장이 발언을 허가하면 본회의장 어느 곳에서도 발언할 수 있다.

### 1. 1분 발언제도

연방의회는 공식 의사일정을 시작하기에 앞서 모닝 비즈니스(morning business) 시간을 갖는다. 보통 월요일과 화요일에 원하는 의원에게 1인당 5분 동안 연설을 하게 한다. 모닝 비즈니스의 소요시간은 그때그때 다르나 1시간 내외이다.

모닝 비즈니스, 즉 비공식 오전 의사일정이 끝나고 휴식한 후 공식 의사일정에 들어간다. 전속목사의 기도와 의원들의 충성 서약이 있은 후에 의원

---

21) Oleszek, 앞의 책, 200쪽.

들의 1분 발언(one minute speech) 시간이 이어진다. 1분 발언을 통하여 각 의원의 주요 관심사항이나 제출된 법률안 및 청원 등에 대하여 자유로운 의견을 개진할 수 있도록 하는 것이 이 발언제도의 취지이다. 1분 발언제도는 관례에 의해 대체로 본회의 개의 시에 허가되고 있으나 최근에는 본회의 산회 직전에 허가되기도 한다. 1분 자유발언은 의장의 판단하에 허가되며 대체로 여야 교대로 허용되고 있다.

## 제6절 본회의 표결방식

### 1. 표결방식의 종류

하원과 상원에서의 표결은 그 투표방식에 있어 약간 다르다. 하원에서는 음성투표, 기립투표, 계표원 투표,[22] 호명투표 네 가지를 사용하고 있고, 상원에서는 음성투표, 기립투표, 호명투표 세 가지를 사용하고 있다.[23]

음성표결을 제외한 나머지 표결에 대해서는 1969년까지는 의원들의 찬반 총수만을 의사록에 기재하였으나, 1970년의 의회재조직법에 따라 찬반 의원 성명을 의사록에 기재할 뿐만 아니라 일반 시민에게도 공표하도록 규정하였다.

### 1) 음성투표(Voice Vote)

음성투표는 의장이 찬성하는지 반대하는지를 물을 때 대답하는 소리의 크기로 결정하는 투표방법이다.

---

22) 하원에서 계표원 투표는 거의 사용하고 있지 않다.

23) Heineman, Robert A. et al., *American Government*(New York: Mcgraw – Hill, 1989), 200 – 201쪽; James Q. Wilson and John J. Dilulio, Jr., *American Government – Institutions and Policies*(Boston: Boughton Mifflin Company, 1998), 341 – 342쪽.

사회자인 의장의 지시에 따라 의원들이 찬성(yea) 혹은 반대(nay)의 입장을 구두로 표현하는 방식이다. 의장은 어느 쪽 음성이 큰지를 가늠하여 최종적으로 가결 여부를 판단한다. 의례적으로 처리해야 하는 안건 등 중요성이 떨어지는 안건을 처리할 때 사용한다. 그 결과에 의문이 있거나 한 명의 의원이라도 기립표결을 요구할 때에는 바로 기립표결로 표결방식이 전환된다.

### 2) 기립투표(Standing Vote)

기립투표는 의원을 그 자리에서 일어나게 하여 찬성자와 반대자의 수를 세는 방법인데, 먼저 찬성자를 기립시킨 후, 그다음에 반대자를 기립시켜 수를 세는 방법이다.

사회자인 의장은 기립한 의원들의 수를 세기는 하지만 정확성은 다소 떨어지는 편이다. 음성투표와 기립투표는 누가 말로 찬성 혹은 반대를 말했는지, 또 누가 찬성 혹은 반대 때에 기립했는지 일일이 확인하지는 않기 때문에 정확하지는 않으며 다만 대략 어느 정도로 찬반이 엇갈리는지를 보고 평가하는 방법이다.

### 3) 계표원 투표(Teller Vote)

계표원이 본회의장 통로 끝에서 일일이 찬성 혹은 반대하는 의원의 수를 각각 집계하는 방식을 계표원 투표라고 한다. 과거에는 흔하게 사용되었으나, 1973년에 전자투표제도가 도입되면서 근래에는 거의 사용되지 않다가 제103대 국회(1993~1994)부터는 더 이상 사용하지 않고 있다.

계표원 투표는 앞의 음성투표나 기립투표에 비하면 훨씬 정확한 방법이다. 그러나 이 방법은 기록이 남지 않기 때문에 하원의원들로 하여금 그들이 행한 투표에 대한 책임을 회피할 수 있게 한다. 먼저 찬성하는 의원들이 본회의장의 통로로 나와 줄을 서서 연단 쪽으로 나아가면 계표원이 각 통로 끝에서 지나간 의원의 수를 집계하며, 이어 반대하는 의원들도 마찬가지로 집계한다. 1971년 이후부터는 20명 이상의 의원이 요구하면 이 방법을 사용할 때, 투표기록을 남기게 되었다. 근년 전자투표(electionic voting)제도를 활용하면서부터 계표원 투표는 거의 사용하지 않았으며, 1993년 이후에는 전혀 사용하고 있지 않다.

### 4) 호명투표(Roll-Call Vote)

호명투표는 군대에서 점호하듯이 의원 한 사람 한 사람을 호명하여, 각 의원이 안건에 대해 찬성하는지 아니면 반대하는지를 묻는 투표방식이다. 각 의원의 투표기록이 남는다.[24]

하원에서 대통령의 법안거부권을 번복하기 위한 투표를 행할 때에는 반드시 호명투표를 하도록 의무화되어 있다.[25] 호명투표는 과거에는 일일이 각 의원의 이름을 호명하였으나 지금은 전자투표 장치를 이용하여 실시되고 있다. 각 의원의 찬성 혹은 반대가 전자투표 장치에 의해 정확하고도 신속하게 기록되고 있다. 각 의원은 자신의 이름이 호명되면 해당 법안에 대해 찬성 혹은 반대 입장을 밝힌다. 1973년부터 전자투표제도가 도입되어 표결 시, 플라스틱 카드를 투표 장치에 삽입하여 의사표시를 할 수 있도록 하였다.

하원의사규칙은, 본회의에서 의장이 특정 의제를 구두표결에 부친 후 그 결과에 확신이 없거나 기립표결이 요구되는 경우 기립표결을 실시한다고 규정하고 있다(제20 의사규칙 제1조 a). 이때 의장은 먼저 의제에 찬성하는 의원을 의석에서 기립하게 하고, 그다음에 반대하는 의원을 기립하도록 하여 각각 그 수를 집계한다. 의원이 기록표결을 요구하고 정족수의 5분의 1 이

---

24) 호명 투표에 있어 의원들의 태도에 영향을 미치는 것은 그 의안에 대한 선거구민 및 이익집단의 인식이라는 견해는 Charles F. Cnuddle and Daniel J. McCrone, "The Linkage between Constitutional Attitudes and Congressional Voting Behavior", *American Political Science Review*(March 1966), 66-72쪽 참조.

25) 상원에서는 전자투표 장치를 사용하지 않는다. 상원의 경우 호명투표 시 전자투표 장치는 사용하지 않고 있다. 상원의 경우 호명투표 시 전자투표 장치는 거의 사용하지 않고 있다.

상이 그 요구에 찬성하는 경우, 표결은 의장이 의사규칙에 규정된 다른 기록표결 방법을 택하지 않는 한 전자표결로 실시하도록 되어 있다. 제20 의사규칙 제1조 b에 따라 본회의에서 실시된 기록표결은 가부(可否) 호명투표로 간주되며, 가부동수인 경우에는 해당 의제는 부결된 것으로 간주한다.

의장으로부터 별다른 지시가 없는 한, 사무총장은 전자장치에 의하여 기록표결 및 정족수 호명을 실시하여야 한다. 이때 사무총장은 알파벳순서대로 의원의 성(last name)을 호명하고, 같은 성을 가진 의원이 2인 이상일 때에는 출신주명을 함께 호명한다. 같은 주 출신으로 같은 성을 가진 의원이 2인 이상일 때에는 이름(first name)도 호명한다. 1차 호명이 끝난 다음, 사무총장은 투표하지 아니한 의원의 성명을 알파벳순서대로 호명한다. 의원은 2차 호명 후에 본회의에 출석하더라도 투표할 수 있으며, 상호기권을 선언할 수 있다.[26] 별도로 규정된 경우를 제외하고는 전자장치에 의한 기록표결 및 정족수 시간은 최소 15분이다. 전자투표장치가 작동하지 않거나 이를 사용하지 않을 때에는 의장 또는 전원위원장은 사무총장에게 제3조 및 제4조에 규정된 기록표결 및 정족수 호명의 실시를 명할 수 있다.


## 2. 교차투표(Cross-voting)

교차투표는 원내에서 행해지는 투표방식은 아니고, 의원들이 투표할 때 사안에 따라 당론에 구애 받음이 없이 개인의 자유로운 의사에 따라 판단하여 투표하는 행위를 가리킨다.

---

26) 상호기권(pair)이란, 어떤 의안에 대하여 찬성과 반대 입장에 있는 양당 2인의 의원이 투표에 있어 사전에 자발적으로 기권하자고 합의하는 행위를 말하며, 세 가지의 유형이 있다. 첫째, 일반적 상호기권(general pair)은 2인의 의원 중 어느 쪽이 찬성하고, 어느 쪽이 반대하는가를 공표하지 않는 것이고, 둘째, 특정 상호기권(Specific pair)은 2인의 결석(기권) 의원 중 어느 쪽이 찬성하고 어느 쪽이 반대하는가를 공표하는 것이고, 셋째, 탄력적 상호기권(live pair)은 기권은 합의한 2인의 의원 중 한 의원은 출석해서 표결에 참석하고, 다른 한 의원은 결석하는 것이다. 국회사무처 의사국, 『미국의회 의사규칙』(서울 : 국회사무처, 2007), 335쪽.

본회의에서 행해지는 의안 표결에 있어 모든 의원의 표결 결과가 의원의 이름과 함께 기록으로 남는 표결제도상 각 의원들은 자신의 소신과 선거구 유권자들의 의사를 반영하지 않을 수 없다. 의원들은 때로는 당론에 구속받지 않는 자유로운 표결 행위를 하게 되는데 이를 교차투표라고 한다.

결국 교차투표란 제출된 의안의 표결 시 의원이 소속 정당의 당론과는 상관없이 자기 자신의 판단에 따라 투표하는 것을 말한다. 소속정당의 정책노선과 반대되는 투표도 할 수 있는 교차투표는 미국 연방의회에서 두드러지게 나타나는 현상이다.

미국은 의회에서의 각 의원의 투표 결과가 선거구의 신문 등에 보도되고 유권자는 이것을 다음 선거의 투표 시에 판단 자료로 하기 때문에 국회의원은 지역구 주민의 이익을 소속 정당의 당론에 우선하는 것이 보통이다. 따라서 각 정당이 소속 의원에게 당론에 따르도록 강제하는 일은 쉽지 않으며, 특별한 사안인 경우를 제외하고는 의원 개인의 의사에 맡기는 경우가 적지 않다.


## 3. 본회의 표결 관련 규칙들

점점 복잡해지는 본회의에서의 절차와 표결 행위를 정리 혹은 신속히 처리하기 위하여 이런저런 기본 절차를 생략하거나 단순화시키는 규칙들이 만들어지고 있다. 본회의에서 심의 과정을 단축하는 방법 중에는 의사규칙의 적용을 중지하는 '의사규칙 적용정지 규칙(suspension of the rules)'이 있다. 이 규칙은 의장이 의사일정을 통제하기 위한 방법의 하나로 활용하고 있다.[27]

---

27) '의사규칙 적용정지 규칙'에 관해서는 Oleszek, 앞의 책, 114－116쪽 참조. 하원의 경우 모든 의사규칙은 반수 이상의 찬성으로 승인되어야 한다.

## 1) 의사당의 왕 규칙

'의사당의 왕(King - of - the - Hill)' 규칙은 다수의 중요 정책 대안, 즉 새로운 법안에 해당하는 대안을 하나씩 순서대로 표결처리하는 것을 말한다. 이 규칙이 갖는 장점은, 의원들은 다수의 정책 대안에 대해서 투표할 수 있고, 또 규칙위원회에 쏟아질 수 있는 비난을 막을 수 있다는 데에 있다. 무엇보다도 이 규칙은 수많은 절차와 선례의 제약을 받지 않는다는 데 있다.[28]

## 2) 의사당의 여왕 규칙

'의사당의 여왕(Queen - of - the - Hill)' 규칙은 전원위원회에서 가장 많은 표를 획득한 대체수정안을 본회의에 보고하여 최종 표결을 하도록 하는 규칙이다. 2건 이상의 대체 수정안이 동일한 득표를 하였을 경우에는 가장 뒤에 표결한 안건을 최종 승인된 안으로 간주한다는 규칙이다.[29]

## 제7절 필리버스터와 클로처

연방의회는 '다수에 의한 횡포'를 막기 위하여 합법적으로 의사진행을 방해할 수 있는 '필리버스터' 제도를 채택하고 있으며, 동시에 이 제도가 남용되는 것을 제한하기 위하여 토론종결을 의미하는 '클로처' 제도를 운용하고 있다.

---

28) Oleszek, 앞의 책, 135쪽.
29) Oleszek, 앞의 책, 137쪽.

## 1. 필리버스터(의사진행방해)

### 1) 어원 및 적용

필리버스터는 '해적(pirate)'을 의미하는 네덜란드어 '필리버스터(filibuster)'에서 유래하였다. 1840년대에 법안에 대한 투표를 방해하려고 상원에서 적용된 이래 유행하였다.[30] 1960년대에도 공민권 법안 처리를 반대하기 위하여 남부지역 출신 상원의원들이 많이 사용한 전술이다.

하원에서는 토론이 제한을 받으나, 상대적으로 자유로운 분위기에서 시간에 구애받지 않고 심층 토론이 가능한 상원에서는 토론시간과 관련하여 크게 제한을 받지 않는다. 상원의원이 본회의에서 발언권을 얻으면 지쳐서 그만둘 때까지 발언을 계속할 수 있다. 이처럼 의도적으로 발언시간을 길게 하여 의사진행을 방해하는 것을 '필리버스터'라고 한다.

필리버스터는 소수파에 속하는 의원들이 다수파에서 추진하고 있는 법안 처리를 반대하기 위하여 서로 번갈아 가면서 무한정 발언하는 행위를 가리킨다. '의사진행방해'의 뜻을 지닌 필리버스터는 주로 상원에서 의안에 대해 토의나 표결을 지연시키기 위한 전술의 하나로 사용되고 있다.[31]

### 2) 방법

필리버스터의 대표적인 방법은 장시간에 걸쳐 쉬지 않고 연단에서 발언(연설)하는 것이다. 1841년 헨리 클레이 상원의원(켄터키 주)이 제출한 법안에 대해 민주당의원들이 그 처리를 막기 위하여 차례로 연단에 올라가 발언한 것이 최초의 일이다.[32]

---

30) http://www.senate.gov/artandhistory/history/common/briefing/Filibuster_Cloture.htm/(검색일: 2009.03.26)

31) 1935년 루이지애나 출신 상원의원 휴이 롱(Huey Long)은 15시간 30분 동안 쉬지 않고 연설을 했는데, 나중에는 할 말이 없자 워싱턴 시의 전화번호부를 읽으며 버티었다고 한다.

32) http://www.senate.gov/artandhistory/history/common/briefing/Filibuster_Cloture.htm/(검색일:

## 3) 한계·종료

발언시간에 제한은 없지만 어떠한 이유 혹은 사정이 있어서 연단에서 내려오면 발언권은 상실된다.

## 4) 상원의 의사진행 방해기록

현재까지 가장 오랫동안 진행된 필리버스터는 공화당의 스트롬 서먼드(J. Strom Thurmond) 상원의원이 민권법안(the Civil Rights Act)에 반대하여 1957년 8월 28일부터 29일에 걸쳐 24시간 18분 동안 연설한 사례를 들 수 있다.[33]

〈표 6-4〉 상원 의사진행방해 기록

| 발언자 | 정당/출신 주 | 법안명 | 발언연도 | 발언 시간 |
|---|---|---|---|---|
| Strom Thurmond | 민주/사우스캐롤라이나 | Civil Rights | 1957년 | 24시간 18분 |
| Alfonse M. A'Aato | 공화/뉴욕 | Military Funding | 1986년 | 23시간 30분 |
| Wayne Morse | 무소속/오레곤 | Tidelands Oil Bill | 1953년 | 22시간 26분 |
| Robert LaFollette | 공화/위스컨신 | Currency Bill | 1908년 | 18시간 23분 |
| William Proxmire | 민주/위스컨신 | Public Debt Increase | 1981 | 16시간 12분 |
| Huey P. Long | 민주/루이지애나 | Industrial Reconstruction | 1935년 | 15시간 30분 |
| Alfonse M. D'Aato | 공화/뉴욕 | Taxation Bill | 1992년 | 15시간 14분 |
| obert C. Byrd | 민주/웨스트버지니아 | Civil Rights | 1964년 | 14시간 13분 |

자료: Oleszek, 앞의 책, 241쪽.

상원의 의사규칙은 표현의 자유를 최대한 보장하고 있다. 하원의 의사규칙은 원내 다수파의 의지가 관철될 수 있도록 고안된 것이지만, 상원의 의사규칙은 개별의원이나 원내 소수파에게 상당한 의사운영상의 권한을 부여하여 신중하게 법안을 처리하고 심지어는 '필리버스터' 행위에서 보는 것처럼 법안의 처리를 지연 방해하는 것이 가능하도록 되어 있다.

---

2009.03.26)

33) Barbara Hinckley, Sheldon Goldman, *American Politics and Government*(Glenview, IL: Scott, Foresman and Company, 1990), 273쪽. 이와 거의 비슷한 수준의 장시간 연설로는 1953년 석유법에 관한 토론에서 모르스(Morse) 오레곤 주 출신 의원이 22시간 26분을 기록하였다.

이러한 의사규칙 때문에 의원정수가 하원보다 훨씬 적은 상원에서 의안을 처리하는 것이 오히려 의원정수가 많은 하원보다 더 어려운 경우도 있다. 하원에서는 주요 안건이나 논란이 되고 있는 안건을 처리하는 데 단순 과반수의 지지만 확보하면 되지만, 상원에서 안건을 처리하려면 의사진행방해를 막는 데 적어도 60표의 지지가 있어야 한다.

## 2. 클로처(Cloture)

### 1) 제도 채택 이유

필리버스터는 상원에서 의원들의 자유로운 발언을 허용하는 제도이지만, 무한정 계속되는 발언을 제지해야 할 때도 있다. 발언을 중지시키고자 할 때 구사하는 것이 '토론종결'을 의미하는 '클로처' 제도이다.

### 2) 규칙 적용 및 변화

상원에서는 하원과 달리 의사진행의 효율성이 떨어지더라도 의원 개인의 자유를 보장하기 위하여 무제한으로 토론할 권리를 유지하려는 권한이 강하다. 그렇기 때문에 의사방해(filibuster)가 자주 발생하는 것이다.

상원에서도 본래는 선결문제의 동의 규칙이 있었으며 과반수의 투표로서 토론을 종결하고 표결에 붙여 왔는데, 19세기에 이르러 이 규칙이 폐지되었다. 토론종결제도인 클로처(cloture)가 정식으로 채택된 것은 1917년 3월 8일이다. 당시에는 출석의원의 3분의 2가 동의하면 토론종결을 할 수 있었으나 1949년에 이르러서는 재적 의원 100명의 3분의 2, 즉 67명으로 변경되었고, 1975년에는 재적 의원의 5분의 3, 즉 60명으로 개정하여, 토론종결 청구 요건을 완화하였다.[34] 그렇지만 상원에서 60석을 넘겨 필리버스터를 종료시킨 사례는 별로 없다. 1977년 카터(James R. Carter, 민주) 대통령 당시 민주당이 한때 61석을 확보했던 적이 있는데 그 외에는 예를 찾아보기 힘들다.

상원은 필리버스터가 계속되어 의사진행에 불편을 초래하게 되자 이 제도의 남용을 막고 효율적인 의사진행을 하기 위해 '토론종결규칙(cloture rule)'을 제정하였다. '클로처'라고 불리는 이 규칙을 사용하기 위해서는 상원의원 16인이 서명하여 청원을 하고 본회의에 제출해야 한다. 상원규칙은 재적 5분의 3인 60명 이상의 동의가 있을 때에는 필리버스터를 끝내야 한다고 규정하고 있다.

과거 민주당 소속 원내총무인 맨스필드 의원은 상원에서의 필리버스터의 폐해를 막기 위해 회의가 이중으로 운영될 수 있도록 하였다.

<표 6-5>에서 보는 것처럼 토론종결 시도가 증가해 왔고 또 성공하는 사례가 늘고 있는 것을 볼 때 필리버스터가 상원의 기능을 크게 잠식하고 있다고는 보기 어렵다.

제94대 국회에서는 27건이 시도되어 63퍼센트인 17건이 성공하였다. 필리버스터를 가장 성공적으로 막아낸 국회이다. 제94대 국회에 이어 성공적으로 토론을 종결시킨 국회는 제98대 국회이다. 19건이 시도되어 이 중 11건이 성공하였다.

비율이 아닌 건수로 보면 제106대 국회(1999~2001)의 경우 57건이 시도되어 27건이 성공함으로써 47퍼센트의 성공률을 보였다. 공화당이 몇십 년 만에 연방의회를 장악한 제104대 국회(1995~1997) 이후에도 시도된 토론종결이 50건이 넘은 것을 볼 때, 상원에서의 필리버스터는 상대방에게 모종의 메시지를 전하는 기능을 계속하고 있는 장치임을 확인시켜 주고 있다.

---

34) http://www.senate.gov/pagelayout/history/one_item_and_teasers/powers.htm/(검색일: 2009.03.26).

〈표 6－5〉 상원에서의 토론종결 현황(1919～2000)

| 국회 | 제1회기 | | 제2회기 | | 합계 | |
|---|---|---|---|---|---|---|
| | 시도 | 성공 | 시도 | 성공 | 시도 | 성공(%) |
| 66 | 1 | 1 | 0 | 0 | 1 | 1(100) |
| 67 | 1 | 0 | 1 | 0 | 2 | 0(0) |
| 68 | 0 | 0 | 0 | 0 | 0 | 0(0) |
| 69 | 0 | 0 | 2 | 1 | 2 | 1(50) |
| 70 | 5 | 2 | 0 | 0 | 5 | 2(40) |
| 71 | 0 | 0 | 0 | 0 | 0 | 0(0) |
| 72 | 0 | 0 | 0 | 0 | 0 | 0(0) |
| 73 | 1 | 0 | 0 | 0 | 1 | 0(0) |
| 74 | 0 | 0 | 0 | 0 | 0 | 0(0) |
| 75 | 0 | 0 | 2 | 0 | 2 | 0(0) |
| 76 | 0 | 0 | 0 | 0 | 0 | 0(0) |
| 77 | 0 | 0 | 1 | 1 | 1 | 1(100) |
| 78 | 0 | 0 | 1 | 1 | 1 | 1(100) |
| 79 | 0 | 0 | 4 | 0 | 4 | 0(0) |
| 80 | 0 | 0 | 0 | 0 | 0 | 0(0) |
| 81 | 0 | 0 | 2 | 0 | 2 | 0(0) |
| 82 | 0 | 0 | 0 | 0 | 0 | 0(0) |
| 83 | 0 | 0 | 1 | 0 | 1 | 0(0) |
| 84 | 0 | 0 | 0 | 0 | 0 | 0(0) |
| 85 | 0 | 0 | 0 | 0 | 0 | 0(0) |
| 86 | 0 | 0 | 1 | 0 | 1 | 0(0) |
| 87 | 1 | 0 | 3 | 1 | 4 | 1(25) |
| 88 | 1 | 0 | 2 | 1 | 3 | 1(33) |
| 89 | 2 | 1 | 5 | 0 | 7 | 1(14) |
| 90 | 1 | 0 | 5 | 1 | 6 | 1(17) |
| 91 | 2 | 0 | 4 | 0 | 6 | 0(0) |
| 92 | 10 | 2 | 10 | 2 | 20 | 4(20) |
| 93 | 10 | 2 | 21 | 7 | 31 | 9(29) |
| 94 | 23 | 13 | 4 | 4 | 27 | 17(63) |
| 95 | 5 | 1 | 8 | 2 | 13 | 3(23) |
| 96 | 4 | 1 | 17 | 9 | 21 | 10(48) |
| 97 | 7 | 2 | 20 | 7 | 27 | 9(33) |
| 98 | 7 | 2 | 12 | 9 | 19 | 11(58) |
| 99 | 9 | 1 | 14 | 9 | 23 | 10(43) |
| 100 | 24 | 6 | 20 | 6 | 44 | 12(27) |
| 101 | 9 | 6 | 15 | 5 | 24 | 11(46) |
| 102 | 21 | 9 | 28 | 14 | 49 | 23(47) |

| 국회 | 제1회기 | | 제2회기 | | 합계 | |
|---|---|---|---|---|---|---|
| | 시도 | 성공 | 시도 | 성공 | 시도 | 성공(%) |
| 103 | 20 | 4 | 22 | 10 | 42 | 14(33) |
| 104 | 21 | 4 | 29 | 5 | 50 | 9(18) |
| 105 | 23 | 7 | 28 | 11 | 51 | 18(35) |
| 106 | 36 | 11 | 21 | 16 | 57 | 27(47) |

자료: Ornstein, Mann and Malbin, 앞의 책, 152쪽.


## 제8절 경호 및 회의실 관리


연방의회에서 원내 특히 본회의장에서의 질서유지를 담당하는 것은 상하 양원의 '경위장'과 '회의실관리관'이다.


### 1. 경위장


경위장(Sergeant-at-Arms)은 개회 중 본회의장에 출석하여 의장의 지시를 받아 질서를 유지하고 의장의 권한에 의하여 명령된 모든 업무를 처리한다.

경위장은 의회 경내 그리고 본회의장에서 법을 집행하며 질서를 유지하는 관료이다. 상하 양원의 경위장은 의회 건축가와 함께, 의회 경찰국(Capitol Police Board), 의회 안내국(Capitol Guide Board)을 위해 복무한다. 경위장의 역사는 제1대 국회(the First Congress)로 거슬러 올라간다.

1789년 이래 모두 35명의 경위장이 하원의 경위장으로 일하였다. 현행 하원 규칙 Ⅱ에 따라 경위장은 본회의에서 절차가 진행되는 동안 기록을 행하고, 예법이 지켜지도록 한다. 하원의 권위를 상징하는 직장(職杖, mace)은 경위장에 의하여 유지된다. 경위장은 그 직무를 수행할 때에는 반드시 직장을 소지하여야 하며, 본회의장의 질서가 문란해졌을 때에는 직장을 들고 나와

회의장을 정리한다.[35] 의장이 경위권을 발동하게 되면 경위장은 직장을 들고 본회의장 내를 돌아다니는데, 이 자체만으로도 의원들 간의 다툼은 종료되고 질서가 유지된다. 직장이란 곧 연방의회의 권위이며 질서유지의 상징이다.

경위장은 또 의사진행을 위하여 본회의에 결석한 의원들에게 출석을 강요하기도 한다. 경위장의 의무는 의원들의 장례식 수행, 주차 시설 관리, 의원들과 직원들에 대한 신분증 발급 등 행정적인 것이 많았다.

그동안 모두 8명의 경위장이 그 직위 취임 전이나 취임 이후에 하원의원으로 선출되어 의정활동을 하였다.[36]

경위장은 선출직이 아니라 상하 양원에서 각각 결의 혹은 '의장 명령'의 형식으로 임명된다. 경위장은 원내의 질서유지 집행관으로서 본회의장 내의 질서와 규칙을 유지하며 의사당과 의사당 주변을 순찰할 책임을 진다.[37] 또한 본회의가 진행 중일 때에는 본회의장 출입을 엄격히 통제한다. 본회의가 개의되기 15분 전부터 산회 후 10분까지는 누구라도 본회의장에 남아 있지

---

35) 직장은 미국연방의회와 영국국회에서 의회 권위의 상징으로 사용되는 상징물이다. 직장은 과거 로마의 원로원에서도 사용하였다. 연방의회 하원의 직장은 로마의 속간부(束桿斧)의 모양을 하고 있다. 은색의 창끝을 첨단에 붙인 몇 개의 간(桿, 집)을 은색 끈으로 묶고 그 중앙에 한 자루의 간(桿)에 은제(銀製) 구슬을 붙이고 그 위에 한 마리의 은제 독수리를 만들어 붙인 것이다. 직장은 그 권위로 인하여 숭상되고 있으며, 이것이 경위장에 의하여 들어질 때 본회의장의 질서유지라고 하는 그의 의무를 수행하는 경위장에게는 큰 힘이 된다. 이 직장이 그 지정위치에 있을 때에는 하원의 회기가 개시된 것을 나타낸다. 그 후에, 즉 하원의장 및 기타 임원 선출을 마치고 경위장이 그 은제 구슬과 빛을 발하고 있는 독수리가 붙은 직장을 의장석 우측에 있는 대리석의 댓돌 위에 세워 둔다. 이렇게 하원 권위의 상징인 직장이 그 위치에 놓이게 되면 하원의 회기가 시작되어 일할 준비가 되었다는 것을 알리는 것이다. De Alva Stanwood Alexander, *History and Procedure of the House of the Representatives*, 37 – 38쪽; William F. Willoughby(길기상 역), 『입법부의 조직 및 운영』(서울: 어문각, 1968), 217쪽에서 재인용. 경위장은 그의 직무를 수행함에 있어 그의 직권의 상징인 직장(職杖, mace)을 휴대하여야 한다(하원 제2 의사규칙 제3조).

36) 그들은 Adam Glossbrenner(펜실베이니아 주), Henry Hoffman(메릴랜드 주), Edward Ball(오하이오 주), John P. Leedom(오하이오 주), Adoniram J. Holmes(아이오와 주), Samuel S. Yoder(오하이오 주), Herman W. Snow(일리노이 주), Robert B. Gorden(오하이오 주)이다.

37) 1880년 일리노이 주 출신 스파크 의원과 아이오와 주 출신 위버 의원 간에 심한 언쟁이 붙었을 때, 1847년 제30대 국회 당시 노예제도에 관한 토론 중 뉴욕 주 출신 듀엘 의원과 버지니아 주 출신 미드 의원 간에 언쟁이 붙어 본회의장이 수라장이 되었을 때, 제53대 국회(1893~1894) 당시 미주리 주 출신 허드 의원과 켄터키 주 출신 브랙큰 릿지 의원이 토론을 벌이던 중 격투가 벌어졌을 때, 제60대 국회(1907~1908) 당시 뉴욕 주 출신 사우스 윗크 의원이 의회직원의 급여인상안을 가결시키지 못한 예산위원회의 실책을 비난하자 동 위원회의 선임 의원인 조지아 주 출신 바틀렛 의원이 자기를 비난하는 것으로 착각하고 칼을 들고 달려들었을 때 경위장이 직장을 들고 나와 장내 질서를 회복한 사례가 있다. 국회운영위원회 전문위원실, 『각국 의회의 질서유지제도』(1991), 89 – 92쪽.

못하도록 하고 있다. 단, 출입특권이 부여된 사람들은 예외이다.

경위장은 행정관이기도 하다. 국회의원의 세비와 여비를 지급하며 기록을 유지한다. 상하 양원의 경위장은 각각 구매관(購買官)의 직무도 수행하며, 경위장은 집행관(law enforcement officer)으로서 의장의 명령에 의하여 결석의원의 출석을 강요한다. 경위장은 의회경찰 운영에 관한 필요한 규칙의 제정과 의회경찰의 지시 및 근무배치 등 계획을 담당하는 의회경찰위원회(US Capitol Police Board)의 교체위원장이며, 의사당 구내의 안녕질서를 책임진다.[38]

하원 경위장은 그의 관리하에 있는 의회경찰(capitol police), 출납실(cashier), 의원회관 경비대(house office building police) 및 안내소(guide)를 지휘 감독한다.

앞에서 언급한 것처럼 경위장은 의장의 요구가 있는 경우에는 하원 의석의 질서를 유지할 의무가 있다. 이 의무의 수행에 있어서는 경위장은 하원의 권위 상징인 직장을 들고 서 있도록 규정되어 있다.


## 1) 상원 경위장

상원 사무처에는 상원 경위장(Sergeant-at-Arms of the Senate) 직책이 있다. 상원에서 선거로 선출되며 주된 업무는 상원의 건물 및 시설물 관리, 의회 정족수 확인, 의원실과 의회 건물에 대한 규정 집행, 의전 담당자로서 대통령 취임식, 의회 연설, 외국 원수의 상원 방문 시 안내, 의원의 장례식 등 의전업무를 수행한다.

상하 양원의 의사당을 방호하는 의회 경찰위원회의 책임자로서 홀수 연도에 위원장을 맡는다.

상원 경위장은 상원의 행정관으로서 본회의의 정족수를 확인하고 방청석에 대하여 책임을 지며, 회의실관리관과 의회경찰 및 경위국 직원을 감독한다. 또한 의전 담당 책임자(protocol officer)로서 대통령 취임식, 대통령의 의

---

38) 상원 경위장은 매 홀수 연도에, 하원 경위장은 매 짝수 연도에 의회경찰위원회의 위원장을 맡는다.

회연설, 외국원수의 상원 방문 시에 경호 및 안내역을 맡는다.

### 2) 하원 경위장

상원에서와 마찬가지로 하원에도 하원 경위장(Sergeant-at-Arms of the Representatives)이 있다. 선출이나 업무는 상원 경위장과 동일하다. 상하 양원의 의사당을 지키는 의회 경찰위원회의 책임자로서 짝수 연도에 위원장직을 맡는다.

경위장은 회의장에 참석하여 의장 또는 기타 회의 주재 의원의 지시에 따라 회의장 질서를 유지하여야 하고, 하원의 명령 및 의장의 지휘하에 의장의 권한으로 발동되는 모든 절차를 집행하는 관료이다. 경위장은 회의장 질서를 유지하는 동안 경위장의 상징인 직장(職杖)을 휴대하여야 한다. 경위장은 본회의장의 권위와 관련된 규정을 엄격하게 집행해야 하며, 소속직원의 공무상 행위에 대해 하원에 책임을 진다.[39]

의장이나 하원운영위원회가 요구하는 보고서와는 별도로 경위장은 매년 6월 30일과 12월 31일부터 각각 45일 이내에 소관업무에 대한 재정 및 운영현황을 하원운영위원회에 보고하도록 되어 있다. 이때 재정현황서, 운영현황에 대한 기술 설명, 새로운 정책과 절차에 대한 집행, 향후 업무계획 등이 포함되어야 한다. 경위장은 회계문서와 행정집행의 감사에 있어 관계부서 및 관계자에게 최대한 협조해야 한다.[40]


## 2. 회의실관리관

회의실관리관(Doorkeers)은 본회의장의 출입 등에 관한 업무를 엄정하게

---

39) 하원 경위장 명단, 선출일시, 재임기간 등은 http://clerk.house.gov/art_history/house_history/sergeant _at_arms.html/ 참조.
40) 하원 제2 의사규칙 제3조.

집행한다. 회의실관리관은 본회의 개회 중 본회의장 상단 부분에의 출입을 금하고, 본회의 개회 직전에 본회의장 출입이 허가된 자를 제외하고는 아무도 본회의장에 출입하지 못하도록 정리, 관리한다. 이 직책은 매 국회의 회기 첫 본회의에서 결의로 선출한다. 회의실관리관(doorkeepers)의 지위는 연방의회 초기 상원의 회의가 1795년까지 비밀회로 개최되었기 때문에 매우 중요하게 인식되었다.

1789년부터 1995년까지 하원 관료로서의 회의실관리관은 각 의회의 회기 초에 결의에 의해 선출되어 왔다. 그동안 회의실관리관은 '대륙회의(Continental Congress)'에서의 선례에 의하여 존속되어 왔다. 1789년 4월 2일, 연방의회는 결의에 의해 회의실관리관 직책을 신설하였다. 회의실관리관은 원내 질서유지 및 보안을 위하여 일반인의 하원 회의장에의 접근을 통제해 왔으며, 나중에는 방청석에서 기자들의 취재도 관리해 왔다.

제104대 국회(1995~1997)에 이르러 이 직책이 폐지될 때까지 하원에는 모두 34명의 회의실관리관이 복무하였다. 이들의 복무는 경위장, 하원 사무총장, 그리고 신설된 총무국장(Chief Administrative Officer)에게 이양되었다. 두 명의 회의실관리관이 하원의 관료로서 근무하기 전에 혹은 그 후에 하원의 의원으로 선출되어 의정활동을 한 사례가 있다.[41]

---

41) 그들은 테네시 주 출신 월터 브라운로(Walter P. Brownlow)와 뉴욕 주 출신의 찰스 터너(Charles H. 터너) 의원이다.

■■■ **제7장**

# 입법과정

# 제7장
입법과정

## 제1절 법안의 종류

### 1. 성질별 분류

연방의회에 제출되는 법안을 성질별로 분류하면 공공 법안과 사적 법안의 두 가지가 있다. 세금, 군사비, 교육비 등 전국적으로 적용되는 법안은 공공 법안의 범주에 속하고, 특정 개인과 정부기관 간에 문제가 발생했을 때 이를 해결하기 위한 법안 등은 사적 법안에 범주에 속한다.

#### 1) 공공 법안

정부 또는 국민 전체와 관련이 되는 내용을 담은 법안을 공공 법안(public bills)이라고 한다. 세금이나 교육문제와 같이 전국적으로, 전 국민에게 적용되는 법률을 가리킨다. 여기에는 행정부 법안, 특수이익 법안, 위원회 법안, 그리고 지방 법안이 있다.

연방의회에는 공식적으로는 행정부 제출법안은 존재하지 않는다. 그러나 행정부의 의향을 받아 여당의 선임의원 등의 손을 거쳐서, 실질적으로는 행정부의 법률안이 제출되고 있는데 이를 공공 법안(public bill)이라고 한다.

### 2) 사적 법안

정부에 대한 개인의 요구를 허가하는 것을 그 내용으로 하는 법안을 사적 법안(private bill)이라고 한다. 개인 또는 지방적 성질을 갖는 법안을 가리키며, 공공 법안에 대한 상대적인 의미로 특별 법안(special bills)이라고도 한다.

## 2. 내용별 분류

제출되는 법안을 그 내용이나 중요성 측면에서 분류하면 다음의 세 가지가 있다.

### 1) 폐기법안

위원회에서 위원들의 지지가 미약하여 사장되거나 폐기되는 법안이다.

### 2) 신속처리법안

법안 내용의 시급성이나 중요성 때문에 여야 간 혹은 동료 의원 간에 논쟁을 할 필요가 없이 신속하게 처리해야 한다고 인정되는 법안이다.

### 3) 통상법안

법안 내용에 있어 논쟁의 여지가 있어서 통상적인 회의시간과 절차가 요구되는 법안이다.

## 3. 제출자별 분류

법안을 제출자별로 분류하면 여당의원·행정부 제안, 이익집단 법안, 위원회 법안, 지방단체 법안, 의원 법안 등 다섯 가지가 있다.[1]

### 1) 여당의원·행정부 제안(Administration Measures)

행정 각 부처에서 기초한 법안을 대통령의 승인을 받은 후에 여당의원을 통하여 의회에 제출하는 법안이다. 연방의회에서 가결되는 주요 법안은 대부분 행정부가 여당소속 국회의원을 통해 의회에 제출한 것이다.

행정부 법안은 의회에 제출하기 전에 대통령이 먼저 그 주요 내용을 검토하게 되는데, 이 과정에서 법률안의 내용이 수정된 후에 의회로 보내지는 경우가 적지 않다.

### 2) 이익집단 법안(Interest Group Bills)

이익집단(변호사협회, 노동조합, 총기협회 등)에서 자기의 이해에 관련이 있는 법안을 작성하여 의회에 제출하는 법안이다.

### 3) 위원회 법안(Committee Bills)

위원회에 부탁된 비슷한 제목 혹은 내용의 법안들을 위원회에서 종합하여 위원회 위원장의 명의로 제출하는 법안이다. 특히 재정관련 법안이 많다.

---

1) 법안(Bills)이란, 미국의 국내외 정책을 다루는 의안을 지칭하는 용어이다. 하원에서 제출된 법안은 'H.R.', 상원은 'S.'라고 하는 약자와 고유번호를 붙인다. HR은 House of Representative(하원)의 약자이고, S는 Senate(상원)의 약자이다. 연방의회에 제출된 순서와 법안의 중요성 등을 감안하여 일련번호를 붙인다. 예를 들어 'H.R. 27'은 그 회기에 하원에 제출된 27번째 법안이라는 의미이다.

## 4) 지방단체 법안(Local Related Bills)

군·시·기타 지방단체가 기초, 입안하는 법안으로서 주로 주 의회에 제출되는 것인데, 일부는 연방의회에도 제출된다. 국가와 지방단체 간의 상호작용 혹은 이해관계를 재설정할 때 사용하는 법안이다.[2]

## 5) 사적 법안(Private Bills)

의원들에 의해 입안되고 제출되는 순수한 의원입법 법안이다. 사적 법안의 제출 건수는 1980년대 이후 감소하고 있는 실정에 있다.

## 제2절 법안 제출자

### 1. 법안 제출

### 1) 상원의원 및 하원의원

법안 제출은 매우 다양한 방식으로 이루어진다. 상임위원회가 제출하는 법안도 있고, 특별한 입법 문제를 다루기 위해 새로이 구성된 특별위원회가 법안을 제출하기도 하며, 대통령이나 다른 행정부 공무원들이 제출하는 법안도 있다. 시민들이나 원외 조직들도 의원들에게 법안을 제출할 수 있으며, 의원들이 직접 법안을 발의할 수도 있다. 제출된 법안은 소관 상임위원회로 보내지며, 대부분의 경우 그 위원회에서 공청회 일정을 잡는다. 법안에 지지 혹은 반대하는 사람들은 공청회를 통해 의견을 개진할 수 있다. 몇 주 혹은 몇 달이 걸리는 공청회 과정은 입법 과정에 대한 시민과 이해당사자들의 참

---

2) 윤용희, 앞의 책, 254-255쪽; 장병혜, 앞의 책, 331-334쪽 참조.

여 기회를 열어놓는다.

미국에서 행정부는 법안 제출권을 갖고 있지 않다. 따라서 실제로는 행정부에서 주도하여 작성한 법안이라 할지라도 의회에 제출할 때에는 국회의원을 통해서 하게 된다. 법안은 보통 제출자의 이름을 따서 호칭한다.[3]

중요 법안은 정부에서 제안하는 경우가 많으며, 상하 양원의 위원회 위원장에 의하여 제출되는 것이 일반적이다. 상원 위원회 위원장의 성과 하원 위원장의 성을 붙여서 그 법안의 통상명칭으로 사용하기도 한다.

## 2) 대통령

형식상 법안은 상하 양원의 의원만이 제출할 수 있음은 앞에서 본 바와 같다. 그러나 실제로 대통령은 매년 1월 일반교서(연두교서)를 연방의회에 제출하여 입법의 방향을 권고하고 그 후에도 적절하게 메시지를 보내어, 의회의 여당 유력의원 또는 위원회의 위원장으로 하여금 법안을 제출하도록 하고 있다. 연방의회에 제출되어 가결되는 법률안 중에는 행정부가 제안한 것이 상당 부분을 점하고 있다.

대통령은 또한 조약체결과 임명에 관하여 상원에 승인을 요청해야 한다. 대통령의 입법 기능 가운데 가장 중요한 것은 의회에서 가결된 법안을 승인하거나 거부하는 기능이다. 대통령이 거부권을 행사한 경우 상하 양원에서 2/3가 찬성하면 대통령의 거부권을 뒤엎을 수 있다.

---

3) 1935년에 제정된 '전국노동관계법'은 제출자의 이름을 따서 '와그너법(Wagner Act)'라고 부른다. 1947년에 제정된 '태프트 하트레이법(Taft Hartley Act)'도 마찬가지이다. 문창주, 앞의 책, 372쪽.

## 1. 위원회·소위원회 심의 단계

### 1) 법안 제출 접수

법률안 제출은 원칙적으로 국회의원만이 할 수 있다. 대통령은 매년 1월 일반교서를 의회에 제출하여 입법계획을 권고하고 있으며, 일반교서 제출 이후에도 수시로 대통령이나 각 부처 장관 등은 서한이나 법률안의 초안을 의회에 보냄으로써 입법에 관한 의견을 개진할 수 있다.[4] 이 경우 보통 유력한 다수당의 의원이 해당 법률안을 정식으로 의회에 제출한다. 행정부가 여당의원을 통해 제출하는 법률안은 전체 법률안의 80퍼센트 내외의 높은 비율을 차지한다.

법안이 상임위원회에 회부되면 대부분 소위원회로 회부되어 토의, 청문회, 수정, 승인과정을 거친 후 다시 해당 상임위원회로 이송된다.

상임위원회는 소위원회로부터 검토되어 상정된 법안을 다시 청문회와 수정작업을 거쳐 승인한 후 전체회의에 회부하거나, 아니면 아무런 조치를 취하지 않음으로써 법안을 폐기시킬 수 있다.

하원에서는 전체회의에서 토의와 수정을 원활히 하기 위하여 법사위원회에 법안을 회부하여 다시 법률적 검토를 행한다. 단 특별법이나 시급을 요하는 법안은 본회의에 바로 상정된다. 상원에서는 법사위원회를 두지 않고 있으며, 각 상임위원회에서 검토를 거친 후 본회의로 법안을 이송한다.

위원회는 법안의 찬성이나 반대에 관계없이 위원회 심사보고서(the Report)를 작성한다.[5] 하원규칙은 법안과 함께 심사보고서를 본회의에 제출할 것을

---

4) 일반교서는 고용의 확대와 유지를 목적으로 하는 경제보고서와 세출예산청구와 정책계획안을 약술한 예산교서이다.

규정하고 있다. 심사보고서에는 법안의 목적과 범위를 기술하고, 위원회의 수정안을 설명하며, 현행법과의 차이점을 지적하는 내용이 기재된다. 그 외에도 관련 행정부처의 의견을 수록하는 것이 보통이다. 법안에 반대하는 의원은 반대 혹은 소수의견을 제출하기도 한다. 심사보고서는 양원의 의원을 대상으로 하는 것으로서, 법안이 본회의에서 심의될 때 위원회가 결정한 바를 승인해 주도록 설명하고 설득하기 위한 것이며, 전체 의원들에게 위원회의 결정에 대한 정보와 결정 내용을 제공하는 유일한 공식 문서이다.[6]

연방의회에 제출되는 법안은 대부분 행정부 각 부처나 각종 이익집단에서 작성한 것이다.[7]

행정부 법안은 그 법안의 내용과 관련이 있는 위원회의 위원장에 의해 제출되는 것이 보통이다. 하원에서는 의원이 법안을 직접 하원 사무총장에게 제출하거나, 하원 내에 설치되어 있는 접수함에 넣음으로써 접수시킨다. 사무총장은 접수된 순서에 따라 번호를 매겨 하원의장에게 보내며, 하원의장은 이를 해당 위원회에 송부한다. 본회의에 제출된 법안은 상원과 하원의 의사일정표에 등재되어 토의 혹은 표결을 기다리게 된다.

상원에서는 법안을 제출하려는 상원의원이 직접 원내에서 발언권을 얻어 법안을 제출하기도 한다.

하원과 상원에 제출된 법안은 의사록에 기입되어 발표되는데 이때 하원에 제출된 법안은 하원(House)을 의미하는 'H', 상원에 제출된 법안은 상원(Senate)을 의미하는 'S' 부호가 붙게 되며, 그 법안의 내용을 간단하게 설명한 개요와 함께 인쇄, 공표된다.

법안은 하원이나 상원 어느 곳에 먼저 제출해도 상관없으나, 세수입에 관

---

5) Oleszek, 앞의 책, 102쪽.

6) Oleszek, 앞의 책, 103쪽.

7) 대통령은 백악관 및 행정부처의 의회담당관으로 하여금 의회에서의 입법 활동을 수시로 점검하고 행정부의 정책이 채택될 수 있도록 로비활동을 한다. 중요한 안건이 의회에 제출되면 대통령은 자신이 소속해 있는 정당의 의회 지도자들을 백악관으로 초청하여 식사를 함께하면서 의회 통과 전략을 교환하거나, 영향력 있는 의원들을 초청하여 의견을 교환하는 것을 관행으로 하고 있다.

한 법안은 먼저 하원에 제출되어 심의가 끝난 후에 상원에 회부되어 심의를 받도록 되어 있다.

입법하고자 하는 의원은 먼저 자신의 구상을 담은 법안을 의장석 연단 앞에 있는 상자에 넣는다. 여기 담긴 법안은 각각 관련 상임위원회로 넘겨져 법안으로서의 타당성 여부가 검토된다. 타당성이 있는 법안에 대해 위원회는 청문회를 열어 각계의 의견을 수렴한다. 이 단계에서 대화와 타협이 이루어진다.

## 2) 상임위원회·소위원회

법안이 하원 또는 상원에 제출되면, 의회사무처에서는 이를 접수하여 관련 상임위원회로 보낸다. 접수된 법안의 내용을 보고 이를 심사할 위원회를 지정하는데 상임위원회는 전문적인 검토를 위하여 소위원회를 구성하여 심사를 의뢰한다.

법안을 받은 상임위원회 혹은 소위원회는 법안의 토의, 청문회 개최, 법안 문구 수정 등의 과정을 마친 후에 심사결과를 상임위원회로 보낸다. 상임위원회는 심사결과를 정리하여 부결, 보류, 수정안을 만들어 본회의에 보고하거나 아무런 조치를 취하지 않는 방법으로 법안을 폐기할 수 있다.

하원의 경우에는 상임위원회의 심사와 승인이 끝나면 하원 규칙위원회로 보내 검토와 승인을 받은 후에 본회의에 상정하는 절차를 거친다.

의회에 제출된 법안의 상당부분은 위원회에서 사장되고 있으나 일단 심의가 결정되는 경우에는 철저하게 심의한다.

행정부의 각 부처는 대통령이 매년 초 연두교서에서 밝힌 그해의 입법계획에 맞추어 법안의 초고를 작성한다. 법안 작성은 행정부에서 하지만 이를 의회에 제출하는 것은 행정부가 아니라, 대통령이 의회의 다수당 소속일 때는 상임위원회 위원장이, 대통령이 소수당일 때는 상임위원회 소수당 간사를 통해 제출된다.

제출된 법안은 지정 상임위원회로 보내지며, 대부분의 경우 그 위원회에서 공청회 일정을 잡는다. 법안에 지지 혹은 반대하는 사람들은 공청회를 통해 의견을 개진할 수 있다.

위원회 수정을 거친 법안은 상임위원회의 심사절차를 거치게 되며, 위원회심사에서 가결되면 본회의에 상정되어 표결을 거쳐 공식으로 법안의 가결이 인정된다.

위원회 활동 중 청문회를 개최할 때에는 전문가를 중심으로 하여 입법에 필요한 제반 사항을 조사하고 점검한다.

## 3) 상임위원회 회부 및 위원회 수정

법률안이 의회에 제출되면 직접 본회의에 상정되거나 복수의 위원회에 회부되는 예외적인 경우를 제외하고는 소관 상임위원회에 회부된다. 위원회의 안건심사는 대체로 소위원회의 회부 및 청문회의 개최와 위원회 수정 단계(markup session)를 거쳐 심사를 받게 된다.[8] 청문회를 거친 뒤에는 위원회 및 소위원회에서 법안에 대한 위원회 수정단계로 들어간다. 이 단계에서는 전문입법보좌관들이 참여한 가운데 틀이 만들어지고 자구 수정이 이루어진다. 당초 제시된 법안 내용이 이 단계에서 변경될 수 있다. 위원회 소속 의원들은 해당 법안을 부분적으로 혹은 전반적으로 수정할 것인지를 결정하게 된다.[9] 위원회의 심사가 종료되면 위원회는 그 결과를 본회의에 보고한다.

연방의회는 법안에 대한 보다 전문적인 심의를 위하여 상임위원회를 구성한다. 특정한 문제를 검토하기 위한 특별위원회도 수시로 조직된다. 제출된 법안은 먼저 소관위원회에서 심의되고, 위원회의 지지를 얻은 법안은 공청회를 거친 후 본회의에서 심의를 받게 된다.

---

8) 위원회 수정(markup)이란 위원회나 소위원회에서 입법을 실제로 토의하고 수정하는 과정을 말한다. '축조심사'라고도 한다.

9) Oleszek, 앞의 책, 96쪽.

## 2. 전원위원회 및 본회의 단계

### 1) 전원위원회

조세 또는 국민에게 부담을 주는 주요 법률안 등에 대해서는 전원위원회를 열어 심의하며, 전원위원회의 심사는 토론과 축조심사 및 표결 등의 절차로 행해진다.

하원에서의 심의가 끝나면 그 심의 결과가 상원으로 보내진다. 상원에서의 법률안 심의도 하원에서와 마찬가지로 소관 상임위원회에서 이루어지며 그다음에 본회의에서의 심의를 거친다.[10]

상원은 하원과는 달리 별도로 본회의를 전원위원회로 변경하지는 않으며, 찬반토론은 생략되어 바로 수정절차에 들어가고 수정절차가 완료되면 만장일치로 결정되지 않는 한 표결을 실시한다.

위원회에서 심의 의결된 법안은 바로 본회의에 넘기는 경우도 있으나 하원은 대체로 전원위원회로 넘겨 심의하고, 전원위원회를 형식적으로 본회의로 전환시켜 간단하게 심의 의결한다.

위원회로부터 본회의에 보고된 법안은 각각 상원, 하원의 본회의에서 법안에 대한 토론을 거쳐 수정 통과되면 상원은 하원으로, 하원은 상원으로 가결된 법안을 이송하여 위와 같은 방법을 거쳐 별도의 법안을 상원, 하원이 각각 마련한다.

법안 내용은 위원회 수정 단계에서, 상임위원회에서, 그리고 본회의장에서 수정이 가능하다. 각각 상하원을 통과한 법안은 서로 상대편의 동의를 받는 과정에서도 내용의 변경이 이루어진다.

위원회(청문회를 거친 후)에서 처리되어 올라온 법안은 본회의에서 특별한 일이 없는 한 대부분 가결된다.

---

10) 어떠한 법안이든 상임위원회의 승인 없이는 하원이나 상원 본회의에 상정될 수 없다. 다만 하원에서 특정 법안에 대한 위원회 심의 면제 청원을 하기 위해서는 의원 218명의 찬성을 요한다. 상원에서는 과반수의 찬성이 필요하다. 실제로 이러한 면제 동의안이 필수 찬성표를 획득하는 경우는 아주 드물다.

## 2) 양원협의회

법안은 본회의에서 토론을 거친 후 원안 가결(혹은 수정 가결)되거나, 부결된다. 가결되는 경우에는 다른 원으로 이송되어 같은 과정을 거쳐 검토, 수정, 가결된다.

그런데 동일한 제목의 법안에 대해 상원, 하원에서 각기 마련한 법안의 내용이 일치하지 않을 경우에는 양원협의회에서 서로의 입장을 조율한 다음 상원, 하원으로 다시 이송한다.

양원협의회에서 가결된 단일 내용의 법안이 양원에서 가결되면 최초 발의된 상원 또는 하원의 이름으로 대통령에게 이송된다. 여기에 대통령이 서명하면 법률로서 효력을 발생하게 된다. 만약 상하 양원의 어느 한 곳에서 양원협의회에서 합의된 내용을 담은 법안이 부결되면 법안은 자동 폐기된다.

위원회와 본회의 심의과정에서 상원과 하원에서 나온 법률안은 대부분 다른 내용이다. 양원협의회에서 양원의 법안 내용의 차이를 조정하여 단일안을 만들게 된다. 그렇게 해서, 동일해진 법안을 양원의 본회의에 다시 보낸 뒤, 그것이 가결되면 대통령에게 송부하여 승인을 기다리게 된다.

상원에서 확정된 법률안은 다시 하원에 회부된다. 이때 상원에서 수정한 내용이 경미한 사항이면 하원에서도 이를 받아들여 본회의에서 재가결한다.[11] 그러나 주요한 수정일 경우에는 상원에 대하여 양원협의회의 개최를 요구하며, 양원협의회에서는 양원에서 선임된 의원들이 서로 협의한 후 그 협의 결과를 보고서에 채택할지 여부를 표결로 결정한다. 양원협의회에서 작성된 보고서는 상원과 하원의 본회의에 부의되고, 이 단계에서는 이의가 있어도 수정할 수 없으며, 전체로서 가부를 결정할 수 있다.

---

11) 하원에서 가결된 법안이 상원에서 수정되어 돌아온 경우, 하원은 몇 가지 선택을 할 수 있다. ① 더 이상의 조치를 거부한다. 그 법안은 폐기된다. ② 완전히 새로운 내용의 하원안을 승인하여 상원에 송부한다. ③ 상원의 수정안에 동의한다. ④ 상원 수정안을 수정하여 그 법안을 상원에 재반송한다. ⑤ 양원협의회 개최를 요구한다.

# 3. 대통령 법률 공포 단계

## 1) 법률안 서명

대통령이 법률안에 서명, 공포할 때 그 법률안은 법률로서 확정되며, 효력을 발하게 된다.[12] 헌법상 법률안이 법률로 제정되기 위해서는 반드시 대통령의 동의가 필요한데, 대통령은 의회에서 가결 처리하여 보내온 법률안에 대해 동의 또는 거부할 수 있는 선택권을 갖고 있다.

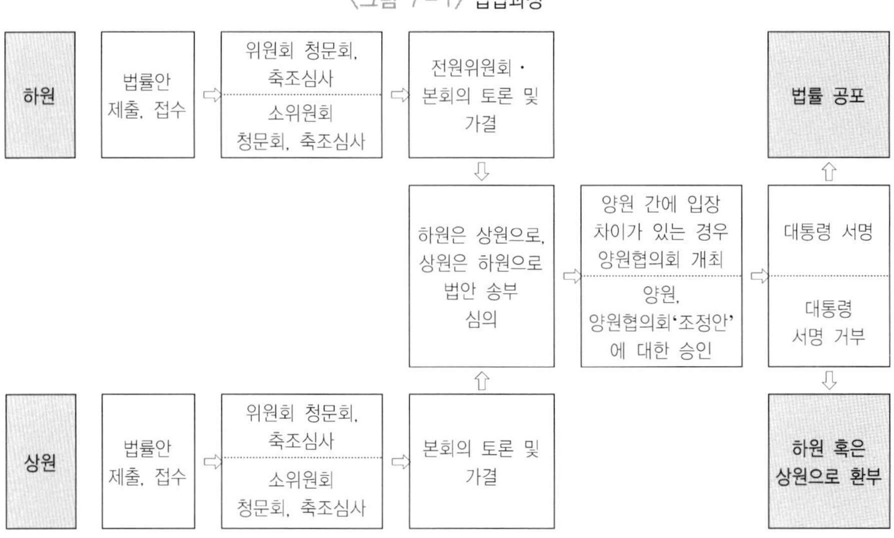

〈그림 7-1〉 입법과정



주: 대부분의 경우, 상원과 하원에는 동일한 법률안이 제출되며, 모든 법안은 동일한 형식으로 상원과 하원을 거쳐 가결된 후에 대통령에게 이송된다.

## 2) 법률안 서명 거부

대통령이 법안에 서명을 하지 않고 거부하는 경우도 있다. 이를 '거부권 행사'라고 한다. 입법부가 채택한 법률에 대하여 행정부의 수장인 대통령이

---

12) 서명 전까지의 법안 단계에 있는 의안을 보통 'bill'이라고 하고, 법률로서 효력을 발생하게 되는 의안을 'law' 혹은 'act'라고 한다.

저지할 수 있는 권한이 대통령의 거부권(veto power)이다. 대통령은 연방의 회에서 가결되어 자신에게 온 법률안에 대하여 법률로서의 성립을 거부하고, 이를 의결한 의회에 환부하여, 재의(再議)를 요구할 수 있다.


## 제4절 결의안


연방의회가 법안이라는 명칭을 사용하지 않고 문서를 채택하는 경우가 있는데 이를 결의안이라고 한다. 결의안에는 공동결의안, 동시결의안, 결의안의 세 가지가 있다.


### 1. 공동결의안


공동결의안(Joint Resolution)은 법안과 마찬가지로 상하 양원의 승인절차를 밟는데, 대통령의 서명을 받으면 일반 법안과 거의 같은 효력을 갖는다. 법안이 다소 포괄적인 범위를 포괄하는 데 비해, 공동결의안은 긴급하거나 지속적인 지출사안이 발생할 때 또는 단일한 특정사안을 다루는 경우에 자주 쓰인다.[13]

베트남전쟁 당시 미국군함이 월맹 해군과 접전한 후 이를 계기로 연방의 회가 대통령에게 육·해·공군의 사용을 허락하여 전쟁확대의 법적 기반을 굳힌 이른바 '통킹만 결의'는 공동결의안의 형식을 취하였다. 회기별로 S. J. Res.(Senate Joint Resolution, 상원 공동결의안) 또는 H. J. Res.(House Joint Resolution, 하원 공동결의안)라는 약자와 번호가 매겨진다.

---

13) 헌법수정안을 제안할 때도 공동결의안이 필요하다. 이 경우에는 상하 양원에서 재적 의원 3분의 2 이상의 찬성을 받아야 하며 전체 주(州) 4분의 3 이상의 비준을 받아야 한다.

## 2. 동시결의안

동시결의안(Concurrent Resolution))은 상원과 하원에서 공동으로 논의하고 승인하는 결의안이지만 대통령의 승인이 요구되지는 않으며 따라서 법안과 같은 효력은 갖지 못한다. 주로 양원협의회(conference committee)와 같이 상원과 하원이 함께 관여하게 되는 법안 작성 절차와 관련된 원칙을 정할 필요가 있을 경우나 국내외 주요 문제에 대한 의회의 입장을 표현하는 경우 등에 사용한다.

동시결의안은 법률을 입안하기 위한 것이 아니라 상하 양원의 의정활동, 의사진행 관련 사안을 취급한다.[14] 흔히 의회 회기의 종료를 결정하거나 여러 외교정책과 국내 사안에 대한 의회의 견해를 공식 표명할 때 쓰인다. 대통령의 서명절차가 필요 없으며, 법적인 구속력도 없다.


## 3. 결의안

특별위원회의 구성이나, 하원의원 또는 상원의원으로부터의 승인만 필요로 하고 승인될 경우 하원이나 상원 내에서만 효력을 갖는 안건을 결의안 (resolution)이라고 한다. 대통령의 서명을 요하지 않으며, 법적인 구속력도 없다. 상하 양원이 각기 내부적으로 규칙수정, 위원회 경비지출, 특정사안에 대한 입장을 밝힐 때 작성한다. 양원이 별개로 진행하며 제안한 원의 결의만으로 효력을 갖는다. 결의안은 하원과 상원에서 각각 내부 관리에 관한 사항을 규정하는 데 사용한다. 이것은 양원을 다 거칠 필요도 없고 대통령의 동의를 얻을 필요도 없다. 상원의 결의는 상원에만 작용되고 하원의 결의는 하원에만 적용된다.[15]

---

14) 다른 결의안과 구별하기 위해 H. Con. Res.(House Concurrent Resolution, 하원 공동결의안), S. Con. Res.(Senate Concurrent Resolution, 상원 공동결의안)의 약자를 붙인다.

15) H. Res.는 House Resolution, S. Res.는 Senate Resolution의 약칭이다.

## 1. 대통령의 입법 관련 권한

헌법 제1조 제7절 2항에 의하면 하원과 상원에서 가결되어 백악관으로 이송된 법률안에 대해 대통령은 네 가지 조치를 취할 수 있다.

### 1) 서명 후에 법률안 공포 - 가결

대통령이 법률안의 내용을 승인하는 경우에는 법률안에 서명하고 법률로서 공포한다. 의회에서 가결된 법률안은 일반적으로 대통령이 서명하고 공포해야 효력이 발생한다.

### 2) 거부권 행사 - 부결

대통령이 법률안의 내용을 승인하지 아니하는 경우에는 서명하지 않고 이의서를 첨부하여 그 법률안을 발의한 원(상원 혹은 하원)으로 되돌려 보낸다.

### 3) 서명 없이 10일 경과 - 가결

법률안이 대통령에게 이송된 후 10일 이내(일요일은 제외)에 의회로 환부되지 아니한 때에는 그 법률안은 대통령이 이에 서명한 경우와 마찬가지로 법률로서 확정된다. 대통령이 당해 법률안에 대한 명백한 거부 의사를 밝히지 않았기 때문에 일정 기한이 지나면 대통령의 서명 없이도 법률로서 효력이 발생하도록 한 것이다.

4) 대통령 전달 후 10일 이내에 의회가 휴회 중인 경우 – 부결

법률안이 대통령에게 이송된 지 10일(일요일은 제외)이 지나기 전에 의회가 휴회하여 이 법률안을 환부할 수 없는 경우에는 법률로 확정되지 않는다. 대통령이 명시적으로 거부권을 행사하지 않아도 해당 법률안을 거부하는 셈이 된다.

## 2. 대통령 거부권의 종류

### 1) 통상 거부

대통령 거부권의 종류는 두 가지가 있는데, 특정 법안에 대하여 반대 이유서를 첨부하여 의회로 돌려보내는 것을 '통상 거부(regular veto)'라고 한다.

### 2) 주머니 거부

의회에서 송부되어 온 법안에 대해 대통령이 서명도 거부도 하지 않은 채 자신의 주머니 혹은 서랍에 넣어 두어 결과적으로 부결시키는 행위를 '주머니 거부(pocket veto)'라고 한다. 앞의 '정례 거부'가 의회의 법률 행위에 대한 대통령의 적극적인 대응이라고 한다면, '주머니 거부'는 다분히 소극적인 대응방식이다.

## 3. 대통령의 거부권 행사 개요

앤드루 잭슨 대통령(재임: 1829~1837)이 정당 및 선거제도를 연방의회 중심에서 국민 중심으로 개정한 이후 대통령제의 지지기반이 연방의회에서 국민으로 전환되기 시작하였다. 잭슨 대통령의 정치개혁을 계기로 행정부와

연방의회의 관계는 본질적인 변화를 요구받게 되었고, 잭슨에 반대하여 형성된 휘그 정당은 상원을 중심으로 하여 행정권의 팽창에 저항하였다.

행정부와 의회 간의 갈등은 1832년에 잭슨 대통령이 국립은행 재인가에 대한 법안을 거부함으로써 더욱 격해졌다. 이 법안은 미국의 역대 대통령들이 거부한 법안 가운데 가장 중요한 의미를 갖는다.[16] 그 이유는 이때 발생한 거부 관행이 후임 대통령들에게 전수되어 '대통령의 거부권'이라 하여 대통령제 자체를 크게 강화시켰기 때문이다.

잭슨이 대통령에 취임하기 전까지는, 의회에서 비준된 법안이 위헌 소지가 있다고 판단될 때에만 대통령이 거부권을 행사해야 한다는 암묵적인 합의가 있었다. 그런데 잭슨은 국립은행 관련 법안을 거부하고 의회에 보낸 메시지에서 대통령은 국가에 유해한 법안을 거부할 수 있음을 명확히 천명하였다. 그 후에도 잭슨은 여러 차례 거부권을 행사하였다.[17]


## 4. 최다 거부권 행사 대통령

대통령의 거부권 행사는 최고의 입법행위자로서 그가 갖는 권한과 영향력에 관한 상징적·정치적 행위이다. 대통령은 '거부권 행사'를 통해 그가 의도하는 영향력 혹은 효과를 얻을 수 있다. 다시 말하면 대통령은 거부권 행사를 통해 그의 정치력과 권한을 드러내 보임과 동시에 그의 정책의지를 명확히 표출하는 것이다.[18]

---

16) 김종완, 앞의 책, 19쪽. Sidney M. Milkis and Michael Nelson, *The American Presidency*(Washington, D.C.: Congressional Quarterly, 1990), 122쪽.

17) Robert J. Spitzer, *President and Congress*(New York: McGraw Hill, 1993), 27쪽. 김종완, 앞의 책, 19쪽에서 재인용.

18) 대통령이 거부했지만 의회에서 재가결되어 법률이 된 사례는 적지 않다. 정보자유법(Freedom of Information Act)을 예로 들 수 있다. 민주주의의 실현을 위해서는 국민의 알권리가 보장되어야 하며, 그러기 위해서는 정부의 모든 정보가 공개되어야 한다. 1966년 미국에서 정보자유법이 제정되었는데, 이 법은 시민 누구에게나 연방정부기관이 보유하고 있는 공문서의 공개를 청구할 수 있는 권리를 인정하였다. 그러나 이 법에는 대통령령이 정한 9개의 국방·외교 관련 사항은 정부기관이 정보를 공개하지 않아도 되도록

역대 대통령 중 거부권을 가장 많이 행사한 사람은 프랭클린 루스벨트 대통령이다.[19] 그는 모두 635회나 거부권을 행사했는데, '통상 거부'는 372회, '주머니 거부'는 263회였다.[20]

앤드루 잭슨(Andrew Jackson)은 1828년에 대통령에 당선되었고, 1832년에는 재선을 이루었다. 잭슨 이전에는 행정부의 정책노선과 다른 정책이 연방의회에서 법안으로 가결되어도 대통령이 거부권을 행사하지 않는 경우가 많았다. 그러나 잭슨 대통령은 임기 중 12건(통상 거부 5건, 주머니 거부 7건)이나 행사하였다. 잭슨은 국민의 신임을 얻고 있었기에 연방의회에 도전하여 자유로이 거부권을 행사할 수 있었다.

<표 7 - 1>에서 보면 케네디 대통령(재임: 1961 ~ 1963) 이후부터 거부권 행사 건수가 급격하게 감소한 것을 알 수 있다. 그가 임기 도중에 암살(1963.11.22)되어 임기가 종료된 이유도 있겠고, 그 이후에 행정부와 입법부 간에 원만한 협의가 이루어지게 되어 무리한 쟁점법안의 제출이나 처리 자체가 줄어든 것도 이유라고 할 수 있다.

---

하는 등 예외조항이 많았고, 또한 정부 관료들의 비협조로 인하여 실효를 제대로 거두지 못하자, 연방의회는 1974년 10월 이 법을 대폭 개정하여 예외조항의 범위를 줄이는 동시에 동법의 운영상의 절차도 개선하여, 당시 포드 대통령의 거부권 행사에도 불구하고 개정안을 가결하여 1975년 2월부터 시행하고 있다.

19) 루스벨트 대통령은 1930년대의 대공황을 극복하기 위해 일련의 경제사회주의 정책인 '뉴딜정책'을 추진하였다. 루스벨트는 1933년 3월부터 6월 말까지 100일간 연방의회에서 가결된 18개의 법률을 기초로 하여 1939년 제2차 세계대전이 발발하기까지 7년간 미국자본주의를 대공황에서 구출하기 위한 여러 경제정책을 추진하였다. 그는 경제과정에 대한 국가의 간섭이라는 수단을 활용하여, 국내시장의 확대를 꾀하고 생산·유통·분배 등 여러 분야에 걸쳐 광범한 일련의 경제정책을 수립, 집행하였다. 그런데 어떤 의미에서는 루스벨트보다 전임 대통령인 허버트 후버가 뉴딜정책을 시작한 것이라는 견해도 있다. 대공황을 극복하는 과업을 정부의 책임이라고 인식하고 수용한 것은 후버였기 때문이다. John D. Hicks, *The American Nation*, 617 - 618쪽.

20) 루스벨트 대통령은 대통령에 네 번 당선되어 12년간이나 재직(1933.03 - 1945.04)하였고, 전쟁을 수행하기도 했기에 다른 대통령보다는 의회와의 입장 차이가 많았다.

## 5. 대통령 거부권 행사 무효화

대통령의 거부권 행사는 입법과정에 있어 강력한 무기가 되지만, 한편에서 연방의회도 이에 대응하는 조치를 취할 수 있도록 하였다. 그것은 바로 대통령의 거부권 행사에 대한 의회의 무효화 권한이다.

대통령으로부터 법률안을 환부받은 의회, 상원 혹은 하원은 이의서의 개요를 회의록에 기록한 후 이를 다시 심의한다. 심의 후 투표 결과, 그 원의 소속의원의 3분의 2 이상의 찬성으로 가결한 경우에는 그 원은 법률안을 대통령의 이의서와 함께 다른 원으로 송부한다. 다른 원에서 이 법률안을 심의하여 의원의 3분의 2 이상의 찬성으로 가결할 경우에는 이 법률안은 대통령의 서명 없이도 법률로서 확정된다.[21]

대통령의 거부권 행사 현황과 이에 대한 연방의회의 거부권 무효화 현황은 다음과 같다.

〈표 7-1〉 대통령의 거부권 행사 현황

| 대통령 | 재임 연도 | 국회 | 통상 거부건수 | 주머니 거부건수 | 거부건수 합계 | 번복된 거부건수 |
|---|---|---|---|---|---|---|
| 조지 워싱턴 | 1789~1797 | 1~4 | 2 | - | 2 | - |
| 존 애덤스 | 1797~1801 | 5~6 | - | - | - | - |
| 토머스 제퍼슨 | 1801~1809 | 7~10 | - | - | - | - |
| 제임스 매디슨 | 1809~1817 | 11~14 | 5 | 2 | 7 | - |
| 제임스 먼로 | 1817~1825 | 15~18 | 1 | - | 1 | - |
| 존 퀸시 애덤스 | 1825~1829 | 19~20 | - | - | - | - |
| 앤드루 잭슨 | 1829~1837 | 21~24 | 5 | 7 | 12 | - |
| 마틴 반 뷰렌 | 1838~1847 | 25~26 | - | 1 | 1 | - |
| 윌리엄 해리슨 | 1841~1841 | 27 | - | - | - | - |
| 존 타일러 | 1841~1845 | 27~28 | 6 | 4 | 10 | 1 |
| 제임스 포크 | 1845~1849 | 29~30 | 2 | 1 | 3 | - |
| 제커리 테일러 | 1849~1850 | 31 | - | - | - | - |
| 밀러드 필모어 | 1850~1853 | 31~32 | - | - | - | - |
| 프랭클린 피어스 | 1853~1857 | 33~34 | 9 | - | 9 | 5 |

---

21) 이 모든 경우에 양원에서는 호명표결(roll-call vote)로 의원들의 의사를 물어야 하며, 당해 법률안에 대한 찬성자와 반대자의 성명을 각 원의 의사록에 기재해야 한다.

| 대통령 | 재임 연도 | 국회 | 통상 거부건수 | 주머니 거부건수 | 거부건수 합계 | 번복된 거부건수 |
|---|---|---|---|---|---|---|
| 제임스 뷰캐넌 | 1857~1861 | 35~36 | 4 | 3 | 7 | – |
| 에이브러햄 링컨 | 1861~1865 | 37~39 | 2 | 5 | 7 | – |
| 앤드루 존슨 | 1865~1869 | 39~40 | 21 | 8 | 29 | 15 |
| 율리시스 그랜트 | 1869~1877 | 41~44 | 45 | 48 | 93 | 4 |
| 러더포드 헤이즈 | 1877~1881 | 45~46 | 12 | 1 | 13 | 1 |
| 제임스 가필드 | 1881~1881 | 47 | – | – | – | – |
| 체스터 아더 | 1881~1885 | 47~48 | 4 | 8 | 12 | 1 |
| 그로버 클리블랜드 | 1885~1889 | 49~50 | 304 | 110 | 414 | 2 |
| 벤저민 해리슨 | 1889~1893 | 51~52 | 19 | 25 | 44 | 1 |
| 그로버 클리블랜드 | 1893~1897 | 53~54 | 42 | 128 | 170 | 5 |
| 윌리엄 맥킨리 | 1897~1901 | 55~57 | 6 | 36 | 42 | – |
| 시어도어 루스벨트 | 1901~1913 | 57~60 | 42 | 40 | 82 | 1 |
| 윌리엄 태프트 | 1909~1913 | 61~62 | 30 | 9 | 39 | 1 |
| 우도로 윌슨 | 1913~1921 | 63~66 | 33 | 11 | 44 | 6 |
| 워렌 하딩 | 1921~1923 | 67 | 5 | 1 | 6 | – |
| 칼빈 쿨리지 | 1923~1929 | 68~70 | 20 | 0 | 50 | 4 |
| 허버트 후버 | 1929~1933 | 71~72 | 21 | 16 | 37 | 3 |
| 프랭클린 루스벨트 | 1933~1945 | 73~79 | 372 | 263 | 635 | 9 |
| 해리 트루먼 | 1945~1953 | 79~82 | 180 | 70 | 250 | 12 |
| 드와이트 아이젠하워 | 1953~1961 | 83~86 | 73 | 108 | 181 | 2 |
| 존 F. 케네디 | 1961~1963 | 87~88 | 12 | 9 | 21 | – |
| 린든 B. 존슨 | 1963~1969 | 88~90 | 16 | 14 | 30 | – |
| 리처드 닉슨 | 1969~1974 | 91~93 | 26 | 17 | 43 | 7 |
| 제럴드 포드 | 1974~1977 | 93~94 | 48 | 18 | 66 | 12 |
| 제임스 카터 | 1977~1981 | 95~96 | 13 | 18 | 31 | 2 |
| 로널드 레이건 | 1981~1989 | 97~100 | 39 | 39 | 78 | 9 |
| 조지 H. W. 부시 | 1989~1993 | 101~102 | 29 | 15 | 44 | 1 |
| 윌리엄 클린턴 | 1993~2001 | 103~106 | 36 | 1 | 37 | 2 |
| 조지 W. 부시 | 2001~2008 | 107~110 | 10 | – | 10 | 3 |
| 합계 | | | 1,494 | 1,066 | 2,560 | 109 |

자료: http://clerk.house.gov/art history/house history/vetoes.html/(검색일: 2009.02.15)

앞의 표를 참고하여 거부 빈도수가 많은 대통령의 거부권 행사 성공률을 보면, 먼저 프랭클린 루스벨트 대통령(재임: 1933~1945)의 거부권 행사가 많았고 거부 성공률도 높았음을 알 수 있다. 그는 12년간의 재임기간에 총 635건을 거부했는데 이 중 9건이 번복 거부되어 98.6퍼센트의 거부 성공률을 보였다. 루스벨트에 이어 그로버 클리블랜드 대통령(재임: 1885~1889)

이 414건을 거부하여 두 번째로 많은 거부권 빈도수를 기록했는데 이 중 2
건이 번복 거부되어 99.6퍼센트의 높은 거부 성공률을 보였다.[22]

<표 7-2> 거부권 행사 성공률

| 대통령 | 총 거부 | 일반 거부 | 포켓 거부 | 번복된 거부권 | 거부 성공률(%) |
|---|---|---|---|---|---|
| 프랭클린 루스벨트 | 635 | 372 | 263 | 9 | 98.6 |
| 그로버 클리블랜드 | 414 | 304 | 110 | 2 | 99.6 |
| 해리 트루먼 | 250 | 180 | 70 | 12 | 95.2 |
| 드와이트 아이젠하워 | 181 | 73 | 108 | 2 | 98.9 |
| 그로버 클리블랜드 | 170 | 42 | 128 | 5 | 97.1 |
| 존 F. 케네디 | 21 | 12 | 9 | 0 | 100.0 |
| 린든 B. 존슨 | 30 | 16 | 14 | 0 | 100.0 |
| 리처드 닉슨 | 43 | 26 | 17 | 7 | 83.7 |
| 제럴드 포드 | 66 | 48 | 18 | 12 | 81.8 |
| 지미 카터 | 31 | 13 | 18 | 2 | 93.5 |
| 로널드 레이건 | 78 | 39 | 39 | 9 | 88.5 |
| 조지 H. W. 부시 | 44 | 29 | 15 | 1 | 97.7 |
| 빌 클린턴 | 37 | 36 | 1 | 2 | 94.6 |

---

22) 클리블랜드 대통령은 4년 후에 재선을 이룬 후에도 170건의 거부권을 행사하였다.

# ■■■ 제8장

# 입법지원 및 보좌

# 제8장
## 입법지원 및 보좌


탁월한 정보수집능력, 수준 높은 각 분야 전문가들을 보유하지 못하거나, 보유할 의사가 없는 의회라면 행정부와 대통령에게 자신의 고유 권한과 기능의 일부를 이양할 수밖에 없을 것이다.[1] 아니 일부가 아니라 상당부분을 이양해야 할 것이다. 입법지원 및 보좌의 중요성을 시사하는 대목이다.

연방의회 입법보좌조직의 기능은 크게 입법지원과 행정서비스 제공 두 가지로 나뉜다.[2]

연방의회의 입법보좌직원으로는 위원회 직원(Committee Staffs), 의원실 직원(Member's Staffs), 사무처 직원(Secretariat Staffs), 도서관 직원(Library Staffs) 등이 있다. 이 중 위원회 보좌관은 이 책 제5장에서, 의원 보좌관은 이 책 제10장에서 다루고 있다.

미국을 비롯한 오랜 전통의 의회민주주의국가에서는 근대적 의회제도 시행 초기에는 입법보좌직원이나 기타 특수 분야의 행정요원을 행정부에서 차출하여 고용해 왔다. 그렇기 때문에 인사행정이나 사무조직 면에서 입법부의 독립성이 확보되기 어려웠다. 이에 연방의회는 1946년의 의회재조직법을

---

1) Mike Monroney et al., *The Strengthening of American Political Institutions*(Ithaca: Cornell University Press, 1949), 7쪽; 로렌스·올레스젝, 앞의 책, 33쪽에서 재인용.

2) 용어상 '입법보좌'는 국회의원을 가까운 거리에서 직접 돕는 것을 말하며, '입법지원'이란 직·간접적으로 돕는 포괄적인 개념으로 이해된다.

통해 입법부의 독립성과 헌법상 보장된 의회의 기능수행을 위하여 의회의 조직과 운영을 효율적인 것으로 하였으며, 1970년에는 의회재조직법을 통해 전문성 있는 입법보좌직원(staffs)을 큰 폭으로 증원하였다.

연방의회 산하 입법기관과 입법보조자들은 양원 간에 또 의회와 행정부 간에 있어서 일정한 역할을 하고 있다. 이들은 연방의회의 입법, 조사를 위한 보조기관으로서 역할을 하는 것은 물론 위원회, 소위원회 단계의 심의에서 필요로 하는 조사 및 자료의 정리, 청문회 증인심문 준비, 양원협의회에서의 조정에 이르기까지 배후에서 의원을 보좌하기 때문에 그들은 사실상 입법과정을 주도하는 '테이블 너머의 배후 조정자(Coordinator beyond the table)'들이다.

그들은 의회의 다른 보조기관과 위원회 참모들과 상호 연락을 갖는 동시에 행정부의 대통령 참모진, 행정부 각 부처의 참모, 그리고 각 이익집단의 로비스트들과도 밀접한 관계에 있기 때문에 그들은 의회에서의 입법과정을 상당 부분 좌우하고 있다.


## 제1절 상원 사무처

### 1. 상원 사무총장

상원 사무총장(Secretary of the Senate)의 명칭은 하원 사무총장(Clerk)과 호칭을 달리하나 그 기능은 비슷하다. 상원 사무총장은 상원의 다수당 원내대표가 지명한다.

## 1) 선출

사무총장은 2년 임기이며, 새 국회가 시작될 때 국회의원이 아닌 자 중에서 선출된다.

## 2) 직무

사무총장은 원내에서 의사진행, 기록, 표결 절차 관리, 국회의원에 대한 지원 등의 활동과, 입법 지원을 위한 직원고용, 급여지출, 청사관리 등의 행정적인 사무를 총괄한다.[3]

사무총장은 매 국회의 첫 회기가 시작될 때, 호명방식 또는 전자투표방식으로 의원을 차례로 호명하여, 그 출석을 알파벳순서에 따라 각 주별로 기록하며, 의장 또는 임시의장 선출 전까지 원내에서 질서와 예법을 유지하고, 모든 의사일정을 결정한다.[4]

상원 사무총장은 부통령이 부재중이거나 임시의장이 선출되지 않았을 경우, 의장의 직무를 대신한다. 또 의회의 관인 보관 책임자로서 상원의원, 공무원, 기타 고용인들의 급여 등의 재정업무와 상원에 근무하는 공무원과 의회에 출두하는 증인들의 서약관련업무, 의사록 등을 관리한다.

〈표 8-1〉 상원 사무총장

| 이름 | 재직 연도 | 비고 |
| --- | --- | --- |
| Samuel Allyne Otis | 1789.04.08 ~ 1814.04.22 | 선서일: 1789.06.04 |
| Charles Cutts | 1814.10.12 ~ 1825.12.12 | |
| Walter Lowrie | 1825.12.12 ~ 1836.12.05 | |
| Asbury Dickins | 1836.12.13 ~ 1861.07.15 | |
| John W. Forney | 1861.07.15 ~ 1868.06.04 | |
| George C. Gorham | 1868.06.06 ~ 1879.03.24 | |

---

3) http://www.senate.gov/artandhistory/history/common/briefing/seretary_senate.htm#4/(검색일: 2009. 04.04)

4) http://www.clerk.house.gov/legislative/rules/rule2.html/(검색일: 2009.03.16)

| 이름 | 재직 연도 | 비고 |
| --- | --- | --- |
| John C. Burch | 1879.03.24 ~ 1881.07.28 | |
| Anson G. McCook | 1883.12.18 ~ 1893.08.07 | |
| William Ruffin Cox | 1893.08.07 ~ 1900.01.31 | |
| Charles G. Bennett | 1900.02.01 ~ 1913.03.13 | |
| James M. Baker | 1913.03.13 ~ 1919.05.19 | |
| George A. Sanderson | 1919.05.19 ~ 1925.04.24 | |
| Edwin Pope Thayer | 1925.12.07 ~ 1933.03.09 | |
| Edwin A. Halsey | 1933.03.09 ~ 1945.01.29 | 사망. Biffle이 대행 |
| Leslie Biffle | 1945.02.08 ~ 1947.01.04 | 최초의 선출직 총장 대행. 그 후 상원 결의로 총장 피선 |
| Carl A. Loeffler | 1947.01.04 ~ 1949.01.03 | |
| Leslie Biffle | 1949.01.03 ~ 1953.01.03 | |
| J. Mark Trice | 1953.01.03 ~ 1955.01.05 | |
| Felton M. Johnston | 1955.01.05 ~ 1965.12.30 | |
| Emery L. Frazier | 1966.01.01 ~ 1966.09.30 | |
| Francis R. Valeo | 1966.10.01 ~ 1977.03.31 | |
| J. Stanley Kimmitt | 1977.04.01 ~ 1981.01.04 | |
| William Hildenbrand | 1981.01.05 ~ 1985.01.02 | |
| Jo-Anne L. Coe | 1985.01.03 ~ 1987.01.06 | 최초의 여성 사무총장 |
| Walter J. Stewart | 1987.01.06 ~ 1994.04.15 | |
| Martha S. Pope | 1994.04.15 ~ 1995.01.03 | |
| Sheila P. Burke | 1995.01.04 ~ 1995.06.07 | |
| Kelly D. Johnston | 1995.06.08 ~ 1996.09.30 | |
| Gary Lee Sisco | 1996.10.01 ~ 2001.07.11 | |
| Jeri Thomson | 2001.07.12 ~ 2003.01.06 | |
| Emily J. Reynolds | 2003.01.07 ~ 2007.01.04 | |
| Nancy Erickson | 2007.01.04 ~ 2009 현재 | |

자료: http://senate.gov/artandhistory/history/common/briefing/secretary_senate.htm#4/(검색일: 2009.07.08)

## 제2절 하원 사무처

하원 사무처에는 1명의 사무총장(Clerk)과 1명의 사무차장(Deputy Clerk)이 있다. 사무처의 기능은 입법지원기능과 행정지원기능으로 대별된다. 입법지원기능은 첫 국회의 소집과 의장선출 등 의회 임원 선출, 의사일정 준비,

의회에 제출되는 모든 법안과 회의 결과 요지 작성 및 기록 등이다. 행정지원기능으로는 의사당 전체의 전화관리, 회계업무, 의회직원 보수, 의원실 물품공급, 의회 발간도서 및 문서보관, 의회예산보고서 작성 및 지출, 회계업무, 정부윤리법, 연방선거법과 로비활동 규정 등에 규정된 사무, 하원 선거자료 보고서 접수 공개 등이다.

## 1. 하원 사무총장

### 1) 선출

사무총장은 하원 본회의에서 의장 선출 후에 다수당과 소수당의 지도자가 사무총장 후보자를 지명하고, 결의안의 형식을 밟아 선임한다. 실제로는 하원의장이 지명한다.[5]

1789년 4월 1일, 하원 본회의는 첫 집회를 가졌다. 이때 가장 먼저 한 의사일정은 하원의장을 선출하는 일이었는데, 펜실베이니아 출신 뮬렌버그(Frederick Angustus Conrad Muhlenberg) 의원을 초대 하원의장으로 선출하였다. 곧이어 사무총장을 선출하였는데, 초대 하원 사무총장에는 버지니아의 시민 존 베클리(John Beckley)가 선출되었다. 사무총장(the Clerk)이라는 용어는 영국 하원 사무총장(the Clerk of the British House of Commons)에서 유래된 것이지만, 사무총장의 직무는 1785년 3월의 대륙회의 서기장(the Secretary of the Continental Congress)의 그것과 흡사하다.

그동안 모두 40명에 가까운 사무총장이 복무했는데 그중 13명이 사무총장으로 근무하기 전 또는 그 후에 하원의원으로 선출되어 의정활동을 하였다.

---

5) 미국 하원 최초의 사무총장은 존 벡클리(John Beckley)이며, 그는 1789년 4월 1일 제1회 하원 본회의에서 선출되었다.

## 2) 직무

사무총장의 주된 직무는, 의회의 관인 보관 책임자로서 의회 소집, 의회에서 가결된 법안 등의 의사회의록 관리, 의원과 위원회에 대하여 관련 정보와 참고자료를 제공하며, 하원에서 발행하는 각종 보고서 관리, 의원의 사망·사직 시 사무실을 관리하고 감독하는 업무를 수행한다.[6]

〈표 8-2〉 하원 사무총장

| 국회 | 연도 | 성명 | 출신 주, 영토 | 선출 일시 |
|---|---|---|---|---|
| 1 | 1789~1791 | John Beckley | 버지니아 | 1789.04.01 |
| 2 | 1791~1793 | 〃 | 〃 | 1791.10.24 |
| 3 | 1793~1795 | 〃 | 〃 | 1793.12.02 |
| 4 | 1795~1799 | 〃 | 〃 | 1795.12.07 |
| 5 | 1797~1799 | Jonathan W. Condy | 펜실베이니아 | 1797.05.15 |
| 6 | 1799~1801 | Jonathan W. Condy | 〃 | 1799.12.02 |
| | | John H. Oswald | 〃 | 1800.12.09 |
| 7 | 1801~1807 | John Beckley | 버지니아 | 1801.12.07 |
| 8 | 1803~1805 | 〃 | 〃 | 1803.10.17 |
| 9 | 1805~1807 | 〃 | 〃 | 1805.12.02 |
| 10 | 1807~1809 | Patrick Magruder | 메릴랜드 | 1807.10.26 |
| 11 | 1809~1811 | 〃 | 〃 | 1809.05.22 |
| 12 | 1811~1813 | 〃 | 〃 | 1811.11.04 |
| 13 | 1813~1815 | Patrick Magruder<br>Thomas Dougherty | 메릴랜드<br>켄터키 | 1813.05.24<br>1815.01.30 |
| 14 | 1815~1817 | Thomas Dougherty | 켄터키 | 1815.12.04 |
| 15 | 1817~1819 | 〃 | 〃 | 1817.12.01 |
| 16 | 1819~1821 | 〃 | 〃 | 1819.12.06 |
| 17 | 1821~1823 | Thomas Dougherty<br>Matthew St. Clair Clarke | 켄터키<br>펜실베이니아 | 1821.12.04<br>1822.12.03 |
| 18 | 1823~1825 | Matthew St. Clair Clarke | 펜실베이니아 | 1823.12.01 |
| 19 | 1825~1827 | 〃 | 〃 | 1825.12.05 |
| 20 | 1827~1829 | 〃 | 〃 | 1827.12.03 |
| 21 | 1829~1831 | 〃 | 〃 | 1829.12.07 |
| 22 | 1831~1833 | 〃 | 〃 | 1831.12.05 |
| 23 | 1833~1835 | Walter S. Franklin | 〃 | 1833.12.02 |
| 24 | 1835~1837 | Walter S. Franklin | 〃 | 1835.12.07 |

6) http://clerk.house.gov/about/duties.html/(검색일: 2009.02.03)

| 국회 | 연도 | 성명 | 출신 주, 영토 | 선출 일시 |
| --- | --- | --- | --- | --- |
| 25 | 1837~1839 | Walter S. Franklin<br>Hugh A. Garland | 펜실베이니아<br>버지니아 | 1837.09.04<br>1838.12.03 |
| 26 | 1839~1841 | Hugh A. Garland | 버지니아 | 1839.12.21 |
| 27 | 1841~1843 | Matthew St. Clair Clarke | 펜실베이니아 | 1841.05.31 |
| 28 | 1843~1845 | Caleb J. McNulty<br>Benjamin B. French | 오하이오<br>뉴햄프셔 | 1843.12.06<br>1845.01.18 |
| 29 | 1845~1847 | Benjamin B. French | 뉴햄프셔 | 1845.12.02 |
| 30 | 1847~1849 | Thomas J. Campbell | 테네시 | 1847.12.07 |
| 31 | 1849~1851 | Thomas J. Campbell<br>Richard M. Young | 테네시<br>일리노이 | 1850.01.11<br>1850.04.17 |
| 32 | 1851~1853 | John W. Fornay | 펜실베이니아 | 1851.12.01 |
| 33 | 1853~1855 | John W. Fornay | 펜실베이니아 | 1853.12.05 |
| 34 | 1855~1857 | John W. Fornay<br>William Cullom | 펜실베이니아<br>테네시 | −<br>1856.02.04 |
| 35 | 1857~1859 | James C. Allen | 일리노이 | 1857.12.07 |
| 36 | 1859~1861 | James C. Allen<br>John W. Forney | 일리노이<br>펜실베이니아 | −<br>1860.02.03 |
| 37 | 1861~1863 | Emerson Etherridge | 테네시 | 1861.07.04 |
| 38 | 1863~1865 | Edward McPherson | 펜실베이니아 | 1863.12.08 |
| 39 | 1865~1867 | 〃 | 〃 | 1865.12.04 |
| 40 | 1867~1869 | 〃 | 〃 | 1867.03.04 |
| 41 | 1869~1871 | 〃 | 〃 | 1869.03.05 |
| 42 | 1871~1873 | 〃 | 〃 | 1871.03.04 |
| 43 | 1873~1875 | 〃 | 〃 | 1873.12.01 |
| 44 | 1875~1877 | George M. Adams | 켄터키 | 1875.12.06 |
| 45 | 1877~1879 | 〃 | 〃 | 1877.10.15 |
| 46 | 1879~1881 | 〃 | 〃 | 1879.03.18 |
| 47 | 1881~1883 | Edward McPherson | 펜실베이니아 | 1881.12.05 |
| 48 | 1883~1885 | John B. Clark, Jr. | 미주리 | 1883.12.04 |
| 49 | 1885~1887 | 〃 | 〃 | 1885.12.07 |
| 50 | 1887~1889 | 〃 | 〃 | 1887.12.05 |
| 51 | 1889~1891 | Edward McPherson | 펜실베이니아 | 1889.12.02 |
| 52 | 1891~1893 | James Kerr | 펜실베이니아 | 1891.12.08 |
| 53 | 1893~1895 | 〃 | 〃 | 1893.08.07 |
| 54 | 1895~1897 | Alexander McDowell | 펜실베이니아 | 1895.12.02 |
| 55 | 1897~1899 | 〃 | 〃 | 1897.03.15 |
| 56 | 1899~1901 | 〃 | 〃 | 1899.12.04 |
| 57 | 1901~1903 | 〃 | 〃 | 1901.12.02 |
| 58 | 1903~1905 | 〃 | 〃 | 1903.11.09 |
| 59 | 1905~1907 | 〃 | 〃 | 1905.12.04 |
| 60 | 1907~1909 | 〃 | 〃 | 1907.12.02 |

| 국회 | 연도 | 성명 | 출신 주, 영토 | 선출 일시 |
|---|---|---|---|---|
| 61 | 1909~1911 | 〃 | 〃 | 1909.03.15 |
| 62 | 1911~1913 | South Trimble | 켄터키 | 1911.04.04 |
| 63 | 1913~1915 | 〃 | 〃 | 1913.04.07 |
| 64 | 1915~1917 | 〃 | 〃 | 1915.12.06 |
| 65 | 1917~1919 | 〃 | 〃 | 1917.04.02 |
| 66 | 1919~1921 | Willaim Tyler Page | 메릴랜드 | 1919.05.19 |
| 67 | 1921~1923 | 〃 | 〃 | 1921.04.11 |
| 68 | 1923~1925 | 〃 | 〃 | 1923.12.05 |
| 69 | 1925~1927 | 〃 | 〃 | 1925.12.07 |
| 70 | 1927~1929 | 〃 | 〃 | 1927.12.05 |
| 71 | 1929~1931 | 〃 | 〃 | 1929.04.15 |
| 72 | 1931~1933 | South Trimble | 켄터키 | 1931.12.07 |
| 73 | 1933~1935 | 〃 | 〃 | 1933.03.09 |
| 74 | 1935~1937 | 〃 | 〃 | 1935.01.03 |
| 75 | 1937~1939 | 〃 | 〃 | 1937.01.05 |
| 76 | 1939~1941 | 〃 | 〃 | 1939.01.03 |
| 77 | 1941~1943 | 〃 | 〃 | 1941.01.03 |
| 78 | 1943~1945 | 〃 | 〃 | 1943.01.06 |
| 79 | 1945~1947 | South Trimble | 켄터키 | 1945.01.03 |
| | | Harry Newlin Megill | – | 1946.08.02 |
| 80 | 1947~1949 | John Andrews | 매사추세츠 | 1947.01.03 |
| 81 | 1949~1951 | Ralph R. Roberts | 인디애나 | 1949.01.03 |
| 82 | 1951~1953 | 〃 | 〃 | 1951.01.03 |
| 83 | 1953~1955 | Lyle O. Snader | 일리노이 | 1953.01.03 |
| 84 | 1955~1957 | Ralph R. Roberts | 인디애나 | 1955.01.05 |
| 85 | 1957~1959 | 〃 | 〃 | 1957.01.03 |
| 86 | 1959~1961 | 〃 | 〃 | 1959.01.07 |
| 87 | 1961~1963 | 〃 | 〃 | 1961.01.03 |
| 88 | 1963~1965 | 〃 | 〃 | 1963.01.09 |
| 89 | 1965~1967 | 〃 | 〃 | 1965.01.04 |
| 90 | 1967~1969 | W. Pat Jennings | 버지니아 | 1967.01.10 |
| 91 | 1969~1971 | 〃 | 〃 | 1969.01.03 |
| 92 | 1971~1973 | 〃 | 〃 | 1971.01.21 |
| 93 | 1973~1975 | 〃 | 〃 | 1973.01.03 |
| 94 | 1975~1977 | W. Pat Jennings | 버지니아 | 1975.01.14 |
| 94 | 1975~1977 | Edmund L. Henshaw | 버지니아 | 1975.11.17 |
| 95 | 1977~1979 | Edmund L. Henshaw | 버지니아 | 1977.01.04 |
| 96 | 1979~1981 | 〃 | 〃 | 1979.01.15 |
| 97 | 1981~1983 | 〃 | 〃 | 1981.01.05 |
| 98 | 1983~1985 | Benjamin J. Guthrie | 메릴랜드 | 1983.01.03 |

| 국회 | 연도 | 성명 | 출신 주, 영토 | 선출 일시 |
|---|---|---|---|---|
| 99 | 1985~1987 | 〃 | 〃 | 1985.01.03 |
| 100 | 1987~1989 | Donald K. Anderson | 캘리포니아 | 1987.01.06 |
| 101 | 1989~1991 | 〃 | 〃 | 1989.01.03 |
| 102 | 1991~1993 | 〃 | 〃 | 1991.01.03 |
| 103 | 1993~1995 | 〃 | 〃 | 1993.01.05 |
| 104 | 1995~1997 | Robin H. Carle | 인디애나 | 1995.01.04 |
| 105 | 1997~1999 | 〃 | 〃 | 1997.01.07 |
| | | Jeff Trandahl | 사우스다코타 | 1999.01.01 |
| 106 | 1999~2001 | 〃 | 〃 | 1999.01.06 |
| 107 | 2001~2003 | 〃 | 〃 | 2001.01.03 |
| 108 | 2003~2005 | 〃 | 〃 | 2003.01.07 |
| 109 | 2005~2007 | Jeff Trandahl | 사우스다코타 | 2005.01.04 |
| | | Karen L. Haas | 메릴랜드 | 2005.12.06 |
| 110 | 2007~2009 | Karen L. Haas | 메릴랜드 | 2007.01.04 |
| | | Lorraine C. Miller | 텍사스 | 2007.02.15 |
| 111 | 2009~201 | 〃 | 〃 | 2009.01.06 |

자료: http://clerk.house.gov/art history/house history/clerks.html/(검색일: 2009.07.08)


## 2. 하원 사무처 입법지원기관 및 직원

사무총장(Clerk)을 포함하여, 총무국장, 전속목사, 감사관, 사료관 등이 의원들의 입법 활동을 지원하고 있다.


### 1) 총무국장

하원 총무국은 하원의 전산시스템, 재정, 인적 자원, 미디어, 그리고 조달 업무를 관장한다.

총무국장(Chief Administrative Officer, CAO) 직책은 1995년의 제104대 국회 (1995~1996) 당시 하원 결의안 제6호에 의해 신설되어 오늘에 이르고 있다. 총무국장은 2년에 한 번씩 새로 조직되는 국회의 회기 초반에 선출된다.[7]

---

7) 현재의 총무국장은 대니얼 비어드(Daniel P. Beard)이며, 2007년 2월 15일 선출, 임용되었다.

총무국장은 하원의 국회의원, 관료, 참모들에게 제공되는 행정적·재정적 서비스 분야를 관장한다. 구체적으로는 예산, 경리업무와 급여 등 재정업무, 우편업무, 사무기기 및 사무용품 제공, 의회 텔레비전 중계 등 관리업무를 담당한다.[8]

총무국에는 정보통신기술, 재정, 예산관리, 인적 자원, 미디어, 어린이 보호, 음식, 조달 업무, 고용 및 급여 등을 포함하는 다양한 분야에서 600명이 넘는 기술직·행정직 직원들이 일하고 있다.

상원에서는 사무총장이 하는 업무를, 하원에서는 그 소속 인원이 많은 관계로 사무총장과 총무국장이 분담하여 처리하고 있다.

〈표 8-3〉 총무국장

| 국회(연도) | 비입법 - 재무국장(출신 주) | 임용일 | 비고 |
|---|---|---|---|
| 102(1991~1993) | Leonard P. Wishart, Ⅲ(뉴저지) | 1992.10.23 | |
| 103(1993~1995) | Leonard P. Wishart, Ⅲ(뉴저지), NJ | 1993.01.05 | 1994.01.21 사직 |
| | Randall B. Medlock | 1994.01 | 날짜 불명 |
| 국회(연도) | 총무국장(출신 주) | 선출일 | 비고 |
| 104(1995~1997) | Scot M. Faulkner(웨스트버지니아) | 1995.01.04 | 1996.11.22 사직 |
| | Jeff Trandahl(사우스다코타) | 1996.11.22 | 1996.11.22 지명 |
| 105(1997~1999) | Jeff Trandahl(사우스다코타) | 1997.01.09 | 1997.01.09 지명 |
| | James M. Eagen, Ⅲ(펜실베이니아) | 1997.07.31 | 하원 결의 207 의거 선출 |
| 106(1999~2001) | 〃 | 1999.01.06 | |
| 107(2001~2003) | 〃 | 2001.01.03 | |
| 108(2003~2005) | 〃 | 2003.01.07 | |
| 109(2005~2007) | 〃 | 2005.01.04 | |
| 110(2007~2009) | 〃 | 2007.01.04 | 2007.02.14 사직 |
| | Daniel P. Beard(메릴랜드) | 2007.02.15 | 하원 결의로 선출 |
| 111(2009~2011) | Daniel P. Beard(메릴랜드) | 2009.01.06 | |

자료: Biographical Directory of the United States Congress(2005); Congressional Directory(각권); Congressional Report(각권); Roll Call(1994.01.17). http://clerk.house.gov/art_history/house_history/cao.html/(검색일: 2009.02.25)

총무국장은 하원의 재정적 행정적 기능을 감독하는데, 이러한 기능은 그 전에는 우체국장실(Office of Postmaster)과 회의실관리관실(Office of Doorkeeper)

---

8) 자세한 것은 http://cao.house.gov/what.shtml/ 참조.

에서 맡아 오던 일이다.

현재 총무국장은 하원의장에게 직접 업무를 보고하고 있다. 총무국장은 하원운영위원회가 부여한 기능에 대한 행정적·재정적 책임을 지며, 하원운영위원회의 감독을 받는다. 하원운영위원회가 요구하는 보고서와는 별도로 총무국장은 매년 6월 30일과 12월 31일로부터 각각 45일 이내에 소관업무에 대한 재정 및 운영현황을 하원운영위원회에 보고하도록 되어 있다. 이때 재정현황서, 운영현황에 대한 기술 설명, 새로운 정책과 절차에 대한 집행, 향후 업무계획 등이 포함되어야 한다. 총무국장은 회계문서와 행정집행의 감사에 있어 관계부서 및 관계자에게 최대한 협조하여야 한다.

## 2) 전속목사

전속목사(Chaplain)는 본회의가 개회될 때마다 기도를 집전한다. 현재 대니얼 코플린(Daniel P. Coughlin) 목사가 전속목사로 봉직하며 기도를 이끌고 있다.[9] 코플린 목사는 2000년 3월 23일 제106대 국회에서 제59대 전속목사로서 선서한 후 오늘에 이르고 있다.

## 3) 사료관실

하원에 사료관실(the Office of the Historian)이 설치되어 있으며, 의장은 사료관 및 기타 직원들을 임명하고 연봉을 책정한다.[10] 사료관실에서는 1976년부터 구술사 프로젝트(Oral History Project) 등의 사업을 수행하여, 국회의원, 국회직원, 국회 출입기자, 국회출입 사진기자, 페이지(page) 출신 인사들에 대한 면담을 계속하여 의회 역사와 사건·사고, 행사 관련 자료들을 수집, 정리하여 국회의원은 물론 일반 시민들에게 역사자료를 제공하고 있

---

9) http://chaplain.house.gov/ 참조.

10) 사료관실의 직무에 관해서는 http://historian.house.goc/ 참조.

다. 이러한 사업과 업무 수행은 연방의회 역사에 대한 전반적인 자료를 수집, 집대성하는 것은 물론 시민들에게 역사에 대한 통찰력을 키우는 데 기여하고 있다.

### 4) 감사관실

감사관실은 제102대 국회 하원 결의안 제423호에 따라 제103대 국회에서 설치되었으며, 1993년 11월 14일 최초의 감사관 임명이 있었다.[11]

감사관(Inspector General)은 의장과 다수당 원내대표 및 소수당 원내대표가 협의하여 임명한다. 감사관은 하원운영위원회의 지휘와 감독하에 하원 및 양원 합동기관의 재정 및 행정업무에 대한 정기 감사를 실시하며, 실시 후에는 감사대상 기관장 또는 기타 직원에게 정기 감사 결과 및 적절한 시정조치방안을 통지한다. 감사관의 직무수행 중 어떠한 회계부정을 적발하는 경우 의장, 다수당 원내대표, 소수당 원내대표, 하원 운영위원회의 위원장 및 소수당 간사에게 동시에 통지해야 한다. 또 이에 따른 각 감사 결과보고서를 의장, 다수당 원내대표, 소수당 원내대표, 하원운영위원회의 위원장 및 소수당 간사에게 동시에 제출하도록 되어 있다.[12]

감사관 존 라인하트 4세는 1995년 2월 하원의 동의를 얻어 하원 사상 처음으로 '프라이스 워터하우스'라는 사설 회계감사기관의 감사를 자청하였다. '프라이스 워터하우스'는 1996년 여름까지 실시한 두 차례의 감사 결과 '하원이 의원들에게 전혀 경제개념 없이 서비스를 제공해 왔다.'는 사실을 밝혀냈다. 또 30여 명의 의원들이 사무실운영비를 더 많이 사용한 것을 포함하여, 하원의 재정운용시스템 전반에 상당한 결함이 있다는 사실을 지적하였다. 동 회계감사기관은 2백여 가지 사항의 권고안을 하원에 제출했고, 이

---

11) 연방의회는 주요 연방기관 및 행정부처에 '감사관'이라는 법적 기관을 설치하였다. 감사관은 소속 기관에 대한 감사와 조사를 통하여 효율성의 향상, 남용과 오용 종식, 그리고 관리상의 오류 억제 등의 업무에 종사하고 있다.

12) 제2 의사규칙 제6조.

는 대부분 채택되었다.

### 5) 법무관실

하원에 대한 법률지원 및 소송대리서비스의 제공을 위하여 하원에 법무관실(Office of the General Counsel)을 두고 있다.[13] 법률지원 및 소송 대리서비스는 정파에 관계없이 제공되며, 법무관은 의장의 지시에 따라 직무를 수행한다. 직무와 관련해서는 의장이 다수당 및 소수당 원내대표단이 포함된 양당 법률 자문단과 협의하도록 되어 있다. 의장은 법무관을 임명하고 연봉을 정한다.

### 6) 법제실

법제실(Legislative Counsel)은 1919년에 정식으로 발족한 입법지원조직이다. 설립 목적은 위원회의 요청에 따라 공법, 결의안, 수정안 등과 관련한 법안 작성지원으로 입법 활동 수행에서 핵심적인 기능을 한다. 상원과 하원에 같은 기능을 갖는 법제실이 각각 설치되어 있다.

법제실장(Chief Counsel)은 의장이 임명한다. 의장은 정치성을 배제하고 오로지 업무 능력을 보고 판단하여 법제실장을 임명한다. 법제실은 설립 초기에는 위원회의 입법 활동만을 지원했으나 1970년의 의회재조직법에 따라 개별 의원에 대한 입법지원도 행하고 있다. 최근에는 본회의와 양원 합동회의 입법지원과 자문활동도 하고 있다.

법제실은 법안이 심의되거나 위원회 수정 작업이 진행 중일 때 위원회 보좌관들과 긴밀히 협의하면서 활동한다.

법제실장 밑에 법제 부실장(deputy counsel), 법제관(법제요원) 및 행정직원

---

13) 1918년 제정된 세입법(Revenue Act of 1918)에 의해 법제실 설립의 근거가 마련되었다. 설립 당초의 명칭은 Legislative Drafting Service였다.

을 두고 있다. 법제관은 대개 변호사 자격증을 보유하고 있다.

법제관들은 비당파적으로 직무상의 독립성 유지를 요구받고 있으며, 보안을 엄격하게 유지해야 한다. 같은 법제관이 완전히 상반되는 내용의 법안 작성 지원을 여러 의원들로부터 요청받는 일이 비일비재하기 때문이다. 법제관들은 위원회나 소위원회에 위원회 보좌관 형식으로 장기 파견근무를 하기도 한다.

법제실 직원들은 개별 의원에 대한 입법지원, 상임위원회 입법과정에서의 입법지원, 그리고 본회의 심의과정에서 수정안이 제출되거나 입법상의 자문이 필요할 때 문서로 혹은 본회의장에 참석하여 지원하고 있다.[14]


## 7) 국회법 담당관(parliamentarian)

국회법 담당관은 원내의 입법과정과 의사진행에 있어 권위를 인정받는 국회법의 전문가이다. 1857년 이래 본회의장에서의 회의 도중 사회자들이 의사진행과 관련하여 의문이 생길 때마다 자문을 구해야 할 전문가를 고정적으로 배치해야 할 필요성이 제기되어 설치된 직책이다.

본회의장 의장석 가까이에 자리하는 국회법 담당관의 가장 중요한 임무는 본회의 사회자(의장)에게 조언을 해 주고 법률 해석이나 관행에 대한 설명을 해 주며, 필요에 따라서는 의사절차를 관리 조정하는 일이다. 따라서 그의 유권해석은 본회의 현장에서 의사진행을 원활히 하는 기능도 갖는다. 공식적인 유권해석은 아니지만 그가 현장에서 하는 비공식적인 유권해석이나 조언은 대부분 의장이 수용하는 만큼 그의 영향력은 크다고 할 수 있으며, 의장을 비롯한 원내 지도자들이 그의 전문성을 인정하고 있다.

국회법 담당관으로서의 다양한 측면의 의무를 수행한 관료들은 연방의회의 역사를 통하여 여러 호칭으로 불리며 존속해 왔다. 처음에는 '의장 메신저(Messenger to the Speaker)'라고 불렸고, '의장의 서기장(Clerk to the Speaker)'

---

14) 박종흡, 『국정감사·조사와 청문회』 (서울: 법문사, 1998), 160-161쪽.

으로 불렸으며, '의장석의 서기장(Clerk at the Speaker's Table)'으로 불렸다. 그러다가 제70대 국회(1927~1929) 초반에 '팔리아멘타리안(parliamentarian)' 이라는 호칭으로 불리기 시작한 후 정착되어 오늘에 이르고 있다.

국회법 담당관은 19세기 들어 상원·하원 본회의 사회자들이 의사 진행 상의 의문점이 생길 때마다 자문을 구해 문제를 해결함으로써 필요성이 제 기되어 설치된 직책이다.[15] 하원은 1927년, 상원은 1937년에 국회법 담당관 직제를 설치하였다.

원내에서 의원의 발언 혹은 연설 도중 다른 정당 소속 의원을 인신공격하 거나, 적절치 못한 용어를 사용하면 발언대 앞에 앉는 다른 정당의 당번 의 원이 즉각 발언을 중지시키고 사과할 것과 동시에 문제시되는 내용을 의사 록에서 삭제해 줄 것을 요구하면, 이때 의장은 의장석 옆에 앉아서 대기하 고 있는 '국회법 담당관'에게 그 사안에 관해 시비를 가려 줄 것을 요청한 다. 국회법 담당관이 시비를 가렸음에도 불구하고 해당 의원이 언성을 높이 거나 적절치 못한 발언을 계속하면 의장은 경비원으로 하여금 그 의원을 본 회의장 밖으로 끌어내도록 하며, 심할 경우 일정 기간 동안 의회 내에서의 발언권을 박탈하기도 한다.

정당소속을 갖지 않는 중립적 직원인 국회법 담당관은 때로는 원내대표, 원내총무 등 정당지도부의 자문에 응하기도 하며, 모든 본회의에 참석한다.

국회법 담당관 중 눈에 띄는 사람은 루이스 데슐러(Lewis Deschler)이다. 그는 1928년에 '국회법 담당관'으로 임용된 이래 1974년까지 무려 46년간 이나 봉직하였다. 한평생을 하원에서 국회법 담당관으로 일하면서 하원 본 회의에서의 법률이나 하원 의사규칙 등과 관련하여 자문과 해석을 도맡아 한 사람이다. 46년의 근무기간은 그가 성실하지 않았거나 전문성이 부족했 다면 생각할 수도 없는 일이다.[16]

---

15) 국회법 담당관은 본회의장 의장석의 오른쪽 바로 앞부분에 앉는다. 〈그림 6-3〉 참조.

16) 연방의회 도서관의 허버트 푸트남 관장도 1899년부터 1939년까지 봉직하였다. 오랜 기간을 봉직하면서 능력을 인정받는 그들도 대단하지만, 전문성을 키워 주고 그 전문성을 계속 발휘할 수 있게 해 주는 제도

애셔 하인즈(Asher Hinds), 클래런스 캐넌(Clarence Cannon), 그리고 루이스 데슐러(Lewis Deschler)는 각각 하원 회의장 내에서의 의사기록을 편찬한 바 있다. 근년의 '국회법 담당관실'에서는 의회의 '하원 규칙'을 발간하는 업무도 담당하고 있다.

<표 8-4>에서 보는 것처럼 1857년 이래 20명의 관료가 국회법 담당관으로 복무해 왔다. 그들 중 4명은 연방 하원의 의원이 되어 의정활동에 참여하였다.[17]

〈표 8-4〉 하원 국회법 담당관 일람(의장 메신저, 의장석 서기장 포함)

| 국회 | 연도 | 성명 | 선출일자 |
|---|---|---|---|
| 의장 메신저(Messenger to the Speaker) | | | |
| 34 | 1855~1857 | Thaddeus Morrice | 1857 |
| 35 | 1857~1859 | 〃 | - |
| 36 | 1859~1861 | 〃 | - |
| 37 | 1861~1863 | 〃 | - |
| 38 | 1863~1865 | Thaddeus Morrice | - |
| | | William D. Todd | 1865 |
| 39 | 1865~1867 | William D. Todd | - |
| 40 | 1867~1869 | 〃 | - |
| 의장석 서기장(Clerk at the Speaker's Table) | | | |
| 41 | 1869~1871 | John M. Barclay | 1869 |
| 42 | 1871~1873 | 〃 | - |
| 43 | 1873~1875 | 〃 | - |
| 44 | 1875~1877 | William H. Scudder | 1875 |
| 45 | 1877~1879 | William H. Scudder | - |
| | | J. Randolph Tucker, Jr. | 1877 |
| 46 | 1879~1881 | J. Randolph Tucker, Jr. | - |
| | | Jr. George P. Miller | 1879 |
| | | Michael Sullivan | 1880 |
| 47 | 1881~1883 | J. Guilford White | 1881 |
| | | Michael Sullivan | 1882 |
| 48 | 1883~1885 | Nathaniel T. Crutchfield | 1883 |

나 관행에 대해서는 긍정적으로 검토해 볼 필요가 있다.

17) 그들은 Edward Forrest Goodwin, Charles R. Crisp, Asher C. Hinds, 그리고 Clarence A. Cannon 이다.

| 국회 | 연도 | 성명 | 선출일자 |
|---|---|---|---|
| 49 | 1885～1887 | 〃 | － |
| 50 | 1887～1889 | 〃 | － |
| 51 | 1889～1891 | Nathaniel T. Crutchfield | － |
| | | Edward Forrest Goodwin | 1890 |
| 52 | 1891～1893 | Charles R. Crisp | 1891 |
| 53 | 1893～1895 | 〃 | － |
| 54 | 1895～1897 | Asher C. Hinds | 1895 |
| 55 | 1897～1899 | 〃 | － |
| 56 | 1899～1901 | 〃 | － |
| 57 | 1913～1903 | 〃 | － |
| 58 | 1903～1905 | 〃 | － |
| 59 | 1905～1907 | 〃 | － |
| 60 | 1907～1909 | 〃 | － |
| 61 | 1909～1911 | 〃 | － |
| 62 | 1911～1913 | Charles R. Crisp | 1911 |
| 63 | 1913～1915 | Bennett C. Clark | 1913 |
| 64 | 1915～1917 | Bennett C. Clark | － |
| 65 | 1917～1919 | Bennett C. Clark | － |
| | | Clarence A. Cannon | 1917 |
| 66 | 1919～1921 | Clarence A. Cannon | － |
| | | Lehr Fess | 1919 |
| 67 | 1921～1923 | Lehr Fess | － |
| 68 | 1923～1925 | 〃 | － |
| 69 | 1925～1927 | 〃 | － |
| 70 | 1927～1929 | 〃 | － |
| 국회법 담당관(Parliamentarian) | | | |
| 70 | 1927～1929 | Lewis Deschler | 1928 |
| 71 | 1929～1931 | 〃 | － |
| 72 | 1931～1933 | 〃 | － |
| 73 | 1933～1935 | 〃 | － |
| 74 | 1935～1937 | 〃 | － |
| 75 | 1937～1939 | 〃 | － |
| 76 | 1939～1941 | 〃 | － |
| 77 | 1941～1943 | 〃 | － |
| 78 | 1943～1945 | 〃 | － |
| 79 | 1945～1947 | 〃 | － |
| 80 | 1947～1949 | 〃 | － |
| 81 | 1949～1951 | 〃 | － |
| 82 | 1951～1953 | 〃 | － |
| 83 | 1953～1955 | 〃 | － |

| 국회 | 연도 | 성명 | 선출일자 |
| --- | --- | --- | --- |
| 84 | 1955~1957 | 〃 | - |
| 85 | 1957~1959 | 〃 | - |
| 86 | 1959~1961 | 〃 | - |
| 87 | 1961~1963 | 〃 | - |
| 88 | 1963~1965 | 〃 | - |
| 89 | 1965~1967 | 〃 | - |
| 90 | 1967~1969 | 〃 | - |
| 91 | 1969~1971 | 〃 | - |
| 92 | 1971~1973 | 〃 | - |
| 93 | 1973~1975 | Lewis Deschler | - |
| | | William Holmes Brown | 1974.06.27 |
| 94 | 1975~1977 | William Holmes Brown | - |
| 95 | 1977~1979 | 〃 | - |
| 96 | 1979~1981 | 〃 | - |
| 97 | 1981~1983 | 〃 | - |
| 98 | 1983~1985 | 〃 | - |
| 99 | 1985~1987 | 〃 | - |
| 100 | 1987~1989 | 〃 | - |
| 101 | 1989~1991 | 〃 | - |
| 102 | 1991~1993 | 〃 | - |
| 103 | 1993~1995 | William Holmes Brown | - |
| | | Charles W. Johnson | 1994.09.20 |
| 104 | 1995~1997 | Charles W. Johnson | - |
| 105 | 1997~1999 | 〃 | - |
| 106 | 1999~2001 | 〃 | - |
| 107 | 2001~2003 | 〃 | - |
| 108 | 2003~2005 | Charles W. Johnson | - |
| | | John V. Sullivan | 2004.05.31 |
| 109 | 2005~2007 | John V. Sullivan | - |
| 110 | 2007~2009 | 〃 | - |
| 111 | 2009~2011 | 〃 | - |

자료 : http://clerk.house.gov/art_history/house_history/parliamentarians.html/(검색일 : 2009.04.03)

## 제3절 입법지원기관

연방의회 의원들은 앞에서 언급한 사무처, 위원회 소속 직원들의 지원과 보좌를 받는다. 이 외에도 의회조사국(CRS), 의회예산처(CBO), 연방회계감사원(GAO)으로부터 전문적인 입법서비스를 제공받는다.[18]

〈표 8-5〉 입법지원조직 직원 증감 추세(1946~2001)

| 연도 | 의회도서관<br>(Library) | 의회조사국<br>(CRS) | 회계감사원<br>(GAO) | 의회예산처<br>(CBO) | 기술평가국<br>(OTA) |
|---|---|---|---|---|---|
| 1946 | – | – | 14,129 | – | – |
| 1947 | 1,898 | 160 | 10,695 | – | – |
| 1950 | 1,973 | 161 | 7,876 | – | – |
| 1955 | 2,459 | 166 | 5,776 | – | – |
| 1960 | 2,779 | 183 | 5,074 | – | – |
| 1965 | 3,390 | 231 | 4,278 | – | – |
| 1970 | 3,848 | 332 | 4,704 | – | – |
| 1971 | 3,963 | 386 | 4,718 | – | – |
| 1972 | 4,135 | 479 | 4,742 | – | – |
| 1973 | 4,375 | 596 | 4,908 | – | – |
| 1974 | 4,504 | 687 | 5,270 | – | 10 |
| 1975 | 4,649 | 741 | 4,905 | 193 | 54 |
| 1976 | 4,880 | 806 | 5,391 | 203 | 103 |
| 1977 | 5,075 | 789 | 5,315 | 201 | 139 |
| 1978 | 5,231 | 818 | 5,476 | 203 | 164 |
| 1979 | 5,390 | 847 | 5,303 | 207 | 145 |
| 1980 | 5,047 | 868 | 5,196 | 218 | 122 |
| 1981 | 4,799 | 849 | 5,182 | 218 | 130 |
| 1982 | 4,803 | 849 | 5,027 | 218 | 130 |
| 1983 | 4,815 | 853 | 4,960 | 211 | 130 |
| 1984 | 4,802 | 858 | 4,985 | 210 | 139 |

18) 기술평가국(OTA, Office of the Technology Assessment)은 국가의 중대 정책이나 사업에 대한 과학적 분석평가를 통해 기술발전을 도모한다는 취지에서 1972년에 설립되었다. 의회의 상임위원회 등에 날로 전문화되는 과학기술 관련 사안에 대해 객관적인 분석을 제공, 의정활동을 지원하기 위한 기관이다. 기술평가국은 처장과 기술평가 자문위원회 밑에 산업상업 및 국제안보와 의회 및 대외관계실, 보건생명과학 및 환경 등 세 개의 국과 상하 양원 의원 12명으로 구성된 이사회를 두었다. 설립 초기인 1975년에는 54명의 직원이 근무했으나 1980년대 중반부터 143명으로 증가하였다. 기술평가국은 1995년에 연방의회에서 분리됨과 동시에 그 활동이 종료되었다.

| 연도 | 의회도서관<br>(Library) | 의회조사국<br>(CRS) | 회계감사원<br>(GAO) | 의회예산처<br>(CBO) | 기술평가국<br>(OTA) |
|---|---|---|---|---|---|
| 1985 | 4,809 | 860 | 5,042 | 222 | 143 |
| 1986 | 4,806 | 860 | 5,019 | 222 | 143 |
| 1987 | 4,983 | 860 | 5,016 | 226 | 143 |
| 1988 | 4,874 | 825 | 5,042 | 211 | 143 |
| 1989 | 4,793 | 860 | 5,063 | 226 | 143 |
| 1990 | 4,659 | 797 | 5,066 | 226 | 143 |
| 1991 | 5,043 | 831 | 5,054 | 226 | 143 |
| 1992 | 5,050 | 838 | 5,062 | 218 | 143 |
| 1993 | 5,033 | 835 | 4,958 | 230 | 143 |
| 1994 | 4,701 | 835 | 4,572 | 218 | 143 |
| 1995 | 4,572 | 746 | 4,572 | 214 | 143 |
| 1996 | 4,399 | 729 | 3,677 | 232 | 활동 종료 |
| 1997 | 4,299 | 726 | 3,341 | 232 | |
| 1998 | 4275 | 708 | 3,245 | 219 | |
| 1999 | 4317 | 703 | 3,275 | 232 | |
| 2000 | 3920 | 696 | 3,192 | 223 | |
| 2001 | 4099 | 722 | 3,155 | 228 | |

자료: Ornstein, Mann, and Malbin, 앞의 책, 134쪽.


## 1. 의회도서관 의회조사국(CRS)


### 1) 설립목적 및 기능

의회도서관 내의 한 부서인 의회조사국(Congressional Research Service)의
전신은 1914년 의회도서관에 설치된 의회참고국(Legislative Reference Service,
LRS)이다.[19]

연방의회는 1935년부터 제출된 공공 법안(public bills)의 요약문을 준비,
작성하는 업무를 이 기관에 맡겼다. 그리고 1946년의 의회재조직법은 이를
의회참고국(LRS) 정규 업무의 하나로 채택하게 만들었으며, 또한 LRS를 연
방의회 도서관 내의 독립된 부서로 규정지었다. 의회도서관 소속이지만 업

---

19) Heineman, Robert A. et al., *American Government*(New York: Mcgraw-Hill, 1989), 189쪽.

무의 독립성이 이때 공식적으로 인정받은 것이다.

1970년의 의회재조직법은 LRS를 CRS, 즉 의회조사국으로 확대 개편하면서 입법지원에 관한 보다 큰 직무영역을 설정하였다. 이 법은 CRS가 연방의회의 모든 위원회와 지속적인 업무관계를 유지하도록 하였다. CRS의 업무는 법안 및 대안에 대한 평가, 매 국회의 회기 중에 종료되는 모든 프로그램을 확인하고 각 위원회가 참조해야 할 정책영역에 관하여 조사·연구·분석하는 것을 포함한다. 1970년의 의회재조직법은 또한 CRS로 하여금 청문회가 예정되어 있는 모든 법안에 대한 '목적과 효과'를 준비하여 보고하도록 하였다.

1946년까지는 LRS가 주로 도서관 내 문헌과 참고자료를 연방의회에 제공하는 역할을 수행하였으나, 그 이후에는 CRS가 연방의회에 각종 정보를 제공하고, 행정부에서 거론되는 현안이나 정책을 분석하여 보고하는 업무를 행하고 있다.

## 2) 직무

의회조사국(CRS)은 편제상으로는 의회도서관 소속이지만 법적으로나 관리상으로는 독립된 조사연구기관이다. 연구·조사·분석업무를 통하여 의회의 입법 활동에 기여하는 것이 주된 기능인 CRS는 의원을 위한 자료 제공, 레퍼런스 회답에서부터 독자적인 조사연구까지 다양한 정보서비스를 제공한다.

구체적으로는 국내외의 일반정보를 비롯해 참고자료, 정책분석, 세미나 준비자료, 직원 연수자료, 브리핑 자료, 비디오 자료, 기타 분석자료 등을 작성한다. 공개되는 자료는 의회는 물론 행정부와 미국 내 각 기관에 배포되어 적지 않은 영향을 미치고 있다. 특히 이곳에서 발행하는 '이슈 브리프(Issue Brief)'는 그 내용이 활용가치가 높은 것들이어서 의원들이 주로 찾는 자료 중의 하나로 알려져 있다. 이곳에서 발표되는 각종 연구논문, 현안분석 등의 자료는 세계적으로 그 권위를 인정받는다.[20] 정부부처 혹은 정보당국과의 업무적 유기성과 개별 직원의 높은 전문성이 이를 가능케 하는 요인이다.

## 3) 조직 및 직원

직원의 수는 700~750명 선이며, 많을 때는 800명을 넘어서기도 한다. 조사국장은 의회도서관장이 상하 양원의 대표가 참여하는 합동위원회에서의 협의를 거쳐 임명한다. 조직은 두 개의 참고자료실과 정책분석실로 나누어져 있다. 참고자료실은 주로 사서들과 서지학자들로 구성되어 있고, 정책분석실은 교육·공공복지, 외교국방, 환경자원정책, 미국법, 과학정책, 경제, 금융 등 7개 정책연구 분야로 나누어져 있다. 직원의 반수 이상이 분석요원으로 근무하고 있는데, 대부분 대학원 졸업 이상의 학력 소지자들이다. 의회조사국은 의회도서관의 부속 기관이지만 특정 정파의 이해관계를 대변하지 않으며 철저히 객관적인 입장에서 연구의 균형감각을 중시한다.

## 4) 도서관 인터넷 시스템

의회도서관에는 토머스(THOMAS)라고 불리는 인터넷 시스템이 운용되고 있다. 이것은 의회의 회의와 기록은 공개되어야 한다는 제3대 대통령 토머스 제퍼슨(Thomas Jefferson)의 정신을 본받은 것이다.[21] 제104대 국회가 시작된 1995년 1월, 뉴트 깅리치 하원의장은 전반적으로 위원회와 하원에 대한 일반 국민의 접근을 쉽게 만들었는데, 그 일환으로 의회도서관에 토머스 제퍼슨의 이름을 따서 토머스(THOMAS)라고 불리는 컴퓨터시스템을 개설하여 인터넷 의회시대를 열었다. 이 프로그램을 통해 법안 내용, 심의 상황, 의원 프로필 등을 쉽게 찾아볼 수 있다. 좀 더 구체적으로는 법안, 결의안, 입법 활동, 의회 기록, 캘린더, 위원회 기록, 대통령 지명, 조약, 정부 자원(Government Resources) 등의 내용을 볼 수 있다.[22]

---

20) 한반도문제 특히 북한 핵문제와 관련하여 그 직원들이 발표하는 자료나 연구내용은 특히 한국의 관련기관이 이를 참고하고 있으며, 언론매체에 의해서도 보도되고 있다.

21) http://thomas.loc.gov/(검색일: 2009.02.21)

22) http://thomas.loc.gov/hpme/abt_thom.html/(검색일: 2009.04.20)

## 2. 의회예산처(CBO)

### 1) 설립목적

민주당 지배 시기인 1970년대, 연방의회는 회계정책을 효율적으로 수립하는 데 있어 적절한 절차를 밟는 과정을 결여했다고 판단하고 1972년 상원과 하원에 예산관리에 관한 합동연구위원회를 구성했으며, 구체적인 조치로서 의회예산처(CBO)를 설치하였다.

의회예산처(Congressional Budget Office)는 의회에 의한 예산심의 과정의 결함을 보완하기 위하여, 1974년 '의회예산 및 지출거부통제법'의 제정을 계기로 1975년에 신설된 연방의회의 예산정책관련 기관이다.

'의회예산 및 지출거부통제법'은 대통령의 예산지출 거부행위를 봉쇄하고 의회의 국고권(國庫權)을 확인하기 위해 제정된 재정관련법이다. 이 법의 제정으로 상하 양원에 예산위원회를 설치하였고, 입법지원기관으로서의 의회예산처를 신설하게 되었다.

연방의회가 의회예산처를 설립한 목적은 의회가 예산과 경제에 관한 정보를 수집하고 분석하여 행정부의 정책집행을 감시, 감독하는 자료로 삼기 위함이다. 행정부가 제출하는 예산안을 평가, 분석하여 경제현황과 전망, 예산관련 정보제공 등 정책에 대한 재정적 업무를 지원하게 된 이 기구의 발족으로 연방의회가 독자적인 예산관련 자료 및 정보를 확보할 수 있게 되었다.

### 2) 직무

CBO는 예산편성업무와 관련하여 예산위원회에 연례보고서를 제출한다. 특히 행정부가 제출한 연방정부 예산안을 분석하여 연례보고서에 포함시키고 있다. 또 행정부의 모든 지출을 추적하고 세수입이 될 만한 사항을 검토하여 예산위원회에 그 내용을 분석하여 보고한다. 활동내용을 보고서로 제출함은 물론 직원들이 각종 청문회에 참석하여 증언을 하기도 한다. 연방정부의 각 기관이 발간하는 자료에 대한 비용추정과 컴퓨터프로그램 분석도 행하고 있다.

의회는 예산심의 과정을 통해 행정부가 제안한 사업과 그 사업을 지원하기 위한 재원에 대해 재검토하며, 예산총액을 결정할 뿐만 아니라 사업의 정당성을 검토한다.


### 3) 조직 및 직원

의회예산처장은 양원 예산위원회 위원들의 추천을 받아 하원의장과 상원의장이 공동으로 임명한다. 처장의 임기는 4년이며 연임제한은 없다. 각 부서장을 비롯한 모든 구성원을 처장이 임명하므로 업무 및 인사 상의 권한이 크다.

직원 구성은 매 회계연도의 예산배당액에 따라 증감이 있으나 2000년대 들어서는 220~240명 선을 유지하고 있다.


## 3. 연방회계감사원(GAO)

연방의회 산하의 연방회계감사원(Government Accountability Office)은 회계 평가 및 수사를 행하는 기관이다.[23] GAO는 의회조사국(CRS), 의회예산처(CBO)와 함께 연방의회의 3대 입법지원기관의 하나이다. GAO는 공공의 자금이 적절하게 지출되었는지를 확인해 달라는 연방의회의 위원회 및 의원들의 요청에 따라 행정 각 기관 및 사업들에 대한 감사와 조사업무를 수행하는 제1차적인 조사기관이다.

---

23) 이 기관의 전신은 1921년에 예산회계법(Budget and Accounting Act of 1921)에 의해 설치된 일반회계감사원(General Accounting Office)이다. 현재의 연방회계감사원(Government Accountability Office)은 인적자원개혁법(GAO Human Capital Reform Act)에 의해 설립되었다.

## 1) 설립목적

연방의회 소속의 감사기구인 연방회계감사원은 우리나라의 감사원에 해당하는 기관이다. 이 기관의 전신인 회계감사원(GAO, General Accounting Office)은 제1차 세계대전 이후 급증하는 국가부채를 효율적으로 관리하기 위해 1921년의 예산회계법(Budget and Accounting Act of 1921)에 근거하여 설립되었다.

행정부의 각종 사업계획을 분석하고 평가하여 예산을 조정하고 회계기능을 개선하기 위해 설립된 일반회계감사원은 대통령직속의 예산관리처(OMB, Office of Management and Budget)의 전신인 예산국(Bureau of the Budget)의 역할도 맡고 있다. 그런 만큼 GAO는 대통령의 연방예산집행에 대한 의회의 법적 감시권한을 신장시켰다. 연방의회 차원에서 행정부가 국민이 낸 세금을 어디에 어떻게 사용했는지를 감독하기 위한 기관이다.[24]

## 2) 직무

초기에는 연방정부 소속기관 등에 대한 회계감사기능을 주로 수행하여 왔으나 1970년대부터는 과학, 보건, 공공정책, 정보통신 분야의 대거 영입, 충원하여 정책 분석 및 평가 기능을 확대했으며, 1980년대 이후 조직변화 등으로 업무의 중심이 회계감사 기능에서 개별 정책프로그램 등에 대한 성과의 분석 및 평가업무로 확장되었다.

정부기관 등에 대한 감사, 정부의 사업과 활동에 대한 평가, 정부회계기준 및 정부감사기준의 제정과 공포 등이 이 기관이 수행하는 주요 기능이다.

회계감사원의 업무는 일반 행정, 국가안보, 국제업무, 회계정보관리, 보건교육 및 인적 서비스 등 영역별로 조직화되어 있다. 연례보고서와 일반보고서, 비디오 자료, 비공식 브리핑, 사실 자료 등을 통해 의회와 행정부에 보내고 국민의 알권리 충족을 위해 적극적으로 관련 정보를 공개하고 있다.

---

24) 연방회계감사원이 설치되기 이전에는 재무부가 연방기관에 대한 회계감사 기능을 수행하였다.

GAO는 공공자금의 사용내역을 조사, 분석, 평가한 후 그 결과를 연방의회에 통보함으로써, 연방의회가 정책을 결정하고 예산을 편성할 때 참고자료로 삼아 정책과 예산집행에 있어 합리성과 경제성을 추구하는 기관이다.

### 3) 조직 및 직원

회계감사원장(Comptroller General)은 15년의 단일 임기직이며, 상원의 인준을 받아 대통령이 임명하고, 상하 양원의 공동결의에 의해서만 해임될 수 있다.

출범 초기 일반회계감사원은 주로 각 행정부 업무에 대한 회계감사에 치중했다. 1946년 설립 첫해에는 14,219명의 직원 대부분이 회계전문가였다. 1950년대부터는 연방정부기관들이 자체 영수증 점검과 회계감사를 시작함에 따라 회계감사원은 회계기준을 만들어 각 기관의 회계담당부서를 관리 감독하기로 하였다. 1950년 이전에는 일반회계감사원은 모든 연방기관을 기관별로 그 거래내역을 회계감사하고 기록하는 일을 하였다. 1950년의 법 개정으로 일반회계감사원의 업무는 행정부의 각 기관으로 조정되었다. 1950년에 7,876명이던 직원의 수가 1955년에 5,776명으로, 1960년에 5,074명으로 급감한 것은 바로 이때의 업무영역 조정에 기인한다. 5,000명과 4,000명 선을 유지하던 직원의 수는 공화당이 다수당이 된 제104대 국회(1995~1997) 당시 3,677명으로 감축되었고 2000년대에 들어서는 3,200~3,300명 선을 유지하고 있다.

GAO는 워싱턴 본부와 16개 지부로 구성되어 있으며, 3,300여 명의 직원이 해마다 1,000건 이상의 사업평가서를 의회에 제출한다.[25]

연방회계감사원은 연방기관에 대해 예산집행에 따르는 회계감사를 행하고 그 결과를 연방의회에 보고할 뿐만 아니라 행정부의 예산집행에 있어서 그 청구권을 확정·조정하는 권한과 지불을 거부하는 권한을 갖고 있으며, 예

---

25) Oleszek, 앞의 책, 300쪽. 이 보고서들은 국가 안보에 관한 것을 제외하고는 일반에 무료로 공개된다.

산과 회계에 관한 법률해석권도 보유하고 있다.

## 4) 명칭 변경

이 기관은 그동안 일반회계감사원(General Accounting Office, GAO)이라는 명칭으로 불리다가 2004년에 연방회계감사원(Government Accountability Office, GAO)으로 변경되었다. 약칭은 두 기관 모두 GAO이다.


## 제4절 연방의회 도서관

도서관의 부서는 연방의회에 대한 정보서비스를 담당하는 의회조사국, 저작권법에 정해진 저작권등록을 행하는 저작권 사무국(Copyright Office), 법률전문 도서관인 법률도서관(Law Library), 일반이용자에 대한 서비스를 담당하는 도서관서비스(Library Service), 전자도서관 서비스를 기획 운영하는 전략구상국(Office of Strategic Initiatives), 사서국(Office of Librarian), 지원하부조직 등이 있다.

의회도서관의 직원 총수는 4,000명을 넘는다. 도서관시설의 중심이 되는 본관은 1897년에 개관하여 110년이 넘는 역사를 가지고 있으며, 1980년부터 의회도서관의 성립에 커다란 영향을 준 토머슨 제퍼슨 전 대통령의 이름을 따서 '토머스 제퍼슨 빌딩'이라고 부르고 있다. 이 빌딩은 존 애덤스 빌딩, 제임스 매디슨 기념 빌딩이라고 불리는 도서관 별관 건물과 지하로 연결되어 있다. 연방의회 도서관은 단일 도서관 시설로는 세계 최대의 규모이다.

## 1. 의회도서관의 역사

연방의회 도서관(Library of Congress)은 워싱턴 디시가 새로운 수도로 정해지면서 1800년에 창설되었다. 1800년 4월 24일, 존 애덤스(John Adams) 대통령은 연방의회에 대해 필요한 책을 구입하는데 5천 달러를 지불하도록 승인했다. 주문한 책 740권과 지도 3장이 1801년 도착하여 소장되었다. 1802년 1월 26일, 토머스 제퍼슨(Thomas Jefferson)은 의회도서관의 역할과 기능을 지정한 최초의 법률을 승인하였다. 이는 대통령의 사서(관장) 임명, 예산 요구 및 집행에 관한 규정이었다. 초기에 이룬 세 가지의 발전은 의회도서관의 근간을 이루게 되었는데, 그것은 ① 의회도서관이 의회에 의해 설립되었다는 점, ② 의회도서관이 미국정부의 제일 도서관으로 봉사했다는 점, ③ 1815년부터 도서관의 장서가 계속 증가했다는 점이다. 여기에서 토머스 제퍼슨의 이상, 지적 호기심 그리고 실용주의가 주된 역할을 하였다.[26]

제퍼슨은 지성이 자유와 민주사회를 형성할 수 있다고 믿었다. 책 없이 살 수 없었던 그는 대통령 재임 시절(1801~1809), 의회도서관에 깊은 관심을 두었으며 도서관 장서를 개인적으로 추천하기도 하였다.

연방의회 도서관은 국회의사당 내에서 세 개의 건물을 사용하고 있다. 토머스 제퍼슨 빌딩은 1897년, 존 애덤스 빌딩은 1938년, 그리고 제임스 매디슨 기념 빌딩은 1981년에 각각 완공되었다.[27]


## 2. 도서관장

도서관장의 정식 명칭은 '연방의회 라이브러리안(Librarian of Congress)'이며, 연방의회의 동의(同意)를 얻어 대통령이 지명한다.

---

26) http://www.loc.gov.about/history.html/(검색일: 2009.02.12)
27) 의회 도서관은 1800년 국회의사당 건물 내에서 출범하였다.

2009년 5월 현재 도서관장은 제임스 빌링턴(James H. Billington)이다.[28] 그는 1987년 9월 14일 도서관장에 취임한 이래 지금까지 봉직하고 있다. 연방의회도서관이 개관한 1800년 이래 13대 도서관장이다.

역대 도서관장의 면면을 보면 그들 중 다수는 의회서비스나 행정가가 아니라 도서관계의 지도자나 우수한 문화예술인 혹은 학자 중에서 선출되는 경향이 있다.

임기와 관련하여 눈에 띄는 관장은 허버트 푸트남 관장으로 그는 1899년부터 1939년까지 40년이나 되는 오랜 기간을 도서관을 위해 봉사하였다.

〈표 8-6〉 연방의회 도서관장

| 대 | 이 름 | 재임 기간 |
|---|---|---|
| 1 | 존 베클리(John James Beckley) | 1802~1807 |
| 2 | 패트릭 매그루더(Patrick Magruder) | 1807~1815 |
| 3 | 조지 와터스톤(George Watterston) | 1815~1829 |
| 4 | 존 미핸(John Silva Meehan) | 1829~1861 |
| 5 | 존 스티븐슨(John Gould Stephenson) | 1861~1864 |
| 6 | 에인스워드 스포포드(Ainsworth Rand Spofford) | 1864~1897 |
| 7 | 존 영(John Russell Young) | 1897~1899 |
| 8 | 허버트 푸트남(Herbert Putnam) | 1899~1939 |
| 9 | 아키볼드 맥리시(Archibald MacLeish) | 1939~1944 |
| 10 | 루터 에반스(Luther H. Evans) | 1945~1953 |
| 11 | 로렌스 멈포드(Lawrence Quincy Mumford | 1954~1974 |
| 12 | 대니얼 부어스틴(Daniel J. Boorstin) | 1975~1987 |
| 13 | 제임스 빌링턴(James Hadley Billington) | 1987~2009.02 현재 |

---

28) 빌링턴 도서관장은 저명한 러시아역사 연구자이다.

## 3. 도서관 서비스

연방의회도서관은 방대한 장서에 대응하기 위한 도서분류법인 '연방의회 도서관분류법(LCC)'을 독자적으로 고안해 냈으며, 이것을 기초로 하여 목록을 작성하고 있다. 의회도서관의 목록은, 저작권 등록제도에 근거하여 수집된 컬렉션이 기본으로 되어 있기 때문에 이 의회도서관이 작성한 서지(書誌) 자료는 이용가치가 높다.

1970년 이후, 이들 목록과 서지정보는 기계식의 데이터베이스로 정비되었으며, 컴퓨터 네트워크를 통해 전 세계에서 접근이 가능해졌다. 1993년 통계로는 네트워크를 통해 100개국 이상 약 2,000만 명의 이용자에게 35종류의 데이터베이스 중에서 2,600만 건의 정보를 제공하였다.

1990년대 이후에는 인터넷의 보급, 발전에 따라 의회도서관은 네트워크를 통한 정보제공에 더욱 역점을 두게 되었다. 의회도서관의 기본업무로서 미국의 입법에 관한 다양한 정보를 인터넷을 통해 제공하는 토머스(THOMAS)나, 한 나라의 문화의 중추를 담당하는 국립도서관으로서 미국역사에 관한 화상(畵像), 다큐멘트, 음성, 영상을 제공하는 아메리칸 메모리(American Memory) 등이 구축되어 있다.

## 4. 감사관

감사관(the Inspector General)의 개념은 미국의 역사만큼이나 오래되었으며, 과거 대륙군(the Continental Army)이 전투에 참가하는 부대를 독립적인 위치에서 사전 전투점검을 하던 것에서 유래되었다. 연방의회 도서관의 감사관도 비슷한 역할을 하고 있다. 도서관장에 대한 독립적인 조언자로서, 감사관은 도서관의 여러 직무와 기능이 정직하고 효율적으로 행해지도록 돕는 일을 한다.

연방의회 도서관은 4,000여 명의 직원을 고용하고 있으며 연간 7,500만 달

러의 예산으로 운영되고 있는 기관이다. 의회도서관의 설치목적을 구현하고
또 의회도서관이 구상하고 있는 장기 발전계획을 성취하기 위해서는 사기
행위, 남용, 경영상의 오류 등을 점검하는 것은 필수적인 일이다. 감사관은
연방의회 도서관의 모든 프로그램과 운영에 관해 점검하며 1년에 2회 연방
의회에 보고한다. 감사관실은 신뢰할 만한, 유용한, 그리고 적절한 시기에 점
검을 실시함으로써 도서관의 설치목적에 부응하는 것을 목표로 삼고 있다.

〈그림 8-1〉 연방의회 도서관 조직도

(2009.02.25 현재)

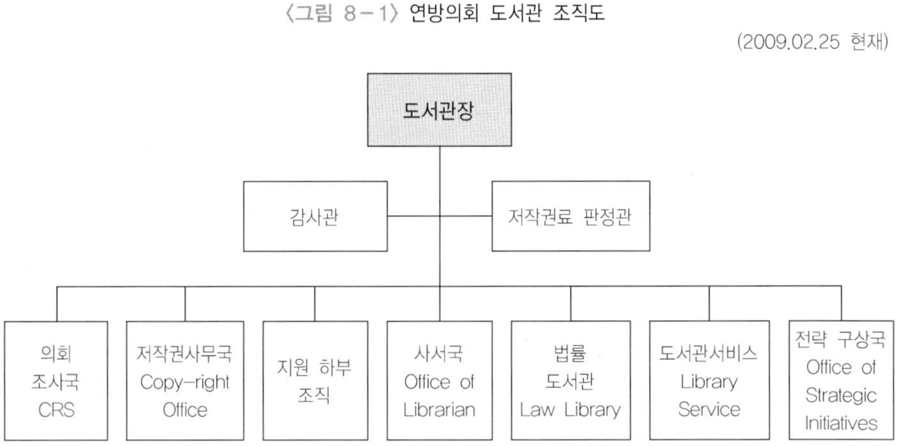

# ■■■ 제9장  의정활동

# 제9장
## 의정활동



## 제1절 국회의원

국회의원은 공공정책과정에서 기본적으로 세 가지 역할을 한다. 정책을 입안하고, 법률로 전환하며, 제정 혹은 개정된 법률의 집행을 감독하는 일이다. 대부분의 국가에서는 이러한 역할이 제대로 이루어질 수 있도록 하기 위하여 헌법 또는 의회관련 법률을 통하여 의원들의 활동을 보장하고 있다.

### 1. 의원의 특권

국회의원의 직무수행을 법적으로 보호하지 않는다면, 국회의 행정부 견제, 원만한 입법 활동, 그리고 합리적이고 효율적인 정책형성은 기대하기 어렵다. 연방헌법은 권력분립 사상에 입각하여 의원들의 입법 활동을 특별히 보호하고 있는데 이를 '입법 면제권'이라고 한다. 입법 면제권에는 불체포 특권과 면책특권이 있다.

## 1) 불체포 특권

연방의회의 의원들은 의회 회기 중이나 국회의사당에 왕래하는 도중에는 반역죄, 중죄, 치안방해죄에 관련되지 않는 한 체포되지 아니한다. (헌법 제1조 제6절)

## 2) 면책특권

연방의회의 의원들은 하원이나 상원에서 행한 발언이나 토론과 관련하여 원외에서 문책받지 아니한다(헌법 제1조 제6절). 의회에서 발언한 내용에 관해서 법정에 나가서 변명하거나 설명할 필요가 없다. 따라서 발언 내용이 옳든 그르든 간에, 의회에서 발언된 이상 명예훼손으로 소송을 받을 염려가 없다. 입법면제권은 본회의에서뿐만 아니라 위원회에서 행한 발언, 결의문, 의회에 제출한 보고서에도 적용된다.

그러나 원내에서의 발언에 문제가 있을 때에는 원내에서 책임을 져야 한다. 예를 들어 국회의장을 모욕한다거나 회의장에 반입을 금지하는 물품을 반입했을 때에는 경고를 받거나 징계조치를 당할 수 있으며 심한 경우에는 소속 정당에서 제명당할 수도 있다.

## 2. 의원의 보수 및 특전

상원의원과 하원의원은 그 직무에 관하여 법률이 정하는 바에 따라 미합중국 국고에서 지급되는 보수를 받는다. 상원과 하원의원은 재임 중에 신설되거나 봉급이 인상된 어떠한 연방공직에도 임명될 수 없다(헌법 제1조 제6절).

또한 미합중국의 공직에 있는 자는 누구도 재직 중에 연방의회의 의원이 될 수 없다.

연방의회 제1대 국회의 의원 급여는 개회 기간에 한하여 1일당 6달러였다. 제1대 국회 개원 후 수년 동안 의원의 주된 수입원은 사적 모임에서 행한 연설 등에서 번 사례금이었다. 20세기 중반 들어 일반 사설단체나 이익집단의 요청에 의한 연설을 통해 받는 사례금은 의원들이 특정 이익을 대변하는 행위로 여겨졌다. 그 결과 1975년 의원들이 받을 수 있는 사례금의 연간 상한선을 규제하는 법(Camoain Finance Law)이 제정되었다.

하원은 1989년 말 사례비 수수를 금지하는 대신 연간 급여를 12만 5,100달러로 인상하였다. 2000년 1월부터 의원 연봉은 14만 1,300달러, 지도부 의원들은 15만 6,900달러, 하원의장은 18만 1,400달러가 되었다.

상원의원으로서 재선을 달성한 의원과 하원으로서 5선 이상을 기록한 만 50세 이상의 전직 의원들에 대해서는 개인연금과 별도로 '의회 연금'을 지급한다.

의원들은 의원사무실과 사무실 내의 의자, 책상, 소파 등 각종 집기와 편의기구를 무료로 제공받는다. 공공으로 채용한 보좌관의 급여, 전화비용, 여행경비, 지역구사무실 운영비, 우편비용 등을 지원받는다. 워싱턴공항에 의원전용 주차장도 제공되고 최상의 의료보험에도 자동 가입된다.


## 3. 양원 의원의 자격 요건

미국 상원의원은 30세 이상으로서 최소 9년 이상은 미합중국 시민이어야 하며, 선출된 주의 주민이어야 한다. 하원의원은 25세 이상으로서 최소 7년 이상 미합중국 시민이어야 하며, 선출된 주의 주민이어야 한다. 각 주마다 의회 선거를 위한 자격 요건을 추가로 정할 수 있지만, 헌법은 의원의 자격 요건에 대한 결정 권한을 각 원에 부여하고 있다.

각 주는 2명의 상원의원을 선출한다. 그러므로 미국에서 면적이 가장 작은 주 로드아일랜드는 미국의 가장 큰 주 알래스카와 상원에서 똑같은 대표권을 가진다. 또한 인구 52만 여명의 와이오밍 주는 3,655만 여명의 인구를 가진 캘리포니아 주와 동등한 대표권을 보유하고 있다.

하원의원의 정수는 연방의회가 결정해 왔으며, 그 수는 각 주의 인구수에 따라 할당된다. 각 주는 인구수에 관계없이 최소 1명의 하원의원을 보낼 수 있다고 헌법에 보장되어 있다. 현재 7개 주(알래스카, 델라웨어, 몬태나, 노스다코타, 사우스다코타, 버몬트, 와이오밍)에서 각각 1명의 하원의원을 보내고 있다. 반면 20명 이상의 하원의원을 보유한 주가 여섯 개나 되며, 캘리포니아 주는 단독으로 52명의 하원의원을 보유한다.

헌법은 10년마다 한 번씩 국세 조사를 실시하여 인구 변동에 따라 하원의 의석수를 재분배하도록 규정하고 있다. 최초의 헌법 규정에 따르면, 하원의원 수는 시민 3만 명당 1명을 넘지 않아야 했다. 최초의 하원의원은 65명이었는데, 그 수는 첫 번째 인구조사 이후 106명으로 증가하였다. 3만 명당 1명이라는 규정을 변함없이 고수해 왔더라면 오늘날 미합중국의 인구 증가에 따라 하원의원 총수는 7천 명에 이르렀을 것이다. 그러나 그 규정은 현실을 감안하여 조정되었으며, 오늘날 인구수 대 하원의원 수의 비율은 60만 명당 1명 정도이다.

하원의원의 임기가 2년이므로 의회도 2년 주기로 교체된다. 수정조항 제20조에 따르면, 의회는 특별히 다른 날을 정하지 않는 이상 매년 1월 3일에 정기 회의를 소집하도록 규정하고 있다. 의회는 의원들이 투표를 통해 휴회를 결정하기 전까지 계속 회의를 개최하며, 보통은 연말에 휴회가 이루어진다.

하원의원들의 소망 중의 하나가 '다음 선거에서 상원에 진출하는 것'이라고 하는 속설을 들추지 않더라도 대체로 연령 상, 임기 상, 원(院) 설치의 목적 등으로 미루어 볼 때 상원의 위상이 하원보다 높다고 할 수 있다.

이제까지 15명이 상원의원을 거쳐 대통령으로 선출된 사례가 있다. 1817년에 선출된 제임스 먼로를 시작으로, 존 퀸시 애덤스, 앤드루 잭슨, 마틴 뷰렌, 윌리엄 해리슨까지 5명이 연속으로 상원의원 출신 대통령이 되었는데 미국 건국 초기에 형성된 이러한 대통령 충원 경로도 상원에 대한 위상을 한층 더 높여 주었다.

또 워렌 하딩, 해리 트루먼, 존 F. 케네디, 리처드 닉슨, 그리고 버락 오바마는 상원의원을 그만둔 뒤 바로 대통령 선거에 출마하여 당선되었다.

한편 대통령직을 마친 뒤에 의원으로 복귀하는 의원들도 있다. 제6대 대통령인 존 퀸시 애덤스는 퇴임 후 18년 동안 하원의원으로 일했다. 제17대 대통령인 앤드루 존슨도 퇴임 후 상원의원으로 일하였다.

하원의원을 지낸 후 대통령이 된 의원은 8명이다. 이들 가운데는 의원 출신 첫 대통령인 제임스 매디슨 제4대 대통령, 아브라함 링컨 대통령, 제럴드 포드 대통령도 포함되어 있다.


## 4. 현직 의원의 이점 및 재선율

하원의원들은 제2차 세계대전 이후 오랜 기간 약 90퍼센트를 넘는 높은 재선율을 기록해 왔다.[1] 특히 1990년의 선거에서는 상원과 하원의 현직 의원 중 96퍼센트가 당선되는 기록을 세우기도 하였다.

2002년 당시 재선에 출마한 398명의 하원의원들 중에서는 불과 16명만이, 상원의원 26명 중에서는 고작 3명만이 낙선했다. 상원과 하원의 재선 성공률이 각각 88퍼센트와 96퍼센트인 점을 고려할 때, 연방의회 선거는 '현직 의원 중심'이라고 해도 틀린 말이 아니다.

연방의회 선거에서는 의원이 고령으로 스스로 사퇴하거나 성추문, 부정·비리사건에 휘말리지 않으면 다시 당선될 가능성이 크다.

---

1) 하원의원의 재선율은 1970년에는 97퍼센트, 1972년 97퍼센트, 1974년 90퍼센트, 1976년 97퍼센트, 1978년 95퍼센트, 1980년 92퍼센트 등 90~97퍼센트 사이를 오갔고, 상원의원은 1970년에는 79퍼센트, 1972년 80퍼센트, 1974년 92퍼센트, 1976년 64퍼센트, 1978년 69퍼센트, 1980년 64퍼센트를 보여 하원보다는 낮은 재선율을 기록하였다. William J. Keefe, Henry J. Abraham, William H. Flanigan, Charles O. Jones, Morris S. Ogul, and John W. Spanier, *American Democracy: Institutions, Politics, and Policies*(Homewood, IL: The Dorsey Press, 1983), 279쪽.

제2차 세계대전 이후 평균 92퍼센트의 하원의원이 재선을 이루었고, 상원
의원은 77퍼센트의 현역이 재선되었다. 1966년의 경우 하원은 50명이 은퇴
하고 384명이 재선에 도전했는데 그중 23명만이 탈락하여 재선율은 94퍼센
트를 기록하기도 하였다.[2]

현역의원의 재선율이 높은 이유는 무엇보다도 현역의원들이 돈을 많이 쓰
기 때문이라고 알려져 있다.[3] 1994년 선거에서 하원은 민주당 현역의원
232명이 1억 3천8백만 달러를 쓴 반면 민주당 당적을 가진 도전자는 379명
이 단지 2천8백만 달러를 사용하는 데 그쳤다.

재선율이 높은 또 다른 이유는 의원과 그 보좌관들의 의정활동 덕분이라
고 할 수 있다. 현직의원은 여러 명의 보좌관을 두고 지역구 유권자 관리에
온 힘을 기울인다. 특히 하원의원의 임기가 2년임을 감안할 때, 현직의원으
로서는 지역구 관리가 재선을 판가름하는 중요한 일이다.[4]

그렇지만 돈을 많이 쓴다든지, 보좌관들의 활동은 부차적인 요인에 불과
하다. 현직 의원들의 높은 재선율은 다음의 몇 가지 요인으로 정리하여 설
명할 수 있다.

첫 번째는 정당충성심, 두 번째는 연방의회는 물론 의원들에 대한 유권자
들의 비적대적인 인식, 그리고 세 번째는 포크 배럴과 로그롤링으로 상징되

---

2) 근년의 하원 현직의원의 재선율은 1966년 88.1퍼센트, 1970년 94.5퍼센트, 1974년 87.7퍼센트, 1978
   년 93.1퍼센트, 1982년 90.1퍼센트, 1986년 97.7퍼센트, 1990년 96.1퍼센트, 1994년 90.2퍼센트였다.
   상원 현직의원은 1966년 87.5퍼센트, 1970년 77.4퍼센트, 1974년 85.2퍼센트, 1978년 60.0퍼센트,
   1982년 93.3퍼센트, 1986년 75.0퍼센트, 1990년 96.9퍼센트, 1994년 92.3퍼센트였다. Norman,
   Mann, and Malbin, 앞의 책 참조.

3) 현직의원들이 높은 재선율을 기록하다 보니 계속되는 연임이 민주주의 발전에 도움이 되지 않는다는 차원
   에서 다소 과격하기는 하지만 의원 임기 단임제를 주장한 이도 있다. Kent Welton, *The one-term
   solution: Ending the evils of reelection and politics as a career*(Costa Mesa, CA: Pandit Press,
   1988) 참조. 그 이전인 1787년 헌법 기초자들도 한때 단임제를 고려해 보았으나 결국 단임제안이 수용되
   지는 않았다.

4) 현직 하원의원이 대통령에 당선된 유일한 사례는 제임스 가필드(James Garfield, 오하이오 주)이다. 그는
   1880년 11월 2일 대통령에 당선되었다. 반대로 대통령을 지낸 뒤에 하원의원이 된 사례는 존 퀸시 애덤
   스(John Quincy Adams)이다. 그는 1831년 3월 4일 하원에서의 임기를 시작하였다. 상원의원 출신이
   대통령에 당선된 사례는 많으나 하원의원 출신이 대통령에 당선되는 사례는 많지 않은데, 하원의원 출신인
   제임스 매디슨(James Madison, 버지니아 주)은 1809년 3월 4일 대통령에 당선되어 임기를 시작하였다.

는 의원들의 지역구 서비스이다.

### 1) 정당충성심과 열정적인 의회활동

미국 역사 거의 전반에 걸쳐 의회 선거는 '정당 중심'이었다. 유권자들은 대부분 한 정당에 오랜 기간 충성했기 때문에, 선거 때 대체로 지지하는 당의 노선을 따랐다. 의원들은 거의 재선되었으며, 때로는 수십 년간 자리를 유지하기도 했는데, 지지자들 대다수가 그들이 속한 당을 지원했기 때문이다.[5] 정당충성심에 더하여 의원 개인의 의정활동은 유권자들의 지지를 이끌어 내고 있다.

일반적으로 현직 의원들은 도전자들보다 텔레비전, 신문, 잡지 등의 언론매체에 훨씬 더 많이 등장한다. 매스컴 노출과 공공 정책에 대한 영향력뿐만 아니라, 선거운동 경험, 선거운동자금 모금(fundraising), 지역구 사정 및 민원 숙지에 있어서도 유리하다. 이러한 여러 가지 이유 혹은 환경 때문에, 재선에 나서는 현직 의원들의 당선가능성은 높아질 수밖에 없다.[6]

### 2) 연방의회와 의원들에 대한 비적대적인 인식

연방의회에 대해 미국시민들은 종종 비판을 가하기도 하지만, 그럼에도 불구하고 시민들은 연방의회와 의원들에 대해 비적대적인 인식을 갖고 있는 것으로 나타났다.[7]

아메리카 식민지 시절부터 내려온 관(官)에 대한 의지와 지지 전통에 기인하는 바 크다.

---

5) Richard Rose and Ian McAllister, *The Loyalties of Voters*(London: Sage Publications, 1990), 154-155쪽.

6) O'Connor and Sabato, 앞의 책, 222쪽. 그렇지만 이러한 미디어 노출이 현직 의원에게 어떻게 얼마만큼 이익을 준다는 것인지는 분명치 않다는 반론도 있다. Wilson and Dilulio, 1998, 308-310쪽.

7) Herb Asher and Mike Barr, "Popular Support for Congress and Its Members", Thomas E. Mann and Norman J. Ornstein(eds.) *Congress, the Press, and the Public*(Washington, D.C.: American Enterprise Institute and The Brookings Institutes, 1994), 34쪽.

## 3) 지역구 서비스

현직 의원의 이점은 포크 배럴과 로그롤링과 같은 용어에서도 나타나고 있다. 재선을 의식하는 현직 의원들은 재임 중 자신의 선거구와 유권자들을 위해 선거구에 여러 가지 사업을 유치하거나, 관련 예산을 확보하려고 노력한다.

현직 의원이 이러한 일을 하는 것은 당연한 일이지만, 때로는 도를 지나쳐서 비난을 받기도 한다.

포크 배럴(pork barrel)이라고 하는 용어의 발원은 1800년대 초로 거슬러 올라간다. 소금에 절인 돼지고기를 넣어 보관하던 통을 뜻하던 이 용어는 1800년대 후반에 이르러 하나의 정치 은어가 되었다.[8]

남북전쟁 이전에는 농장주인들이 통(barrel)에서 소금에 절인 돼지고기를 꺼내어 노예들에게 나누어 주곤 하였다. 이권법안(利權法案)을 속칭하는 말인 '포크배럴'의 원래의 뜻은 '돼지고기 통'으로, 이권 또는 정책 교부금을 얻으려고 모여드는 의원들이 마치 남부의 농장에서 농장주가 돼지고기 통에서 고기 조각을 꺼내어 던져 줄 때 모여드는 노예와 같다는 뜻에서 나온 말이다.[9] 1870년대까지는 연방의회 의원들은 그들 선거구의 이익을 이야기할 때 '포크(pork)', 그리고 그러한 이익들을 내포하는 법률을 의미할 때 '포크배럴'을 사용하고 있었다.[10]

의원에 당선되어 의정활동을 하면서 가장 신경이 쓰이는 부분은 바로 '업적'이다. 특히 하원의원의 경우 임기가 2년이기 때문에 하루하루 업적을 염두에 두지 않을 수 없는 나날의 연속이다. 그리고 그 업적은 정책 제안이나 법률 제정 혹은 개정 활동에 의해 평가를 받게 되는데 재선을 염두에 두어야 하는 의원의 입장에서는 자신의 선거구 유권자들에 대한 서비스를 게을

---

8) Karen O'Connor and Larry J. Sabato, *American Government: Continuity and Change*(New York: Longman, 2002), 227쪽. 포크배럴의 기준은 여러 가지가 있는데, 현저한 것으로는 연방의회 의원 한 사람에 의해서만 요구되었을 때, 명확하게 승인이 되지 않았을 때, 경쟁 없이 할당되었을 때 등이다.

9) Claude H. Nolen, *African American Southerners in Slavery, Civil War and Reconstruction* (Jefferson, NC: McFarland and Company Inc., 2001), 10쪽.

10) Wilson and Dilulio, 앞의 책, 350쪽.

리 해서는 안 된다. 그 서비스의 으뜸은 의회에서 지역구 개발을 위한 예산을 얻어 내는 일이다. 예산의 획득은 곧 자신의 업적이 되고 그 업적은 다시 그의 재선에 평가기준의 하나로 작용한다. 이렇게 의원들은 자신의 지역구 발전을 위해 연방정부의 예산을 획득하려고 노력한다.

### 4) 로그롤링

의회 내에 협상(bargaining)을 위한 원칙으로는 3가지가 있다. 로그롤링(표의 교환), 타협(compromise), 그리고 입법 외의 혜택 부여(non-legislative favors)가 그것이다.[11]

로그롤링(log-rolling)은 특히 상원에서 흔히 볼 수 있는 관습 중의 하나로서, 의원들이 상호 지원을 합의하고, 특정한 의안이나 정책을 가결시키는 행위를 말한다. 서로 다른 의원들이 서로 다른 의안에 대한 지지표를 교환하는 것이다.[12] 의회에 제출된 모든 법안에 대해 의원들이 동일한 관심을 갖는 경우는 많지 않기 때문에 표결 시 표의 교환은 다수의 형성을 위한 제휴에 있어 효과적인 수단이 된다.

각자의 이권이 결부된 몇 개의 법안을 관련 의원들이 서로 협력하여 가결하는 형태를 가리키는 용어인 로그롤링은 당초 아메리카 대륙 개척시절 개척자들이 벌채한 통나무를 운반할 때 두 사람 혹은 세 사람이 통나무 위에 올라가 서로 협력하여 떨어지지 않고 나무를 굴려 무사히 운반해 가는 것에서 유래한다.

로그롤링은 연방의회에서 자주 볼 수 있는데, 당신이 나의 안건에 대해 찬성투표해 주면 내가 당신의 안건에 대해 찬성투표해 주겠다는 지지 혹은 표의 교환이다.

---

11) Oleszek, 앞의 책, 19 - 21쪽. 입법 외의 혜택 부여로는 인기 있는 상임위원회 배정 약속, 재선 지원, 고위 공직 출마 지원, 넓은 사무실과 전문직원 제공 등이 있다.
12) Oleszek, 앞의 책, 20 - 21쪽.

이러한 협상방식에는 다시 세 가지 유형이 있다. 첫째는 단순형으로서 어떤 공동의 목표를 성취하기 위하여 동시에 똑같은 협조를 하는 형태이고 둘째는 시차형(time log-rolling)으로서 상호 합의에 의하여 A는 B가 제출하는 특정법안에 협조를 해 주는 대신 다음에는 B가 A가 제출하는 특정한 법안에 협조해 주겠다는 거래가 성립되는 경우이다.

셋째는 부수혜택 제공형(side-payments log-rolling)으로서 서로 도와주는 조건으로 현안문제와 관련이 없는 혜택이나 이익을 교환하는 것이다. 예컨대 선거지원, 희망하는 위원회에의 배정, 파티에의 초청 등 혜택 제공의 범위는 다양하다. 흥정이나 거래를 통하여 서로 필요한 사항을 만족시켜 주면서 목적을 이룬다는 점에서 '서로 등 가려운데 긁어 주기(mutual back-scratching)' 혹은 '호의의 교환(exchange of favors)'이라고도 불리는 방식이다.

때로는 자신의 재선을 위해 경쟁세력의 요구를 수용하거나 암묵적으로 동의하기도 한다.


## 5. 장기 재직의원

2009년 5월 현재 상원에는 25명의 장기근속 의원들이 일하고 있다. 이들은 보통 30년에서 50년이라고 하는 긴 세월을 의회와 함께하고 있다. 상원에서 가장 오랜 기간 의정 활동을 한 이는 웨스트버지니아 주 출신 로버트 버드 의원이다. 버드 의원은 제111대 국회에서 임시의장을 맡고 있다.

하원 역사상 가장 오랜 기간 의원으로 재직한 이는 존 딘젤(John Dingell, Jr., 미시간 주)이다. 그는 53년이 넘는 기간 동안 하원의원으로 일해 왔다.[13] 과거에도 없었고, 앞으로도 그의 기록을 경신하는 일은 쉽지 않을 것으로 보인다.

---

13) http://clerk.house.gov/art_history/house_history/record_holders.html/(검색일: 2009.03.11)

〈표 9-1〉 장기 재직의원(상원의원)

| 의원 이름 | 재직 일시 | 총 재직 기간 |
|---|---|---|
| Robert C. Byrd(민주-웨스트버지니아) | 1959.01.03~2009 현재 | 50년 19일 |
| Strom Thurmond(공화-사우스캐롤라이나) | 1954.12.24~1956.04.04<br>1956.11.07~2003.01.03 | 47년 5월 17일 |
| Edward M. Kennedy(민주-매사추세츠) | 1962.11.07~2009 현재 | 46년 2월 14일 |
| Daniel K. Inouye(민주-하와이) | 1963.01.03~2009 현재 | 46년 19일 |
| Carl T. Hayden(민주-애리조나) | 1927.03.04~1969.01.03 | 41년 9월 30일 |
| John Stennis(민주-미시시피) | 1947.11.05~1989.01.03 | 41년 1월 29일 |
| Ted Stevens(공화, 알래스카) | 1968.12.24~2009.01.03 | 40년 10일 |
| Ernest F. Hollings(민주, 사우스캐롤라이나) | 1966.11.09~2005.01.03 | 38년 1월 25일 |
| Richard B. Russell(민주, 조지아) | 1933.01.12~1971.01.21 | 38년 9일 |
| Russell Long(민주, 루이지애나) | 1948.12.31~1987.01.03 | 38년 3일 |
| Francis E. Warren(공화, 와이오밍) | 1890.11.18~1893.03.03<br>1895.03.04~1929.11.24 | 37년 |
| James Eastland(민주, 미시시피) | 1941.06.30~1941.09.28<br>1943.01.03~1978.12.27 | 36년 2월 24일 |
| Warren Magnuson(민주-워싱턴) | 1944.12.14~1981.01.03 | 36년 20일 |
| Joseph R. Biden, Jr.(민주, 델라웨어) | 1973.01.03~2009.01.15 | 36년 13일 |
| Pete V. Domenici(공화, 뉴멕시코) | 1973.01.03~2009.01.03 | 36년 |
| Claiborne Pell(민주-로드아일랜드) | 1961.01.03~1997.01.03 | 36년 |
| Kenneth McKellar(민주-테네시) | 1917.03.04~1953.01.03 | 35년 10월 |
| Milton Young(공화-노스다코타) | 1945.03.12~1981.01.03 | 35년 9월 22일 |
| Ellison D. Smith(민주-사우스캐롤라이나) | 1909.03.04~1944.11.17 | 35년 8월 13일 |
| Allen J. Ellender(민주-루이지애나) | 1937.01.03~1972.07.27 | 35년 6월 24일 |
| William B. Allison(공화-아이오와) | 1873.03.04~1908.08.04 | 35년 5월 |
| John McClellan(민주-아칸소) | 1943.01.03~1977.11.28 | 34년 11월 |
| Walter F. George(민주-조지아) | 1922.11.22~1957.01.03 | 34년 1월 13일 |
| Patrick J. Leahy(민주-버몬트) | 1975.01.03~2009 현재 | 34년 19일 |
| George Aiken(공화-버몬트) | 1941.01.10~1975.01.03 | 34년 |

자료: http://www.senate.gov/pagelayout/reference/four column table/Longest Serving Senators.htm/(검색일: 2009.03.12)

# 6. 흑인의원

## 1) 최초의 흑인의원

버락 오바마 대통령당선자가 2009년 1월 20일 제44대 미국대통령에 취임하면서 흑인 정치인에 대한 관심이 높아지고 있다. 흑인 대통령의 탄생은 흑인의 사회적 지위 향상은 물론 정계 진출에도 박차를 가하는 계기가 될 것으로 전망된다. 이 부분에서는 흑인의 연방의회 진출 현황을 살펴볼 것이다. 노예제도 폐지를 둘러싼 남북전쟁에서 노예제도 폐지를 주장한 북부가 승리하면서 흑인의 인권 및 기본권이 크게 신장되기 시작하였다.

1865년 1월 연방의회는 수정조항 제13조(노예제도폐지)를 가결하여 미국 정치와 사회에 일대 변혁을 가하는 성과를 거두었다. 1866년의 수정조항 제14조와 1870년의 제15조에 의해 흑인에게도 백인과 마찬가지로 동등한 법적 권리와 선거권이 부여되었다. 흑인의 시민권을 인정하는 수정조항 제15조는 1869년에 발의되고, 1870년에 비준되었다.

1870년 미시시피 주의 히람 레블스(Hiram Revels, 상원)와 사우스캐롤라이나 주의 조지프 레이니(Joseph Rainey, 하원)가 흑인(아프리카계 미국인)으로서는 처음으로 연방의회 상원과 하원에 진출한 이래, 2007년까지는 121명이 봉직하였고, 2009년 현재 125명의 흑인이 연방의회 상원의원 혹은 하원으로 봉직하였거나 봉직하고 있다.[14]

### 2) 노예 출신 흑인의원

노예 출신으로 연방의회 의원이 된 사람이 있는데 그는 브루스(Blanche K. Bruce) 의원이다. 그는 1879년 2월 14일 상원에서 일시적으로 회의를 주재하기도 하였다. 버지니아 주에서 노예 집안의 아들로 출생한 브루스는 남북전쟁이 시작되자 캔사스 주로 도주하여, 그곳에서 오버린 대학(Oberlin College)을 다녔다. 그리고 미시시피 주로 가서 목화농장을 구입하였으며 그후 재산을 축적하기 시작하였다. 남북전쟁이 끝난 후 미시시피 주가 아직 군정통치하에 있을 때인 1874년, 주 의회는 브루스를 연방의회 상원으로 선

---

14) 흑인(아프리카계 미국인)으로 연방의회 하원 위원회의 상임위원장직을 처음으로 맡은 이는 윌리엄 도슨(William L. Dawson, 일리노이 주)이다. 그는 제81대 국회(1949~1951)에서 상임위원장직을 맡았다. 아시아계 미국인으로 하원 상임위원장직을 처음으로 맡은 이는 노먼 미네타(Norman Mineta, 캘리포니아 주)이다. 그는 제103대 국회(1993~1995) 때 위원장직을 맡았다.

출하였다. 노예해방을 반대했고, 남북전쟁에서 패배한 미시시피 주가 군정통
치하에서 흑인인 브루스를 상원의원으로 선출한 것이다.

## 3) 흑인의원 증감추세

제41대 국회(1869)부터 2009년 현재까지 연방의회 의원이 된 흑인(아프리
카계 미국인)은 연 700명이다. <표 9-2>를 보면 공화당 소속으로 59명,
민주당 소속으로 640명, 그리고 무소속으로 1명이 당선되었다.

〈표 9-2〉 국회별 흑인의원 진출 현황(1869~2009)

| 국회(회기) | 하원 | | 상원 | | 합계 | |
|---|---|---|---|---|---|---|
| | 공화당 | 민주당 | 공화당 | 민주당 | 공화당 | 민주당 |
| 41(1869~1871) | 2 | 0 | 1 | 0 | 3 | 0 |
| 42(1871~1873) | 5 | 0 | 0 | 0 | 5 | 0 |
| 43(1873~1875) | 7 | 0 | 0 | 0 | 7 | 0 |
| 44(1875~1877) | 7 | 0 | 1 | 0 | 8 | 0 |
| 45(1877~1879) | 3 | 0 | 1 | 0 | 4 | 0 |
| 46(1879~1881) | 0 | 0 | 1 | 0 | 1 | 0 |
| 47(1881~1883) | 2 | 0 | 0 | 0 | 2 | 0 |
| 48(1883~1885) | 2 | 0 | 0 | 0 | 2 | 0 |
| 49(1885~1887) | 2 | 0 | 0 | 0 | 2 | 0 |
| 50(187~1889) | 0 | 0 | 0 | 0 | 0 | 0 |
| 51(1889~1891) | 3 | 0 | 0 | 0 | 3 | 0 |
| 52(1891~1893) | 1 | 0 | 0 | 0 | 1 | 0 |
| 53(1893~1895) | 1 | 0 | 0 | 0 | 1 | 0 |
| 54(1895~1897) | 1 | 0 | 0 | 0 | 1 | 0 |
| 55(1897~1899) | 1 | 0 | 0 | 0 | 1 | 0 |
| 56(1899~1901) | 1 | 0 | 0 | 0 | 1 | 0 |
| 57(1901~1903) | 0 | 0 | 0 | 0 | 0 | 0 |
| 58~69(1903~1927) | 0 | 0 | 0 | 0 | 0 | 0 |
| 70(1927~1929) | 0 | 0 | 0 | 0 | 0 | 0 |
| 71(1929~1931) | 1 | 0 | 0 | 0 | 1 | 0 |
| 72(1931~1933) | 1 | 0 | 0 | 0 | 1 | 0 |
| 73(1933~1935) | 1 | 0 | 0 | 0 | 1 | 0 |
| 74(1935~1937) | 0 | 1 | 0 | 0 | 0 | 1 |
| 75(1937~1939) | 0 | 1 | 0 | 0 | 0 | 1 |

| 국회(회기) | 하원 | | 상원 | | 합계 | |
|---|---|---|---|---|---|---|
| | 공화당 | 민주당 | 공화당 | 민주당 | 공화당 | 민주당 |
| 76(1939~1941) | 0 | 1 | 0 | 0 | 0 | 1 |
| 77(1941~1943) | 0 | 1 | 0 | 0 | 0 | 1 |
| 78(1943~1945) | 0 | 1 | 0 | 0 | 0 | 1 |
| 79(1945~1947) | 0 | 2 | 0 | 0 | 0 | 2 |
| 80(1947~1949) | 0 | 2 | 0 | 0 | 0 | 2 |
| 81(1949~1951) | 0 | 2 | 0 | 0 | 0 | 2 |
| 82(1951~1953) | 0 | 2 | 0 | 0 | 0 | 2 |
| 83(1953~1955) | 0 | 2 | 0 | 0 | 0 | 2 |
| 84(1955~1957) | 0 | 3 | 0 | 0 | 0 | 3 |
| 85(1957~1959) | 0 | 4 | 0 | 0 | 0 | 4 |
| 86(1959~1961) | 0 | 4 | 0 | 0 | 0 | 4 |
| 87(1961~1963) | 0 | 4 | 0 | 0 | 0 | 4 |
| 88(1963~1965) | 0 | 5 | 0 | 0 | 0 | 5 |
| 89(1965~1967) | 0 | 6 | 0 | 0 | 0 | 6 |
| 90(1967~1969) | 0 | 6 | 1 | 0 | 1 | 6 |
| 91(1969~1971) | 0 | 10 | 1 | 0 | 1 | 10 |
| 92(1971~1973) | 0 | 13 | 1 | 0 | 1 | 13 |
| 93(1973~1975) | 0 | 16 | 1 | 0 | 1 | 16 |
| 94(1975~1977) | 0 | 17 | 1 | 0 | 1 | 17 |
| 95(1977~1979) | 0 | 17 | 1 | 0 | 1 | 17 |
| 96(1979~1981) | 1 | 17 | 0 | 0 | 1 | 17 |
| 97(1981~1983) | 0 | 19 | 0 | 0 | 0 | 19 |
| 98(1983~1985) | 0 | 22 | 0 | 0 | 0 | 22 |
| 99(1985~1987) | 0 | 21 | 0 | 0 | 0 | 21 |
| 100(1987~1989) | 0 | 23 | 0 | 0 | 0 | 23 |
| 101(1989~1991) | 0 | 25 | 0 | 0 | 0 | 25 |
| 102(1991~1993) | 1 | 27 | 0 | 0 | 1 | 27 |
| 103(1993~1995) | 1 | 39 | 0 | 1 | 1 | 40 |
| 104(1995~1997) | 2 | 40 | 0 | 1 | 2 | 44(무소속1 포함) |
| 105(1997~1999) | 1 | 39 | 0 | 1 | 1 | 41 |
| 106(1999~2001) | 1 | 38 | 0 | 0 | 1 | 38 |
| 107(2001~2003) | 1 | 38 | 0 | 0 | 1 | 38 |
| 108(2003~2005) | 0 | 40 | 0 | 0 | 0 | 40 |
| 109(2005~2007) | 0 | 42 | 0 | 1 | 0 | 43 |
| 110(2007~2009) | 0 | 43 | 0 | 1 | 0 | 44 |
| 111(2009~2010) | 0 | 41 | 0 | 1 | 0 | 42 |

자료: http://baic.house.gov/historical-data/party-leadership-positions.html/(검색일: 2009.03.06)

이들 연 인원 700명을 다시 분류하면 <표 9-3>과 같다. 연방의회 흑인 국회의원 전체의 97.6퍼센트가 민주당 소속으로 국회의원에 당선되었다. 민주당과 흑인 간의 관계를 보여 주는 자료이다. 재미있는 것은 공화당은 노예해방을 기치로 창당한 정당인데, 그러한 정당답게 1870년의 제41대 국회부터 1934년의 제73대 국회까지는 흑인 의원은 모두 공화당 소속이었다.

그런데 1935년의 제74대 국회에 처음으로 일리노이 주 출신 아더 미첼 (Arthur Wergs Mitchell) 의원이 민주당 소속으로 하원에 등원한 이래 지금까지 점증하여 오늘에 이르고 있다. 위의 표를 보면 1983년의 제98대 국회에서 하원의 흑인의원 수가 20명대를 넘어서고, 1993년의 제103대 국회에서 39명이나 되는 흑인의원이 의사당에 들어섰으며, 2003년의 제108대 국회에서 40명대를 돌파하면서 하원의 흑인의원 전성시대가 전개되기 시작하였다.

### 4) 정당별 흑인의원 배출현황

<표 9-2>를 보면 흥미로운 사실을 발견하게 된다. 앞에서 언급하였듯이 노예해방의 기치를 내건 공화당은 제73대 국회(1933~1935)까지는 흑인의원을 배출했으나 그 후부터는 역전되어 거의 대부분 민주당에서 흑인의원을 배출하고 있다는 점이다. 민주당은 노예해방에는 반대했지만 나중에 정책을 바꾸어 흑인과 여성, 그리고 소수인종을 적극 포용하는 정당이 되었다.

1934년 선거에서 흑인후보인 아서 미첼은 민주당 소속으로 출마하여 당선되었다. 표에서 보는 것처럼 그의 당선 이후 흑인후보들은 공화당 대신 민주당을 선택하기 시작했으며 그러한 경향은 오늘날까지 이어지고 있다.

버락 오마바는 2004년 11월 연방의회 상원의원에 당선되어 2005년 1월에 임기가 시작된 제109대 국회부터 중앙무대에서 의정활동을 시작했으며, 2008년에는 대통령에 당선되었다. 그의 당선은 그의 혼자 힘이라기보다는 그동안 연방의회에서 기반을 닦아 놓은 민주당 소속 흑인의원들의 존재가 크게 작용했다고 할 수 있다. 그리고 그가 민주당 소속이었기에 대통령후보로 선출되고 대통령에 당선될 수 있었던 것으로 보인다.

흑인 유권자들은 헌법 수정조항 제15조에 의해 투표권이 부여되었을 때 링컨이 이끄는 공화당에 투표하였다. 그런데 뉴딜정책 이후의 시기에는 앞의 표에서 보는 것처럼 흑인 유권자와 후보자들이 민주당으로 집중되는 경향을 보이고 있다.

〈표 9-3〉 흑인의원의 출신정당별 분류

| 하원 공화당 | 하원 민주당 | 상원 공화당 | 상원 민주당 | 무소속 |
| --- | --- | --- | --- | --- |
| 49명 | 634명 | 10명 | 6명 | 1명 |

흑인의원들이 원내에서 정당지도자 직위에 오른 것은 제95대 국회에서 셜리 치숄름 의원이 민주당 코커스 사무총장에 취임한 것이 처음이다. 이후 원내총무 직위까지 올라 있으며, 여성 하원의장인 펠로시에 이어 흑인 하원 의장도 곧 등장할 것으로 보인다.

〈표 9-4〉 흑인의원 원내 정당지도자 직위 현황(1977~2009)

| 국회 | 이름 | 코커스/컨퍼런스 | 직위 |
| --- | --- | --- | --- |
| 95 | Shirley A. Chisholm | 민주당 코커스 | 사무총장(Secretary) |
| 96 | 〃 | 〃 | 〃 |
| 97 | 없음 | - | - |
| 98 | 〃 | - | - |
| 99 | 〃 | - | - |
| 100 | 〃 | - | - |
| 101 | William Herbert Gray Ⅲ | 민주당 코커스 | 의장(Chair) |
| 101 | 〃 | 〃 | 다수당 원내총무 |
| 102 | John Lewis | 〃 | 원내 수석 부총무 |
| 103 | 〃 | 〃 | 〃 |
| 104 | 〃 | 〃 | 〃 |
| 105 | 〃 | 〃 | 〃 |
| 106 | 〃 | 〃 | 〃 |
| 106 | Maxine Waters | 〃 | 〃 |
| 106 | Julius Caesar(J. C.) Watts, Jr. | 공화당 컨퍼런스 | 의장(Chair) |

| 국회 | 이름 | 코커스/컨퍼런스 | 직위 |
| --- | --- | --- | --- |
| 107 | John Lewis | 민주당 코커스 | 원내 수석 부총무 |
| 107 | Maxine Waters | 〃 | 〃 |
| 107 | Julius Caesar(J. C.) Watts, Jr. | 공화당 컨퍼런스 | 의장(Chair) |
| 108 | James E. Clyburn | 민주당 코커스 | 부의장(Vice Chair) |
| 108 | John Lewis | 〃 | 원내 수석 부총무 |
| 108 | Maxine Waters | 〃 | 〃 |
| 109 | James E. Clyburn | 〃 | 부의장(Vice Chair) |
| 109 | 〃 | 〃 | 의장(Chair) |
| 109 | John Lewis | 〃 | 원내 수석 부총무 |
| 109 | Maxine Waters | 〃 | 〃 |
| 110 | James E. Clyburn | 〃 | 다수당 원내총무 |
| 110 | John Lewis | 〃 | 원내 선임수석 부총무 |
| 110 | G. K. Butterfield | 〃 | 원내 수석 부총무 |
| 110 | Maxine Waters | 〃 | 〃 |
| 111 | James E. Clyburn | 〃 | 다수당 원내총무 |

자료: http://baic.house.gov/historical-data/party-leadership-positions.html/(검색일: 2009.03.06)


## 7. 여성의원

### 1) 여성참정권

노예제도 문제로 인하여 발발한 남북전쟁(1861~1865)이 종료된 후, 헌법에 3개항의 수정조항이 추가되었다. 이 수정조항의 추가는 미국 민주주의의 범위와 성격에 일대 변화를 불러왔다. 1865년에 수정조항 제13조가 비준되면서 노예제도가 폐지되었다.[15] 3년 후인 1868년에 비준된 수정조항 제14조는 미국에서 태어났거나 혹은 귀화한 모든 사람들은 미국 및 그가 거주하는 주의 시민이며, 연방정부가 그들의 생명과 자유, 재산권 및 평등한 법의

---

15) 수정조항 제13조로 노예제도는 사라졌으나 흑인들이 시민권을 갖게 된 것은 아니었다. 남부의 여러 주는 흑인단속법(Black Code)을 만들어 흑인을 억압하였다. 이에 연방의회는 단속법으로 흑인을 억압하려는 남부 백인들의 시도를 저지하기 위하여 민권법(The First Civil Rights Act, 1866.04.09)을 제정하였다. 그러나 존슨 대통령은 민권법이 남부 주들의 주 의회의 입법권을 제한하는 법이라 하여 거부권을 행사하였다. 그러자 공화당이 절대다수를 점하고 있던 연방의회 상원은 대통령의 거부를 누르고 다시 법안을 가결시켰다. 흑인에게 시민권을 부여하고 법 앞에서 평등을 보장한 이 법은 나중에 수정조항 제14조로 발전하였다.

보호를 받을 수 있는 권리를 보장해야 한다고 규정하였다.

그리고 1870년에 비준된 수정조항 제15조는 연방정부나 주 정부가 인종이나 피부색 또는 과거의 노예 신분을 이유로 예비 유권자를 차별하는 행위를 금지하였다.[16]

그런데 여기에서 '성별'이라는 중요한 항목만은 여전히 고려되지 않은 채 그대로 남아 있었고, 그 결과 여성들은 계속해서 선거인 명부에서 제외되었다.

과거의 노예들에게까지 참정권이 확대되자 여성참정권운동이 다시 활기를 띠게 되었고, 마침내 1920년, 수정조항 제19조에서 "성별을 이유로 투표권이 거부되어서는 안 된다."고 규정함으로써 여성참정권이 확립되었다.

와이오밍 주는 1869년에 만 21세 이상의 여성에게 선거권을 부여하였다. 그러자 다른 주에서도 여성참정권을 인정하기 시작했으며, 1916년의 대통령선거 당시 공화당과 민주당은 각각 여성의 선거권을 인정하고 이를 정강에 포함시켰다. 재선된 윌슨 대통령은 제1차 대전 당시 여성의 기여가 컸음에 비추어 1918년 9월 연방회의에 보낸 교서에서 헌법을 개정하여 여성에게 참정권을 인정하는 것이 급선무라는 입장을 피력하였다. 그 결과 1920년에 헌법이 수정되어 여성의 정치참여가 이루어지게 되었다.[17]

## 2) 최초의 여성의원

여성으로서 처음으로 연방의회(하원) 국회의원이 된 사람은 몬태나 주 출

---

16) 수정조항 제15조에 의해 흑인에게도 투표권이 부여되었지만 남부지역의 일부 흑인들은 1960년대 중반까지 투표권에 제한을 받았다. 1890년대 초반, 남부의 백인들이 조부조항(祖父條項, 1868년 이전에 살았던 조상들이 투표권을 가지지 못했던 경우, 그 자손들은 필히 언어능력시험을 치르도록 한 조항)이나 인두세 부과, 그리고 가장 흔하게 가해졌던 신체적 위협과 같은 투표 규제방식을 통해 흑인들을 선거과정에서 배제시켰다. 1950년대에 시작된 민권운동의 결과 1965년에 투표권법(불공정한 선거 절차를 금지하고, 남부에서 시행되는 모든 선거는 법무부의 감독을 받아야 한다고 규정한 연방법)이 제정되었다. 또 1964년에 비준된 헌법 수정조항 제24조는 투표 자격 요건에 포함되어 있던 인두세 납부조항을 철폐하였고, 각 주가 흑인이나 가난한 사람들의 표를 축소하기 위해 사용했던 모든 방식들을 완전히 폐지시켰다. 슈뢰더, 앞의 책, 159 – 160쪽.

17) 2007년 1월 현재의 통계 자료에 의하면, 연방헌법이 제정된 1789년 이후 총 의원 수는 11,811명 중 2퍼센트인 238명이 여성이다.

신 지넷 랜킨(Jeannette Rankin, 공화당)이다.[18] 그녀의 당선(1916년)은 전국적으로 여성에게 참정권을 준 수정조항 제19조가 가결된 시기(1919.06.04 발의, 1920.08.26 비준)보다 훨씬 앞서는 것이다. 그것이 가능했던 것은 몬태나 주에서는 다른 주에 앞서 여성의 피선거권을 인정했기 때문이다.

최초의 여성 상원의원은 제67대 국회의원 레베카 펠턴(Rebecca Latimer Felton, 민주당)이다. 1835년 6월 10일 조지아 주에서 출생한 펠턴 의원은 연방의회 하원의원을 역임(1875~1881)한 윌리엄 펠턴(William Felton)의 부인이다. 레베카 펠턴은 상원의원으로 일했지만 선거를 통해 당선된 것은 아니고 지명을 받아 1922년 11월 21일에 의원선서를 하였다. 그녀의 복무기간은 극히 짧았으나 상원의원으로 의정활동을 한 최초의 여성이라는 점에서 상징적인 의미를 갖는다.

상원의 두 번째 여성의원이면서, 최초로 상원의원 선거를 통해 선출된 여성의원은 해티 캐러웨이(Hattie Caraway)이다. 그녀는 아칸소 주에서 민주당 소속후보로 출마하여 자력으로 상원에 진출한 여성이다. 그녀는 1932년에 당선되어 1945년까지 14년간 의정활동을 하였다.

### 3) 여성의원 증감추세

랜킨 의원, 펠턴 의원, 그리고 캐러웨이 의원 이후 여성의원의 수는 꾸준히 늘어나 제110대 국회(2007~2009)에서는 하원에 79명, 상원에 16명으로 모두 95명의 여성의원이 의정활동을 하였다. 제111대 국회에서도 95명(하원 77명, 상원 18명)이 활동하고 있다. 여성이 처음으로 연방의회에 진출한 제65대 국회 이래 제11대 국회까지 국회의원에 당선된 여성은 연 1,189명에 달한다.

---

18) 랜킨 의원은 1917년 연방의회의 대독일 선전포고 표결에서 반대표를 던졌으며, 이듬해인 1918년 무소속으로 출마했다가 낙선하였다. 랜킨은 1880년 6월 11일 몬태나 주에서 출생하였다. 그녀가 1916년 몬태나 주 연방 하원의원선거에 출마하였을 때, 그녀의 여성 참정권 운동가로서의 평판과, 그녀의 선거자금을 대주고 정계에 발이 넓었던 그녀의 오빠 웰링턴의 지원이 큰 힘이 되었다. http://womenincongress. house.gov/profiles.index.html?id=R000055/(검색일: 2009.02.25)

## 4) 정당별 여성의원 배출현황

<표 9-5>를 보면 민주당에 여성의원이 다수 진출해 있음을 알 수 있다. 이러한 경향은 특히 1990년대부터 두드러지게 나타난 현상이다. 앞에서 본 흑인의원의 경우처럼, 적어도 <표 9-5>에 나타난 결과만을 보면 민주당이 여성후보자들 영입에 적극적인 것으로 나타났다. 표는 여성들이 민주당에 호의적이었다는 점과, 민주당에서 여성의원들의 증가추세가 괄목하다는 점을 보여 주고 있다.

장기적인 시간 차원에서 볼 때 공화당과 민주당이 이념이나 정책상 큰 차이는 보이고 있지 않은 것은 사실이지만, 흑인의원, 여성의원, 그리고 소수인종 의원들과 관련한 자료를 보는 한 공화당은 보수적인 측면이 강하고, 민주당은 개방적 측면이 강하다고 볼 수 있다.

민주당은 1972년의 대통령선거를 전후하여 여성, 청년, 소수인종집단에 대한 정책적 배려를 심화하기 시작했으며, 특히 여성과 관련해서는 여성 대의원 할당제 도입, 여성후보 공천확대 등을 통하여 여성에게 다가갔다. 1980년대에 들어서는 에밀리 리스트(Emily's List) 등을 만들어 의욕 있고 능력 있는 여성후보자를 발탁하여 적극 지원하였다. 이러한 노력에 힘입어 앞의 표에서 보는 것처럼 1990년대 이후 민주당 소속 여성의원의 수가 급증하기 시작하였다. 현재까지는 민주당의 여성정책이 공화당의 그것을 앞서고 있으며 이러한 경향은 당분간 계속될 것으로 보인다.

<표 9-5> 여성의원의 증감 추세, 제65대~111대 국회(1917~2009)

| 국회 | 하원 | | 상원 | | 국회 | 하원 | | 상원 | |
|---|---|---|---|---|---|---|---|---|---|
| | 민주 | 공화 | 민주 | 공화 | | 민주 | 공화 | 민주 | 공화 |
| 65(1917) | 0 | 1 | 0 | 0 | 89(1965) | 7 | 4 | 1 | 1 |
| 66(1919) | 0 | 0 | 0 | 0 | 90(1967) | 6 | 5 | 0 | 1 |
| 67(1921) | 0 | 3 | 1 | 0 | 91(1969) | 6 | 4 | 0 | 1 |
| 68(1923) | 0 | 1 | 0 | 0 | 92(1971) | 10 | 3 | 1 | 1 |
| 69(1925) | 1 | 2 | 0 | 0 | 93(1973) | 14 | 2 | 0 | 0 |
| 70(1927) | 2 | 3 | 0 | 0 | 94(1975) | 14 | 5 | 0 | 0 |
| 71(1929) | 4 | 5 | 0 | 0 | 95(1977) | 13 | 5 | 2 | 1 |
| 72(1931) | 4 | 3 | 1 | 0 | 96(1979) | 11 | 5 | 0 | 2 |
| 73(1933) | 4 | 3 | 1 | 0 | 97(1981) | 11 | 10 | 0 | 2 |
| 74(1935) | 4 | 2 | 2 | 0 | 98(1983) | 13 | 9 | 0 | 2 |
| 75(1937) | 5 | 1 | 2 | 1 | 99(1985) | 12 | 11 | 0 | 2 |
| 76(1939) | 4 | 4 | 1 | 0 | 100(1987) | 13 | 11 | 1 | 1 |
| 77(1941) | 4 | 5 | 1 | 0 | 101(1989) | 16 | 13 | 1 | 1 |
| 78(1943) | 2 | 6 | 1 | 0 | 102(1991) | 21 | 9 | 3 | 1 |
| 79(1945) | 6 | 5 | 0 | 0 | 103(1993) | 36 | 12 | 5 | 2 |
| 80(1947) | 3 | 4 | 0 | 1 | 104(1995) | 32 | 18 | 5 | 4 |
| 81(1949) | 5 | 4 | 0 | 1 | 105(1997) | 39 | 18 | 6 | 3 |
| 82(1951) | 4 | 6 | 0 | 1 | 106(1999) | 41 | 17 | 6 | 3 |
| 83(1953) | 5 | 7 | 0 | 3 | 107(2001) | 44 | 18 | 10 | 4 |
| 84(1955) | 10 | 7 | 0 | 1 | 108(2003) | 42 | 21 | 9 | 5 |
| 85(1957) | 9 | 6 | 0 | 1 | 109(2005) | 46 | 25 | 9 | 5 |
| 86(1959) | 9 | 8 | 1 | 1 | 110(2007) | 58 | 21 | 11 | 5 |
| 87(1961) | 11 | 7 | 1 | 1 | 111(2009) | 60 | 17 | 14 | 4 |
| 88(1963) | 6 | 6 | 1 | 1 | | | | | |

자료: http://womenincongress.house.gov/data/wic-by-congress.html?cong=111/(검색일: 2009.02.25)

## 8. 소수인종 출신 의원

### 1) 여성의원

1964년 하와이 주 출신 패치 밍크(Patsy Mink)가 동양계 여성으로서는 처음으로 연방 하원의원으로 당선되었다. 그 후 38명의 소수인종 여성의원(대의원 포함)들이 연방의회에서 의원선서를 하였다. 이들 중 약 4분의 3인 30

명의 여성의원은 시기적으로 볼 때 1990년 이후에 당선되었다.

최초의 흑인 여성의원(아프리카계 미국인)은 뉴욕 주 출신의 셜리 치숄름 (Shirley Chisholm)으로 1968년에 당선되었다. 최초의 라틴아메리카계 여성의 원은 1989년에 하원의원으로 당선된 플로리다 주 출신 일리나 로스 - 리티넨 이다. 그리고 3명의 일본계 여성(Patricia Saiki, Doris Matsui, Mazie K. Hirono) 이 의정활동을 하였다.

소수인종 여성의원들의 당적을 보면 총 39명 중 2명을 제외한 37명이 민 주당 소속이어서 여성후보자들의 선호정당이 민주당임을 보여 준다. 민주당 의 여성후보 우대정책 또한 작용했을 것이다.

## 2) 남성의원

중국계로는 1959년 하와이 주 연방의회 선거에서 당선된 히람 퐁(Hiram Fong) 의원이 최초이고, 일본계로는 같은 해 하와이 주에서 당선된 다니엘 이노우에(Daniel Inoue) 의원이 최초이다. 한국계로는 1992년 캘리포니아 주 에서 당선된 제이 김(Jay Kim, 김창준) 의원이 최초이다.

〈표 9 - 6〉 연방의회 여성의원 중 소수인종 출신

| 이름 | 정당/출신 주 | 복무 기간 | 인종 |
| --- | --- | --- | --- |
| Patsy Mink | 민주당/하와이 | 1965 ~ 1977<br>1990 ~ 2002 | 아시아 - 태평양계 미국인 |
| Shirley Chisholm | 민주당/뉴욕 | 1969 ~ 1983 | 아프리카계 미국인 |
| Yvonne Burke | 민주당/캘리포니아 | 1973 ~ 1979 | 〃 |
| Barbara Jordan | 민주당/텍사스 | 1973 ~ 1979 | 〃 |
| Cardiss Collins | 민주당/일리노이 | 1973 ~ 1997 | 〃 |
| Katie Hall | 민주당/인디애나 | 1982 ~ 1985 | 〃 |
| Patricia Saiki | 공화당/하와이 | 1987 ~ 1991 | 아시아 - 태평양계 미국인 |
| Ileana Ros - Lehtinen | 공화당/플로리다 | 1989 ~ 현재 | 라틴아메리카계 미국인 |
| Barbara - Rose Collins | 민주당/미시간 | 1991 ~ 1997 | 아프리카계 미국인 |

| 이름 | 정당/출신 주 | 복무 기간 | 인종 |
| --- | --- | --- | --- |
| Eleanor H. Norton | 민주당/워싱턴 디시 | 1991 ~ 현재 | 〃 |
| Maxine Waters | 민주당/캘리포니아 | 1991 ~ 현재 | 〃 |
| Carol M. Braun | 민주당/일리노이 | 1993 ~ 1999 | 〃 |
| Corrine Brown | 민주당/플로리다 | 1993 ~ 현재 | 〃 |
| Eva Clayton | 민주당/노스캐롤라이나 | 1993 ~ 2003 | 〃 |
| Eddie B. Johnson | 민주당/텍사스 | 1993 ~ 현재 | 〃 |
| Cynthia McKinney | 민주당/조지아 | 1993 ~ 2003 | 〃 |
| | | 2005 ~ 2007 | 〃 |
| Carrie Meek | 민주당/플로리다 | 1993 ~ 2003 | 〃 |
| Lucille Roybal - Allard | 민주당/캘리포니아 | 1993 ~ 현재 | 라틴아메리카계 미국인 |
| Nydia Velázquez | 민주당/뉴욕 | 1993 ~ 현재 | 〃 |
| Sheila Jackson Lee | 민주당/텍사스 | 1995 ~ 현재 | 아프리카계 미국인 |
| Juanita Millender - McDonald | 민주당/캘리포니아 | 1995 ~ 2007 | 〃 |
| Julia Carson | 민주당/인디애나 | 1997 ~ 2007 | 〃 |
| Donna Christensen | 민주당/버진 아일랜드 | 1997 ~ 현재 | 〃 |
| Carolyn C. Kilpatrick | 민주당/미시간 | 1997 ~ 현재 | 〃 |
| Barbara Lee | 민주당/캘리포니아 | 1997 ~ 현재 | 〃 |
| Loretta Sanchez | 민주당/캘리포니아 | 1997 ~ 현재 | 라틴아메리카계 미국인 |
| Stephanie T. Jones | 민주당/오하이오 | 1999 ~ 2008 | 아프리카계 미국인 |
| Grace Napolitano | 민주당/캘리포니아 | 1999 ~ 현재 | 라틴아메리카계 미국인 |
| Hilda Solis | 민주당/캘리포니아 | 2001 ~ 현재 | 〃 |
| Diane Watson | 민주당/캘리포니아 | 2001 ~ 현재 | 아프리카계 미국인 |
| Denise Majette | 민주당/조지아 | 2003 ~ 2005 | 〃 |
| Linda Sánchez | 민주당/캘리포니아 | 2003 ~ 현재 | 라틴아메리카계 미국인 |
| Gwendolynne Moore | 민주당/위스콘신 | 2005 ~ 현재 | 아프리카계 미국인 |
| Doris Matsui | 민주당/캘리포니아 | 2005 ~ 현재 | 아시아 - 태평양계 미국인 |
| Yvette Clarke | 민주당/뉴욕 | 2007 ~ 현재 | 아프리카계 미국인 |
| Mazie K. Hirono | 민주당/하와이 | 2007 ~ 현재 | 아시아 - 태평양계 미국인 |
| Laura Richardson | 민주당/캘리포니아 | 2007 ~ 현재 | 아프리카계 미국인 |
| Donna F. Edwards | 민주당/메릴랜드 | 2008 ~ 현재 | 〃 |
| Marcia L. Fudge | 민주당/오하이오 | 2008 ~ 현재 | 〃 |

주: 이 표에는 의원이 아닌 대의원(Delegate)이 2명 포함되어 있다. 그들은 Eleanor Holmes Norton(민주당/워싱턴 디시), Donna M. Christensen(민주당/버진 아일랜드)이다.

자료: http://womenincongress.house.gov/data/women - of - color.html/(검색일: 2009.03.06).

## 9. 주별 의원배출 현황



연방의회 의원을 300명 이상 배출한 주는 13개 주인데, 이 중 뉴욕 주는 1,450명으로 가장 많은 의원을 배출하였다. 펜실베이니아 주는 1,045명을 배출하여 뉴욕 주에 이어 가장 많은 연방의원을 보유한 주가 되었다. 오하이오 주는 678명, 일리노이 주는 483명, 버지니아 주는 428명, 그리고 매사추세츠 주는 427명을 각각 배출하였다. 이들 13개 주가 모두 독립 당시의 13개 주는 아니지만 독립 당시나 초기에 연방에 가입한 주들로서 인구가 많은 주들이다.

상원의원만을 보면 45명을 배출한 뉴저지 주가 1위를 차지했고, 뒤를 이어 테네시 주가 39명, 로드아일랜드 주가 38명을 각각 배출하였다. 뉴저지 주와 로드아일랜드 주는 특히 면적도 작고 인구도 적으나 면적이나 인구의 수에 관계없이 한 주에서 2명씩의 상원의원을 선출하는데다가, 건국 당시의 3개 주에 속했던 주들이라 가입한지 오래되었기 때문에 많은 상원의원을 배출할 수 있었다.

〈표 9-7〉 각 주별 연방의회 하원의원 배출 현황(1789~2009)

| 주 | 미국령 편입시기 | 합중국 가입일 | 대표 | 하원 의원 | 상원 의원 | 양원 소속의원 | 합계 |
|---|---|---|---|---|---|---|---|
| 앨라배마 | 1817.03.03 | 1819.12.14 | 1 | 166 | 24 | 13 | 204 |
| 알라스카 | 1912.08.24 | 1959.01.03 | 9 | 4 | 6 | 0 | 10 |
| 애리조나 | 1863.02.24 | 1912.02.14 | 11 | 29 | 5 | 3 | 37 |
| 아칸소 | 1819.03.02 | 1836.06.15 | 3 | 82 | 22 | 11 | 115 |
| 캘리포니아 | – | 1850.09.09 | – | 333 | 32 | 9 | 374 |
| 콜로라도 | 1861.02.28 | 1876.08.01 | 3 | 57 | 22 | 10 | 89 |
| 코네티컷 | – | 1788.01.09 | – | 188 | 25 | 26 | 239 |
| 델라웨어 | – | 1787.12.07 | – | 46 | 34 | 14 | 94 |
| 플로리다 | 1822.03.30 | 1845.03.03 | 5 | 111 | 25 | 6 | 142 |
| 조지아 | – | 1788.01.02 | – | 253 | 35 | 22 | 310 |
| 하와이 | 1900.06.14 | 1959.08.21 | 10 | 7 | 2 | 3 | 12 |
| 아이다호 | 1863.03.03 | 1890.07.03 | 9 | 26 | 19 | 6 | 51 |
| 일리노이 | 1809.02.03 | 1818.12.03 | 3 | 437 | 28 | 18 | 483 |

| 주 | 미국령 편입시기 | 합중국 가입일 | 대표 | 하원 의원 | 상원 의원 | 양원 소속의원 | 합계 |
|---|---|---|---|---|---|---|---|
| 인디애나 | 1800.05.07 | 1816.12.11 | 3 | 293 | 25 | 18 | 336 |
| 아이오와 | 1846.12.28 | 1846.12.28 | 2 | 170 | 20 | 11 | 201 |
| 캔자스 | 1854.05.30 | 1861.01.29 | 2 | 107 | 24 | 8 | 139 |
| 켄터키 | – | 1792.06.01 | – | 310 | 36 | 28 | 374 |
| 루이지애나 | 1804.03.24 | 1812.04.30 | 2 | 149 | 34 | 12 | 195 |
| 메인 | – | 1820.03.15 | – | 136 | 18 | 15 | 169 |
| 메릴랜드 | – | 1788.04.28 | – | 247 | 24 | 27 | 298 |
| 매사추세츠 | – | 1788.02.06 | – | 378 | 19 | 30 | 427 |
| 미시간 | 1805.01.11 | 1837.01.26 | 7 | 248 | 23 | 14 | 285 |
| 미네소타 | 1849.03.03 | 1858.05.11 | 3 | 122 | 23 | 10 | 155 |
| 미시시피 | 1798.04.17 | 1817.12.10 | 5 | 110 | 27 | 15 | 152 |
| 미주리 | 1812.06.04 | 1821.08.10 | 3 | 291 | 33 | 9 | 333 |
| 몬태나 | 1864.05.26 | 1889.11.08 | 5 | 26 | 14 | 6 | 46 |
| 네브래스카 | 1854.05.30 | 1867.03.01 | 6 | 87 | 28 | 6 | 121 |
| 네바다 | 1861.03.02 | 1864.10.31 | 2 | 28 | 19 | 5 | 52 |
| 뉴햄프셔 | – | 1788.06.21 | – | 117 | 36 | 27 | 180 |
| 뉴저지 | – | 1787.12.18 | – | 294 | 45 | 14 | 353 |
| 뉴멕시코 | 1850.09.09 | 1912.01.06 | 13 | 23 | 11 | 4 | 38 |
| 뉴욕 | – | 1788.07.26 | – | 1,397 | 29 | 24 | 1,450 |
| 노스캐롤라이나 | – | 1789.11.21 | – | 301 | 34 | 21 | 356 |
| 노스다코타 | 1861.11.02 | 1889.11.02 | 11 | 21 | 15 | 6 | 42 |
| 오하이오 | – | 1803.03.01 | 2 | 623 | 35 | 20 | 678 |
| 오클라호마 | 1890.05.02 | 1907.11.16 | 4 | 71 | 11 | 7 | 89 |
| 오리건 | 1848.08.14 | 1859.02.14 | 2 | 57 | 31 | 4 | 92 |
| 펜실베이니아 | – | 1787.12.12 | – | 995 | 30 | 20 | 1,045 |
| 로드아일랜드 | – | 1790.05.29 | – | 62 | 38 | 10 | 110 |
| 사우스캐롤라이나 | – | 1788.05.23 | – | 193 | 36 | 18 | 247 |
| 사우스다코타 | 1861.11.02 | 1889.11.02 | 11 | 24 | 15 | 10 | 49 |
| 테네시 | – | 1796.06.01 | 2 | 242 | 39 | 20 | 301 |
| 텍사스 | – | 1845.12.29 | – | 236 | 21 | 9 | 266 |
| 유타 | 1850.09.09 | 1896.01.04 | 7 | 34 | 10 | 3 | 47 |
| 버몬트 | – | 1791.03.04 | – | 80 | 24 | 16 | 120 |
| 버지니아 | – | 1788.06.25 | – | 377 | 22 | 29 | 428 |
| 워싱턴 | 1853.03.02 | 1889.11.11 | 10 | 67 | 12 | 11 | 90 |
| 웨스트버지니아 | – | 1863.06.20 | – | 87 | 20 | 8 | 115 |
| 위스콘신 | 1836.04.20 | 1848.05.29 | 6 | 170 | 18 | 7 | 195 |
| 와이오밍 | 1868.07.25 | 1890.07.10 | 4 | 14 | 17 | 3 | 34 |

자료: http://clerk.house.gov/art_history/house_history/stateRep.html/(검색일: 2009.03.03)

# 10. 국회의원의 인구사회적 배경

2009년 1월에 임기가 시작된 제111대 국회의원의 경우 인구사회적인 배경은 다음과 같다.[19] 먼저 성별을 보면 총 537명 중 여성의원 93명, 남성의원 444명으로 여성 17.3퍼센트, 남성 82.7퍼센트이다.[20] 여성의 이러한 비율은 역대 국회 중 가장 높은 비율로 기록된다.[21]

## 1) 연령별 분포

20대의 의원은 단 1명에 불과했고 대부분 50대와 60대에 분포해 있는 것으로 나타났다. 특히 50대는 188명으로 전체의 3분의 1이 넘는 35.0퍼센트를 차지하였다. 뒤를 이어 60대가 165명으로 30.7퍼센트를 점하였고, 40대는 90명으로 16.8퍼센트에 머물렀다. 상원에 연령이 많은 의원들이 다수 있는 것이 평균 연령을 조금은 끌어올린 것으로 보인다.

〈표 9-8〉 제111대 국회 연령별 분포

| 연령 | 빈도(%) | 연령 | 빈도(%) |
| --- | --- | --- | --- |
| 20~29세 | 1(0.2) | 50~59세 | 188(35.0) |
| 30~39세 | 22(4.1) | 60~69세 | 165(30.7) |
| 40~49세 | 90(16.8) | 70세 | 71(13.2) |

## 2) 정당별 분포

민주당이 315석으로 58.7퍼센트, 공화당이 219석으로 40.8퍼센트를 점하

---

19) http://www.congress.org/congressorg/directory/demographics.tt?catid=all/(검색일: 2009.04.17). 여기에서 제시된 의원 총수(빈도수)와 비율은 의원의 사망, 퇴직, 당적 변경 등에 의해 수시로 변화한다. 인구사회적 배경에 관한 더 많은 자료는 앞의 홈페이지 주소에서 볼 수 있다.

20) 상원과 하원의 총인원은 535명이지만, 537명은 대의원과 상주대표들을 포함한 수치이다. 일부 결원도 있어서 537명으로 조사되었다.

21) 역대 국회의 여성의원 비율은 이 책 제9장의 〈표 9-5〉 참조.

고 있으며, 무소속은 3석으로 0.5퍼센트를 차지하고 있다.

〈표 9-9〉 제111대 국회 정당별 분포

| 정 당 | 빈 도(%) | 백분율(%) |
|---|---|---|
| 민주당 | 315 | 58.7 |
| 공화당 | 219 | 40.8 |
| 무소속 | 3 | 0.5 |

## 3) 인종별 분포

유럽계 코카시안 백인이 459명으로 가장 많고, 그다음으로는 아프리카계 미국인이라고 불리는 흑인의원이 높은 비율을 점하고 있다. 스페인계열 라틴 아메리카인도 25명으로 흑인의원에 이어 많은 의원을 배출하고 있다.

〈표 9-10〉 제111대 국회 인종별 분포

| 인종 | 빈도(%) | 인종 | 빈도(%) |
|---|---|---|---|
| 아프리카계 미국인 | 42(7.9) | 히스패닉 | 25(4.6) |
| 아메리카 인디언 | 1(0.2) | 베트남인 | 1(0.2) |
| 아시아계 | 7(1.3) | 불명 | 2(0.4) |
| 코카시안 | 459(85.4) | 합계 | 537(100.0) |

## 4) 종교별 분포

미국은 기독교의 나라이지만 종파별로 보면 다양하다. 의원 중에 가톨릭 신자의 수는 157명으로 비율상으로는 가장 높은 29.2퍼센트를 점하고 있다. 그 뒤를 이어 침례교가 58명으로 10.8퍼센트, 그리고 감리교가 49명으로 9.1 퍼센트를 점하고 있다. 유대교와 장로교가 각각 42명(7.7퍼센트)과 41명(7.6퍼센트)이다. 신교인 프로테스탄트와 구교인 가톨릭으로 대별하면 신교 신자들이 구교 신자들보다 훨씬 많은 것을 알 수 있다. 기독교 혹은 프로테스탄트로 기재한 의원이 57명이나 되는데 이들이 침례교, 감리교, 장로교 등으로 계산

되었어야 한다는 점을 감안하면 신교를 믿는 의원들이 많음을 알 수 있다.

〈표 9-11〉 제111대 국회 종교별 분포

| 종교 | 빈도(%) | 종교 | 빈도(%) |
|---|---|---|---|
| 침례교(Baptist) | 58(10.8) | 루터교(Lutheran) | 21(3.9) |
| 불교(Buddhist) | 2(0.4) | 감리교(Methodist) | 49(9.1) |
| 가톨릭(Catholic) | 157(29.2) | 몰몬교(Mormon) | 14(2.6) |
| 기독교(Christian) | 33(6.1) | 이슬람교(Muslim) | 2(0.4) |
| 감독파(Episcopal) | 35(6.5) | 장로교(Presbyterian) | 41(7.6) |
| 그리스정교회(Greek Orthodox) | 6(1.1) | 프로테스탄트(Protestant) | 24(4.5) |
| 유대교(Jewish) | 42(7.8) | 기타/무교/불기재 | 53(10.0) |

## 제2절 의원윤리

연방의회에서는 비윤리적인 의원들이나 폭력 행위(혹은 무질서 행위)를
하는 의원들에 대한 엄격한 제재 조치가 효과를 거두어 비폭력문화가 정착
되어 있으며, 그 이외에도 시민들의 낙선운동, 후원금 모금 제한 등의 조치
도 효과를 거둔 것으로 보인다. 몇 가지 사례를 소개한다.

### 1. 비윤리적인 행위

의원들은 상대방 혹은 상대당이 제시하는 정책이 못마땅하더라도 그를 예
의 있게 대해야 하며, 인신공격을 삼가야 한다. 이것이 의회의 권위와 위엄
을 지키고 의원 서로 간에 존중하고 배려하는 풍토를 가꾸는 길이며, 이렇게
할 때 원내에서 원만한 의사진행과 효율적인 의정활동이 가능해진다.

그리고 공과 사를 구별하여 공적인 예산이나 자원을 사적인 용도로 사용
하지 않아야 한다.

1998년 12월 22일 연방의회 하원 사상 최초의 여성 사무총장을 지낸 로빈 카를(Robin H. Carle, 인디애나 주)이 하원 감사관실의 조사를 받은 후 사임하였다.[22] 카를 총장은 하원이 발급해 준 공적인 신용카드로 1997년과 1998년에 걸쳐 수백 달러를 개인용도로 유용했다는 감사관실의 보고서가 제출된 후에 윤리적인 책임을 지고 사표를 제출하였다.[23]

2002년 7월 24일, 연방의회 하원 본회의장에서는 오하이오 주 출신 제임스 트래피컨트(James A. Traficant Jr., 민주당, 오하이오 주) 의원에 대한 제명표결을 실시하였다. 뇌물수수, 부정이득, 탈세혐의로 유죄판결을 받은 트래피컨트 의원에 대한 표결에서 420 대 1로 제명이 결정되었다. 이 표결 전에 이미 클리블랜드 연방법원은 유죄를 인정했고, 하원 본회의장의 동료의원들도 그렇게 판단하여 제명에 찬성표를 던진 것이다.


## 2. 의사당 내 폭력 행위

연방의회 의사당 내에서는 폭력사태가 여간해서 발생하지 않는다. 폭력사태의 종언을 고한 사건은 1856년 5월 29일에 발생하였다.

폭력사건 발생 며칠 전에 북부 출신 찰스 섬너(Charles Sumner) 의원은 노예제도에 찬성하는 사우스캐롤라이나 주 출신 앤드루 버틀러(Andrew Butler) 상원의원을 비난하는 연설을 하였는데, 이날 비난을 당한 버틀러의 사촌인 프레스턴 브룩스 하원의원이 섬너 의원을 찾아와 지팡이로 마구 내리쳐 중상을 입힌 것이다.[24]

이 폭력사태에 항의하기 위하여 여러 도시와 마을에서 공개 집회가 개최되었다. 폭행을 당한 섬너 의원은 중상을 입고 3년 동안이나 의정활동을 하

---

22) *The New York Times*(December 22, 1998).

23) 로빈 카를은 1995년 1월 4일 하원 사무총장으로 선출되었다.

24) 도리스 컨스 굿윈(이수연 역), 『권력의 조건』(서울: 21세기 북스, 2007), 185-186쪽 참조.

지 못하였다. 이 폭행사건 소식은 북부지역의 반노예제도 정서를 더욱 자극
하였다.

논란이 있었으나 당시 분열되어 있는 연방의회의 분위기 때문인지 브룩스
의원은 아무런 처벌을 받지 않았다. 폭력사건 발생 5년 후인 1861년 노예제
도를 둘러싼 남부와 북부 간의 남북전쟁이 발발하였다.

남북전쟁 종료 후 연방의회는 원내에서 폭력을 휘두른 의원에 대해 등원
금지, 의원직 박탈 등 강력한 제재조치를 포함하는 법규를 제정하였다. 그리
고 그 후부터 연방의회에서 심각한 폭력사태는 발생하지 않고 있다.

의회에서 의원이 품위를 잃는 발언이나 행동을 하게 되면 폭력사범으로
간주되어 윤리위원회에 회부되어 징계를 받게 된다. 징계가 결정되는 경우
그 의원은 남은 일정 기간 의사당 출입을 거부당하거나 심한 경우 제적을
당하기도 한다.

의장은 비정상적인 상황이 전개될 때에는 의사당 내의 경찰을 동원하여
언제든지 물의를 일으킨 의원을 퇴장시킬 수 있다.


## 3. 의사당 내 질서문란 행위

의원이 원내 특히 본회의장에서 무질서한 행위를 하였을 때에는 의장은
이를 처벌할 수 있다. 헌법 제1조 제5절 2항에는, "각 원은 의사규칙을 정
하며, 원내의 질서를 문란케 한 의원을 징계하며, 의원의 3분의 2 이상의
찬성을 얻어 의원을 제명할 수 있다."고 규정하고 있다.

국회의원이 회의 도중에 적절하지 못한 행동이나 언어를 구사하여 동료
의원에 대해 인신공격을 행하거나 명예를 훼손하는 등 무질서한 행위를 하
였을 때에는 의장은 견책(censure) 등의 조치를 취할 수 있다. 하원의 민주·
공화 양당은 견책을 받은 의원에 대하여 상임위원회 위원장 혹은 소위원회
위원장이 될 수 없도록 하는 규제조항을 정당 내부규칙에 포함시키고 있다.

## 4. 의원윤리규범 제정 및 강화

1958년에 처음으로 연방정부 및 연방의회에 적용되는 윤리규범이 적용되었다. 윤리규범은 아이젠하워 대통령의 수석 비서관인 애덤스(Adams)의 뇌물수수사건에 대한 대책으로 제정되었으나, 법적 강제력이 없는 선언적 의미의 내용이었다. 이로부터 10년 후 상원 다수당 사무총장 베이커(Bobby Baker) 의원 및 하원의원 포웰(Adam C. Powell)사건과 관련하여 상원과 하원은 각각 새로운 규칙을 제정하였다. 베이커 상원의원은 계약 체결과 관련한 이권 개입 및 세금 포탈 등의 혐의로 유죄판결을 받았으며, 당시 이 사건을 조사한 상원조사위원회는 상원의원 및 상원 간부직원들의 완전한 재산공개를 건의하기도 하였다.

상원은 1964년에 상원의원 및 상원 직원들의 비행을 조사하기 위한 윤리특별위원회를 설치하였다. 이 위원회가 최초로 처리한 사건은 도드(Thomas Dodd) 의원에 대한 조사와 이에 대한 견책의 건이었다.

포웰의원사건은 하원 교육노동위원회 위원장인 포웰 의원에 대하여 소득세 포탈 및 국비여행 등의 혐의로 동 위원회 위원장직을 박탈하고, 또한 1967년 하원 본회의에서 제명처분을 한 사건을 말한다. 다만, 1969년 대법원에서 제명처분은 취소되었다.

하원은 이 사건과 관련하여 1967년 12명으로 구성된 윤리위원회를 설치하였다. 이 위원회는 1968년 윤리규정과 재산공개요건을 건의하였으며, 이 건의안은 하원 본회의에서 채택되었다. 그 후 이 위원회는 상임위원회로 상설화되고, 이 위원회에 조사권과 강제권이 부여되었다.

상원과 하원은 1977년 내용이 거의 같은 의원 및 의회직원윤리규정을 각각 제정하였다. 과거의 것보다 현저히 강화된 내용을 담고 있는 이 윤리규정을 제정하게 된 동기는 1976년 워터게이트 사건으로 인한 행정부의 정직성에 대한 문제 및 두 개의 공공위원회의 건의에서 비롯되었다. 1978년 이 규정을 시행하고 재산공개범위를 행정부 및 사법부에도 적용하기 위한 공직자윤리법을 제정하였다. 연방의회는 상원과 하원의 윤리규정 및 공직자 윤리법을 통하여 의원들에게 엄격한 윤리의무 준수를 요구하고 있다.

2006년 선거에서 다수당이 된 민주당은 12년 만에 연방의회를 장악하게 되었다. 민주당은 2007년 1월 13일, 제110대 국회의 임기가 시작되자마자 의원들이 범죄행위로 유죄판결을 받을 경우 퇴직 후에 연금지급을 중단하는 내용의 부패의원 연금지급 중지법안을 가결하였다. 그때까지는 간첩행위와 같은 중범죄가 아니면 연금은 지급했는데 이제부터는 뇌물수수, 공금횡령, 위증 시에도 연금을 지급하지 않는다는 내용이다.

의원에 대한 엄격한 윤리규정 적용 외에도 직원들에 대해서도 마찬가지로 윤리규정이 적용된다. 하원의원 및 하원직원 윤리규정 내용의 일부는 다음과 같다.

### 1) 선물

하원 규칙상 '선물(gift)'은 광범위하게 해석되고 있는데, 선물이란 금전적 가치를 지닌 팁, 호의, 할인, 향응, 접대, 대출, 지불유예 등의 모든 품목을 포함한다.[25] 한 번에 50달러 이상의 선물을 받을 수도 없고, 특정인이나 기업으로부터 1년에 합계 1백 달러 이상의 선물을 받아서도 안 된다.

하원의 의원 또는 직원은 자신의 합리적이고 진실한 판단하에 단일품목으로서 50달러 미만의 가치를 지닌, 그리고 1년 중 한 군데로부터 받은 선물의 총액이 100달러 미만에 해당하는 선물(현금이나 현금등가물 제외)을 받을 수 있다. 10달러 미만의 가치에 해당하는 품목은 연간 100달러 제한금액 계산 시에 산입하지 않는다.

---

25) http://ethics.house.gov/Subjects/Topics.aspx?Section=24/(검색일: 2009.04.10)

## 2) 여행

공식행사에 참석하는 경우에 한하여 여행경비를 외부에서 지원받을 수 있으나 그것도 국내는 4일, 국외는 7일을 초과할 수 없다.[26]

## 제3절 의원실 보좌관·비서관

### 1. 보좌관 제도 개요 및 유형

#### 1) 개요

국회의원에 대한 보좌·지원 개념이 가장 먼저 싹튼 곳은 연방의회이다. 영국의 식민지 시절부터 의회를 운영해 본 경험과, 영국 본국으로부터 비합리적인 과세압박을 받은 식민지인들은 주민과 과세문제 그리고 통치권의 관계에 대해 일찍부터 관심을 갖기 시작했으며 이러한 경험과 인식은 미국헌법에 철저한 삼권분립의 이념을 도입하게 되었다. 삼권분립이 시행되려면 의회는 나름대로 국정에 관한 정확한 정보와 자료를 필요로 했고 이를 도와준 것이 바로 보좌관 등의 참모진(staffs)이었다.[27]

의원실 보좌관과 관련해서는 1885년 상원에서는 의원에게 비서 1인씩을 둘 수 있는 규정을 신설하였고, 8년 후인 1893년에는 하원에서도 의원에게 비서 1인을 고용할 수 있는 규정을 만들었다. 이로써 그간 위원회 위원장에게만 허용되었던 비서 고용이 모든 의원에게 허용되었다. 의원실 소속 직원들의 유용성을 크게 인식하게 된 의원들은 그 후 보좌관 및 비서 제도를 개

---

26) http://ethics.house.gov/Subjects/Topics.aspx?Section=96/(검색일: 2009.04.10). 기타 외부 소득, 사례금, 저작권 사용료 등 구체적인 것은 하원 윤리위원회 홈페이지 참조.
27) 연방의회에서 보좌기능을 수행하는 인원은 23,000~24,000명 선을 오가고 있다.

선하여 의원실 보좌직원의 수를 늘려 그들의 입법역량 강화를 도모하였다.

20세기 들어서서 국가의 기능과 역할이 증대되고 행정부의 업무 및 영역이 복잡해지고 광역화되기 시작하였는데 특히 태평양전쟁을 전후한 시기부터는 행정부의 기능이 그 이전의 시대와는 비교할 수 없을 정도로 확대되었다.

행정부의 기능과 역할이 증대됨에 따라 의회의 행정부 견제 필요성도 증대했으며, 이를 위해 의회의 전문성을 제고하기 위한 보좌제도의 강화 필요성에 대한 인식이 대두되었다.

## 2) 보좌관의 유형

연방의회의 보좌직원은 소속 부서에 따라 그 지위와 신분, 업무가 달라지는데 그 유형은 크게 세 가지로 분류할 수 있다. 의원실 보좌관, 위원회 보좌관, 그리고 지원기관 보좌관이 그것인데 각 유형별 주요 기능은 다음의 표와 같다.

〈표 9-12〉 보좌관의 유형과 기능

| 유 형 | 소속기관 | 주요 업무 |
|---|---|---|
| 의원실 보좌관 | 국회의원실 | · 의원입법업무 전반 보좌<br>· 법률안 등 의안 초안 작성<br>· 지역구 민원 접수 및 처리<br>· 지역구 및 주변 정보 수집 · 언론기관 접촉<br>· 의원 연설원고 작성<br>· 의원 외부방문 시 수행<br>· 의원 일정관리 및 지역구 관리 |
| 위원회 보좌관 | 상임위원회<br>특별위원회<br>공동위원회<br>양원협의회 | · 위원회 소관업무관련 전문지식, 정보, 분석 자료 제공<br>· 법률안 초안 작성 내용 검토<br>· 청문회 준비작업 및 진행, 보고서 작성<br>· 위원회 회의 준비 및 진행, 보고서 작성, 본회의 준비 서류 작성<br>· 현안 브리핑 자료 제공 |
| 지원기관 보좌관 | 의회조사국 CRS<br>의회예산처 CBO<br>회계감사원 GAO<br>의회도서관 LOC | · 상시 입법지원 기능: 입법 활동과 관련된 제반 업무, 현황에 대한 정보<br>· 자료 수집 및 분석<br>· 수시 입법지원 기능: 개별 국회의원의 요청에 따라 특정 사안, 법률 등에 대한 초안 작성, 내용 검토, 분석<br>· 문헌정보 제공 기능: 입법에 필요한 모든 문헌 자료 정보 제공, 세계 각국의 정치, 역사, 문화, 경제 등 광역 정보 수집 및 제공 |

## 2. 의원실 보좌관의 기능과 역할

보좌관은 입법보조참모로서 법안이나 정책수립에 관한 정보는 물론 지역구 유권자의 민원 등에 관한 자료를 수집, 정리하여 의원에게 제공하는 역할을 하는 직원이다.

삼권분립의 이념이 잘 반영되고 비교적 충실하게 지켜지고 있는 연방의회에서 행정부의 정책집행을 감시·감독하고 견제하기 위해서는 정확하고 신속한 정보 및 자료의 분석과 활용이 가능한 전문성이 있는 직원들을 필요로 하게 되었다. 사회가 복잡해지고 국가의 행정영역이 확대되면서 연방의회 차원의 보좌직원은 물론 의원실 보좌직원의 수요도 늘기 시작하였다. 특히 의원실 보좌직원과 관련해서는 유권자들과 로비스트들의 입법요청이 증가하면서 이에 대응하기 위해 직원의 수가 해를 거듭하면서 증원되어 왔다.

위원회 보좌관에게는 일을 시키기 어려운 각종 정보수집과 민원처리, 정책대안 강구, 그리고 지역구 유권자들의 요청 혹은 의중을 읽고 이에 대응하는 의원실 보좌관은 정치일선에서 의원과 호흡을 맞추면서 활약하는 '예비 정치인'이자 정 치적 활동가이기도 하다. 이런 의미에서 의원실 보좌직원들의 존재의의와 역할은 크다고 할 수 있다.[28]

## 3. 의원실 보좌관의 지위 및 진로

한국이나 일본에서는 의원보좌직원은 국가공무원이다. 한국의 경우는 의원 1인당 6명, 일본의 경우는 의원 1인당 3명에게 국가가 직접 보수를 지급한다. 이와는 달리 연방의회 의원보좌진은 국회의원과의 사적인 채용계약에 의해 고용되는 민간인 신분이다. 유럽 주요국 국회의 경우 의원보좌진은 연

---

28) Hedrick Smith, *The Power Game: How Washington Works*(New York: Random House, 1988), 280 - 282쪽 참조.

방의회처럼 의원과의 사적인 고용계약에 의해 채용된다. 보수지급은 국회의원에게 보좌진 채용수당이 지급되는 형태로 이루어진다.

보좌관이나 비서관은 현실 정치세계에서 정책현안을 다루면서 관련 실무를 익히게 되고, 많은 정치인이나 관료들을 만나게 되며, 또 지역구 유권자들을 접촉할 기회를 갖게 되면서 정치 입문의 꿈을 키우기도 한다. 실제로 보좌관 경력을 바탕으로 국회의원으로 변신하는 사례를 종종 볼 수 있다.[29]

## 4. 의원실 보좌직원의 분류

의원실에 소속되어 있는 보좌직원들은 의원 개인의 참모진으로서 입법이나 예산·결산 심의 의결 및 기타 각종 입법 정책적 활동에 대한 지원 및 보좌와 함께 의원 개인 활동에 대한 수행과 홍보 등 선거구 관리와 같은 다양한 활동을 담당한다.

의원보좌관은 행정보좌관, 입법담당관, 입법보좌관, 언론담당보좌관, 일정담당보좌관, 민원처리담당관 등으로 세분되어 있다.[30] 이들은 단순히 보좌만 하는 것이 아니라 청문회나 중요한 브리핑이 있을 때 바쁜 의원을 대신해 자리를 지키기도 한다. 이 때문에 청문회나 다른 위원회의 의원들 자리 뒤에는 언제나 보좌관 자리가 따로 마련돼 있다. 중요한 지역행사에는 의원을 대신해 참석해 연설을 하기도 한다. 필요할 경우 입법 자료 수집을 위해 외국방문 길에도 나선다. 관련 입법을 위해 자료를 수집하고 이해단체의 사람들을 만나는 것도 의원들이 일이 아닌 보좌관들의 일이다.

---

29) 1964년에 대통령에 당선된 린든 B. 존슨 대통령도 1931년 12월 텍사스 주 민주당 연방 하원의원 리처드 크래버그의 비서관으로 취직하여 수도 워싱턴에서의 생활을 시작하였으며, 6년 후인 1937년 29세의 나이에 텍사스 주의 연방 하원의원에 당선되었다. 그리고 1964년에는 대통령에 당선되었다. 송일심 편저, 『린든 B. 존슨』(서울: 해외문화사, 1964), 143 - 147쪽.

30) 이 밖에도 의원실 내에서 세부적인 행정 사무업무, 전화 응대, 내방 민원인 접대, 서신 작성 및 송부, 문서 관리 등을 담당하는 여러 직함의 비서들이 있다.

## 1) 행정보좌관(Administrative Assistant, Chief Staff))

행정보좌관은 의원에게 직접 보고를 한다. 그는 선거구 유건자로부터의 요구나 다양한 입법계획에 대한 정치적 결과를 사전에 평가하는 모든 책임을 지고 있기 때문에 보좌관 중 가장 높은 지위에 있다. 행정보좌관은 의원실 내의 다른 직원들에 대한 지도감독과 업무 부여를 포함하여 의원실 관리를 책임지는 역할을 맡는다.[31]

## 2) 입법담당관(Legislative Director, Senior Legislative Assistant)

입법담당관은 보통 의원에게 특별한 쟁점에 관하여 찬성 혹은 반대 여부에 관하여 권고를 행하며, 입법 관련 일정을 점검하여 의원에게 보고하는 일을 맡는다.

## 3) 입법보좌관(Legislative Assistant)

입법담당관 밑에는 입법보좌관(Legislative Assistant)이 있다. 입법보좌관은 특정한 사안에 관련된 정책을 주로 담당하며 의원이 그러한 문제들에 대해 관심을 갖고 일하도록 수시로 보고한다. 어떤 의원실에서는 여러 명의 입법보좌관을 두고 있으며, 그들에게 특정한 분야의 전문가적 식견으로 일을 처리하도록 하고 있다.

## 4) 언론담당비서관(Press Secretary)

언론보좌관은 의원과 그의 선거구, 그리고 일반 국민 사이에 유효하고 적절한 커뮤니케이션 통로를 구축되고 유지하는 일을 맡는다.

언론보좌관은 특정한 쟁점이 발생했을 때 의원의 관점 혹은 입장에서 이를 유효하게 조정하고 추진하는 역할을 맡는다.

---

31) http://www.congress.org/congressorg/issues/basics/?style=staff/(검색일: 2009.03.18)

## 5) 일정담당비서관(Appointment Secretary, Scheduler)

일정담당비서관은 의원의 일정을 관리하고 조정하는 일을 맡는다. 의원은 의회에서 회의, 면담, 청문회 참석 등 많은 일정을 소화해야 하는데 일정담당보좌관은 의원의 시간을 적절하게 배분하여 의회의 업무는 물론 선거구 유권자들의 요구 혹은 면담을 소화하도록 한다. 일정조정비서관은 또 의원의 여행 일정 관리, 연설일정 관리, 선거구 방문 이정 관리 등의 전반적인 일정관리를 맡는다.

## 6) 민원처리담당관(Caseworker)

상원과 하원의 의원사무실은 행정기관과 관련하여 도움을 청하는 지역구 유권자들의 수많은 요구를 처리한다. 민원은 사회보장증(Social Security Checks)의 분실이나 연금 지급의 지연 문제, 재해 구조 등에 이르기까지 다양하다.[32]

민원처리담당관은 각 의원실에 1명씩 있지만 종종 여러 명을 고용하는 의원도 있다. 민원처리담당관은 선거구 유권자들의 요구, 진정 등에 응대하는 것을 주된 임무로 한다. 연방정부의 기관들과 관련된 문제들 예를 들면 사회보장문제, 의료문제, 재향군인 편의제공문제, 여권발급문제 등과 관련하여 선거구 주민들을 돕는다. 지역구 관리의 중요성 때문에 상원의원, 하원의원들은 자신의 지역구 유권자들의 민원을 가까이에서 듣고 해결해 줄 수 있도록 점차 많은 민원처리담당관들을 지역구로 내려보내고 있다.[33] 민원사항의 중요도나 복잡성에 따라 의원이 직접 행정부의 관리를 만나거나, 문제를 위원회에 회부하거나, 본회의 토론주제로 설정하기도 한다.

---

32) Oleszek, 앞의 책, 303 – 304쪽.
33) O'Connor and Sabato, 앞의 책, 221쪽.

## 5. 의원 1인당 보좌관의 수

하원의원은 18명까지 상근 보좌직원(full-time staffs)을 둘 수 있으며, 3∼4
명의 비상근 직원(part-time staffs)을 둘 수 있다.[34] 상원의원의 경우에는 상
한선이 설정되어 있지 않으며, 의원마다 고용하는 직원의 수가 다르다. 보좌
직원 운용비용은 전액 의회예산에서 지원되며, 지원 한도를 넘어서는 인원
에 대해서는 의원 개인이 부담한다.

상원의원의 경우 평균 40명의 보좌직원을 두는데 출신 주의 면적이나 인
구에 따라 약간의 차이가 있다. 지명도가 높은 의원의 경우 보좌관의 수가
50∼60명에 달하는 경우도 있다.

하원에서는 1950년대 초기에 의원 1인당 평균 4명, 1970년대 중반에는
의원 1인당 16명의 직원을 두고 있었다. 1990년대 초기와 그 이후에는 의원
1인당 16∼17명을 고용하고 있었다. 상원에서는 1950년대 초반 의원 1인당
평균 6명에서 1970년대 중반에는 의원 1인당 33명, 그리고 1990년대 이후
에는 상원의원 1인당 40명 내외를 고용하고 있다.[35]


## 제4절 학생보조원(페이지)


### 1. 개요

연방의회 하원에는 오래전부터 '페이지(page)'라고 불리는 학생 보조원을
두고 있다. 그들은 정식 보조직원은 아니지만 원내에서 의원들을 도와주는

---

34) 의원들은 또 보수가 지급되지 않는 대학생 인턴을 둘 수 있다.
35) Ornstein, Mann and Malbin, 앞의 책, 21쪽.

학생들이다. 주로 고등학교 남녀 학생들인 페이지는 의원실에 소속되어 잡무를 도와주면서 의회를 경험하는 일종의 급사이다. 그들이 주로 하는 일은 하원 내에서 사무실 간에 서류, 메시지, 편지를 나르는 일이다.

처음에는 '메신저(messenger)'라고 불리는 사람들이 이 일을 했으나 나중에는 13세 이상의 젊은 소년들이 이를 맡게 되었고 또 시간이 더 흐른 다음에는 소녀들까지 이 일을 하게 되었다.

소년들이 메신저와 급사로 처음 고용된 사례는 제20대 국회(1827~1829)에서였다. 당시 하원에는 3명의 '페이지(Pages)'와 8명의 '메신저'들이 일하고 있었다. 페이지들은 대부분 극빈자 가정 출신이거나 고아였다. 그들의 지위는 새로운 주가 연방에 가입할 때마다 또 새로운 페이지들이 들어올 때마다 상승되었다. 남북전쟁(1861~1865) 후에는 상하 양원에 각각 수십 명의 페이지들이 일하게 되었다.

페이지들은 각 의원이 지명하고 보증인이 되는데, 아무래도 다수당 쪽에서 고용하는 비율이 높다. 페이지 프로그램은 젊은 학생들이 현장에서 의회 경험을 쌓을 수 있다는 점에서 학생들 간에 인기가 있으며, 따라서 지원 경쟁률이 높은 편이다.[36] 현재 하원에는 약 70명의 페이지들이 일하고 있다.


## 2. 후생복지 및 교육

페이지들이 최초로 고용되기 시작한 시기에는 페이지들은 학교에 다니도록 강요받지는 않았다. 그런데 1925년에 가결된 강제학교출석법은 14세 미만의 소년들은 학교에 다니도록 의무화하였다. 의사당 페이지학교는 의사당 건물 지하에서 방 하나짜리 사립학교로 출범하여 하원 페이지, 상원 페이지, 그리고 대법원 페이지들을 모아 교육을 시켰다. 그 후 페이지의 수가 증가하면

---

36) http://www.sanate.gov.reference/reference_index_subjects/Pages_vrd.htm/(검색일: 2008.12.09)

서 학급 수도 늘어났고, 1932년에는 페이지학교 제1회 졸업생을 배출하였다.

1946년의 의회재조직법은 의회가 자금을 지원하여 상하 양원의 페이지들에게 무상교육을 하도록 했으며, 페이지학교는 1949년에 의회도서관의 제퍼슨빌딩으로 이전하였다.

1970년대까지 페이지들은 그들의 숙식을 스스로 해결해야 했고, 연방의회의 감독을 받지 않는 지방의 주택이나 아파트에 거주하기도 했으나, 1982년과 1983년의 개혁에 의해 그들의 숙식문제가 크게 개선되었다. 연방의회 내에 페이지위원회가 만들어져 페이지프로그램을 감독하기 시작했으며, 전문요원들과 식당 시설을 갖춘 공식 페이지기숙사도 문을 열었고, 페이지학교 교과일정도 개선되었으며, 건강관리 계획도 추가되었다.

하원 페이지들은 2001년까지는 오닐빌딩(O'Neil Building)에 거주하였다. 그리고 그 후에는 의사당 건물에서 몇 블록 떨어진 새로운 기숙사 시설로 이주하였다.


## 3. 페이지 구성원의 변화

### 1) 최초의 여성 페이지

사회변화와 함께 페이지의 구성원에도 변화가 있었는데, 1939년 1월 3일, 콕스(Eugene Cox) 하원의원의 14세 딸 진 콕스(Gene Cox)가 오랜 관습을 깨고 여성으로서는 처음으로 페이지가 되어 자신의 아버지 사무실에서 일하게 되었다. 소녀들이 항구적으로 페이지의 지위에 오를 수 있게 된 것은 1973년 5월에 오클라호마 주 출신 하원의장 칼 앨버트(Carl Albert)가 오클라호마 주 헤브너(Heavener, Oklahoma)의 펠다 루퍼(Felda Looper)를 페이지로 지명하면서부터이다.

## 2) 최초의 흑인 페이지

1965년 4월, 일리노이 주 스프링필드(Springfield, Illinois)의 프랭크 미첼
(Frank Mitchell)은 아프리카계 미국인으로서는 최초로 페이지 프로그램의 수
혜자로 정식으로 등록되어 일하였다.


## 제5절 의정활동 방송중계


### 1. 의정활동 중계의 의의

원내에서의 정치토론 현장을 텔레비전이나 라디오로 생중계할 것인가 하
는 문제는 의회민주주의를 원칙으로 하는 국가에서는 꽤 오랫동안 정치적
쟁점이 되어 왔다. 현재 연방의회는 상원과 하원의 텔레비전 생중계를 원칙
으로 하고 있다.


### 2. 연방의회의 의정활동 중계

상원은 1986년 2월 27일, 텔레비전 방송을 허용하는 결의안을 채택하였
다. 그리고 그해 6월 2일부터 본회의, 상임위원회, 소위원회 등 각급 조직의
회의와 청문회 광경이 방영되기 시작하였다.

하원은 상원보다 훨씬 앞선 1979년 3월에 방송중계를 시작하였다. 연방의
회를 전담 방영하는 방송(C-SPAN, Cable Satellite Public Affairs Network)
은 케이블 텔레비전으로 케이블 방송사들이 공동으로 출자하고 설립하여 경
영하는 연방의회중계방송국이며, 비영리 공영방송이다.[37]

본회의나 상임위원회 회의뿐 아니라 행정부나 국회관계 행사 중계도 하며 기자회견도 취재하고 있다. 또 독자적으로 정치 토론회, 좌담회, 대법원 판결 등에 대한 정기프로그램도 제작하고 있다.

1986년에는 C-SPAN Ⅱ를 창설, 이제까지 하원만 중계하던 것을 상원으로까지 확대시켰다. 서비스의 제작은 의회 중계 부문은 국회 사무처 직원이 담당하며 그 영상과 음성을 모든 보도기관에 무료로 제공하고 있다. C-SPAN도 이를 받아 통신위성으로 전국의 케이블 텔레비전 사업자에게 배선하는 것이다.

다른 뉴스전문 케이블 텔레비전인 CNN이나, ABC, NBC, CBS 등 3대 TV 등도 의회를 생중계할 수 있다. 텔레비전은 발언자에게만 초점을 맞추어야 한다는 규정이 있다.

## 제6절 청문회

### 1. 청문회 제도의 의의 및 기능

#### 1) 제도의 의의

청문회는 어떤 현안이나 정책 사안 혹은 사건·사고에 대한 결론을 내리기 위하여 관련자들로부터 찬성 혹은 반대 주장이나 그러한 주장을 뒷받침하는 진술(증언)을 듣는 회의체 공간이다. 연방의회는 법률안 심사, 예산 심의, 행정부 감시·감독 등 특정사안에 대한 조사 등의 활동을 함에 있어 판단의 기초가 되는 정보나 자료를 확보하기 위하여 수시로 청문회를 개최한다.

---

37) http://www.c-span.org/

## 2) 기능

### ▷ 행정 감시·감독 기능

연방의회는 청문회 활동을 통하여 행정부의 정책수립 및 예산집행에 대해 조사하고 감독한다. 진상(진실) 규명을 위한 조사활동은 행정부에 대한 압박 수단으로 작용하기도 하며 경우에 따라서는 의회 지도부의 권한이 강화되기도 한다.

### ▷ 정보 수집 및 분배 기능

청문회는 의원의 입장에서 볼 때 사회적 현안 및 행정집행과 관련한 최신의 지식과 정보를 얻을 수 있는 공간이기도 하다. 이런 의미에서 청문회는 정보가 수집되고, 분석되어 분배되는 '정보·지식의 공간'이라고 할 수 있다. 국민의 여론이 청문회 공간에서 수렴되어 행정부에 직·간접적으로 전달되고 정책수행에 반영되기 때문이다.

### ▷ 역량 평가 및 홍보 기능

연방의회는 청문회를 통해 중요한 쟁점들을 국민에게 알리고 또 여론을 파악하는 계기로 삼는다. 연방의회는 청문회를 활용하여 특정 법안에 대한 지지나 반대의 정도를 측정하거나, 행정부 담당자들의 역량을 평가하고, 위원장이나 소속 위원들의 역할을 홍보하는 공간으로 인식한다.[38]

### ▷ 국가예산 절감 기능

청문회를 통해서 행정부가 계획하고 있거나 진행하고 있는 사업에 대한 타당성, 합리성 등을 사전 혹은 사후에 점검하여 낭비요인을 제거한다. 혹시

---

38) Olszek, 앞의 책, 95쪽. 한편에서 행정부처의 고위 관료는 위원회가 개최하는 청문회를 통하여 행정부의 정책방향을 제시하고 의회의 의중을 떠보는 공간으로 활용하기도 한다.

라도 발생하게 될지 모르는 오류를 사전에 탐지하고, 비생산적이거나 불요
불급한 사업을 감소시킴으로써 국가예산을 절감하고 효율적으로 사용될 수
있도록 한다.

▷ 공직자 검증 기능

인준청문회는 대통령이 지명하는 고위 공직자에 대하여 그 인사의 적정
성, 지명을 받은 인사의 국가관, 사명의식, 자질, 업무 수행능력, 윤리 등을
검증한다.

## 2. 청문회의 목적

청문회를 개최하는 목적은 세 가지이다. 첫째는 진실규명, 둘째는 정보·
자료 확보, 셋째는 유사 사건·비리·정책 오류의 사전 탐지 및 예방이다.

### 1) 진실규명

청문회는 그것이 감독청문회이건 조사청문회이건 청문회의 명칭이 어떠하
건 간에 대상이 되는 사안에 관한 진실을 규명하고 올바른 정보를 수집하기
위하여 최선의 노력을 다한다. 사실관계 확인은 위원회 또는 원(院)의 최종
의사결정을 함에 있어 기본적인 판단자료가 된다.

현안 또는 사회적으로 문제가 되고 있는 사안에 대한 진실규명을 통하여
궁극적으로 국가이익을 증대시킨다.

청문회의 이러한 목적을 달성하기 위하여 증인에게 제한적으로 면책특권
을 제시하여 진실을 이끌어 내기도 한다. 증인이 범죄에 가담한 공범이거나
동조자인 경우에 죄를 감면해 주는 조건으로 진실을 진술해 줄 것을 유도하
는 것이다. 여기에서 처벌보다는 진실규명을 우선시하는 연방의회 청문회의

취지와 자세를 볼 수 있다.


## 2) 정보·자료 확보

보다 나은 법률을 제정하거나, 현행 법률을 개정하는 것이 공익에 도움이 된다고 판단되면 연방의회는 언제든지 청문회를 개최한다. 그리고 새로운 법률 제정이 필요한 것인지 아니면 기존 법률의 집행방식을 변경하는 것이 바람직한지를 결정하게 된다.

청문회에서 다루어지는 안건은 법률 집행에 관한 행정감독기능을 수행함에 있어 필요한 일반 의안을 비롯한 조약안, 임명동의안, 선전(宣戰)·강화(講和)사항 및 기타 안건 등이다. 청문회는 이러한 안건에 대하여 필요한 자료 혹은 정보를 수집, 획득하기 위하여 정치인, 행정 관료, 이익집단 대표, 학자, 전문가, 기타 필요한 사람들을 위원회의 증인으로 출석시켜 사실관계를 진술하고 의원들의 질의에 응답게 함으로써 입법 활동에 필요한 관련자료를 수집한다.


## 3) 유사 사건·비리·정책 오류의 사전 탐지 및 예방

정책 집행 과정에서 실수나 실책은 할 수 있지만 유사한 실수, 실책 혹은 정책 오류를 반복해서는 안 된다는 것이 청문회를 개최하는 취지의 한 부분이다. 향후 유사한 사건이나 비리, 정책 오류가 발생하지 않도록 방지하는 것은 연방의회의 행정부에 대한 중요한 견제 및 감독기능의 하나이다.

청문회를 개최한 각 위원회는 청문회 결과 보고서를 작성하여 널리 알리고 있다.

# 3. 청문회의 종류

연방의회의 청문회는 개최 목적이 무엇인가에 따라 입법청문회, 감독청문회, 조사청문회, 인사청문회 네 가지로 분류된다.

## 1) 입법청문회(legislative hearing)

새로운 법안을 만들거나, 현안을 해결하기 위하여 혹은 현행 법률 내용을 검토하여 수정을 가하기 위해 개최하는 청문회이다.

중요하다고 판단되는 모든 법률안에 대해 입법청문회가 이루어지고 있으며, 이 과정에 여러 학식 경험자, 이해관계자, 시민단체, 정부당국자들의 의견과 입장이 반영되고 그 내용이 조정되고 있다. 입법에 관련된 사실관계를 확인하거나 정보를 수집하기 위해 수시로 입법청문회를 개최하고 있다.

## 2) 감독청문회(oversight hearing)

연방의회가 행정부의 활동을 감시·감독하는 데 있어 필요한 정보를 획득하기 위해 개최하는 청문회이다. 행정부의 법률 집행이 당초의 입법취지에 부합하도록 하고, 행정부에 의한 정책수립 및 사업 전개가 공공의 이익을 최우선시하는 것이 되도록 지도하고 권면하는 청문회이다.

행정부의 국가정책과 행정부 관료들의 행위에 초점을 맞추는 감독청문회는 주로 행정부 활동의 효율성, 경제성, 합리성을 점검하고 동시에 이를 촉진하기 위해 실시된다. 연방정부의 정책집행 내용이 부실하거나 비효율적인 것으로 판단되면 해당 위원회는 그 정책의 추진에 대해 부정적인 입장을 밝혀 행정부의 사업 집행에 제동을 걸 수 있다.

## 3) 조사청문회(investigative hearing)

미국헌법상 의회의 조사권에 관한 명문 규정은 없지만 연방의회는 건국 초기부터 관행적으로 국정에 관한 조사권을 행사해 왔다.

조사청문회는 감독청문회의 결과 드러난 행정부의 비리, 예산남용, 정책 오류 등에 대한 내용을 보다 구체적으로 조사하기 위해 개최하는 경우가 많다.[39] 사안에 대한 집중적인 조사를 위해 개최하는 청문회이다.[40]

관료 또는 법인이나 개인의 부정부패, 비리 등의 의혹이 제기되거나 추정될 때 연방의회는 조사권을 발동하여 청문회를 개최한다.

## 4) 인준청문회(confirmation hearing)

인준청문회의 법적 근거는 '대통령은 임명하고, 상원은 인준한다.'고 하는 헌법 제2조 제2절 2항에 있다.[41] 1787년 헌법회의에서 고위 공직자에 대한 의회(상원)의 인준권을 규정함으로써 미국에서 처음으로 인준청문회가 시행되었다. 헌법을 제정할 당시 연방정부 공직자들의 임명 권한을 대통령에게

〈표 9-13〉 청문회의 종류

| 종 류 | 내 용 | 주체 |
|---|---|---|
| 입법청문회 | 법률 제정이나 개정을 위한 입법 사전단계에서 실시되는 청문회로서, 이해관계인이나 학식, 경험이 풍부한 전문가의 의견이나 증언을 들어 사실을 확인하고 정보를 수집한다. | 상원/하원 |
| 감독청문회 | 행정부에 대한 감시감독 기능을 행사하는 데 필요한 정보를 획득하기 위해 행하는 청문회로서, 국가정책, 행정부 관료들의 행위 등에 초점을 맞추고 있다. 주로 정부활동의 효율성, 경제성, 합리성을 점검하고 촉진하기 위해 실시한다. | 상원/하원 |
| 조사청문회 | 특정 사건이나 사안에 대한 진실규명을 위해 행하는 청문회로서, 청문과정에서 노출되는 새로운 사실의 발견이나 확인, 증거 확보, 정보 제공 등을 통하여 행정의 능률적인 집행을 촉진시키고 입법에 필요한 자료나 정보를 찾는다. | 상원/하원 |
| 인준청문회 | 고위직 공무원 후보자에 대한 자질, 능력, 도덕성 등을 사전에 심사하기 위해 행하는 청문회로서, 국회가 당사자로부터 진술 또는 설명을 청취하고 필요한 경우 증인이나 참고인으로부터 증언 진술의 청취, 기타 증거를 채택한다. | 상원 |

---

39) 워터게이트 사건, 이란 콘트라 사건 등 주요 사건 대부분은 조사청문회를 통해 진상이 규명되었다.

40) Oleszek, 앞의 책, 95쪽. 조사청문회는 감독청문회와 함께 한국의 국정조사 성격을 갖는 청문회이다.

41) 이 밖에도 상원과 하원의 의사규칙에 인준청문회 세부절차가 규정되어 있다.

줄 것인가, 아니면 각 주 정부를 대표하는 상원의원들이 맡아야 하는가를 놓고 논란이 벌어졌는데 결국 대통령이 지명하고 연방 상원에서 이를 인준하는 것으로 절충이 이루어졌다.

대통령이 고위공직자를 지명하게 되면 그 지명의 타당성 여부를 심사하기 위해 개최되는 것이 인준청문회인데, 여기에서는 고위공직 후보자들에 대한 과거 행적, 능력, 사명의식, 윤리 등에 대하여 철저한 검증을 행한다. 이 청문회는 헌법상 상원에 부여된 대통령에 대한 '조언과 동의(advice and consent)'의 책임을 완수하기 위하여 개최되는 것이다.

청문회를 거쳐야 하는 공직자는 6,000여 명이며, 이 중 대부분은 형식적인 절차를 거쳐 인준을 받지만 각료 지명자, 행정부 고위관료, 연방검사, 대사 등 600여 명은 철저한 검증을 거친다. 차관보급 이상 장관까지의 고위직, 연방 대법관, 연방검사, 연방수사국(FBI) 국장, 중앙정보국(CIA) 국장, 군 고위 장성, 그리고 대사 등의 외교사절은 반드시 상원의 인준청문회를 거쳐야 한다.


## 4. 청문회 진행 단계

청문회는 준비, 실행, 그리고 사후처리의 세 단계 절차를 거쳐 실시된다.


### 1) 준비단계

청문회의 가장 중요한 과정이 바로 준비단계이다. 이 단계에서 정확하고 자세한 정보와 자료, 진술을 확보하느냐 하지 못하느냐에 따라 청문회의 성패가 갈리기 때문이다. 물론 청문회 진행과정에서 새로운 사실이나 진술이 나오기도 하지만 대부분 준비단계에서 사안에 대한 평가가 어떻게 내려질 것인가 하는 것을 알 수 있다.

청문회의 주제 혹은 의안과 관련된 자료, 정보를 수집하는 이 단계에서는 사안의 범위 논의, 일정 수립, 청문회 공고, 증인 선택 및 증언 진술 순서와 형식 결정, 위원들의 질문 및 증인 신문 시 참고할 요점 자료 등을 준비하고 정리한다. 위원회 직원들은 증인을 면담하고, 연구 및 기록물을 수집하며, 위원들이 청문회에서 사용할 수 있는 질의 사항을 준비하는 한편, 청문회 중계방송에 관한 사항, 청문회 장소 준비 등 행정적인 준비에도 만전을 기한다.[42]

의회는 청문회에 앞서 정보공개법에 의거하여 행정기관이나 연방의회 내의 주요 조사 및 연구, 예산 및 재정 관련 기관에 대해 자료를 요청할 수 있다.[43] 이 정보공개법은 국가기밀에 해당하는 일부를 제외하고는 공식문서와 비망록 메모까지 공개하도록 함으로써 자료제출 거부나 은폐를 원천적으로 봉쇄하고 있다.


## 2) 실행단계

청문회의 개최시기, 증인선정 등은 해당 위원회에서 결정하며, 청문회를 주관하는 위원장은 개회사에서 청문회의 주제를 밝혀야 한다.

위원회는 본회의에의 보고 여부, 의안수정 여부 등을 결정할 때, 표결을 진행할 때, 또 다수결로 비밀회의 개최를 결정했을 때를 제외하고는 청문회를 공개한다.

위원장은 필요에 따라 행정부 관리, 이익집단의 대표, 시민, 기타 각계의 전문가 등을 증인으로 불러 법안 혹은 특정사안에 대한 진술, 참고의견을 청취한다.

청문회는 보통 공개리에 진행되기 때문에 일반 시민의 방청, 기자의 사진

---

42) Oleszek, 앞의 책, 91쪽. 의회는 청문회 진행 전에 위원회 직원이 증인으로부터 증언을 채취할 수 있는 권한을 인정하고 있으며, 청문회 진행 중에도 직원이 직접 신문할 수 있도록 하고 있다. 의회 직원들에 의한 증언채취는 비공개적으로 이루어진다.

43) 예를 들면 의회도서관 입법조사국(CRS)은 청문회를 계획하고 조종하며, 청문회를 전후하여 관련 안건에 관한 배경과 정책적인 연구를 행하며, 외부 전문가를 청문회의 증인으로 추천하기도 한다. 또 청문회 사전 준비를 위해 지정을 받은 상원 혹은 하원의 위원회는 의회가 배정해 준 특별예산으로 조사반을 구성하는데 조사반에는 수사관, 전직 검사와 같은 외부 전문가들이 함께 참여하기도 한다.

촬영, 취재, 텔레비전의 현장 반영이 허용된다.[44] 단, 국가안보에 관련되거나 의원 규칙에 위반된다고 판단되는 사항에 관해서는 비공개로 진행된다.

또 청문회에서의 증언이나 제시된 증거가 특정인에 대한 명예훼손 또는 비방받을 우려가 있다고 주장하거나, 증인이 자신이 청문회에 제공하려는 증언증거가 자신에게 불리하게 작용할 우려가 있다고 주장하는 경우에는 과반수의 위원이 참석한 회의에서 논의하여 공개·비공개 여부를 결정한다.[45]

인준청문회인 경우라면 상원의 각 상임위원회에서 이루어지는데 위원들은 위원회소속 조사관들이 준비한 자료와 언론, 시민단체에서 제기한 문제들을 토대로 지명자를 검증한다. 청문회에 참석한 공직후보자들이 불성실한 답변 태도를 보이면 법무부에 의한 기소를 요구할 수 있는 등 사법처리가 가능하다.

### 3) 사후 처리단계

청문회가 종료되면 위원회는 보고서를 작성하며, 본회의 제출 여부를 결정한다. 상임위원회는 본회의 보고, 본회의 보고 보류, 심의 지연, 인준거부나 동의 등 네 가지로 결론을 낸다.

인준청문회라면 바로 공직 후보자의 지명에 대한 승인 혹은 거부가 결정된다. 상임위원회가 인준을 동의하면 상원 본회의에서 찬반표결로 인준 여부를 결정한다. 철저한 검증을 거치다 보니 인준청문회를 거쳐 공직에 임용된 공직자들 중 나중에 문제가 되는 사람이 거의 없다는 점에서 인준청문회의 진가를 알 수 있다.

---

44) 연방의회에서는 본회의의 텔레비전 중계 및 사진촬영을 금지해 왔으나, 국민의 대표기관인 입법과정이 국민들에게 알려져야 한다는 논의가 있어 하원에서는 1977년 10월 원내에 텔레비전을 설치하는 결의안(하원결의 866호)이 채택되어, 1979년 1월 의사규칙이 개정되고 동년 3월부터 본회의 텔레비전 방영이 시작되었다. 상원에서는 1986년 2월 결의안(상원 결의 28호)이 채택되어 텔레비전 방영이 시작되었다.

45) 하원 의사규칙 제11 의사규칙 k항 참조(제109대 국회). 그런데 비공개로 진행되는 청문회는 의원과 증인 간에 솔직한 의견교환이 이루어지는 장점이 있으나, 일반시민의 정치적 무관심과 심의공정성의 결여, 그리고 다른 위원회 소속 의원들에게도 그 내용파악을 어렵게 만드는 등의 단점이 있다. 1946년의 의회재조직법은 이 같은 비밀청문회의 결점을 보완하기 위해 위원회 청문회의록과 보고서가 본회의에 송달된 지 3일이 경과하지 않으면 양원 본회의는 예산안을 토의할 수 없다고 규정한 바 있다.

인준청문회 결과 지명에 대한 승인이 거부된 사례도 적지 않다. 예를 들면 민주당이 다수당인 제100대 국회(1987~1989) 상원 법사위원회에서 로버트 보크(Robert Bork)의 연방대법원 판사직 지명이 거부되었고,[46] 제101대 국회(1989~1991)에서는 존 타워(John Tower) 상원의원의 국방장관 지명이 거부되기도 하였다.

## 5. 청문회 주체, 기간 및 증인

### 1) 주체

청문회의 주체는 상원의 각 상임위원회이다.[47] 상임위원회는 각각 별도의 기준을 갖고 청문회를 개최한다. 서면조사와 청문회를 병행하는데, 청문회는 횟수에 제한 없이 실시된다.

각 상임위원회에는 소위원회가 구성되어 있는데, 상임위원회와 그 소위원회가 청문회 활동을 행하고 있다. 청문회는 본회의의 개회, 휴회, 산회 중에도 적절한 장소와 시각에 위원회 및 소위원회가 청문회를 개최할 수 있다.

### 2) 청문회의 기간

청문회에는 특정한 기간이 설정되지 않는다. 진실규명을 위해 시행하기 때문에 만족할 만한 수준에 도달할 때까지 계속된다. 사안에 따라 기간을 조정할 수 있다.

앞에서도 언급한 것처럼 사전준비단계에서의 정보·자료·진술은 매우 중요하기 때문에 주체가 되는 위원회 혹은 소위원회는 충분한 사전준비기간

---

46) 연방법원 판사를 임명하는 마지막 단계는 상원 본회의이다. 상원 법사위원회가 인준청문회를 열어 그 결과를 보고하면 상원 본회의는 이에 대해 승인을 하게 된다.
47) 특별위원회 등 여타의 위원회도 청문회를 개최할 수 있다.

을 갖는다.[48)

### 3) 증인

청문회에 출두하는 증인은 헌법상의 권리에 관한 자문을 얻기 위해 변호인을 대동할 수 있다. 증인이 위원회규칙 및 의사규칙에서 정한 관련 항목의 사본을 요청하는 경우, 증인에게 이를 제공해야 한다. 증인은 자신의 기본권을 보장받기 위하여 증언을 거부할 수 있다.


## 6. 청문회 주요 사례

### 1) 이란 - 콘트라 청문회

▷ 청문회 개요

레이건 행정부는 레바논의 이슬람 무장단체에 납치된 미국인을 구하기 위해 적대국인 이란에 무기를 판매하고 그 대금으로 니카라과의 콘트라반군(Contra 叛軍)을 지원하였다. 그러던 중 니카라과에서 미국 화물기가 격추되고 곧이어 미국이 비밀리에 이란에 무기를 판매한다는 보도가 나오자 연방의회에서 사건의 진상을 파악하고자 양원 합동으로 청문회를 개최하였다.

▷ 사건 발생

1980년대 초반 8명의 미국인이 레바논에서 이슬람교도들에 의해 납치되는 사건이 발생하였다. 레이건 미국 대통령은 인질을 구출하기 위하여 중앙

---

48) 2001년 말에 시작된 엔론 청문회는 10개월 이상, 워터게이트 청문회는 1973년~1974년에 걸쳐 9개월 이상, 이란 콘트라 게이트 청문회는 15개월, 클린턴 대통령의 주지사 재임 시절 비리의혹을 다룬 화이트 워터 스캔들 청문회는 9개월 동안 계속되었다. 이란 콘트라 청문회(1987년)는 준비기간만 4개월이 소요되었으며, 15개월 동안 진행되었다.

정보국(CIA)으로 하여금 이라크와 전쟁 중인 이란에 대해 비밀리에 무기를 판매하기로 결정하였다. 레이건은 이러한 무기판매가 인질 석방에 유리한 환경을 조성해 줄 것이라고 기대하였다. 무기판매에 대해 조지 슐츠 국무장관과 캐스퍼 와인버거 국방장관이 반대하였지만, 존 포인덱스터 국가안전보장회의 자문위원과 그의 부하 올리버 노스 중령이 무기판매 임무를 맡아 수행하였다.[49]

그러던 중 1986년 10월 5일, 니카라과 정부군이 콘트라(Contra) 반군(叛軍)을 지원하는 미국 화물기 한 대를 격추하였다.[50] CIA에 의해 고용된 이 화물기에는 콘트라 반군에게 건네줄 군수물자가 실려 있었다.[51]

11월 3일, 레바논의 한 신문이 미국정부가 비밀리에 이란에 무기를 판매하고 있다고 보도하였다.[52] 3일 후인 11월 6일 레이건 대통령은 이란에 무기를 판매한 사실을 부인하였다. 그리고 일주일 후인 11월 13일 레이건 대통령은 이란에 무기를 판매하기는 하였으나 무기판매의 목적이 억류되어 있는 미국인 인질을 구하기 위한 것은 아니었다고 언급하였다. 11월 25일 백악관은 이란에 판매한 무기 대금이 니카라과 콘트라 반군 지원에 사용되었다고 시인하였다.

레이건 대통령은 12월 19일 로렌스 월시(Lawrence Walsh)를 이 사건을 담당할 특별검사로 임명하였다.[53]

---

49) Susan Welch 외, 앞의 책, 340 – 341쪽.

50) 당시 미국정부는 공산정권인 니카라과에 대한 승인을 거부하고 있었으며, 대신 반정부군인 콘트라 반군을 지원하고 있었다.

51) 중앙정보국(CIA)은 특정 정부 부서와 기관의 첩보 활동을 조정하고, 국가 안보와 관련된 첩보 정보들을 수집, 평가하며, 대통령직속의 국가안전보장회의(NSC)에 자문을 제공한다.

52) 미국정부는 레바논에 억류된 미국인 인질 석방을 위해 이란이 중재자로 나서는 것을 대가로 이란에 미사일을 판매하였다. 무기 거래 과정에서 인질들이 풀려나기 시작하였다. 이는 당시 이란은 미국의 무기수출 금지 대상국으로 묶여 있었던 것과 인질 석방을 위해 테러범들과 흥정하지 않는다는 당시 미국 외교의 원칙을 어겼다는 점에서 파문을 일으켰다.

53) 연방의회는 1978년 '특별검사 임명법'을 제정하여 시행해 오고 있다. 이는 국회의원이나 국회직원들만으로는 조사활동에 한계가 있다고 판단하여 취한 조치이다. 이후 조사활동은 특별검사가 전담하고 있다. 특별검사는 조사를 위해 연방수사국(FBI)과 국세청(IRS) 및 관세청 직원들을 차출할 수 있으며, 별도의 수사검사를 고용할 수 있다. 이렇게 특별검사에게는 충분한 조사기간, 예산, 기관 간 협조, 전문 인력 등 조사환경이 제공된다.

상원은 1987년 1월 6일 '이란과 니카라반군에 대한 비밀군사지원특별위원회'를 구성하고, 다니엘 이노우에(위원장)를 포함한 민주당 소속의원 6인과 공화당 위원 5인 등 11인을 포함시켰다. 다음 날인 1월 7일 하원도 상원과 동일한 명칭의 특별위원회를 구성하고 리 해밀턴(위원장)을 포함, 하원위원장, 민주당 위원, 공화당 위원 등 15인을 포함시켰다.

사전준비를 마친 연방의회는 진상 파악에 나서 3월 5일에 청문회를 시작하였다. 3월 6일에는 리처드 세코드(올리버 노스 지휘 아래 콘트라 지원과 이란무기판매를 주도한 인물)로부터 개인적 이익이 아닌 애국적인 견지에서 활동하였다는 증언이 있었다. 이에 청문회는 레이건 대통령이 이 사건에 개입하였느냐 하는 데에 조사의 초점을 맞추었다.

7월 7일부터 일주일간 올리버 노스(Olover North)의 증언이 있었다. 그리고 7월 15일부터 7월 21일까지 노스의 상관이며 전직 국가안전보장회의 자문위원인 존 포인덱스터의 증언을 청취하였는데 그는 대부분 기억이 나지 않는다며 청문을 피해 갔다.

윌시 검사는 레이건 정권과 부시(George H. W. Bush) 정권으로부터 온갖 압박을 받아 가면서도 수사를 강행하였으며, 1988년 레이건 대통령의 안보보좌관 존 포인덱스터, 롭트 맥팔레인 및 올리버 노스 국가안보회의 보좌관 등 핵심 관련자들을 기소하였다.

청문회를 마친 연방의회는 11월 18일 이란-콘트라 보고서를 발간하고, 이번 청문회는 실패라고 결론지었다. 실패한 이유로는, 중요 증인인 케이시 CIA 국장이 사망하였고, 국가안전보장회의 직원들이 1986년 가을 관련 서류들을 파기하여 불법행위를 입증하기 어려웠기 때문이라고 밝혔다. 와인버거 국방부 장관을 포함한 관련자에게 벌금과 금고형이 선고되었으나, 조지 H. W. 부시 대통령은 1992년 12월 24일 이들 관련자 모두를 사면 조치하였다.

## 2) 워터게이트 사건 청문회

▷ 청문회 개요

닉슨 대통령 측근의 지시를 받은 일단의 인물들이 닉슨의 재선을 위한 공작의 일환으로 워싱턴 디시의 워터게이트 건물에 있는 민주당 본부에 침입하여 도청장치를 설치하려다가 경찰에 의해 체포되었다. 처음에는 단순한 절도사건으로 처리되었으나 언론의 추적과 내부 고발자에 의해 절도사건이 아니라 정치사건임이 밝혀지자 연방의회가 청문회를 개최하여 사건의 전말을 밝혔다. 하원에서 탄핵안 처리를 앞둔 시점에서 닉슨 대통령이 사임하였고, 대통령직을 승계한 포드 대통령이 닉슨을 사면함으로써 결말이 지어졌다. 이를 워터게이트(Watergate) 사건이라고 한다.

▷ 사건 발생

1972년 6월 17일 오전 2시 30분 워싱턴 디시 포토맥 강변에 있는, 사무실·아파트·호텔로 사용되는 다용도 건물인 워터게이트 빌딩에 입주해 있는 민주당 전국위원회 본부 사무실에 침입한 5명의 남자가 출동한 경찰관에 의해 절도혐의로 체포되는 사건이 발생하였다.

이 사건은 1972년의 대통령선거가 본격적으로 시작될 무렵에 발생하였다. 당시 민주당에서는 상원의원 조지 맥거번이 대통령후보에 지명될 것이 예상되었고, 공화당에서는 현직인 닉슨 대통령의 재출마가 유력시되던 때였다.

그들이 체포된 지 5일 만인 6월 22일, 5명과 전 백악관 보좌관 E. 하워드 헌트 2세, 그리고 닉슨 대통령 재선위원회 법률고문인 G. 고든 리디는 가택침입죄와 도청죄로 고발되었다. 그리고 이날 닉슨 대통령은 워터게이트 절도사건과 백악관은 아무런 관계가 없다고 공식 발표하였다.

그해 11월에 실시된 대통령선거에서 민주당은 워터게이트 사건을 닉슨의 공작정치와 연계시켜 공격하였으나 큰 효과는 보지 못하고, 공화당 후보인 닉슨은 민주당의 맥거번 후보를 물리치고 재선되었다.


▷ 언론의 추적과 재판

1973년 1월 8일, 워싱턴 디시 연방지방법원은 5명의 피고 모두에게 무단 주거침입 및 절도죄를 인정하는 판결을 내렸다. 수석판사인 존 J. 시리카 판사가 이들 7명 모두를 심리하였다. 이들이 체포된 때부터 재판받을 때까지의 몇 개월 동안 닉슨 대통령과 그의 보좌관들은 행정부의 어느 누구도 이 사건에 관여하지 않았다고 주장하였다. 그러나 집요할 정도로 이 사건의 의혹에 대해 사실관계를 추적해 온 '워싱턴 포스트'를 비롯한 일부 언론에서 행정부가 이 사건에 연루되었다는 기사를 발표하기 시작하였다.[54]

재판을 주재한 시리카 판사는 피고인들에게 중형을 선고하였다. 그는 재판과정에서 사건의 전모가 드러나지 않았다고 보고 중형을 선고받은 피고인 중 누군가는 형량을 줄이기 위하여 진실을 고백할 것으로 판단하였다.[55] 그리고 3월 23일 그때까지 침묵을 지키던 피고인 제임스 맥코드가 사건의 전모에 대하여 증언하겠다고 시리카 판사에게 알렸다.


▷ 상원, 청문회 개최

상원은 1973년 2월 7일 사건조사를 위해 결의안을 채택하고 청문회 개최에 나섰다. 노스캐롤라이나 주 출신 민주당 상원의원 샘 어빈(Sam J. Ervin, Jr.)을 위원장으로 하는 '상원 대통령선거운동행위특별위원회'를 구성하였는데, 이 위원회는 3월 17일 청문회를 시작하였으며 3월 28일에는 제임스 맥코드의 비공식 증언을 청취하였다. 5월 18일 맥코드의 정식 증언이 있었는데, 백악관 관리와 5명의 잠입자에 대한 자금공급을 논의했다는 내용이었다. 또 민주당

---

54) 워싱턴포스트지의 밥 우드워드 기자와 칼 번스타인 기자는 '딥 스로트(Deep Throat)'라는 익명의 고위 관리의 결정적 제보에 따라 집요하게 사건을 추적, 리처드 닉슨 당시 대통령이 도청을 지시했음을 밝혀냈다. 사건 당시 워싱턴 포스트 기자들에게 정보를 제공한 '내부 고발자(Whistle Blower)'는 윌리엄 마크 펠트 전 연방수사국(FBI) 부국장임이 2005년 6월 밝혀졌다.
55) 장호순, 앞의 책, 48쪽.

전국위원회 사무실에 도청장치를 설치하는 계획이 있었다고도 증언하였다.

닉슨 대통령은 5월 22일 담화문을 발표하고 처음으로 백악관이 워터게이트 빌딩 침입 및 사건은폐기도에 관련되어 있다고 시인하였다.

6월 25일의 청문회에는 백악관 직원 존 딘(John Dean)이 증인으로 출석했는데 그는 자신을 포함하여 미첼, 할데만, 얼리치만, 그리고 맥그루더가 민주당 사무실 잠입에 대해 알고 있었고, 백악관 고위직이 이 사건을 은폐하는 작업에 관여했다고 증언하였다.[56] 닉슨의 개입을 증언한 사람은 존 딘 한 사람이었는데 1973년 7월 13일 전직 백악관 직원 버터필드가 닉슨 대통령이 백악관에 도청장치를 설치해 놓고 있었으며 대통령직무실에서의 대화 내용이 녹음된 테이프가 존재한다고 폭로하였다.

동 특별위원회와 콕스 특별검사는 즉시 조사와 관련된 테이프를 제출하라고 요구하였고, 나중에 연방대법원에서도 테이프를 제출하라고 결정하였다.[57] 이때 제출된 테이프의 사본에 의해 닉슨 대통령이 개입되었음이 밝혀졌다.

이 청문회에는 37명의 증인이 공식 증언을 하였고, 수백 명의 다른 증인들이 선서 없이 위원회 직원에게 비공식 증언을 하였다.


▷ 하원, 대통령 탄핵 결정

1974년 5월 하원 법사위원회에서 정식으로 대통령에 대한 탄핵이 논의되기 시작했고, 7월에 동 위원회에서 탄핵을 결정하였다. 1974년 8월 9일 닉슨 대통령은 본회의에서 탄핵이 결정되기 전에 사임하였고, 사건 관련자들은 2년 6개월에서 8년까지의 금고형에 처해졌다.

그리고 1974년 9월 8일 후임자인 포드 대통령은 닉슨에 대해 무조건적인 사면을 행하였고, 이 사건은 종료되었다.

---

56) 닉슨 대통령은 1973년 4월 홀드먼 보좌관, 에릭먼드 보좌관, 딘 법률 고문 등을 사임시켰다. 그리고 1973년 5월 아치볼드 콕스가 특별검사로 임명돼 사건의 전모와 은폐 의혹을 규명하였고 이 과정에서 콕스는 백악관의 보복을 받아 파면되었다.

57) 특별검사(Special Prosecutor)는 워터게이트 사건 당시 최초로 임명되었다.

▷ 청문회 활동

1973년 대통령선거운동에 관한 상원 특별위원회(Senate Select Committee on Presidential Campaign Activities)는 워터게이트 사건에 대한 철저한 조사 활동에 나섰다. 이 청문은 대통령의 대화를 녹음한 테이프의 제출을 둘러싸고 닉슨 대통령과 법원 사이의 법률적인 대립을 불러왔다. 증인들은 텔레비전 카메라 앞에서 심문받았으며, 이로 인하여 닉슨 대통령의 인기는 급락하게 되었다. 그 어느 청문회보다도 워터게이트 청문회는 행정부의 내부적인 운영 실태를 파헤치고, 백악관 내부의 정치적 책략을 밝혀냈다.

또한 위원장인 샘 어빈(Sam Ervin, Jr.), 부위원장인 하워드 베이커(Howard Baker) 등 의원들이 언론에 의해 부각되기도 하였다. 워터게이트 청문회는 5개월에 걸친 준비기간, 9개월 정도의 기간 동안 진행되었다.

1973년 7월 로버트 드리난(Robert F. Drinan) 의원은 닉슨 대통령에 대한 탄핵안을 하원에 제출하였다. 그리고 그해 10월 하원의 법사위원회는 닉슨 대통령에 대한 탄핵을 정식으로 논의하기 시작하였으며, 1974년 7월에 동 위원회는 닉슨 탄핵안을 채택하였다.


▷ 닉슨 대통령 사임

하원 법사위원회에서 대통령 탄핵 결의가 가결됨에 따라 닉슨 대통령은 미국 역사상 최초로 대통령직을 사임하였다.

1974년 8월 4일, 닉슨은 워터게이트 사건의 은폐에 사실상 관여했으며 사건 발생 후 수일 사이에 수사의 범위를 백악관까지는 확대하지 말도록 연방수사국(FBI)에 지시했었다는 사실을 털어놓았다. 이러한 사실의 폭로로 의회와 미국 전역에서 지지를 상실하게 된 닉슨은 8월 8일 밤 사퇴 성명을 발표했고 부통령인 제럴드 포드가 대통령직을 승계하였다. 닉슨 대통령이 사임함으로써 본회의에 탄핵안이 상정되지는 않았다.

포드 대통령은 닉슨의 재임기간 중 닉슨의 범죄사실에 대해 사면 조치를 취함으로써 이 사건은 일단락되었다.

▷ 워터게이트 청문회 이후

베트남전쟁 이후 증대되기 시작한 연방의회의 행정부에 대한 불신은 행정수반인 닉슨 대통령이 연루된 워터게이트 사건을 계기로 증폭되었다. 이 사건은 행정부에 대한 의회의 견제, 연방의회의 기능과 역할, 그리고 연방의회와 대통령 사이의 권력관계를 재조명하는 계기가 되었다.

# 참 고 문 헌

## 1. 한국어

강승식, 『미국에서의 권력분립원리』(파주: 한국학술정보, 2005).

강승식, 『미국헌법학 강의』(서울: 궁리, 2007).

강주진, 『미국정당정치연구』(서울: 동서문화사, 1983).

국회사무처 의사국, 『미국의회 의사규칙』(서울: 국회사무처, 2007).

국회운영위원회, 『의회대사전』(서울: 국회사무처, 1992).

권용립, 『미국-보수적 정치문명의 사상과 역사』(서울: 역사비평사, 1991).

권용립, 『미국대외정책사』(서울: 민음사, 1997).

권용립, 『미국의 정치문명』(서울: 삼인, 2003).

그린, 가이 주니어·페리 맥켄 드레스(채영창 역), 『미국사』(서울: 유림, 1991).

김명, 『민주주의론』(서울: 해남, 1997).

김병무, 『워싱턴 로비: 미국의회의 구조와 생리』(서울: 서향각, 1977).

김선화, 『미국의 정치자금법제연구』(서울: 한국법제연구원, 2002).

김웅기, 『미국의 지방자치』(서울: 대영문화사, 2001).

김유남, 『의회정치론-비교의회연구-』(서울: 삼영사, 2000).

김은기, 「미국의 조사청문회 운영방식」, 『국회보』 367호(1997.5).

김일재, 「미국연방공무원제도 고찰: 정무직 공무원과 인사청문회」, 『인사행정』 11
　　　호(2002년 여름).

김정수, 『미국통상정책의 정치경제학』(서울: 일신사, 1996).

김종완, 『의회중심에서 대통령중심으로의 미국정치제도의 변천』(성남: 세종연구
　　　소, 1999).

김종환, 『로비-워싱턴 파워게임, 그 실상과 전략』(서울: 교보문고, 1987).

김혁·함성득, 「새로운 거버넌스하의 미국대통령-의회관계의 발전적 변화」, 『한
　　　국행정논집』 제16권 1호(2004).

김현우, 『일본국회론』(파주: 한국학술정보, 2008).

김현우, 『한국국회론』(파주: 한국학술정보, 2009).

김현우, 「각국 의회제도 분석」, 『국회보』 제371호 (1997.9).

김현우, 「주요국 의회제도의 변화경향 비교연구」, 『의정연구』 제7권 제2호(2001).

깅리치, 뉴트(김수진·김혜진 공역), 『진정한 변화: 미국은 왜 오바마를 선택했는가』(서울: 지상사, 2009).

노박, 윌리엄(의회정치연구소 역), 『의회에 산다: 미국 하원의장 오닐의 생애와 정치비화』(서울: 내외신서, 1989).

도렌, 칼 밴(박남규 역), 『미국헌법을 만든 사람들의 이야기』(서울: 홍익출판사, 2000).

디클레리코, 로버트 외(박문갑 외 옮김), 『미국 민주정치의 이해』(서울: 인간사랑, 1991).

라팔롬바라, J., M. 웨이너(윤용희 역), 『정당과 정치발전』(서울: 법문사, 1989).

립셋, S. M.(이종수 역), 『미국사의 구조』(서울: 한길사, 1982).

모로아, 앙드레(신용석 역), 『미국사』(서울: 홍성사, 1982).

문창주, 『미국정치제도론』(서울: 영신문화사, 1960).

미국사 연구회, 『미국역사의 기본사료』(서울: 소나무, 1992).

미국정치연구회 편, 『전환기의 미국정치의 변화와 지속성』(서울: 도서출판 오름, 2003).

미국정치연구회, 『부시 재집권과 미국의 분열』(서울: 오름, 2005).

미국정치연구회, 『미국정부와 정치』(서울: 명인문화사, 2008).

미국해외공보처, 『미국역사개관』(서울: 미국공보관, 1994).

민만식 외, 『현대 미국정치의 쟁점과 과제』(서울: 전예원, 1996).

박선규, 『미국, 왜 강한가』(서울: 미다스 북스, 2003).

박재창, 「대미의원외교의 논리와 한계」, 『한국정치학회보』 32집 2호(1998.09).

박재창·최신융, 「미국의회의 한국관련 안건심의구조」, 『지역연구』 5권 4호(1996년 겨울).

박종흡, 『국정감사·조사와 청문회』(서울: 법문사, 1998).

박찬욱, 「의회 리더십의 이론과 실제: 미국과 영국 하원을 중심으로」, 『의정연구』 제3권 제1호(1997).

박찬욱, 「미국연방의회의 내부개혁: 제104대 하원 이후」', 박찬욱·이현우 외, 『미국의 정치개혁과 민주주의』(서울: 오름, 2004).

박찬욱·이현우 외, 『미국의 정치개혁과 민주주의』(서울: 오름, 2004).

박태석 외, 『정치개혁 이렇게 한다(미국의 정치개혁 리포트)』(서울: 넥서스, 2000).

백상기, 『비교정치제도』(서울: 형설출판사, 1987).

버어맨, 데이비드(이안범 역), 『미국의 정치와 정책결경』(서울: 문경, 1983).

브링클리, 앨런(황혜성·조지형·이영효·손세호·김연진·김덕호 옮김), 『있는 그대로의 미국사 1』(서울: 휴머니스트, 2005).

브링클리, 앨런(황혜성 역), 『미국인의 역사 ③』(서울: 비봉, 1998).

서정갑, 『부조화의 정치』(서울: 법문사, 2001).

서현진 외, 『미국의회선거의 변화와 지속성-2002년 중간선거 분석-』(서울: 오름, 2003).

소에지마 다카히코(신동기 옮김), 『누가 미국을 움직이는가』(서울: 들녘, 2001).

손병권 외, 『2000년 미국 대선』(서울: 도서출판 오름, 2000).

손병권, 「미국의회 여성후보자들의 선거운동, 정치적 경력, 남성지배 현직이익에 따른 불이익: 편견과 진실」, 『미국학논집』38집 2호(2006 가을).

송의달, 『세계를 움직이는 미국의회』(서울: 한울, 2000).

송일심 편저, 『린든 B. 죤슨』(서울: 해외문화사, 1964).

슈뢰더, 리처드 C. 외(이덕남 역), 『미국의 정부』(서울: 주한미국대사관 공보과, 2004).

신명순, 『비교정치』(서울: 박영사, 1999).

신유섭, 「미국의회」, 미국정치연구회 편, 『미국정부와 정치』(서울: 명인문화사, 2008).

아베 타케마츠(이병규 역), 『미국헌법과 민주제도』(부산: 세종출판사, 2005).

양재열, 『1840년대 미국정치와 지역주의』(대구: 서림출판사, 2004).

양홍석, 『미국정치문화의 전통과 전개』(서울: 국학자료원, 1999).

엄광석, 『3월 9일부터 5월 14일까지』(서울: 청어, 2004).

올레스젝, 월터, 『미국의회 의사절차』(서울: 국회사무처 의사국, 2000).

에반스, 로렌스·월터 올레스젝(미국정치연구회 역), 『위기의 미국의회 - 개혁정치의 허와 실』(서울: 오름, 2002).

엥글레르트, 질비아(장혜경 역), 『상식과 교양으로 읽는 미국의 역사』(서울: 웅진지식하우스, 2006).

Willoughby, William F.(길기상 역), 『입법부의 조직 및 운영』(서울: 어문각, 1968).

윤용희, 『현대미국대통령선거론』(대구: 청림출판사, 2005).

윤용희, 『현대미국의회정치론』(대구: 청림출판사, 2006).

윤용희, 『현대미국정당정치론』(대구: 청림출판사, 2006).

이구한, 『이야기 미국사』(파주: 청아, 2006).

이보형, 『미국사 개설』(서울: 일조각, 2005).

이옥연, 「권력분산을 통한 권력공유의 묘(妙)」, 『미국학』 제30집(2007.12).

이정희, 「미국내 외국 로비스트에 관한 행태적 연구」, 『한국정치학회보』 22집 1호(1998.10).

이주영, 『미국사』(서울: 대한교과서주식회사, 2005).

이현우, 「미국하원의장의 권한변화와 그 원인」, 『의정연구』 제3권 제1호(1997).

임성호, 「행정부의 대외정책에 대한 의회의 도전: 그 양상과 결과에 대한 비교분석」,『국제정치학회 논총』제41집 3호(2001).

임성호, 「미국의회-대통령 관계의 변화와 지속성」,『한국정치학회보』36집 3호 (2002.09).

임성호, 「원자력 정책 결정과정에 나타난 미국국회의원들의 정치행태: 비이념성」,『한국정치학회보』29집 3호(1996.01).

잔다, 케네스 외(미국정치연구회 옮김),『현대 미국정치의 새로운 도전』(서울: 한울, 1997).

장병혜,『미국정부』(서울: 대한교과서주식회사, 1983).

장호순,『미국헌법과 인권의 역사』(서울: 개마고원, 2000).

전진영, 「국회 및 주요국 의회의 질서유지제도」,『현안보고서』(국회입법조사처, 2009).

정경희,『중도의 정치 - 미국헌법제정사』(서울: 서울대학교출판부, 2001).

정만득,『사료 미국사 Ⅰ』(대구: 계명대학교 출판부, 1981).

정운복,『미국 미국인 미국사회』(서울: 육문사, 1986).

주명룡,『미국정치에서 배워라』(서울: 두리, 1998).

주용중,『미국정치 현장파일』(서울: 나남, 1999).

최명,『미국정치론』(서울: 일신사, 1986).

최명·백창제,『현대 미국정치의 이해』(서울: 서울대학교출판부, 2000).

최요환,『의회정치의 이론과 실제』(서울: 박영사, 1987).

카프, 로버트 A. 외(이경식 역),『미국의 사법제도』(서울: 주한미국대사관 공보과, 2005).

쿠크, 알리스타(윤종혁 역),『다큐멘터리 미국사』(서울: 한마음사, 1981).

터너, F. J.(이주영 역),『프론티어와 미국사』(서울: 박영사, 1978).

퍼킨스, 덱스터(박무성 역),『미국외교정책사』(서울: 범조사, 1983).

펠로시, 낸시(안명옥 역),『자신의 숨겨진 힘을 깨달아라: 미국 하원의장 낸시 펠로시 자서전』(서울: 조윤커뮤니케이션, 2008).

피셔, 루이스, 「의회의 정부통제」, 한국헌법학회 편,『국회 국정감시·통제기능의 합리화 방안』제5회 국제학술대회 논문집(서울: 한국헌법학회, 2005).

필브릭, 너세니얼(황정하 옮김),『메이플라워』(서울: 바다출판사, 2006).

한국미국사학회,『사료로 읽는 미국사』(서울: 궁리, 2006).

함성득,『미국정부론』(서울: 나남출판사, 2002).

헌팅턴, 새뮤얼(장원석 옮김),『미국정치론』(서울: 오름, 1999).

## 2. 영문


Allen, William C., *A History of the United States Capitol: A Chronicle of Design, Construction, and Politics*(Washington D.C.: Government Printing Office, 2001).

Asher, Herb and Mike Barr, "Popular Support for Congress and Its Members", Thomas E. Mann and Norman J. Ornstein, eds., *Congress, the Press, and the Public*(Washington, D.C.: American Enterprise Institute and The Brookings Institutes, 1994).

Bacon, Donald C., Roger Davidson and Morton Keller, *Encyclopedia of the United States Congress*(New York: Simon and Schuster, 1995).

Bailey, Thomas A., *A Diplomatic History of the American People*(New York: Appleton, 1964).

Baron, Michael and Richard E. Cohen, *The Almanac of American Politics*(Washington D.C.: National Journal Group, 2004).

Beard Charles A., *American Government and Politics* 3rd edition(New York: Macmillan, 1921).

Berman, Larry and Bruce Allen Murphy, *Approaching Democracy*, 3rd ed.(Upper Saddle River, NJ: Prentice - Hall, 2001),

Berry, Jeffrey M. *The Interest Group Society* 3rd ed., (Glenview, IL: Scott, Forresman, 1989).

Bowling, Kenneth R. and Donald R. Kennon, eds., *Establishing Congress: The Removal to Washington D.C. and the Election of 1800* (Athens: Ohio University Press, 2005).

Brady, David W. and Mathew D. McCubbins, eds., *Party, Process, and Political Change in Congress - New Perspectives on the History of Congress -* (Stanford, CA: Stanford University Press, 2002).

Burns, James M., *Leadership*(New York: Harper and Row, 1978).

Coleman, Kevin J., Joseph E. Cantor and Thomas H. Neale, *Presidential Elections in the United States: A Primer*(Congressional Research Service, Library of Congress, 2000).

Congressional Quarterly, *Presidential Elections Since 1789*(Washington D.C.: Congressional Quarterly Inc., 1991).

Davidson, Roger H., "Subcommittee Government: New Channels for Policy Making", in Thomas E. Mann and Norman J. Ornstein eds., *The New Congress* (Washington, D.C.: American Enterprise Institute, 1981).

Davidson, Roger H. and Walter J. Oleszek, *Congress and Its Members*(Washington, D.C.: Congressional Quarterly Inc., 1994).

Deering, Christopher J. and Steven S. Smith, *Committees in Congress*(Washington D.C.: Congressional Quarterly Inc., 1997).

Evance, Laurence, Walter J. Oleszek, *Congress Under Fire*(Boston, MA: Houghton Mifflin Company, 1997).

Faragher, John Mack ed., *Encyclopedia of American History*(New York: Henry Holt and Company, 1998).

Fenno, Richard F. *Home Style: House Members in Their Districts*(New York: Harper Collins, 1978).

Fiorina, Morris, Samuel Abrams, and Jeremy Pope, *Culture War?: The Myth of A Polarized America*. 2nd ed., (New York: Pearson Longman, 2006).

Flanigan, William H. and Nancy Zingale, *Political Behavior of the American Electorate*. 10th edition(Washington D.C.: CQ Press, 2002).

Goldstein, Michael L., *Guide to the 2004 Presidential Election*(Washington D.C.: CQ Press, 2003).

Gruver, Rebecca Brooks, *An American History*(New York: Appleton Century Crofts, 1972).

Hayek, Friedrich A. 1973, *Law Legislation and Liberty* Vol. 1 Rules and Order (Chicago: the University of Chicago Press, 1973).

Heineman, Robert A. et al., *American Government*(New York: Mcgraw‑Hill, 1989).

Hicks, John D., *The American Nation: A History of the United States from 1865 to the Present*(Boston: Houghton Mifflin Company, 1949).

Hinckley, Barbara, Sheldon Goldman, *American Politics and Government*(Glenview, IL: Scott, Foresman and Company, 1990).

Hinckley, Barbara *Seniority System in Congress*(Indiana University Press, 1971).

Hrebenar, Ronald J., Ruth K. Scott, *Interest Group Politics in America* 2d ed. (Englewood Cliffs, NJ: Prentice‑Hall, 1990).

Huntington, Samuel P., *American Politics: The Promise of Disharmony*(Cambridge, MA: Harvard University Press, 1981).

Jogerst Michael, *Reform in the House of Commons: The Select Committee System*(Lexington: University Press of Kentucky, 1993),

Keefe, William J., Henry J. Abraham, William H. Flanigan, Charles O. Jones, Morris S. Ogul, John W. Spanier, *American Democracy: Institutions, Politics, and Policies*(Homewood, IL: The Dorsey Press, 1983).

Kozak, David C. and John D. MaCartney, *Congress and Public Policy*(Homewood, IL: The Dorsey Press, 1982).

Rieselbach, Leroy N., *Congressional Reform*(Washington, D.C.: Congressional Quarterly Press, 1986).

Lowi, Theodore J., Benjamin Ginsberg, Kenneth A. Shepsle, *American Government: Power and Purpose*(New York: W. W. Norton and Company, 2002).

Maass, Arthur, *Area and Power: A Theory of Local Government*(New York: Free Press, 1959).

Mann, Thomas E. and Norman J. Ornstein(eds.), *The New Congress*(Washington, D.C.: American Enterprise Institute, 1981).

Martin, Fenton S. and Robert U. Goehlert, *American Government and Politics* (Washington, D.C.: Congressional Quarterly Inc., 1997).

Matthews, Donald R., *U.S. Senators and Their World*(New York: Random House, 1960).

Mayer, Kenneth R. and David T. Canon, *The Diysfunctional Congress?*(Boulder: Westview Press, 1999).

Nolen, Claude H., *African American Southerners in Slavery, Civil War and Reconstruction* (Jefferson, NC: McFarland and Company Inc., 2001).

Norton, Clark F., *Congressional Review, Deferral, and Disapproval of Executive Actions* (Washington, D.C.: Library of Congress, CRS, 1976).

Norton, Philip, "Representation of Interests: The Case of British House of Commons", in Copeland and Patterson(eds.), *Parliaments in the Modern World*(Ann Arbor: The University of Michigan Press, 1994).

O'Connor, Karen, and Larry J. Sabato, *American Government: Continuity and Change* (New York: Longman, 2002).

O'Connor, Karen, and Larry J. Sabato, *American Government*(Boston: Allyn and Bacon, 1993).

Office of the Clerk, *Black Americans in Congress, 1870－2007*(Washington, D.C.: House of Representatives, 2008).

Oleszek, Walter J., *Congressional Procedures and the Policy Process*, 6th ed.(Washington D.C.: CQ Press, 2004).

Ornstein, Norman J., Thomas E. Mann and Michael J. Malbin, *Vital Statistics on Congress, 2001－2002*(Washington, D.C.: The AEI Press, 2002).

Patterson, Samuel C.,"The Semi－Sovereign Congress", Anthony King ed., *The New American Political System*(Washington D.C.: American Enterprise Institute,

1978).

Peabody, Robert L., "Leadership in Legislatures: Evolution, Selection, and Functions", in Gerhard Loewenberg, Samuel C. Patterson, and malcolm E. Jewell(eds.), *Handbook of Legislative Research*(Cambridge, MA: Harvard University Press, 1985).

Ranny, Austin, *Governing: An Introduction to Political Science.* 6th ed.(Englewood Cliffs, New Jersey: Prentice‐Hall, Inc., 1993).

Rieselbach, Leroy N., *Congressional Reform*(Washington, D.C.: CQ Press, 1986).

Rieselbach, Leroy N., "Congressinal Change: Historical Perspectives", James A. Thurber and Roger H. Davidson(eds.), *Remaking Congress: Change and Stability in the 1990s*(Washington, D.C.: Congressional Quarterly Inc., 1995).

Ripley, Randall, *Party Leaders in the House of Representatives*(Washington, D.C.: The Brookings Institute, 1967).

Rose, Richard and Ian McAllister, *The Loyalties of Voters*(London: Sage Publications, 1990).

Schick, Allen, *The Federal Budget: Politics, Policy, Process*(The Brookings Institute, 2000).

Sinclair, Barbara, *Legislators, Leaders, and Lawmaking*(Baltimore, MD: The Johns Hopkins University Press, 1995).

Singh, Robert, *American Government and Politics*(London: Sage Publications, 2003).

Smith, Hedrick, *The Power Game: How Washington Works*(New York: Random House, 1988).

Stanley, Harold W. and Richard G. Niemi. *Vital Statistics On American Politics 2005-2006*(Washington, D.C.: CQ Press, 2005).

Strahan Randall, "Leadership and Institutional Change in the Nineteenth‐Century House", in Brady, David W. and Mathew D. McCubbins, eds., *Party, Process, and Political Change in Congress‐New Perspectives on the History of Congress‐*(Stanford, CA: Stanford University Press, 2002).

Schmidt, Steffen W., Mack C. Shelley, Barbara A. Bardes, *American Government and Politics Today*(Belmont, CA: Wadsworth Publishing Company, 1999).

Smith, Steven S. and Christopher J. Deering, *Committees in Congress*(Washington, D.C.: Congressional Quarterly Inc., 1990).

Spitzer, Robert J., *President and Congress*(New York: McGraw‐Hill, 1993).

Squire, Peverill, "Member Career Opportunities in the Internal Organization of Legislatures", *Journal of Politics* vol. 50(1988).

Swisher, Carl Brent, *American Constitutional Development*(Cambridge, MA: Houghton

Mifflin Company, 1954).

Thurber, James A. and Roger H. Davidson, *Remaking Congress: Change and Stability in the 1990s*(Washington D.C.: Congressional Quarterly Press, 1996).

Thurber, James A. and Roger H. Davidson, *Remaking Congress: Change and Stability in the 1990s*(Washington D. C.: Congressional Quarterly Press, 1996).

Welch, Susan, John Gruhl, John Comer, Susan M. Rigdon, Michael Steinman, *American Government*(Belmont, CA: West/Wadsworth, 1999).

Willoughby, W. F., *The Government of Modern States*(New York: Appleton Century Crofts, 1936).

Wilson, James Q. and John J. DiIulio, Jr., *American Government — Institutions and Policies*(Boston: Boughton Mifflin Company, 1998).

Wright, John R. *Interest Groups and Congress: Lobbying, Contributions, and Influence,* (Needham Heights: Allyn and Bacon, 1996).

Zimmerman, Joseph F. and Wilma Rule, eds., *The U.S. House of Representatives: Reform or Rebuild?*(Westport, CN: Praeger, 2000).

## 3. 인터넷 자료

상원 홈페이지 http://www.senate.gov/
하원 홈페이지 http://www.house.gov/
연방의회도서관 http://www.loc.gov/; http://thomas.loc.gov/
백악관 http://www.whitehouse.gov/
흑인의원 http://baic.house.gov/historical - data/party - leadership - positions.html/
여성의원 http://womenincongress.house.gov/
의회전담방송 http://www.c - span.org/
국립문서보관소 http://www.archives.gov/
CQ 프레스 http://www.cq.com/
힐뉴스 http://hillnews.com/
롤콜 http://rollcall.com/
의원 프로필 http://clerk.house.gov/members/congProfile.php/

# 부 록

〈부록 1〉 대통령·부통령과 연방의회 회기

| 대 | 대통령 | 부통령 | 재임기간 | 국회 |
|---|---|---|---|---|
| 1 | George Washington | John Adams | 1789.04.30 ~ 1797.03.03 | 1 ~ 4 |
| 2 | John Adams | Thomas Jefferson | 1797.03.04 ~ 1801.03.03 | 5 ~ 6 |
| 3 | Thomas Jefferson | Aaron Burr | 1801.03.04 ~ 1805.03.03 | 7 ~ 8 |
|  | Thomas Jefferson | George Clinton | 1805.03.04 ~ 1809.03.03 | 9 ~ 10 |
| 4 | James Madison | George Clinton | 1809.03.04 ~ 1813.03.03 | 11 ~ 12 |
|  | James Madison | Elbridge Gerry | 1813.03.04 ~ 1817.03.03 | 13 ~ 14 |
| 5 | James Monroe | Daniel D. Thompkins | 1817.03.04 ~ 1825.03.03 | 15 ~ 18 |
| 6 | John Quincy Adams | John C. Calhoun | 1825.03.04 ~ 1829.03.03 | 19 ~ 20 |
| 7 | Andrew Jackson | John C. Calhoun | 1829.03.04 ~ 1833.03.03 | 21 ~ 22 |
|  | Andrew Jackson | Martin Van Buren | 1833.03.04 ~ 1837.03.03 | 23 ~ 24 |
| 8 | Martin Van Buren | Richard M. Johnson | 1837.03.04 ~ 1841.03.03 | 25 ~ 26 |
| 9 | William H. Harrison | John Tyler | 1841.03.04 ~ 1841.04.04 | 27 |
| 10 | John Tyler | − | 1841.04.06 ~ 1845.03.03 | 27 ~ 28 |
| 11 | James K. Polk | George M. Dallas | 1845.03.03 ~ 1849.03.03 | 29 ~ 30 |
| 12 | Zachary Taylor | Millard Fillmore | 1849.03.05 ~ 1850.07.09 | 31 |
| 13 | Millard Fillmore | − | 1850.07.10 ~ 1853.03.03 | 31 ~ 32 |
| 14 | Franklin Pierce | William R. King | 1853.03.04 ~ 1857.03.03 | 33 ~ 34 |
| 15 | James Buchanan | John C. Breckenridge | 1857.03.04 ~ 1861.03.03 | 35 ~ 36 |
| 16 | Abraham Lincoln | Hannibal Hamlin | 1861.03.04 ~ 1864.03.03 | 37 ~ 38 |
|  | Abraham Lincoln | Andrew Johnson | 1864.03.04 ~ 1865.04.15 | 39 |
| 17 | Andrew Johnson | − | 1865.04.15 ~ 1869.03.03 | 39 ~ 40 |
| 18 | Ulysses S. Grant | Schuyler Colfax | 1869.03.03 ~ 1873.03.03 | 41 ~ 42 |
|  | Ulysses S. Grant | Henry Wilson | 1873.03.04 ~ 1877.03.03 | 43 ~ 44 |
| 19 | Rutherford B. Hayes | William A. Wheeler | 1877.03.04 ~ 1881.03.03 | 45 ~ 46 |
| 20 | James A. Garfield | Chester A. Arthur | 1881.03.04 ~ 1881.09.19 | 47 |
| 21 | Chester A. Arthur | − | 1881.09.20 ~ 1885.03.03 | 47 ~ 48 |
| 22 | Grover Cleveland | Thomas A. Hendricks | 1885.03.04 ~ 1889.03.03 | 49 ~ 50 |
| 23 | Benjamin Harrison | Levi P. Morton | 1889.03.04 ~ 1898.03.03 | 51 ~ 52 |
| 24 | Grover Cleveland | Adlai E. Stevenson | 1893.03.04 ~ 1897.03.03 | 53 ~ 54 |

| 대 | 대통령 | 부통령 | 재임기간 | 국회 |
| --- | --- | --- | --- | --- |
| 25 | William McKinley | Garret A. Hobart | 1897.03.04~1901.03.03 | 55~56 |
| | William McKinley | Theodore Roosevelt | 1901.03.04~1901.09.14 | 57 |
| 26 | Theodore Roosevelt | – | 1901.09.14~1905.03.03 | 57~58 |
| | Theodore Roosevelt | Charles W. Fairbanks | 1905.03.04~1909.03.03 | 59~60 |
| 27 | William H. Taft | James S. Sherman | 1909.03.04~1913.03.03 | 61~62 |
| 28 | Woodrow Wilson | Thomas R. Marshall | 1913.03.04~1921.03.03 | 63~66 |
| 29 | Warren G. Harding | Calvin Coolidge | 1921.03.04~1923.08.02 | 67 |
| 30 | Calvin Coolidge | – | 1923.08.03~1925.03.03 | 68 |
| | Calvin Coolidge | Charles G. Dawes | 1925.03.04~1929.03.03 | 69~70 |
| 31 | Herbert C. Hoover | Charles Curtis | 1929.03.04~1933.03.03 | 71~72 |
| 32 | Franklin D. Roosevelt | John N. Garner | 1933.03.04~1941.01.20 | 73~77 |
| | Franklin D. Roosevelt | Henry A. Wallace | 1941.01.20~1945.01.20 | 77~79 |
| | Franklin D. Roosevelt | Harry S. Truman | 1945.01.20~1945.04.12 | 79 |
| 33 | Harry S. Truman | – | 1945.04.12~1949.01.20 | 79~81 |
| | Harry S. Truman | Alben W. Barkley | 1949.01.20~1953.01.20 | 81~83 |
| 34 | Dwight D. Eisenhower | Richard M. Nixon | 1953.01.20~1961.01.20 | 83~87 |
| 35 | John F. Kennedy | Lyndon B. Johnson | 1961.01.20~1963.11.22 | 87~89 |
| 36 | Lyndon B. Johnson | – | 1963.11.22~1965.01.20 | 88~89 |
| | Lyndon B. Johnson | Hubert H. Humphery | 1965.01.20~1969.01.20 | 89~91 |
| 37 | Richard M. Nixon | Spiro T. Agnew | 1969.01.20~1973.12.06 | 91~93 |
| | Richard M. Nixon | Gerald R. Ford | 1973.12.06~1974.08.09 | 93 |
| 38 | Gerald R. Ford | – | 1974.08.09~1974.12.19 | 93 |
| | Gerald R. Ford | Nelson A. Rockefeller | 1974.12.19~1977.01.20 | 93~95 |
| 39 | James Earl Carter | Walter F. Mondale | 1977.01.20~1981.01.20 | 95~97 |
| 40 | Ronald Reagan | George Bush | 1981.01.20~1989.01.20 | 97~101 |
| 41 | George Bush | Dan Quayle | 1989.01.20~1993.01.20 | 101~103 |
| 42 | William J. Clinton | Albert Gore | 1993.01.20~2001.01.20 | 103~107 |
| 43 | George W. Bush | Dick Cheney | 2001.01.20~2009.01.20 | 107~110 |
| 44 | Barack Obama | Joseph R. Biden, Jr. | 2009.01.20~현재 | 111~ |

자료: http://clerk.house.gov/art_history/house_history/presVP.html/(검색일: 2009.02.23)

〈부록 2〉 하원의 정당세력 분포(1789~2009 현재)

| 국회(연도) | 의원정수 | 친행정부파 | 반행정부파 | 기타 | 공석 |
|---|---|---|---|---|---|
| 1(1789~1791) | 65 | 37 | 28 | 0 | 0 |
| 2(1791~1793) | 69 | 39 | 30 | 0 | 0 |
| 3(1793~1795) | 106 | 51 | 54 | 0 | 0 |

| 국회(연도) | 의원정수 | 연방당 | 제퍼슨 공화당 | 기타 | 공석 |
|---|---|---|---|---|---|
| 4(1795~1797) | 106 | 47 | 59 | 0 | 0 |
| 5(1797~1799) | 106 | 57 | 49 | 0 | 0 |
| 6(1799~1801) | 106 | 60 | 46 | 0 | 0 |
| 7(1801~1803) | 107 | 38 | 68 | 0 | 1 |
| 8(1803~1805) | 142 | 39 | 103 | 0 | 0 |
| 9(1805~1807) | 142 | 28 | 114 | 0 | 0 |
| 10(1807~1809) | 142 | 26 | 116 | 0 | 0 |
| 11(1809~1811) | 142 | 50 | 92 | 0 | 0 |
| 12(1811~1813) | 143 | 36 | 107 | 0 | 0 |
| 13(1813~1815) | 182 | 68 | 114 | 0 | 0 |
| 14(1815~1817) | 183 | 64 | 119 | 0 | 0 |
| 15(1817~1819) | 185 | 39 | 146 | 0 | 0 |
| 16(1819~1821) | 186 | 26 | 160 | 0 | 0 |
| 17(1821~1823) | 187 | 32 | 155 | 0 | 0 |

| 국회(연도) | 의원정수 | 애덤스－클레이공화당 | 잭슨 공화당 | 기타 | 공석 |
|---|---|---|---|---|---|
| 18(1823~1825) | 213 | 72 | 64 | 크로포드공화당(53), 애덤스－클레이연방당(15), 잭슨연방당(7), 크로포드연방당(2) | 0 |

| 국회(연도) | 의원정수 | 애덤스 | 잭슨 | 기타 | 공석 |
|---|---|---|---|---|---|
| 19(1825~1827) | 213 | 109 | 104 | 0 | 0 |
| 20(1827~1829) | 213 | 100 | 113 | 0 | 0 |

| 국회(연도) | 의원정수 | 반잭슨 | 잭슨 | 기타 | 공석 |
|---|---|---|---|---|---|
| 21(1829~1831) | 213 | 72 | 136 | 반메이슨당(5) | 0 |
| 22(1831~1833) | 213 | 66 | 126 | 반메이슨당(17), 무효당(4) | 0 |
| 23(1833~1835) | 240 | 63 | 143 | 반메이슨당(25), 무효당(9) | 0 |
| 24(1835~1837) | 242 | 75 | 143 | 반메이슨당(16), 무효당(8) | 0 |

| 국회(연도) | 의원정수 | 민주당 | 휘그당 | 기타 | 공석 |
|---|---|---|---|---|---|
| 25(1837~1839) | 242 | 128 | 100 | 반메이슨당(7), 무효당(6), 무소속(1) | 0 |
| 26(1839~1841) | 242 | 125 | 109 | 반메이슨당(6), 보수당(2) | 0 |
| 27(1841~1843) | 242 | 98 | 142 | 무소속(1), 무소속민주(1) | 0 |
| 28(1843~1845) | 223 | 147 | 72 | 법과질서(2), 무소속민주(1), 무소속휘그(1) | 0 |
| 29(1845~1847) | 228 | 142 | 79 | 아메리칸(6) | 1 |
| 30(1847~1849) | 230 | 110 | 116 | 무소속민주(2), 아메리칸(1), 무소속(1) | 0 |

| 국회(연도) | 의원정수 | 민주당 | 반대당 | 기타 | 공석 |
|---|---|---|---|---|---|
| 31(1849~1851) | 233 | 113 | 108 | 자유토양(9), 아메리칸(1), 무소속(1) | 1 |
| 32(1851~1853) | 233 | 127 | 85 | 유니어니스트(10), 자유토양(4), 무소속민주(3), 주권당(3), 무소속휘그(1) | 0 |
| 33(1853~1855) | 234 | 157 | 71 | 자유토양(4), 무소속(1), 무소속민주(1) | 0 |
| **국회(연도)** | **의원정수** | **민주당** | **반대당** | **기타** | **공석** |
| 34(1855~1857) | 234 | 83 | 100 | 아메리칸(51) | 0 |
| **국회(연도)** | **의원정수** | **민주당** | **공화당** | **기타** | **공석** |
| 35(1857~1859) | 237 | 132 | 90 | 아메리칸(14), 무소속민주(1) | 0 |
| 36(1859~1861) | 238 | 83 | 116 | 반대당(19), 반레콤튼민주(8), 무소속민주(7), 아메리칸(5) | 0 |
| 37(1861~1863) | 183 | 44 | 108 | 유니어니스트(26), 헌법유니어니스트(2), 유니언스(2), 무소속민주(1) | 0 |
| 38(1863~1865) | 184 | 72 | 86 | 무조건유니어니스트(16), 유니어니스트(9), 무소속공화(2) | 0 |
| 39(1865~1867) | 193 | 38 | 136 | 무조건유니어니스트(13), 유니어니스트(5), 무소속공화(1) | 0 |
| 40(1867~1869) | 226 | 47 | 173 | 보수당(2), 보수공화당(1), 무소속공화(1) | 2 |
| 41(1869~1871) | 243 | 67 | 171 | 보수당(5) | 0 |
| 42(1871~1873) | 243 | 104 | 136 | 자유공화당(2), 무소속공화(1) | 0 |
| 43(1873~1875) | 292 | 88 | 199 | 자유공화당(4), 무소속민주(1) | 0 |
| 44(1875~1877) | 293 | 182 | 103 | 무소속(4), 무소속공화(3), 무소속민주(1) | 0 |
| 45(1877~1879) | 293 | 155 | 136 | 무소속민주(2) | 0 |
| 46(1879~1881) | 293 | 141 | 132 | 국민당(13), 무소속민주(7) | 0 |
| 47(1881~1883) | 293 | 128 | 151 | 국민당(10), 재정재건민주당(2), 무소속(1), 무소속민주(1) | 0 |
| 48(1883~1885) | 325 | 196 | 117 | 재정재건당(4), 무소속민주(3), 무소속(2), 국민당(2), 무소속공화(1) | 0 |
| 49(1885~1887) | 325 | 182 | 141 | 무소속민주(1), 국민당(1) | 0 |
| 50(1887~1889) | 325 | 167 | 152 | 무소속공화(2), 노동자(2), 무소속(1), 국민당(1) | 0 |
| 51(1889~1891) | 332 | 152 | 179 | 노동자당(1) | 0 |
| 52(1891~1893) | 332 | 238 | 86 | 인민당(8) | 0 |
| 53(1893~1895) | 356 | 218 | 124 | 인민당(11), 무소속민주(2), 실버당(1) | 0 |
| 54(1895~1897) | 357 | 93 | 254 | 인민당(9), 실버(1) | 0 |
| 55(1897~1899) | 357 | 124 | 206 | 인민당(22), 실버공화(3), 무소속공화(1), 실버(1) | 0 |
| 56(1899~1901) | 357 | 161 | 187 | 인민당(5), 실버공화(2), 무소속인민당(1), 실버(1) | 0 |
| 57(1901~1903) | 357 | 151 | 200 | 인민당(5), 실버공화(1) | 0 |
| 58(1903~1905) | 386 | 176 | 207 | 무소속공화(3) | 0 |

| | | | | |
|---|---|---|---|---|
| 59(1905~1907) | 386 | 135 | 251 | 0 | 0 |
| 60(1907~1909) | 391 | 167 | 223 | 무소속공화(1) | 0 |
| 61(1909~1911) | 391 | 172 | 219 | 0 | 0 |
| 62(1911~1913) | 394 | 230 | 162 | 진보공화(1), 사회당(1), | 0 |
| 63(1913~1915) | 435 | 291 | 134 | 진보당(9), 무소속(1) | 0 |
| 64(1915~1917) | 435 | 230 | 196 | 진보당(6), 무소속(1), 금주당(1), 사회당(1) | 0 |
| 65(1917~1919) | 435 | 214 | 215 | 진보당(3), 무소속공화(1), 금주당(1), 사회당(1) | 0 |
| 66(1919~1921) | 435 | 192 | 240 | 금주당(1), 유니언-노동당(1) | 1 |
| 67(1921~1923) | 435 | 131 | 302 | 무소속공화(1), 사회당(1) | 0 |
| 68(1923~1925) | 435 | 207 | 225 | 농민-노동당(2), 사회당(1) | 0 |
| 69(1925~1927) | 435 | 183 | 247 | 농민-노동당(3), 미국노동당(1), 사회당(1) | 0 |
| 70(1927~1929) | 435 | 194 | 238 | 농민-노동당(2), 사회당(1) | 0 |
| 71(1929~1931) | 435 | 164 | 270 | 농민-노동당(1) | 0 |
| 72(1931~1933) | 435 | 216 | 218 | 농민-노동당(1) | 0 |
| 73(1933~1935) | 435 | 313 | 117 | 농민-노동당(5) | 0 |
| 74(1935~1937) | 435 | 322 | 103 | 진보당(7), 농민-노동당(3) | 0 |
| 75(1937~1939) | 435 | 334 | 88 | 진보당(8), 농민-노동당(5) | 0 |
| 76(1939~1941) | 435 | 262 | 169 | 진보당(2), 미국노동당(1), 농민-노동당(1) | 0 |
| 77(1941~1943) | 435 | 267 | 162 | 진보당(3), 미국노동당(1), 농민-노동당(1), 무소속민주(1) | 0 |
| 78(1943~1945) | 435 | 222 | 209 | 진보당(2), 미국노동당(1) | 0 |
| 79(1945~1947) | 435 | 242 | 191 | 미국노동당(1), 진보당(1) | 0 |
| 80(1947~1949) | 435 | 188 | 246 | 미국노동당(1) | 0 |
| 81(1949~1951) | 435 | 263 | 171 | 미국노동당(1) | 0 |
| 82(1951~1953) | 435 | 235 | 199 | 무소속(1) | 0 |
| 83(1953~1955) | 435 | 213 | 221 | 무소속(1) | 0 |
| 84(1955~1957) | 435 | 232 | 203 | 0 | 0 |
| 85(1957~1959) | 435 | 234 | 201 | 0 | 0 |
| 86(1959~1961) | 437 | 283 | 153 | 무소속민주(1) | 0 |
| 87(1961~1963) | 437 | 263 | 174 | 0 | 0 |
| 88(1963~1965) | 435 | 259 | 176 | 0 | 0 |
| 89(1965~1967) | 435 | 295 | 140 | 0 | 0 |
| 90(1967~1969) | 435 | 247 | 187 | 0 | 1 |
| 91(1969~1971) | 435 | 243 | 192 | 0 | 0 |
| 92(1971~1973) | 435 | 255 | 180 | 0 | 0 |
| 93(1973~1975) | 435 | 242 | 192 | 무소속민주(1) | 0 |
| 94(1975~1977) | 435 | 291 | 144 | 0 | 0 |
| 95(1977~1979) | 435 | 292 | 143 | 0 | 0 |

| | | | | | |
|---|---|---|---|---|---|
| 96(1979~1981) | 435 | 277 | 158 | 0 | 0 |
| 97(1981~1983) | 435 | 242 | 192 | 무소속(1) | 0 |
| 98(1983~1985) | 435 | 269 | 166 | 0 | 0 |
| 99(1985~1987) | 435 | 253 | 182 | 0 | 0 |
| 100(1987~1989) | 435 | 258 | 177 | 0 | 0 |
| 101(1989~1991) | 435 | 260 | 175 | 0 | 0 |
| 102(1991~1993) | 435 | 267 | 167 | 무소속(1) | 0 |
| 103(1993~1995) | 435 | 258 | 176 | 무소속(1) | 0 |
| 104(1995~1997) | 435 | 204 | 230 | 무소속(1) | 0 |
| 105(1997~1999) | 435 | 206 | 228 | 무소속(1) | 0 |
| 106(1999~2001) | 435 | 211 | 223 | 무소속(1) | 0 |
| 107(2001~2003) | 435 | 212 | 221 | 무소속(2) | 0 |
| 108(2003~2005) | 435 | 205 | 229 | 무소속(1) | 0 |
| 109(2005~2007) | 435 | 202 | 232 | 무소속(1) | 0 |
| 110(2007~2009) | 435 | 233 | 202 | 무소속(1) | 0 |
| 111(2009~2011) | 435 | 257 | 178 | 무소속(0) | 0 |

## 〈부록 3〉 미국헌법


## 미국헌법


* 이하의 미국헌법 번역문은 이보형, ‘미국사 개설’ (2005)에서 옮긴 것이다. 로버트 A. 카프 외(이경식 역), ‘미국의 사법제도’ (2005)에 실린 헌법 번역문도 참조하였다.
* 미국헌법의 조와 절은 원문에 표시되어 있으나, 절 안에 항목의 표시는 없다. 항목의 표시는 편의상 표시한 것이며, 조의 표제도 편의상 붙인 것이다.


## 서문


우리 연합한 나라(the United States)의 국민은 더욱 완전한 연방을 형성하고 정의를 확립하며 국내의 안녕을 보장하고 공동의 방위를 도모하고 국민의 복지를 증진하고 우리들과 우리들의 후손에게 자유와 축복을 확보할 목적으로 미국(the United States of America)을 위하여 이 헌법을 제정한다.


## 제1조(입법부)


제1절

이 헌법에 의하여 부여되는 모든 입법권은 미국 연방의회에 속하며, 연방의회는 상원과 하원으로 구성한다.

제2절

(1항) 하원은 각 주의 주민이 2년마다 선출하는 의원으로 구성하며, 각 주의 선거인은 주 입법부 중 다수의 의원을 가진 원의 선거인에게 요구되는 자격을 구비해야 한다.

(2항) 누구든지 연령이 만 25세에 미달한 자, 미국 시민으로서의 기간이 7년이 못 되는 자, 그리고 선거 당시에 선출되는 주의 주민이 아닌 자는 하원의원이 될 수 없다.

(3항) 하원의원의 수와 직접세는 연방에 가입한 각 주의 인구수에 비례하여 각 주에 배정한다. 각 주의 인구수는 연기계약노동자를 포함한 자유인의 총수에, 과세되지 아니하는 인디언을 제외하고, 그 밖의 인구(흑인 노예―역주) 총수의 5분의 3을 가산하여 결정한다. 인구의 산정은 제1차 연방의회를 개최한 후 3년 이내에 행하며, 그 후는 10년마다 법률이 정하는 바에 따라 행한다. 하원의원의 수는 인구 3만 명당 1인의 비율을 초과하지 못한다. 다만, 각 주는 적어도 1인의 하원의원을 가져야 한다. 위의 인구수의 산정이 있을 때까지 뉴햄프셔 주는 3인, 매사추세츠 주는 8인, 로드아일랜드 주와 프로비던스 식민지는 1인, 코네티컷 주는 5인, 뉴욕 주는 6인, 뉴저지 주는 4인, 펜실베이니아 주는 8인, 델라웨어 주는 1인, 메릴랜드 주는 6인, 버지니아 주는 10인, 노스캐롤라이나 주는 5인, 사우스캐롤라이나 주는 5인, 그리고 조지아 주는 3인의 의원을 각각 선출할 수 있다.

(4항) 어떤 주에서든 그 주에서 선출하는 하원의원에 결원이 생긴 경우에는, 그 주의 행정부가 결원을 채우기 위한 보궐선거의 명령을 내려야 한다.

(5항) 하원은 그 의장과 그 밖의 임원들을 선출하며 탄핵의 전권을 가진다.

제3절

(1항) 상원은 각 주의 주 의회에서 2인씩 선출한 6년 임기의 상원의원으로 구성되며 각 상원의원은 1표의 투표권을 가진다.

(2항) 최초의 선거 결과 소집된 때에는 즉시 상원은 의원 총수를 동수의 세 개 부류로 나누어야 한다. 제1부류 의원의 임기는 2년, 제2부류 의원의 임기는 4년, 제3부류 의원의 임기는 6년으로 하고 그 의석을 비워야 한다. 이렇게 하여 상원의원 총수의 3분의 1이 2년마다 개선할 수 있게 한다. 어떤 주에서든 주 입법부의 개회 중 사직 또는 그 밖의 원인으로 결원이 생긴 경우에는 그 주의 행정부는 주 의회의 다음 회기에서 결원을 선출할 때까지 임시로 의원을 임명할 수 있다.

(3항) 누구든지 연령이 30세에 미달하거나 미국시민으로서 9년이 경과되지 아니하거나 또는 선거 당시 선출되는 주의 주민이 아닌 자는 상원의원이 될 수 없다.

(4항) 미국의 부통령은 상원의장이 된다. 다만, 표결에서 가부 동수일 경우를 제외하고는 투표권이 없다.

(5항) 상원은 의장 이외의 임원들을 선출하며, 부통령이 결원일 경우나 부통령이 대통령의 직무를 대행하는 때에는 임시의장을 선임한다.

(6항) 상원은 모든 탄핵을 심판하는 전권을 가진다. 이 목적을 위하여 상원이 개회될 때, 의원들은 선서 또는 확약을 해야 한다. 미국 대통령을 심판할 경우에는 연방대법원장을 의장으로 한다. 누구라도 출석의원 3분의 2 이상의 찬성 없이는 유죄판결을 받지 아니한다.

(7항) 탄핵심판에서의 판결은 면직이나 명예·위임 또는 보수를 수반하는 미국의 공직에 취임·재직하는 자격을 박탈하는 것 이상이 될 수 없다. 다

만, 이같이 유죄판결을 받은 자일지라도 법률이 정하는 바에 따라 기소·심
판·판결 및 처벌을 면할 수 없다.

제4절

(1항) 상원의원과 하원의원을 선거할 시기·장소·방법은 각 주에서 그
주 입법부가 정한다. 그러나 연방의회는 언제든지 법률에 의하여 선거에 관
한 규칙을 제정 또는 개정할 수 있다. 다만, 상원의원의 선거 장소에 관해서
는 예외로 한다.(수정 제17조로 개정)

(2항) 연방의회는 매년 적어도 1회 집회해야 한다. 그 집회의 시기는 법률
에 의하여 다른 일자를 지정하지 아니하면 12월 첫 번째 월요일로 한다.(수
정 제20조 참조)

제5절

(1항) 각 원은 그 소속의원의 선거·당선·자격을 판정한다. 각 원은 소
속의원의 과반수가 출석으로써 의사를 개시할 수 있고, 정족수에 미달하는
경우에는 출석한 소수의 의원이 연일 휴회할 수 있으며, 각 원에서 정하는
방법과 벌칙에 따라 결석의원의 출석을 강요할 수 있다.

(2항) 각 원은 의사규칙을 정하며, 원내의 질서를 문란케 한 의원을 징계
하며, 의원의 3분의 2 이상의 찬성을 얻어 의원을 제명할 수 있다.

(3항) 각 원은 의사록을 작성하고, 각 원에서 비밀을 요한다고 인정되는
부분을 제외하고는 이것을 수시로 공표해야 한다. 각 원은 출석의원의 5분
의 1 이상이 요구할 경우에는 어떠한 의제에 대해서도 소속의원의 찬반투표
를 의사록에 기재해야 한다.

(4항) 연방의회의 회기 중에는 어느 원도 다른 원의 동의 없이 3일 이상 휴회하거나, 회의장을 양원이 개최한 장소 이외의 장소로 이전할 수 없다.

제6절

(1항) 상원의원과 하원의원은 그 직무에 대하여 법률이 정하고 미국 국고로부터 지급되는 보수를 받는다. 양원의 의원은 반역죄·중죄·치안방해죄를 제외하고 어떠한 경우에도 그 원의 회의출석 중에 그리고 의사당까지의 왕복 도중에 체포되지 아니하는 특권이 있다. 양원의 의원은 원내에서 행한 발언이나 토론에 관하여 원외에서 문책받지 아니한다.

(2항) 상원의원 또는 하원의원은 재임 중 신설되거나 봉급이 인상된 어떠한 연방 공직에도 임명될 수 없다. 연방 공직에 있는 자는 누구든지 재직 중 양원 중의 어느 한 원의 의원이 될 수 없다.

제7절

(1항) 세입 징수에 관한 모든 법률안은 먼저 하원에서 제안되어야 한다. 다만 상원은 다른 법률안과 마찬가지로 이에 대해 수정안을 발의하거나 수정을 가하여 동의할 수 있다.

(2항) 하원과 상원을 통과한 모든 법률안은 법률로 확정되기에 앞서 대통령에게 이송되어야 한다. 대통령이 이를 승인하는 경우에는 이에 서명하며, 승인하지 아니하는 경우에는 이의서를 첨부하여 이 법률안을 발의한 원으로 환부해야 한다. 법률안을 환부받은 원은 이의의 대략을 회의록에 기록한 후 이를 다시 심의해야 한다. 다시 심의한 결과, 그 원의 의원의 3분의 2 이상의 찬성으로 가결한 경우에는 그 원은 법률안을 대통령의 이의서와 함께 다른 원으로 송부해야 한다. 다른 의원에서 이 법률안을 다시 심의하여 의원

의 3분의 2 이상의 찬성으로 가결할 경우에는 이 법률안은 법률로 확정된다. 이 모든 경우에서 양원은 호명·구두 표결로 결정하며, 그 법률안에 대한 찬성자와 반대자의 성명을 각 원의 의사록에 기재해야 한다. 만일 법률안이 대통령에게 이송된 후 10일 이내(일요일은 제외함)에 의회로 환부되지 아니한 때에는 그 법률안은 대통령이 이에 서명한 경우와 마찬가지로 법률로서 확정된다. 다만, 연방의회가 휴회하여 이 법률안을 환부할 수 없는 경우에는 법률로 확정되지 아니한다.

(3항) 상하 양원의 의결을 필요로 하는 모든 명령·결의 또는 표결(휴회에 관한 결의는 제외함)은 대통령에게 이송되어야 하며, 대통령이 이를 승인해야 효력이 발생한다. 대통령이 이를 승인하지 아니하는 경우에는 법률안에서와 동일한 규칙 및 제한에 따라 상원과 하원에서 3분의 2 이상의 의원의 찬성으로 다시 가결해야 한다.


제8절

(1항) 연방의회는 다음의 권한을 가진다. 미국의 채무를 지불하고, 공동방위와 일반복지를 위하여 조세·관세·간접세 및 소비세를 부과, 징수한다. 다만 관세·부과금 및 소비세는 미국 전역을 걸쳐서 균일해야 한다.

(2항) 미국의 신용으로 금전을 차입한다.

(3항) 외국 간, 주 상호 간 그리고 인디언 부족과의 통상을 규율한다.

(4항) 미국 전체에 공통되는 균일한 귀화규정과 파산에 대한 균일한 법률을 제정한다.

(5항) 화폐를 주조하고 그 화폐 및 외국 화폐의 가치를 규율하며, 도량형의 기준을 정한다.

(6항) 미국의 유가증권 및 통화의 위조에 관한 벌칙을 정한다.

(7항) 우편관서와 우편도로를 건설한다.

(8항) 저작자와 발명자에게 그들의 저술과 발명에 대한 독점권을 일정기간 보유하게 함으로써 과학과 유용한 기술의 발달을 촉진한다.

(9항) 연방대법원 아래에 하급 법원을 조직한다.

(10항) 공해에서 범한 해적행위 및 그 밖의 중죄 그리고 국제법에 위배되는 범죄를 정의하고 이를 처벌한다.

(11항) 전쟁을 포고하고 나포 허가장을 수여하고, 지상 및 해상에서의 나포에 관한 규칙을 정한다.

(12항) 육군을 편성하고 이를 지원한다. 다만 이 목적에 대한 예산의 지출은 2년을 초과하지 못한다.

(13항) 해군을 창설하고 이를 유지한다.

(14항) 육군·해군의 통수 및 기율에 관한 규칙을 정한다.

(15항) 연방법률을 집행하고 반란을 진압하고 침략을 격퇴하기 위하여 민병의 소집에 관한 규칙을 정한다.

(16항) 민병대의 조직·무장 및 훈련에 관한 규칙과 민병 중 미국의 군무에 복무하는 자들을 다스리는 규칙을 정한다. 다만 민병대의 장교를 임명하고 연방의회가 정한 규율에 따라 민병대를 훈련하는 권한을 각 주에 유보한다.

(17항) 특정한 주가 미국에 양도하고, 연방의회가 이를 수령함으로써 미국 정부의 소재지가 되는 지역(1평방마일을 초과하지 못함)에 대해서는 어떠한 경우를 막론하고 독점적인 입법권을 행사하며, 요새·무기고·조병창·조

선소 및 기타 필요한 건물을 건설하기 위하여 주 의회의 승인을 얻어 구입한 모든 장소에 대해서도 이와 똑같은 권한을 행사한다.

(18항) 위에 기술한 권한들과 이 헌법에 의해 미국정부 또는 그 부처 또는 그 공무원에게 부여한 모든 기타 권한을 행사하는 데 필요하고 적절한 모든 법률을 제정한다.

제9절

(1항) 연방의회는 기존의 각 주 중 어느 주가 허용함이 적당하다고 인정하는 사람들(흑인 노예 - 역주)의 이주 또는 입국을 1808년 이전에는 금지하지 못한다. 다만 이러한 사람들의 입국에 대해서는 1인당 10달러를 초과하지 아니하는 한도 내에서 입국세를 부과할 수 있다.

(2항) 인신보호영장에 관한 특권은 반란 또는 침략의 경우에 공공의 안전이 요구되는 때를 제외하고는 정지할 수 없다.

(3항) 재판에 의하지 않는 처벌법 또는 소급법을 통과시킬 수 없다.

(4항) 인두세 혹은 그 밖의 직접세는 앞서 규정한 인구조사 또는 산정에 비례하지 아니하는 한 부과하지 못한다.

(5항) 어떠한 주든 그 주가 수출하는 물품에 조세 또는 관세를 부과하지 못한다.

(6항) 어떠한 통상 또는 징세에 관한 규칙도 다른 주의 항구들보다 어느 주의 항구에 대해 특혜대우를 해 줄 수 없다. 또한 어느 주에 도착 예정이거나 어느 주를 출항한 선박을 다른 주에서 강제로 입항하게 하거나 관세를 지불하게 할 수 없다.

(7항) 국고금은 법률로 정한 세출 승인에 의해서만 지출할 수 있다. 모든 공금의 수납 및 지출에 관한 정식 결산서는 수시로 공표해야 한다.

(8항) 미국은 어떠한 귀족의 칭호도 수여하지 아니한다. 미국정부에서 유급 또는 위임에 의한 관직에 있는 자는 누구라도 연방의회의 승인 없이는 어떠한 국왕·왕족 또는 외국으로부터 종류 여하를 막론하고 선물·보수·관직 또는 칭호를 받을 수 없다.

## 제10절

(1항) 어느 주라도 조약·동맹 또는 연합을 체결하거나 나포 허가장을 수여하거나 화폐를 주조하거나 신용증권을 발행하거나 금화 및 은화 이외의 것으로써 채무 지불의 법정수단으로 삼거나, 재판에 의하지 않는 처벌법·소급법 또는 계약상의 채무를 침해하는 법률 등을 제정하거나 또는 귀족의 칭호를 수여할 수 없다.

(2항) 어느 주라도 연방의회의 동의 없이는 수입품 또는 수출품에 대하여 검사법의 집행상 절대 필요한 경우를 제외하고는 간접세 또는 관세를 부과하지 못한다. 어느 주에서나 수입품 또는 수출품에 부과하는 모든 간접세나 관세의 순수입은 미국 국고의 용도에 제공해야 하며, 연방의회는 이런 종류의 모든 주의 정부 법률을 개정하고 통제할 수 있다.

(3항) 어느 주라도 연방의회의 동의 없이는 선박에 톤세를 부과할 수 없고 평시에 군대나 군함을 보유할 수 없고 다른 주나 외국과 협정이나 조약을 체결할 수 없으며, 실제로 침공당하고 있거나 지체할 수 없을 만큼 급박한 위험에 처해 있지 아니하고는 전쟁행위를 할 수 없다.

<h1 style="text-align:center">제2조(행정부)</h1>

## 제1절

(1항) 행정권은 미국 대통령에게 속한다. 대통령의 임기는 4년으로 하며 동일한 임기의 부통령과 함께 다음과 같은 방법에 의하여 선출된다.

(2항) 각 주는 그 주의 주 입법부가 정하는 바에 따라 그 주가 연방의회에 보낼 수 있는 상원의원과 하원의원의 총수와 같은 수의 선거인을 임명한다. 다만 상원의원이나 하원의원 또는 미국에서 위임에 의한 또는 유급의 관직에 있는 자는 선거인이 될 수 없다.

(3항) 선거인은 각각 자기 주에서 회합하여 비밀투표에 의해 2인을 선거하되, 그중 1인은 선거인과 동일한 주의 주민이 아니어야 한다. 선거인은 모든 득표자의 명부와 각 득표자의 득표수를 기재한 표를 작성하여 이에 서명하고 증명한 다음 봉함하여 상원의장 앞으로 미국정부 소재지로 송부한다. 상원의장은 상원의원 및 하원의원들 앞에서 모든 증명서를 개봉한 후 투표를 계산한다. 최고 득표자의 득표수가 선임된 선거인의 총수의 과반수가 되었을 때에는 그가 대통령으로 당선된다. 만일 과반수 득표자가 2인 이상이 되고, 그 득표수가 동수일 경우에는 하원은 즉시 비밀투표로 그중의 1인을 대통령으로 선출해야 한다. 과반수 득표자가 없을 경우에는 하원은 동일한 방법으로 최다 득표자 5인 중에서 1인을 대통령으로 선출한다. 다만 이러한 방법으로 대통령을 선거할 때에는 주를 단위로 하고, 각 주의 하원의원은 1표의 투표권을 가지며, 그 선거에 필요한 정족수는 각 주 하원의원의 3분의 2로부터 1인 또는 그 이상의 의원의 출석으로 성립되며, 선거는 전체 주의 과반수의 찬성이 있어야 한다. 어느 경우에나, 대통령을 선출한 뒤에 최다수의 득표를 한 자를 부통령으로 한다. 다만 동수의 득표자가 2인 이상 있을 때에는 상원이 그중에서 부통령을 비밀투표로 선출한다.

(4항) 연방의회는 선거인의 선출일자와 이들이 투표해야 할 일자를 결정할 수 있으며, 이 투표일은 미국 전역에서 동일해야 한다.

(5항) 누구든지 출생에 의한 미국 시민이 아닌 자 또는 본 헌법의 제정 시 미국 시민이 아닌 자는 대통령으로 선임될 자격이 없다. 연령이 35세에 미달한 자 또는 14년간 미국 내에 거주하지 아니한 자는 대통령으로 선임될 자격이 없다.

(6항) 대통령이 면직되거나 사망하거나 사직하거나 또는 그 권한 및 직무를 수행할 능력을 상실할 경우에, 대통령직은 부통령에게 귀속된다. 연방의회는 법률에 의하여 대통령과 부통령이 면직·사망·사직 또는 직무 수행 불능이 된 경우 어느 공무원이 대통령직무를 수행할 것인지를 정할 수 있다. 이 공무원은 직무 수행 불능이 제거되거나 대통령이 새로 선임될 때까지 대통령의 직무를 대행한다.

(7항) 대통령은 그 직무 수행에 대해 정기적으로 보수를 받으며, 그 보수는 임기 중에 증액 또는 감액되지 아니한다. 또 대통령은 임기 중에 미국 또는 어느 주로부터 그 밖의 어떠한 보수도 받지 못한다.

(8항) 대통령은 그 직무 집행을 개시하기 전에 다음과 같은 선서 또는 확약을 해야 한다. "나는 미국 대통령의 직무를 성실히 수행하며 나의 능력의 최선을 다하여 미국헌법을 보전하고 보호하고 수호할 것을 엄숙히 선서(또는 확약)한다."

제2절

(1항) 대통령은 미국 육군·해군 및 현재 미국의 현역에 복무하는 각 주의 민병대의 통수권자가 된다. 대통령은 각 행정부처의 소관 직무 사항에 관하여 각 부처의 장관으로부터 문서에 관한 의견을 요구할 수 있다. 대통

령은 미국에 대한 범죄에 관하여 탄핵의 경우를 제외하고 형의 집행 정지 및 사면을 명할 수 있는 권한을 가진다.

(2항) 대통령은 상원의 조언과 동의를 얻어 조약을 체결하는 권한을 가진다. 다만, 그 조언과 동의는 상원의 출석의원 3분의 2 이상의 찬성을 얻어야 한다. 대통령은 대사, 그 밖의 외교사절 및 영사, 연방대법원 판사들의 임명에 관하여 이 헌법에 특별규정이 없으나 이후에 법률로써 정할 그 밖의 모든 미국의 관리를 지명하여 상원의 권고와 동의를 얻어 임명한다. 다만 연방의회는 적당하다고 인정되는 하급관리 임명권을 법률에 의하여 대통령에게만 또는 법원에 또는 각 부처 장관에게 부여할 수 있다.

(3항) 대통령은 상원의 휴회 중에 생기는 모든 결원을 임명하여 충원할 권한을 가진다. 다만 그 임명은 다음 회기가 만료될 때에 효력을 상실한다.

제3절

대통령은 연방의 상황에 관하여 수시로 연방의회에 보고하고, 필요하고 유용하다고 판단되는 조치의 심의를 연방의회에 권고해야 한다. 비상사태에서 대통령은 상하 양원 또는 그중의 한 원을 소집할 수 있으며, 휴회의 시기에 관하여 양원 간에 의견이 일치되지 아니하는 경우에는 대통령이 적당하다고 인정할 시기까지 양원의 정회를 명할 수 있다. 대통령은 대사와 그 밖의 외교사절을 접수하며 법률이 충실하게 집행되도록 유의하며 미국의 모든 관리에게 그 직무를 위임한다.

제4절

미국의 대통령·부통령, 모든 민간공무원은 반역죄·수뢰죄 또는 그 밖의 중대한 범죄 및 비행으로 탄핵받고 유죄판결을 받음으로써 면직된다.

## 제3조(사법부)

제1절

미국의 사법권은 하나의 연방대법원에, 그리고 연방의회가 수시로 제정·설치하는 하급 연방법원들에 속한다. 연방대법원 및 하급법원의 판사는 성실히 직무를 이행하는 한 그 직을 보유하며 그 직무에 대하여 정기적으로 보수를 받으며 그 보수는 재임 중에 감액되지 아니한다.

제2절

(1항) 사법권은 이 헌법과 미국 법률과 그리고 미국의 권한에 의하여 체결되었거나 체결된 조약으로 인하여 발생하는 모든 보통법상 및 형평법상의 사건, 대사와 그 밖의 외교사절 및 영사에 관한 모든 사건, 해사 재판 및 해상 관할에 관한 모든 사건, 미국이 한 편의 당사자가 되는 분쟁, 두 개의 주 및 그 이상의 주 사이에 발생하는 분쟁, 한 주와 다른 주의 시민 사이의 분쟁, 상이한 주의 시민들 사이의 분쟁, 다른 주로부터 부여받은 토지의 권리에 관하여 같은 주의 시민들 사이에 발생하는 분쟁, 그리고 어떤 주나 또는 그 주의 시민과 외국, 외국 시민 또는 외국 시민 사이에 발생하는 분쟁에 미친다.

(2항) 대사와 그 밖의 외교사절 및 영사에 관계되는 사건과 주가 당사자인 사건은 연방대법원이 제1심의 재판관할권을 가진다. 그 밖의 모든 사건에서는 연방의회가 정하는 예외의 경우를 두되, 연방의회가 정하는 규칙에 따라 법률문제와 사실 문제에 관하여 상소심 재판관할권을 가진다.

(3항) 탄핵 사건을 제외한 모든 범죄의 심리는 배심제로 한다. 그 심리는 그 범죄가 행하여진 주에서 해야 한다. 다만 그 범죄자가 어느 주에도 속하

지 아니할 경우에는 연방의회가 법률에 의하여 정하는 장소에서 심리한다.

### 제3절

(1항) 미국에 대한 반역죄는 미국에 대하여 전쟁을 일으키거나 또는 적에게 가담하여 이에 원조 및 편의를 제공할 경우에만 성립한다. 누구든지 명백한 상기 행동에 대하여 2명의 증언이 있거나 또는 공개법정에서 자백하는 경우 이외에는 반역죄의 판결을 받지 아니한다.

(2항) 연방의회는 반역죄의 형벌을 선고하는 권한을 가진다. 다만 반역죄의 선고로 인한 권리박탈 선고는 그 선고를 받은 자의 생존기간을 제외하고 혈통을 모독하거나 재산의 몰수를 초래하지 아니한다.

## 제4조(주 정부와 다른 주 정부, 주 정부와 연방정부 사이의 관계)

### 제1절

각 주는 다른 주의 법령·기록 및 사법절차에 대하여 충분한 신뢰와 신용을 가져야 한다. 연방의회는 이러한 법령·기록 및 사법절차를 증명하는 방법과 그것들의 효력을 일반법률로써 규정할 수 있다.

### 제2절

(1항) 각 주의 시민은 다른 어느 주에서도 그 주의 시민이 향유하는 모든 특권 및 면책권을 가진다.

(2항) 어느 주에서 반역죄·중죄 또는 그 밖의 범죄로 인하여 고발된 자가 도피하여 재판을 면하고 다른 주에서 발견된 경우, 범인이 도피해 나온

주의 행정 당국의 요구에 의하여 그 범인은 그 범죄에 대한 재판관할권이 있는 주로 인도되어야 한다.

(3항) 어느 주에서 그 주의 법률에 의하여 사역 또는 노역을 당하도록 되어 있는 자(흑인노예-역주)가 다른 주로 도피한 경우에, 다른 주의 어떠한 법률 또는 규정에 의해서도, 그 사역 또는 노역의 의무는 해제되지 아니하며, 그 자는 사역 또는 노역을 요구할 권리를 가진 당사자의 청구에 따라 인도되어야 한다.

제3절

(1항) 새로운 주는 연방의회의 결정에 의해 연방에 가입할 수 있다. 다만 어떠한 주의 관할 구역에서도 새로운 주를 형성하거나 설치할 수 없다. 또 관계되는 각 주의 주 의회와 연방의회의 동의 없이는 두 개 이상의 주 또는 주의 일부를 합병하여 새로운 주를 형성할 수 없다.

(2항) 연방의회는 미국에 속하는 영토 또는 그 밖의 재산을 처분하고 이에 관한 모든 필요한 규칙 및 규정을 제정하는 권한을 가진다. 다만 이 헌법의 어떠한 조항도 미국 또는 어느 주의 권리를 훼손하는 것으로 해석할 수 없다.

제4절

미국은 연방 내의 모든 주의 공화정체를 보장하며, 각 주를 침략으로부터 보호하며, 또 각 주의 주 의회 또는(주 의회를 소집할 수 없을 때는) 행정부의 요구가 있을 때에는 주 내의 폭동으로부터 각 주를 보호한다.

# 제5조(헌법 수정 절차)

연방의회는 상하 양원의 3분의 2가 이 헌법에 대한 수정의 필요성을 인정할 때에는 헌법 수정을 발의할 수 있으며 또는 3분의 2 이상 주 의회들의 요청이 있을 때에는 수정 발의를 위한 제헌회의를 소집해야 한다. 어느 경우에나 수정은 연방의회가 제의하는 비준의 두 가지 방법 중 어느 하나에 따라, 4분의 3의 주 의회들에 의하여 비준되거나 또는 4분의 3의 주 헌법회의에 의하여 비준되는 때에는 이 헌법의 일부로서 효력을 발생한다. 다만 1808년 이전에 이루어지는 수정에서는 어떠한 방법으로도 제1조 제9절 제1항에 변경을 가져올 수 없다. 어느 주도 그 주의 동의 없이는 상원에서의 균등한 투표권을 박탈당하지 아니한다.

# 제6조(국가의 최고법)

(1항) 이 헌법이 제정되기 전에 계약된 모든 채무와 체결된 모든 조약은 이 헌법에서도 미국 연합헌장에서와 마찬가지로 미국에 대하여 효력을 가진다.

(2항) 이 헌법에 의거하여 제정되는 미국의 법률 그리고 미국의 권한에 의하여 체결되거나 체결된 모든 조약은 이 국가의 최고법이며, 모든 주의 법관은 어느 주의 헌법이나 법률 중에 이에 배치되는 규정이 있을지라도, 이 헌법에 구속을 받는다.

(3항) 전기한 상원의원 및 하원의원, 각 주의 주 의회 의원, 미국 및 각 주의 행정관 및 사법관은 선서 또는 확약에 의하여 이 헌법을 지지할 의무가 있다. 다만 미국의 어떠한 관직 또는 위임에 의한 공직에도 자격 요건으로 어떠한 종교상의 자격도 요구되지 아니한다.

제7조(헌법의 비준)

9개 주의 헌법회의가 비준하면, 이를 비준한 각 주 간에 이 헌법은 효력을 발생하는 데 충분하다.

인증 서기 윌리엄 잭슨

서기 1787년, 미국 독립 제12년, 9월 17일, 헌법회의에 참석한 각 주의 전원 일치의 동의를 얻어 이 헌법을 제정한다. 이를 증명하기 위하여 우리들은 이에 서명한다.(서명 생략)

의장 겸 버지니아 주 대표
조지 워싱턴

**델라웨어 주 대표**
조지 리드
거닝 베드포드 주니어
존 디킨슨
리처드 배세트
제이컵 브룸

**메릴랜드 주 대표**
제임스 맥헨리
대니얼 오브 세인트 토머스 제니퍼
대니얼 캐럴

**버지니아 주 대표**
존 블레어
제임스 매디슨 주니어

**조지아 주 대표**
윌리엄 퓨
에이브러햄 볼드윈

**사우스캐롤라이나 주 대표**
존 러틀리지
찰즈 코우츠워스 핑크니
찰즈 핑크니
피어스 버틀러

**노스캐롤라이나 주 대표**
윌리엄 블라운트
리처드 돕스 스페이트
휴 윌리엄슨

**펜실베이니아 주 대표**
벤저민 프랭클린
토머스 미플린
로버트 모리스
조지 클라이머
토머스 피치먼즈
자레드 잉거솔
제임스 윌슨
구부누어 모리스

**뉴햄프셔 주 대표**
존 랭던
니콜라스 길먼

**코네티컷 주 대표**
윌리엄 새뮤얼 존슨
로저 셔먼

**매사추세츠 주 대표**
너새니얼 고램
루퍼스 킹

**뉴욕 주 대표**
알렉산더 해밀턴

**뉴저지 주 대표**
윌리엄 리빙스턴
데이비드 브리얼리
윌리엄 패터슨
조내단 데이턴

## 연방헌법 수정조항

수정조항 제1조부터 제10조까지는 흔히 '권리장전'이라고 불리며, 제1차 연방의회의 첫 회기에 발의되어 각 주에 보내져 1791년 12월 15일에 비준이 완료되었다.

### 권리장전 전문

미합중국 연방의회는
1789년 3월 4일 수요일
뉴욕 시에서 회기를 시작했다.

많은 주의 주 의회에서 미합중국 헌법을 채택하면서, 헌법이 잘못 해석되거나 헌법이 가지는 권력이 남용되는 것을 막기 위해서는 제한을 가하는 선언적인 조항들을 헌법에 포함해야 하며, 또한 이것은 시민이 정부를 신뢰할 수 있는 근거를 넓힐 것이며 따라서 이런 정부 조직이 시민에게 유익하다는 확신을 줄 것이라는 의견을 표명했다.

미합중국의 상원과 하원이 회의를 통해서 양원 의원의 3분의 2 찬성으로 결의한 다음 조항들을 미합중국 헌법에 대한 수정 내용으로 여러 주의 주 의회에 제출하는바, 전체 혹은 일부 조항들은 위 의회들의 4분의 3이 비준할 때 미합중국 헌법의 일부로 목적한 대로 완전한 효력을 발생할 것이다.

즉 헌법 제5조에서 정한 절차에 따라서 연방의회가 제안하고 여러 주의 주 의회가 비준하는 미합중국 헌법 수정조항이 될 것이다.

**수정조항 제1조**(종교 · 언론 · 출판의 자유와 집회 및 청원의 권리)

연방의회는 국교를 정하거나 자유로운 신앙행위를 금지하는 법률을 제정할 수 없다. 또한 연방의회는 언론 또는 출판의 자유나 국민이 평온하게 집회할 수 있는 권리 및 불만 사항의 구제를 위하여 정부에 청원할 수 있는 권리를 제한하는 법률을 제정할 수 없다.

**수정조항 제2조**(무기 휴대의 권리)

규율 정연한 민병은 자유로운 주의 안보에 필요하며, 무기를 소장하고 휴대하는 인민의 권리를 침해할 수 없다.

**수정조항 제3조**(군인의 숙영)

평시에 군대는 소유자의 동의 없이는 어떠한 가택에서도 숙영할 수 없다. 전시에도 법률이 정하는 방법에 의하지 아니하고는 숙영할 수 없다.

**수정조항 제4조**(수색 및 체포 영장)

부당한 수색과 압수로부터 신체·가택·서류 및 재산의 안전을 보장받는 인민의 권리는 침해할 수 없다. 체포·수색·압수의 영장은 믿을 만한 원인에 의거하고, 선서 또는 확약에 의하여 뒷받침되고, 특히 수색할 장소, 체포될 사람 또는 압수될 물품을 기재하지 아니하고는 이를 발급할 수 없다.

**수정조항 제5조**(형사사건에서의 권리)

누구든지 대배심에 의한 고발 또는 기소에 의하지 아니하는 한, 사형에 해당하는 죄 또는 그 밖의 파렴치죄에 의한 처벌을 받지 아니한다. 다만 육군이나 해군에서 일어난 사건 또는 전쟁이나 공공의 위급한 상황에서 현재 복무 중에 있는 민병 간에 발생한 사건에 관해서는 예외로 한다. 누구든지 동일 범행에 대하여 생명이나 신체에 대한 위협을 재차 받지 아니하며, 누구든지 어떠한 형사사건에서도 자기에게 불리한 증언을 강요당하지 아니한다. 누구든지 적법절차에 의하지 아니하고는 생명·자유 또는 재산을 박탈당하지 아니한다. 정당한 보상 없이는 사유재산이 공용을 위하여 수용당하지 아니한다.

**수정조항 제6조**(공정한 재판의 권리)

모든 형사소추에서 피고인은 범죄가 행하여진 주 및 법률이 미리 정하는 지역의 공정한 배심에 의한 신속하고 공개적인 재판을 받을 권리가 있고, 사건의 성질과 원인에 관한 통고를 받을 권리가 있고, 자기에게 불리한 증언을 하지 않아도 될 권리, 자기에게 유리한 증언을 얻기 위하여 강제절차를 취할 권리, 자신의 변호를 위하여 변호인의 도움을 받을 권리가 있다.

**수정조항 제7조**(민사사건에서의 권리)

보통법상의 소송에서, 소송에 걸려 있는 액수가 20달러를 초과하는 경우에는 배심에 의한 심리를 받을 권리가 보장된다. 배심에 의하여 심리된 사실은 보통법의 규정에 의하는 것 외에 미국의 어느 법원에서도 재심되지 아니한다.

**수정조항 제8조**(보석금·벌금 및 형벌)

과다한 보석금을 요구하거나, 과다한 벌금을 과하거나, 잔혹하고 비정상적인 형벌을 과하지 못한다.

**수정조항 제9조**(국민이 보유하는 권리)

이 헌법에 특정권리가 열거되어 있다는 사실이 국민이 보유하는 그 밖의 여러 권리를 부인하거나 경시하는 것으로 해석되어서는 아니 된다.

**수정조항 제10조**(주와 국민이 보유하는 권리)

이 헌법에 의하여 미국 연방에 위임되지 아니하였거나, 각 주에 금지되지 아니한 권한은 각 주나 국민이 보유한다.

**수정조항 제11조**(주를 상대로 하는 소송)
(1794년 3월 5일 발의, 1795년 2월 7일 비준)

미국의 사법권은 미국의 한 주에 대하여 다른 주의 시민 또는 외국의 시민이나 신민에 의하여 개시되거나 제기된 보통법 또는 형평법상의 소송에 미치는 것으로 해석되지 아니한다.

**수정조항 제12조**(대통령 및 부통령의 선거)

(1803년 12월 12일 발의, 1804년 9월 27일 비준)

선거인은 각각 주에서 집회하여 대통령과 부통령을 비밀투표로 선거한다. 양인 중 적어도 1인은 선거인과 동일한 주의 주민이 아니어야 한다. 선거인은 투표용지에 대통령으로 투표하려는 사람의 이름을 지정하고, 별개의 투표용지에 부통령으로 투표하려는 사람의 이름을 지정해야 한다. 선거인은 대통령으로 투표하려는 모든 사람의 명부와 부통령으로 투표하려는 모든 사람의 명부, 그리고 각 득표자의 득표수를 기재한 표를 별개로 작성하여 선거인이 이에 서명하고 증명한 다음, 봉합하여 상원의장 앞으로 미국정부 소재지로 송부한다. 상원의장은 상원의원들과 하원의원들이 참석한 가운데 모든 증명서를 개봉하고 개표한다. 대통령으로서의 투표에서 최고득표자를 대통령으로 한다. 다만 득표수가 선임된 선거인의 총수의 과반수가 되어야 한다. 이와 같은 과반수 득표자가 없을 경우 하원은 즉시 대통령으로 투표된 사람의 명단 중 3인을 초과하지 아니하는 최다수 득표자들 중에서 대통령을 비밀투표로 선거해야 한다. 다만, 이러한 방법으로 대통령을 선거할 때에는 선거를 주 단위로 하고, 각 주는 1표의 투표권을 가지며, 그 선거에 필요한 정족수는 각 주의 하원의원 3분의 2로부터 1명 또는 그 이상의 의원의 출석으로 성립되며, 전체 주의 과반수의 찬성을 얻어야 선출될 수 있다. 대통령 선정권이 하원에 위임된 때에 하원은 다음 3월 4일까지 대통령을 선정하지 않을 때에는 부통령이 대통령의 직무를 행한다. 부통령으로서의 최고 득표자를 부통령으로 한다. 다만 그 득표수는 선임된 선거인의 총수의 과반수가 되어야 한다. 과반수 득표자가 없을 경우에는 상원의 득표자 명부 중 최다 득표자 2인 중에서 부통령을 선정한다. 이 목적을 위한 정족수는 상원의원 총수의 3분의 2로 성립되며, 그 선정에는 의원 총수의 과반수가 필요하다. 다만, 헌법상의 대통령직에 취임할 자격이 없는 자는 미국 부통령의 직에도 취임할 자격이 없다.

**수정조항 제13조**(노예제도 폐지)

(1865년 2월 1일 발의, 1865년 12월 18일 비준)


제1절

노예 또는 강제적 노역은 당사자가 정당하게 유죄판결을 받은 범죄에 대한 처벌이 아니면 미국 또는 그 관할하에 속하는 어느 장소에서도 존재할 수 없다.

제2절

연방의회는 적당한 입법에 의하여 본 조를 시행할 권한을 가진다.


**수정조항 제14조**(공민권)

(1866년 6월 16일 발의, 1868년 7월 28일 비준)

제1절

미국에서 출생하고 또는 귀화하고 미국의 관할권에 속하는 모든 사람은 미국 및 그 거주하는 주의 시민이다. 어떠한 주도 미국 시민의 특권과 면책권을 박탈하는 법률을 제정하거나 강행할 수 없다. 어떠한 주도 적법절차에 의하지 아니하고는 어떠한 사람으로부터도 생명·자유 또는 재산을 박탈할 수 없으며, 그 관할권 내에 있는 어떠한 사람에 대하여도 법률에 의한 평등한 보호를 거부하지 못한다.

제2절

하원의원은 각 주의 인구수에 비례하여 각 주에 할당한다. 각 주의 인구수는 과세되지 아니하는 인디언을 제외한 각 주의 총 인구수이다. 다만 미국 대통령 및 부통령의 선거인, 사법관 또는 각 주 주 의회의 의원을 선출하는 어떠한 선거에서도, 반란이나 그 밖의 범죄에 가담한 경우를 제외하고, 21세에 달하고 미국 시민인 해당 주의 남성 주민 중의 어느 누구에게 투표권이 거부되거나 어떠한 방법으로든지 제한되어 있을 때에는, 그 주의 하원 의원 할당 수의 기준을 그러한 남성 주민의 수가 그 주의 21세에 달한 남성 주민의 총수에 대하여 가지는 비율에 따라 감소하는 것으로 정한다.

제3절

과거에 연방의회 의원, 미국 관리, 주 의회 의원 또는 주의 행정관이나 사법관으로, 미국헌법을 지지할 것을 선언한 자가 후에 이에 대한 폭동이나 반란에 가담하거나 또는 그 적에게 원조 또는 편의를 제공하면 누구든지 연방의회의 상원의원이나 하원의원, 대통령 및 부통령의 선거인, 미국이나 각 주 밑에서의 민간공무원의 관직에 취임할 수 없다. 다만 연방의회는 각 원의 3분의 2의 투표로 그 실격을 해제할 수 있다.

제4절

폭동이나 반란을 진압할 때의 공헌에 대한 은급 및 하사금을 지불하기 위하여 기채한 부채를 포함하여 법률로 인정한 국채는 그 효력이 문제되지 않는다. 그러나 미국 또는 어느 주도 미국에 대한 폭동이나 반란을 원조하기 위하여 기채한 부채에 대하여 또는 노예의 상실이나 해방으로 인한 청구에 대해서는 채무를 부담하거나 지불하지 아니한다. 모든 이러한 부채·채무 및 청구는 위법이고 무효이다.

제5절

연방의회는 적당한 입법에 의하여 본 조의 규정을 시행할 권한을 가진다.

**수정조항 제15조**(흑인의 투표권)

(1869년 2월 27일 발의, 1870년 3월 30일 비준)

제1절

미국 시민의 투표권은 인종·피부색 또는 과거의 예속상태에 의하여 미국이나 어떤 주에 의해서도 거부되거나 제한되지 아니한다.

제2절

연방의회는 적당한 입법에 의하여 본 조의 규정을 시행할 권한을 가진다.

**수정조항 제16조**(소득세)

(1909년 7월 12일 발의, 1913년 2월 25일 비준)

연방의회는 소득원의 여하를 불문하고 각 주에 배당되지 아니하고 국세조사나 인구수에 관계없이 소득에 대한 세금을 부과·징수할 권한을 가진다.

**수정조항 제17조**(연방 상원의원의 직접 선거)

(1912년 5월 16일 발의, 1913년 5월 31일 비준)

제1절

미국의 상원은 각 주 2인씩의 상원의원으로 구성된다. 상원의원은 그 주의 주민에 의하여 선출되고 6년의 임기를 가진다. 각 상원의원은 1표의 투표권을 가진다. 각 주의 선거인은 주 입법부 중 의원 수가 많은 한 원의 선거인에 요구되는 자격을 가져야 한다.

제2절

상원에서 어느 주의 의원에 결원이 생긴 때에 그 주의 행정부는 결원을 보충하기 위하여 선거 명령을 내려야 한다. 다만 주민이 주 의회가 정하는 바에 따른 선거에 의하여 결원을 보충할 때까지 주 의회는 그 주의 행정부에 임시로 상원의원을 임명하는 권한을 부여할 수 있다.

제3절

본 수정사항은 본 헌법의 일부로서 효력을 발생하기 이전에 선출된 상원의원의 선거 또는 임기에 영향을 주는 것으로 해석되지 못한다.

**수정조항 제18조**(금주법)

(1917년 12월 18일 발의, 1919년 1월 19일 비준, 수정조항 제21조로 폐기)

제1절

본 조의 비준으로부터 1년을 경과한 후에는 미국 내와 그 관할에 속하는 모든 영토 내에서 음용할 목적으로 주류를 양조·판매 또는 운송하거나 미국에서 이를 수입 또는 수출하는 것을 금지한다.

제2절

미국과 각 주는 적당한 입법에 의하여 본 조를 시행할 경합적 권한을 가진다.

제3절

본 조는 연방의회로부터 이를 각 주에 회부한 날부터 7년 이내에 각 주의 주 입법부가 이 헌법에 규정된 바와 같이 헌법 수정으로서 비준하지 아니하면 그 효력을 발생하지 아니한다.


**수정조항 제19조**(여성의 선거권)

(1919년 6월 4일 발의, 1920년 8월 26일 비준)

제1절

미국 시민의 투표권은 성별에 의하여 미국이나 어느 주에 의해서도 거부 또는 제한되지 아니한다.

제2절

연방의회는 적당한 입법에 의하여 본 조를 시행할 권한을 가진다.


**수정조항 제20조**(대통령과 연방의회 의원의 임기)

(1932년 3월 2일 발의, 1933년 2월 6일 비준)

제1절

대통령과 부통령의 임기는 본 조가 비준되지 아니하였더라면 임기가 만료하였을 해의 1월 20일 정오에 종료하며, 상원의원과 하원의원의 임기는 본 조가 비준되지 아니하였더라면 임기가 만료하였을 해의 1월 3일 정오에 종료한다. 그 후임자의 임기는 그때부터 시작된다.

제2절

연방의회는 매년 적어도 1회 집회한다. 그 집회는 의회가 법률로 다른 날을 정하지 아니하는 한 1월 3일 정오부터 시작된다.

제3절

대통령의 임기 개시일로 정해 놓은 시일에 대통령 당선자가 사망하면 부통령 당선자가 대통령이 된다. 대통령 임기의 개시일까지 대통령이 선정되지 아니하였거나, 대통령 당선자가 자격을 구비하지 못했을 때에는 부통령 당선자가 대통령이 자격을 구비할 때까지 대통령의 직무를 대행한다. 연방의회는 법률로써 대통령 당선자와 부통령 당선자가 다 자격을 구비하지 못하는 경우에 대통령의 직무를 대행해야 할 자 또는 대통령의 직무를 대행할 자의 선정방법을 규정할 수 있다. 이러한 경우에 선임된 자는 대통령 또는 부통령이 자격을 구비할 때까지 대통령의 직무를 대행한다.

제4절

연방의회는 하원이 대통령의 선정권을 갖게 되었을 때에 하원이 대통령으로 선정한 인원 중 사망자가 생긴 경우와 상원이 부통령의 선정권을 갖게 되었을 때에 상원이 부통령으로 선정한 인원 중 사망자가 생긴 경우를 대비하는 법률을 규정할 수 있다.

제5절

제1절 및 제2절은 본 조의 비준 후 최초의 10월 15일부터 효력을 발생한다.

제6절

본 조는 회부된 날부터 7년 이내에 4분의 3의 주 의회들에 의하여 헌법 수정조항으로 비준되지 아니하면 효력을 발생하지 아니한다.


**수정조항 제21조**(금주법의 폐기)

(1933년 2월 2일 발의, 1933년 12월 5일 비준)

제1절

연방헌법 수정조항 제18조는 이에 폐기한다.

제2절

미국의 영토 또는 속령의 법률에 위반하여 이들 지역 내에서 양도 또는 사용할 목적으로 주류를 이들 지역에 수송 또는 수입하는 것을 금지한다.

제3절

본 조는 연방의회가 이것을 각 주에 회부한 날부터 7년 이내에 헌법 규정에 따라서 각 주의 헌법회의에 의하여 헌법 수정조항으로 비준되지 아니하면 효력을 발생하지 아니한다.


**수정조항 제22조**(대통령 임기의 제한)

(1947년 3월 21일 발의, 1951년 2월 26일 비준)

제1절

누구든지 2회 이상 대통령직에 선출될 수 없으며, 누구든지 타인이 대통령으로 당선된 임기 중 2년 이상 대통령직에 있었거나 대통령직무를 대행한 자는 1회 이상 대통령직에 당선될 수 없다. 다만 본 조는 연방의회가 이를 발의하였을 때에 대통령직에 있는 자에게 적용되지 아니하며, 또 본 조가 효력을 발생하게 될 때에 대통령직에 있거나 대통령의 직무를 대행하고 있는 자가 잔여 임기 중 대통령직에 있거나 대통령직무를 대행하는 것을 방해하지 아니한다.

제2절

본 조는 연방의회가 각 주에 회부한 날부터 7년 이내에 4분의 3의 주 의회들에 의하여 헌법 수정조항으로서 비준되지 아니하면 효력을 발생하지 아니한다.


**수정조항 제23조(컬럼비아 특별구에서의 선거권)**
(1960년 6월 16일 발의, 1961년 4월 3일 비준)

제1절

미국정부 소재지를 구성하고 있는 특별구는 연방의회가 다음과 같이 정한 방식에 따라 대통령 및 부통령의 선거인을 선임한다.

선거인의 수는 특별구가 주라면 배당받을 수 있는 연방의회 내의 상원의원 및 하원의원의 수와 동일한 수이다. 그러나 어떠한 경우에도 최소의 인구를 가진 주보다 그 수가 더 많을 수 없다. 그 선거인들은 각 주가 임명한 선거인들에 첨가되지만, 대통령 및 부통령의 선거를 위하여 주가 선정한 선거인으로 간주된다. 그들은 특별구에서 집회하여, 헌법 수정조항 제12조가 규정하고 있는 바와 같이 직무를 수행한다.

제2절

연방의회는 적당한 입법에 의하여 본 조를 시행할 권한을 가진다.


**수정조항 제24조**(인두세)
(1962년 8월 27일 발의, 1964년 1월 23일 비준)

제1절

대통령 또는 부통령, 대통령 또는 부통령 선거인들 또는 연방의회 상원의

원이나 하원의원을 위한 예비선거 또는 그 밖의 선거에서의 미국시민의 선
거권은 인두세나 기타 조세를 납부하지 아니했다는 이유로 미국 또는 어떤
주에 의해서도 거부되거나 제한되지 아니한다.

제2절
연방의회는 적당한 입법에 의하여 본 조를 시행할 권한을 가진다.

**수정조항 제25조**(대통령의 직무 수행 불능과 승계)
(1965년 7월 6일 발의, 1967년 2월 10일 비준)

제1절
대통령이 면직되거나 사망 또는 사임한 때에는 부통령이 대통령이 된다.

제2절
부통령직이 궐위된 때에는 대통령은 부통령을 지명하고 부통령은 양원의
과반수 득표에 의하여 승인을 받아 그 직위에 취임한다.

제3절
대통령이 상원의 임시의장과 하원의장에게 그가 대통령직의 권한과 직무
를 수행할 수 없다는 서면 성명서를 제출할 때에는 이와 반대되는 서면 성
명서가 제출될 때까지 부통령이 대통령직무 대행으로 대통령직의 권한과 직
무를 수행한다.

제4절
부통령과 행정부처의 주요 공무원의 과반수 또는 연방의회가 법률로써 정
하는 다른 기관의 과반수가 상원 임시의장과 하원의장에게 대통령이 대통령
직의 권한과 의무를 수행할 수 없다는 서면 성명서를 제출한 때에는 부통령
은 즉시 대통령직무 대행으로서 대통령직의 권한과 직무를 맡는다.

그 후에 대통령이 상원 임시의장과 하원의장에게 능력이 없는 것이 아니

라는 서면 성명서를 제출하는 경우에는 대통령직의 권한과 직무를 되찾는다. 다만 이때 부통령과 행정부처의 주요 공무원의 과반수 또는 연방의회가 법률로써 정하는 다른 기관의 과반수가 4일 이내에 대통령이 대통령직의 권한과 직무를 수행할 수 없다는 서면 성명서를 제출하는 경우에는 예외로 한다. 이러한 경우에는 연방의회가 이 문제를 결정한다. 다만 개회 중이 아닐 경우에는 이 목적을 위하여 48시간 이내에 집회한다. 만일 연방의회가 후자의 성명서를 접수하고 21일 이내에 혹은 연방의회가 개회 중이 아닐 경우에는 연방의회의 소집이 요구된 후 21일 이내에, 양원의 각각 3분의 2 이상의 찬성으로 대통령이 대통령직의 권한과 직무를 수행할 수 없다고 결정하면, 부통령은 계속하여 대통령직무대행으로 직무를 수행한다. 그렇지 아니한 경우에는 대통령이 그 직위의 권한과 직무를 되찾는다.

**수정조항 제26조**(18세 이상인 시민의 선거권)
(1971년 3월 23일 발의, 1971년 7월 1일 비준)

제1절
18세 이상 미국 시민의 선거권은 미국 또는 어떤 주에 의해서도 부인되거나 박탈되지 아니한다.

제2절
연방의회는 적당한 입법에 의하여 본 조를 시행할 권한을 가진다.

**수정조항 제27조**(연방의원의 보수변경)
(1789년 9월 25일 발의, 1992년 5월 7일 비준)

하원의원 선거를 치르기 전에는 상원의원과 하원의원의 직무에 대한 보수를 변경하는 어떠한 법률도 효력을 발생하지 아니한다.

김현우 ─────────────────────────────────

▌약 력

　일본 야마구치대학 경제학부 졸업
　미국 오클라호마 주립대 대학원 졸업(정치학 석사)
　미국 하와이대 대학원 졸업(정치학 박사)
　국회사무처 사료관
　캄보디아 총선거 UN감시단 한국대표
　글로벌교육문화연구원 부설 평생교육원 교수/지역연구실장(현)

▌저서

　『한국정당통합운동사』, 『한국국회론』, 『일본현대정치사』, 『일본국회론』,
　『은행나무 - 문화, 역사, 그리고 사람의 만남』, 『소나무 - 변치 않는 푸르름, 그리고 情』,
　『매화나무 - 맑고 밝은 꽃과 향기』.


# 미국연방
# 의회론

**초판인쇄** │ 2009년 10월 12일
**초판발행** │ 2009년 10월 12일

**지은이** │ 김현우
**펴낸이** │ 채종준
**펴낸곳** │ 한국학술정보㈜
**주　소** │ 경기도 파주시 교하읍 문발리 파주출판문화정보산업단지 513-5
**전　화** │ 031) 908-3181(대표)
**팩　스** │ 031) 908-3189
**홈페이지** │ http://www.kstudy.com
**E-mail** │ 출판사업부　publish@kstudy.com
**등　록** │ 제일산-115호(2000. 6. 19)

ISBN　978-89-268-0453-7 93340 (Paper Book)
　　　　978-89-268-0454-4 98340 (e-Book)


**내일을여는지식** 은 시대와 시대의 지식을 이어 갑니다.